监察法学教程

秦前红 主编

法律出版社
LAW PRESS·CHINA

让法律被信仰

秦前红 教育部长江学者奖励计划特聘教授，武汉大学法学院教授、博士研究生导师，中国法学会宪法学研究会副会长。主要从事宪法基础理论、司法制度和国家监察制度等领域研究。

朱福惠 厦门大学法学院教授、博士研究生导师，福建师范大学、福建省党内法规实施评估中心教授，中国法学会宪法学研究会副会长。主要从事中国宪法原理、监察法与检察制度等领域研究。

杨解君 武汉理工大学法学与人文社会学院教授、博士研究生导师，中国法学会行政法学研究会常务理事。主要从事行政法与行政诉讼法、能源法与环境法、法理学与宪法学等领域研究。

周刚志 中南大学法学院教授、博士研究生导师，中国文化法研究中心执行主任。主要从事宪法、文化法、财税法和监察法等领域研究。

喻少如 西南政法大学行政法学院、监察法学院教授、博士研究生导师，重庆市地方立法研究协同创新中心（西南政法大学地方立法研究院）副主任（副院长）。主要从事行政法与行政诉讼法、流动人口权利救济和监察法研究。

叶海波 深圳大学法学院教授、博士研究生导师，深圳大学法学院监察法治研究中心主任、党内法规研究中心副主任、港澳基本法研究中心副主任。主要从事宪法、行政法、监察法和党内法规等领域研究。

庄　汉 武汉大学法学院副教授。主要从事行政法与行政诉讼法研究。

姚　锋 湖南大学期刊社副编审。主要从事文化法等领域研究。

李俊丰 广东第二师范学院马克思主义学院讲师。主要从事法学理论研究。

苏绍龙 武汉大学法学院讲师。主要从事宪法基础理论、人民代表大会制度和党内法规基础理论研究。

目　录

第二编 监察法的历史与发展

第三编 监察机关和监察范围

第四编 监察权限

第五编 监察程序

绪　论

一、监察法学的研究对象和范围

（一）研究对象

监察法学又可称为监察法科学，它既是社会科学的一种，也是法学学科的一个门类。科学不仅是人类认识世界所取得的成果，也是人类认识世界、改造世界的思想武器。人类在混沌初开之际，受制于智识的框限和认识工具的约束，对世界的认知是直感和模糊的，因此，那时真正意义的科学是不存在的。随着经验的不断积累，人类观察、分析世界的能力渐次提升，研究工具的不断改良，尤为重要的是教育本身的专门化，人类才有能力对不同领域、不同层次的知识进行分门别类，这样，科学也就随之被创造出来。在科学研究中，研究对象往往是区分不同学科的依据。对象奠定了研究的客观性和稳定性，同时，这也是一种理解关系的视角。正是由于各门学科都以具有矛盾特殊性的特定客体为研究对象，从而使各门学科成为一门独立的学科，同时又由于与其他学科存在研究对象的交叉性和共享性，使它们构成某类学科群，或者彼此之间形成极密切的联系。法学作为研究人的行为规则的一门科学，法规范本身就成为法学与其他社会科学学科的重要区别之一。

监察法学是法学的一个重要分支学科。作为监察法学研究对象的监察法是作为法的一个部门的监察法（或者称为部门监察法），而不限于监察法本身。作为法的一个部门的监察法，应包括监察宪法、监察法、监察组织法、监察官法、监察程序法、监察赔偿法等。由于中国的国家监察机关在构造上的高度政治性，即作为国家机关的监察机关与执政党的纪检机关合署办公，约束党的纪检机关的党内法规同时也约束监察机关，甚至在很多情况下以党内法规来补强或者替代监察行为规则的供给不足，因此，广义的监察法其实包括了有关监察的党内法规。作为法学一个部门的监察法学，不仅要研究现行的监察法和监察法文件，而且要研究监察法在历史上的沿革以及发展趋势；不仅要研究本国的监察法，而且要研究其他国家和地区的监察法；不仅要研究监察法本身，而且要研究监察法和有关社会现象的关系；不仅要研究纸面上的监察法，而且要研究现实中的监察法，即监察法的产生、实施、运用的实际情况。具言之，监察法学的研究对象主要有以下几个方面：第一，监察法的起源、属性、类型、特点、内容和形式、发展和演进过程。第二，监察法的具体规范、监察规范的特点及其在社会生活中的作用。第三，中外监察制度和监察法思想的比较及其发展史。第四，监察法同政治、经济、文化以及其他法的部门的关系。当代监察法学由于学科分化，在学科属性上有广义和狭义之分。狭义的监察法学指以法教义学为内容的规范科学；广义监察法学在此之外包括以监察法律的现实性、政治性为研究对象的监察法社会学、监察法政治学。这两者呈现交叉、重叠的情形，任何轻率地将两者贸然分离并加以对立的做法，均易流于以偏概全。

当下中国监察法学的研究，必须注意研究对象的若干特殊性，具体论之，其包括以下方面：

1. 监察法规范的特殊性

监察机关作为与执政党纪律检查机关合署办公的特殊机关，其行为调整规范包括：《宪法》《监察法》《刑法》《刑事诉讼法》《公务员法》《法官法》《检察官法》《审计法》《审计法实施条例》《保守国家秘密法》《保守国家秘密法实施条例》《企业国有资产法》《企业国有资产监督管理暂行条例》《机关事务管理条例》《事业单位人事管理条例》《行政机关公务员处分条例》《事业单位工作人员处分暂行规定》《关于国有企业领导人员违反廉洁自律“七项要求”政纪处分规定》《人民法院工作人员处分条例》《监狱和劳动教养机关人民警察违法违纪行为处分规定》《检察人员纪律处分条例》《财政违法行为处罚处分条例》《公安机关人民警察纪律条令》《海关工作人员处分办法》《违反土地管理规定行为处分办法》《环境保护违法违纪行为处分暂行规定》《城乡规划违法违纪行为处分办法》《档案管理违法违纪行为处分规定》《海域使用管理违法违纪行为处分规定》《关于违反信访工作纪律处分暂行规定》《税收违法违纪行为处分规定》《统计违法违纪行为处分规定》《违规发放津贴补贴行为处分规定》《安全生产领域违法违纪行为政纪处分暂行规定》《行政机关机构编制违法违纪行为政纪处分暂行规定》《违反规定插手干预工程建设领域处分规定》《小金库违法违纪行为处分暂行规定》《关于加强国家工作人员因私事出国(境)管理的暂行规定》《用公款出国(境)旅游及相关违纪行为处分规定》《违反行政事业型收费和罚没收入收支两条线管理规定行政处分暂行规定》《行政机关任命的事业单位人员参照〈行政机关公务员处分条例〉的通知》《关于企业中由行政机关任命的人员参照执行〈行政机关公务员处分条例〉的通知》《关于贪污贿赂案件追诉时效的答复》《关于办理贪污贿赂刑事案件适用法律若干问题的解释》《关于办理商业贿赂刑事案件适用法律若干问题的意见》《关于办理受贿刑事案件适用法律若干问题的意见》《关于办理行贿刑事案件具体应用法律若干问题的解释》《关于审理挪用公款案件应用法律若干问题的解释》《关于办理渎职刑事案件适用法律若干问题的解释(一)》《关于办理职务犯罪案件认定自首、立功等量刑情节若干问题的意见》《关于行贿立案标准的规定》《关于渎职侵权犯罪案件立案标准的规定》《关于办理国家出资企业中职务犯罪案件具体应用法律若干问题的意见》《关于审理贪污、职务侵占案件如何认定共同犯罪几个问题的解释》《关于加强查办危害土地资源渎职犯罪工作的指导意见》《关于办理刑事案件严格排除非法证据若干问题的规定》《金融机构协助查询、冻结、扣划工作管理规定》《行政执法机关移送涉嫌犯罪案件的规定》《中国共产党章程》《中国共产党纪律处分条例》《中国共产党廉洁自律准则》《中国共产党党内监督条例》《中国共产党工作机关条例(试行)》《关于新形势下党内政治生活的若干准则》《中国共产党问责条例》《中国共产党党组工作条例(试行)》《中国共产党巡视工作条例》《中国共产党政法工作条例》《中国共产党纪律检查机关监督执纪工作规则(试行)》《中共中央八项规定、六项禁令》《党政领导干部选拔任用工作条例》《中国共产党纪律检查机关案件检查工作条例》《中国共产党纪律检查机关案件检查工作条例实施细则》《中国共产党党员权利保障条例》《中国共产党纪律检查机关控告申诉工作条例》《关于中央党政机关工作人员在国内交往中收受礼品登记和处理办法》《中国共产党基层组织选举工作暂行条例》《中国共产党发展党员工作细则》《中国共产党党务公开条例(试行)》《中国共产党地方组织选举工作条例》《党政机关厉行节约反对浪费条例》《公职人员政务处分暂行规定》《监察机关特邀监察员工作办法》《监察机关没收追缴和责令退赔财务办法》《党政机关违规公务用车处理办法》《党政机关办公用房管理办法》《党政机关公务用车管理办法》《监察机关审理政纪案件的暂行办法》《监察机关调查处理政纪案件办法》《监察机关参加生产安全事故调查处理的规定》《党政领导干部选拔任用工作责任追究办法(试行)》《党政领导干部选拔任用工作事项报告办法》《党政领导干部选拔任用工作监督检查办法(试行)》《党政领导干部辞职暂行规定》《关于党和国家机关工作人员在国内交往中收受礼品实行登记制度的规定》《〈关于村委会主任(党员)利用职务之便收受财物行为如何处理的请示〉的答复》《关于领导干部报告个人有关事项规定》《纪检监察机关办案工作保密规定》《公务员申诉规定(试行)》《党的纪律检查机关案件审理工作条例》《关于审理党员违纪案件工作程序的规定》《关于新形势下党内政治生活的若干准则》《关于公务员被采取强制措施和受行政刑事处罚工资待遇处理有关问题的通知》《关于在全国各地推开国家监察体制改革试点工作的决定》《关于规范退(离)休领导干部在社会团体兼职问题的通知》《关于查处党员违纪案件中收集、鉴别、使用证据的具体规定》《党政主要领导干部和国有企业领导人员经济责任审计规定实施细则》《党政主要领导干部和国有企业领导人员经济责任审计规定》《关于进一步制止党政机关和党政干部经商、办企业的规定》《纪检监察工作中国家秘密及其密级具体范围的规定》《关于纪检监察机关和审计机关在查处案件中加强协作配合的通知》《关于厉行节约反对食品浪费的意见》《关于实行党风廉政建设责任制的规定》《事业单位领导人员管理暂行规定》《关于制止豪华铺张、提倡节俭办晚会的通知》《关于党政领导干部述职述廉的暂行规定》《地方党委委员、纪委委员开展党内询问和质询办法(试行)》《纪检监察机关查办案件涉案财物价格认定工作暂行办法》《进一步推进国有企业贯彻落实"三重一大"决策制度的意见》《关于严格禁止利用职务上的便利谋取不正当利益的若干规定》《关于监察机关在查办案件中公安机关予以协助配合的问题的通知》《关于严禁中央和国家机关使用"特供""专供"等标识的通知》《关于对党员领导干部进行诫勉谈话和函询的暂行办法》《关于坚决制止开具虚假发票公款报销行为的通知》《关于严禁党政机关到风景名胜区开会的通知》《关于加强因公出国(境)团组境外纪律的通知》《违反〈国有企业领导人员廉洁从业若干规定〉行为适用〈中国共产党纪律处分条例〉的解释》《关于在干部教育培训中进一步加强学员管理的规定》《关于加强干部选拔任用工作监督的意见》《推进领导干部能上能下若干规定(试行)》《关于党员干部带头推动殡葬改革的意见》《关于领导干部不得参加自发成立的"老乡会"、"校友会"、"战友会"组织的通知》《关于加强公务机票购买管理有关事项的通知》《关于严厉整治干部选拔任用工作中行贿受贿行为的通知》《关于进一步加强党员干部出国(境)管理的通知》《关于进一步加强领导干部出国(境)管理监督工作的通知》《关于领导干部带头在公共场所禁烟有关事项的通知》《国有企业领导人员廉洁从业若干规定》《农村基层干部廉洁履行职责若干规定(试行)》《违规发放津贴补贴行为适用〈中国共产党纪律处分条例〉若干问题的解释》《关于规范中管干部辞去公职或者退(离)休后担任上市公司、基金管理公司独立董事、独立监事的通知》《关于退出现职、接近或者达到退休年龄的党政领导干部在企业兼职、任职有关问题的意见》《关于党的机关、人大机关、政协机关、各民主党派和工商联机关公务员参照执行〈行政机关公务员处分条例〉的通知》《关于组织人事部门领导干部进行提醒、函询和诫勉的实施细则》《关于查处党员违纪案件中收集、鉴别、使用证据的具体规定》《关于受党纪处分的党政机关工作人员年度考核有关问题的意见》《关于受党纪处分年度考核有关问题的答复意见》《关于党政机关停止新建楼堂馆所和清理办公用房的通知》《关于处分违反党纪的党员批准权限的通知》……以上不厌其烦地列举旨在说明，中国监察法学的研究如果仅以国家法律、法规为限，将是一叶障目不见泰山，会严重遮蔽了对监察机关运作的真实性研究。另外，监察机关依循国家法律、党内法规两套规则体系运作的现实，是监察法治的常例，还是一个暂时的现象，亦亟须从法理上予以阐释。

2. 规则内部的融贯自恰

国家法层面的监察规范颇为粗疏，相关的解释、实施机制也颇不健全，调整监察事项的党内法规在密度、强度上远超前者，大量的党内法规不仅调整党内事项，而且产生广泛的外部化效果，对公民、社会组织的权益产生重要影响。对上述现象如何进行价值评判和制度改良，当是中国监察法学需要认真研究的议题。有关监察的党内法规存在针对同一事项的规范名称不一、内容重复冲突，性质和效力不明的情况，这表明党内法规制定理论和制定技术的滞后，这也是中国监察法学研究必须认真对待的问题。监察机关在相关规则供给不足的情况下，直接援引国家行政机关、司法机关、企业事业单位内部纪律惩戒规则作为执纪执法依据，而上述规则通常视为一个机关(单位)内部自治的核心领域。在监察全覆盖与机构内部自治之间如何保持合理的平衡，监察权如何划定合理的边界？这些也是处理监察法学研究对象时需特别认真对待的问题。

3. 监察机构的复杂性

对于监察机构的定位，基于国家监察机关与党的纪检机关合署办公、党的领导明确写入监察法等理由，很多人将监察机关定位为政治机关。我国《宪法》第 123 条明确规定："中华人民共和国各级监察委员会是国家的监察机关。"《监察法》第 3 条规定："各级监察委员会是行使国家监察职能的专责机关，依照本法对所有行使公权力的公职人员(以下称公职人员)进行监察，调查职务违法和职务犯罪，开展廉政建设和反腐败工作，维护宪法和法律的尊严。"监察机关的政治定位与法律定位总体是一致的，但也存在某种紧张关系。在依法治国、建设社会主义法治国家的大背景下，依法治国首先是依宪治国，依法执政首先是依宪执政，因而必须运用法治思维、法治方式来处理监察改革与社会现实变动不居的问题。过度强调监察机关的政治性，会消解监察行为的稳定性、可预期性,损害监察法实施的法律效果、社会效果,从而反噬监察机关的政治性。监察机关作为行使国家监察职能的专责机关,依法开展反腐败工作、统筹协调国际反腐败协作是其主要任务之一,而政治犯不引渡是国际法的重要原则之一,过于强调监察机关的政治性,也会使中国的反腐败国际追逃、追赃陷入被动。

4. 监察派驻机构的功能与定位

监察机关对行使公权力公职人员的全覆盖,在一定意义上是通过监察组织的全覆盖来达成的。其中,监察派驻机构的科学设置尤为重要。我国《监察法》第 12 条规定:“各级监察委员会可以向本级中国共产党机关、国家机关、法律法规授权或者委托管理公共事务的组织和单位以及所管辖的行政区域、国有企业等派驻或者派出监察机构、监察专员。监察机构、监察专员对派驻或者派出它的监察委员会负责。”据此需要研究的问题如下。

第一,派驻对象与监察对象能否形成一一对应的关系。按照我国《监察法》第 15 条有关监察对象具体化的规定,工会、共青团、妇联、红十字会、法学会、证监会等并未明确被列举为监察对象,然而,根据中国的政治现实,上述单位无疑会被纳入派驻范围。如何根据法解释技术,将上述单位的有关人员纳入监察对象,从而实现《监察法》第 12 条与第 15 条的科学合理衔接,这是厘清监察法学的研究对象时必须处理好的问题。

第二,在我国行政区划建制中,地区、盟、旗等行政区域不设本级人大,应由省级监察委员会派驻监察机构。但是,从监察试点实践来看,各地主要采取省级人大常委会产生地区、盟、旗等监察委员会的做法。那么,省级人大常委会产生的此类监察机关,应将其定位为独立的一级监察机关,还是省级监察委员会的派出机关?

第三,各地的经济开发区、高新技术开发区、航空港、风景区等“新区”是否可以被解释为《监察法》第 12 条指涉的“所管辖的行政区域”?乡镇一级政权机关不设对应的监察机关,如果向乡镇一级派出监察组织,其应被视为“监察派出机关”,还是“监察派出机构”?监察派出机关与派驻机构是同位的,还是有所区隔?监察机关向政府部门派出机构,与向政法机关以及企事业单位派出有何不同?是否各自有不同的运作规律?这些也是关乎监察实效甚至监察改革成败的重大问题。

(二)研究范围

不少教科书和论著往往对"研究对象"和"研究范围"不加区分,严格来说,这是不妥当的。"研究对象"是对应于研究主体的"他者",而"研究范围"即为"研究边界"。该边界取决于研究主体的研究能力、研究方法、研究视角和研究客观条件,也取决于监察法学自身面临的研究对象、任务和所欲达致的目标。中国的监察法学固然要型塑自己的主体性品格,体现本土性、时代性、现实性特点,但也不可能沙上建塔,拒斥人类文明的共同成果。因为监察内含制约权力、防止腐败的使命,是公权力产生以来人类面临的共同课题,人类不懈的探索和总结已累积无数宝贵的经验,更何况进入全球化时代,诸多腐败问题跨越国界,反腐败需要国际社会通力合作才能取得良好成效。

我国《监察法》第6条规定:"国家监察工作坚持标本兼治、综合治理,强化监督问责,严厉惩治腐败;深化改革、健全法治,有效制约和监督权力;加强法治教育和道德教育,弘扬中华优秀传统文化,构建不敢腐、不能腐、不想腐的长效机制。"该条所指中华优秀传统文化,当然既指中国传统吏治中处理"德治"与"刑治"关系的有益思想,又指深植于中国传统之中的监察思想。"百代皆行秦政制",中国的监察制度有2000多年的历史,从秦代开始创立"三公"制度,即设丞相统领百官,设太尉执掌军事指挥,设御使大夫以监察百官,以后历朝历代虽然官制不断调整,但监察制度却始终赓续连绵。按钱穆先生所言:"中国传统讲究设官分职,而如何管理与监察称职与否,则系于御使与谏官。在汉代,设有官属副宰相的御使大夫管理监察政府,所辖含中央和地方。而真正行事的又再行分配,一为御史丞,负责监察中央与地方政府之责;一为御史中丞,负监察王室包括皇帝之责。至唐代,台谏分职,御史台负纠察百官之责,谏官则专对天子谏诤过失而设。御史台由皇帝任命,已不属宰相的部属,成为一独立机关。至宋,则台谏两职人选皆不出丞相,意即台谏人选决定权在皇帝,这样谏官失去制约皇权之用。台谏与政府对立,对政府持异见而不需负实责,成为政府的一大羁绊。台谏官员习气渐横,是非太多,激起政治反动,为众人所不屑。久之,作用懈怠。尔后,明朝废除台谏官制度,于六部分设给事中。"[1]

揆诸中国古代监察制度的演进过程,体现出以下几个特点:第一,监察服务于中央集权尤其是皇权统治,造成行政权的凝滞和地方权力的衰落,给正常的官僚管理秩序带来了严重影响,造成国家政治生态的失衡。第二,监察权本为监督行政权而设,但随着监察机构的不断膨胀,却反而吞噬、甚至取代行政权。例如,汉代本作为监察官的十三州刺史逐渐取代地方行政长官,通过监察权力行使者兼管行政权、军事权,而导致监察权的行政化。第三,中国古代监察权不是现代意义上的公共政治权力,其权力的获得与丧失完全取决于皇权,与社会大众的公共意志无涉;监察官的选择任用也并无明晰的标准,而完全取决于任用者的个人偏好,故监察官质素的好坏,取决于个人理性这种不可靠的因素。第四,古代监察权定位于纠举官员的行为得失,而不是立基于治理国家的公共权力功能分际之上,这又造成监察范围的边界不清。监察官员时常超越公共政治的边界而直入官员的个人空间、社会交往、家事活动乃至内心思想,从而造成监察任务繁重、监察机构膨胀、监察成本超越国家财力支撑。据上而论,当代监察法学在充分吸取中国古代监察传统历史润养的同时,如何合理舍弃其糟粕、适度框定研究范围、尊重历史本身的客观规律,实为当代监察法学必须谨慎把握的重要议题。

为了建立健全中国的监察制度,西方的议会监察专员制度也应是中国监察法学研究的对象。作为国家制度的一个重要组成部分的监察专员制度,发轫于 1713 年瑞典国王查尔斯十二世设立的最高监察专员办公室(office of supreme ombudsman);1719 年后,该职位被改造为大法官制度(chancellor of justice),其职能是对法官和公务员是否履职进行监督。1809 年瑞典颁布了新宪法,根据社会新的情势需要,在该宪法中设立了独立于行政机关的议会专员。自 20 世纪 60 年代以降,监察专员制度跨出斯堪的纳维

〔1〕 钱穆:《国史新论》,三联书店 2005 年版,第 86 ~90 页。

亚半岛而不断向世界其他地区开疆拓土,此项制度被以后世界诸多国家所效仿,并成为监察制度领域独具特色的奇花异草。但一个值得注意的现象是,其他国家在效行瑞典议会监察专员制度时,并不是简单移植,而是根据主客观的需要进行了本土化的改造。此种重新“装修”所造成的一个难题是,面对形形色色的监察专员制度,如何寻找“监察专员”的最大公约数。国际律师协会(international bar association)于1974年对“监察专员”的意涵给予了界定,认为一个“妥恰指涉”的监察专员应具备三个特征:其一,该机构由宪法或议会通过立法设定,由一个独立的高级别的官员担任首脑;其二,该机构受理有冤屈的公民对政府机构、政府官员或者工作人员所进行的申诉;其三,该机构有权进行调查,提出改正建议以及发布报告。素以保守著称的英国也在1967年设立了议会监察专员(parliamentary ombudsman),但该机构在制度设计上并不与瑞典所代表的北欧模式完全相同,它们之间的差异在于:针对英国中央政府各部门的申诉只能通过议员转交监察专员,民众没有通向议会监察专员的“直接入口”,这是所谓的过滤机制。另外,由于议会监察专员设立之初的目的仅在于监督中央政府各部门,地方政府、医疗服务机构以及大量公共机构(如事业单位、国有企业等)被排除在外,在后来的制度演进过程中,这些监察“缝隙”逐渐被填平,从而形成了多样化、分散化的公共机构监察专员。

尽管英国社会对议会监察专员的合宪性问题还存在理论上的争议,[1]但议会监察专员制度起到了良好的效果并为社会广泛接受乃是不争的事实。在世界各国议会制度中,英国的议会制度与中国的人民代表大会(以下简称人大)制度具有最大的通约性。“议会主权”与“法的统治”是英国议会奉行的两大基本原则,而中国的人大制度是根本政治制度,社会主义法治原则也是人大在内的所有国家机关必须遵守的原则。英国议会监察专员制度在不触动英国根本政治架构的前提下,有效地嵌入现有的政治体制中,以最小的代价达成了最大的改革收益。中国自1954年《宪法》确立了人大之下

〔1〕 关于议会监察专员合宪性的理论学说有“经典的分权理论”“修正的分权理论”“成长的独立价值说”三种。

的"一府两院"制度后,尽管近40年也有多种机构改革甚至政治改革,但从未触动这个宪制结构。为了达成高效权威反腐败的目的,并改变过去行政监察范围过窄、反腐败力量分散的状况,党和国家最高决策部门决定进行一场"伤筋动骨"的改革,即把行政监察机关和检察院反贪、反渎、职务犯罪预防三部门职能统一整合成国家监察职能,国家政权组织体系也因此由过去人大之下的"一府两院",演变为人大之下的"一府一委两院"。按照宪法和法律的规定,中国人大有组织地产生其他国家机关,有对其进行监督的实实在在职权,并被赋予备案审查、合宪性审查、质询、特定问题调查、撤职等职权,同时,还另有一套国家信访机构体系。如果借鉴议会监察制度,不仅可以整合现有的反腐败资源,也可以最大限度地减少改革带来的阵痛,并保持现有制度运作机理的圆通,提升人大的权威。在这一方案下,人大监督、监察监督与检察院的法律监督三者之间关系如何处理?国家监察与审计监督、信访制度如何整合?监察全覆盖与司法机关独立行使职权之间如何协调?这些也成为监察法学研究中尤为紧迫且难度巨大的问题。

二、监察法学的研究方法

中国法学的发展已逐渐摆脱了既往简单粗糙的状态,进入一种"问题凸显,方法精致"的格局。此种格局奠定了法学学科的自主性,也建立了法学学科与其他学科的分别。监察法学作为法学学科的一门独立二级学科,除了其必须具备独特的研究对象、研究范围、独特的知识话语体系外,还必须具有与其他法学学科既相同又相异的研究方法。

(一)监察法教义学

法教义学的研究可以追溯到对古代罗马法的发掘研究。伯尔曼指出,12世纪的法律科学家如同今天的法律科学家一样,通常从事的是很晚以后被称为"法律教条学"(legal dogmatics)的工作,即系统地阐述法律规则的细节以及它们的相互关联、它们对于具体类型的情况的适用。在西方法学历史上,法教义学更主要的是与德国的历史法学和概念法学相联系的。19世纪自然科学取得了非常重要的成果,这也影响同时期法学家的理论研究。他们逐步摆脱了罗马法的魔力,越来越受自然科学的影响。他们试图将法学作为一种科学来进行研究。从总体上,可以说法教义学自始跟解释学相关,到后来跟西方历史法学与概念法学有密切的关系。后者为法教义学提供了重要的方法论基础。在对法的本质及其适用的过程的理解上,这种法教义学乃致力于客观地认识概念、封闭的法体系理念以及机械的逻辑演绎推理方法等。自 19 世纪以来,越来越多的法律学者认为法教义学的任务主要在于对法概念进行逻辑分析,建构法律体系,并将概念体系运用于司法裁判。[1] 中国政法大学的雷磊教授认为,法教义学可以从三个面向来认知:"在裁判理论上,法教义学坚持三个基本主张:(1)法教义学反对摆脱'法律约束'的要求,主张法律(规范)对于司法裁判的约束作用。(2)法教义学反对过度夸大法律的不确定性,主张司法裁判的法律(规范)属性。(3)法教义学反对轻视规范文义的倾向,主张认真对待文本本身。在法概念论上,法教义学反对'事实还原命题',主张法律的规范属性。在法学理论上,法教义学反对纯粹的描述性法学理论,秉持规范性法学理论的立场。"[2]

由于国家监察立法没有采取惯行的立法路径,即过去的国家机关立法大多是先有组织法再有官员法,然后还有行为法、程序法等。这样的立法模式于监察体制改革而言被认为缓不济急,于是采取了"综合立法模式",即在一部法典中包含了上述所有立法元素。又由于监察机关被定位为政治机关与国家机关的结合,既往大量调整党的纪检机关的规则继续对国家监察机关起指导作用,在此情况下,如何梳理监察法规范体系的意义脉络、保持其规范意义的融贯性,就成为监察法教义学必须处理的重要问题。拉伦茨就提出,"解释规范时亦须考量该规范之意义脉络、上下关系体系地位及其对该当规范的整个脉络之功能为何","以体系的形式将之表现出来,乃是法学最重要的任务之一"。[3]

---

[1] 参见焦宝乾:《法教义学的观念及其演变》,载《法商研究》2006 年第 4 期。

[2] 雷磊:《什么是我们所认同的法教义学》,载《光明日报》2014 年 8 月 13 日。

[3] [德]卡尔·拉伦茨:《法学方法论》,陈爱娥译,商务印书馆 2003 年版,第 317 页。

监察法教义学的研究方法必须首先解决监察权配置的逻辑起点问题。如果仅以高效权威的反腐为目的构建监察法规范体系，并以权力反腐为手段达成该目的，那么在监察法规范内部或许能够实现一种整全、系统的解释，但在处理监察法与宪法、其他法律的关系时，就可能出现价值冲突、意义抵触。比如，如何将宪法确立的尊重保障人权原则、法治原则、法律面前人人平等原则，行政法中的比例原则、过错与惩处相当原则等体现在监察执法过程中被调查人的权利保障上？纪法贯通和法法衔接是推进国家监察体制改革的重要环节。在监察法与刑事诉讼法、刑法、监督法以及立法法不一致的情况下，是通过法律解释、具体实施细则的制定使它们之间保持一致，还是通过修改刑事诉讼法等相关法律的方式加以解决？古今中外反腐败的经验教训表明，依赖权力反腐只是一种治标的手段，要在长远和根本意义上解决腐败问题，必须依靠民主和法治的共同推进。法治能够打造关住权力的“笼子”，民主才能决定“笼子”的品质和强度。国际上成功的反腐败手段如官员财产公开、政府（广义上的大政府）信息公开、开放言论和新闻监督的渠道、竞争性的选举制度等，这些在我国当下要么付之阙如，要么制度不够健全。这些问题都要通过监察法教义学的研究，为完善监察立法做出更有益的贡献。

监察法中有不少不确定语词，如“秉公用权”“权力寻租”“利益输送”等，均非经典的法言法语。在法治主义立场下，如何界定上述语词的确定意涵，对严格监察立法至关重要。我国《监察法》第 3 条规定：“各级监察委员会是行使国家监察职能的专责机关，依照本法对所有行使公权力的公职人员（以下称公职人员）进行监察，调查职务违法和职务犯罪……”第 4 条规定：“监察委员会依照法律规定独立行使监察权，不受行政机关、社会团体和个人的干涉。”第 5 条规定：“国家监察工作严格依照宪法和法律，以事实为根据，以法律为准绳；在适用法律上一律平等，保障当事人的合法权益……”第 11 条规定：“监察委员会依照本法和有关法律规定履行监督、调查、处置职责……”按照上述条款规定，监察委员会进行监察是“依照本法”，开展“监察工作是依照宪法和法律”，履行监督、调查、处置职责是“依照本法和有关法律”，而按照最通常的理解，监督、调查、处置是监察权的具体行使方式，监察工作与监察权行使基本上亦可相互替换。那么,要解决上述 3 个条款中所表述的监察行为法律依据不一致的问题,就必须借助体系解释的方法,得出监察机关行使监察权不能仅限于监察法,宪法和其他法律只要与监察权的行使相关,监察机关就必须恪守。又如,《监察法》第 31 条和第 32 条规定,国家监察机关可以向检察机关提出"从宽处罚的建议"。第 45 条第 3 款规定,"对不履行或者不正确履行职责负有责任的领导人员,按照管理权限对其直接作出问责决定,或者向有权作出问责决定的机关提出问责建议";第 5 款规定,"对监察对象所在单位廉政建设和履行职责存在的问题等提出监察建议"。中央纪委、国家监察委 2018 年颁布的《公职人员政务处分暂行规定》第 9 条规定:"对前款人员,监察机关可以依法向有关机关、单位提出下列监察建议:(一)取消当选资格或者担任相应职务资格;(二)调离岗位、降职、免职、罢免。"第 11 条第 4 款规定:"对基层群众性自治组织中从事管理的人员给予责令辞职等处理的,由县级监察机关向其所在的基层群众性自治组织及上级管理单位(机构)提出建议。"这里需要研究的是,上述条款所涉的"从宽处罚建议""监察建议""问责建议""建议",是否同属于监察建议的不同类型,还是各自有不同的功能定位、内容构成、效力指向的建议?监察建议与监察决定有何不同?监察建议的作出主体、程序、法律效力是什么?监察建议是否必须有一定的限度?比如,监察机关能否使用监察建议要求法院再审或者要求人大机关必须作出某种决定等。上述问题如果不能从理论上充分厘清,必然会导致监察建议的滥用,从而损害监察机关的权威,侵蚀其他国家机关、社会组织的正常运行秩序。

国家监察立案管辖在反腐败的路径依赖下采用依据被调查对象行政级别的不同而由相应监察机关管辖的制度,这与刑事诉讼以属地管辖为主的制度安排殊为不同。这在逻辑上可能导致在未来的监察实践中,国家监委办理的案件,因被调查人犯罪情节较轻微,可能判处有期徒刑以下的刑罚,而只能移交基层检察院依法审查起诉和基层法院审理裁判。反之,基层监察机关调查的案件却因为"小官大贪"而可能被判处无期徒刑甚至死刑,因而必须移送市级检察院依法审查起诉和中级法院审理裁判。个别的案件因为案情特殊酌情采取移送管辖的方式倒也无妨，但常规办案也采取频繁、不确定的案件移送方式，势必会造成执法、司法的不稳定性，耗费巨大的法治协调成本，也影响法治统一。

监察机关查封、扣押、冻结公民、企业、社会组织的财产没有明确的时限规定。我国《监察法》第23条规定："监察机关调查涉嫌贪污贿赂、失职渎职等严重职务违法或者职务犯罪，根据工作需要，可以依照规定查询、冻结涉案单位和个人的存款、汇款、债券、股票、基金份额等财产。有关单位和个人应当配合。冻结的财产经查明与案件无关的，应当在查明后三日内解除冻结，予以退还。"第25条规定："监察机关在调查过程中，可以调取、查封、扣押用以证明被调查人涉嫌违法犯罪的财务、文件和电子数据等信息……查封、扣押的财物、文件经查明与案件无关的，应当在查明后三日内解除查封、扣押，予以退还。"财产、财物和相关文件资料是其所有人或者持有人开展经营活动或社会活动的物质基础，也是个人享有人格尊严的重要载体。一旦监察机关采取过度限制措施，将对社会秩序产生极大的损害，因此，在保障监察机关正常开展监察工作与保护公民个人和企业、社会组织的财产权之间，必须保持良性的平衡，以防止监察权的滥用。在上述规定中，仅有监察机关查明冻结、查封、扣押不当，应当退还的期限限制，而并无监察机关查明财物、文件与案件是否存在关联、存在何种关联的期限约束，这给监察机关的不当拖延或怠于履责留下了制度空白，是制度设计上的不周延。

《监察法》作为全国人大通过的基本法律，在其贯彻实施中，如果与全国人大通过的其他基本法律的内容相冲突或者不能相互衔接应该如何处理，也是监察法教义学必须研究处理的重大问题。由于国家监察体制改革是前所未有的重大政治体制改革，国家监察机关是一个全新的国家机关，我国《监察法》是对行政监察法等有关法律法规的代替，又由于监察职权与其他国家职权的非同质性，因而造成《监察法》与其他国家法律在调整某些表面上类似的事项时，是否能够简单依照立法法规定的法律冲突解决规则来处理，在理论上是值得斟酌推敲的。比如，疑罪从无是刑事法律的基本适用原则，按照此原则，"证据不足，无法形成完整证据链条的案件应该作为无罪处理”,但我国《监察法》第45条规定:“对涉嫌职务犯罪的,监察机关经调查认为犯罪事实清楚,证据确实、充分的,制作起诉意见书,连同案卷材料、证据一并移送人民检察院依法审查、提起公诉……监察机关经调查,对没有证据证明被调查人存在违法犯罪行为的,应当撤销案件,并通知被调查人所在单位。”这里的“没有证据”“证据不足”两种情形,如果不能作出如此解释,那“证据不充分”的处理情形能否依照刑事法律的原则来处理?如果依照刑事法律的原则来处理,又与《监察法》排斥《刑事诉讼法》适用的初衷如何协调?

我国《监察法》根据《宪法》而制定,严格遵守并服从宪法是法治统一的基本要求,宪法的原则和规则必须在监察立法和监察执法中得到严格贯彻。以此审视《宪法》和《监察法》的相关规定,不难发现有一系列内容需要进行法教义学上的整合。比如,我国《宪法》第33条规定,“国家尊重和保障人权”,被限制人身自由的当事人获得律师会见和律师帮助的权利,及时告知当事人家属被限制的时间、地点和原因的权利,都是人权保障的具体内容。《监察法》未规定被调查人被采取留置措施后的律师会见问题,且可以因某种事由不通知家属,此规定与《宪法》第33条规定的精神是否相符?《宪法》第123条规定“中华人民共和国各级监察委员会是国家的监察机关”,《监察法》规定“各级监察委员会是行使国家监察职能的专责机关”。国家监察机关与“行使国家监察职能的专责机关”是否为等同关系?《宪法》第37条规定:“任何公民,非经人民检察院批准或者决定或者人民法院决定,并由公安机关执行,不受逮捕。”该条所指“逮捕”到底是狭义的刑事诉讼中的强制措施逮捕,还是泛指一切限制人身自由的强制措施?如果指涉后者,那么《监察法》规定的留置措施决定程序如何与本条规定相兼容?

我国《宪法》第40条规定:“中华人民共和国公民的通信自由和通讯秘密受法律的保护。除因国家安全或者追查刑事犯罪的需要,由公安机关或者检察机关依照法律规定的程序对通信进行检查外,任何组织或者个人不得以任何理由侵犯公民的通信自由和通信秘密。”按照本条规定,宪法仅授权公安机关或者检察机关可以对中华人民共和国公民的通信进行检查,监察机关并未获得授权。《监察法》第 25 条第 1 款规定:“监察机关在调查过程中,可以调取、查封、扣押用以证明被调查人涉嫌违法犯罪的财物、文件和电子数据等信息。采取调取、查封、扣押措施,应当收集原物原件,会同持有人或者保管人、见证人,当面逐一拍照、登记、编号,开列清单,由在场人员当面核对、签名,并将清单副本交财物、文件的持有人或者保管人。”第 28 条规定:“监察机关调查涉嫌重大贪污贿赂等职务犯罪,根据需要,经过严格的批准手续,可以采取技术调查措施,按照规定交有关机关执行。”从文义解释的角度来看,调取、查封、扣押与检查的意涵明显不同。依循常理,没有检查则无调取、查封和扣押。而技术调查措施是指监察机关在查获特定的职务犯罪中,依据国家赋予的特殊调查权力,运用各种专门的技术调查手段和秘密调查力量收集证据、查明案情的专门特殊的调查手段,包括但不限于电子、电话监听监控、电子侦听、秘密拍照录像、秘密跟踪调查、秘密搜查、秘密获取某些物品、邮件检查等专门性技术手段。按照我国《监察法》第 28 条的规定,技术调查是否可以扩大解释为包括通信检查?技术调查是监察机关不得独立采行的调查措施,而必须依赖其他专门国家机关配合执行。基于上述,对于《监察法》与《宪法》第 40 条关于通信检查文义解释不一致的情况,可以基于法秩序安定性要求作合宪性推定,但为了防止此项权力的滥用而损害宪法规定的精神内核,必须严格依照监察法的要求进行程序控制,而且对于规则空缺或模糊之处,可以考虑暂时通过建立监察机关与其他相关国家机关的工作协调机制予以解决。在实践运行充分后,可以考虑在总结经验教训的基础上,经由全国人大常委会的解释决定,细化对技术调查措施的法律规制。

我国《监察法》第 67 条规定:“监察机关及其工作人员行使职权,侵犯公民、法人和其他组织的合法权益造成损害的,依法给予国家赔偿。”现行的国家赔偿法仅调整行政赔偿和刑事司法赔偿两种情形。由于监察机关被定位为既不是行政机关,又不是司法机关,因此,现行的国家赔偿法无法适用于监察损害赔偿。为了保证监察损害赔偿规定的贯彻实施,也需要通过法律解释和法律修改建立健全相应制度。

(二)监察社科法学

监察社科法学的研究进路注重整合法学与其他学科,研究与法律相关的经验事实。“从观察视角来看,社科法学可以从宏观社会、微观社会和微观个体的视角展开研究。而且随着实地调查的变化,研究者也需要经常进行视角的转换。从认识论来看,社科法学主张批判主客两分、法律/社会的二元对立观念,强调研究‘视域融合’:即有关法律经验事实的知识要通过研究者、他者和共同面对的世界这样一种三角关系获得。从研究方法来看,社科法学倾向于实现:定性方法与定量、经验事实与理论抽象、经验研究与规范研究的有机整合。”[1]社科法学也可以分为不同的知识类型,或称为研究面向。其中,国内已形成规模的是法律社会学、法律经济学、法律认知科学。监察社科法学作为一种刚开始而远未成熟的研究进路,亟须从以下层面开展对监察法现象的深入研究,以因应监察法实践的紧迫要求。

1. 监察党规学。我国已颁行的《监察法》采取综合立法、简明立法的思路,并未按照传统的国家机关立法路径分步骤制定组织法、官员法、程序法,而是融上述立法内容于一炉;为了规避立法难点,求取立法的最大公约数,《监察法》采用了立法宜粗不宜细的思路,这导致实践中大量监察行为处于无法可依的规则空缺状态,国家监察委员会并未被赋予制定“监察法规”或“监察法实施细则”的权力,人大常委会的法律解释权由于种种原因也依然处于“沉睡”状态,因此,国家监察机关不得不求助于纪检部门,以颁行党内法规为监察权的顺利运行输送规则。党内法规的效力范围是什么?党内法规能否对公民、社会组织的权利义务产生外部效力?监察党内法规与监察法律法规各自发挥作用的畛域是什么?监察党内法规如何与监察法律法规有效衔接……这些问题都有待展开深入并有实效性的研究。

2. 监察法政治学。国家监察制度改革肇启以后,政治学者、法律学者皆密集地展开研究,形成了诸多有价值的成果,比如,国家监察与代议机构自

---

〔1〕 侯猛:《社科法学的研究格局:从分立走向整合》,载《法学》2017 年第 2 期。

治、监察全覆盖与独立审判、监察监督与学术自由、监察监督与基层自治的关系等方面。但以上研究大多局限于规范主义、制度主义的阐释,缺乏经验层面的观察和研究;大多局限于宏观层面的理论论证,缺乏对某一具体的监察主体行为的全景描述,从而未能形成对监察规范与监察事实间互动的精细观察。

3. 监察法经济学。法经济学是运用有关经济学的理论、方法研究法学理论和分析各种法律现象的学说。法经济学的核心在于,所有法律活动,包括一切立法、司法以及整个法律制度,事实上是在发挥分配稀缺资源的作用,因此,所有法律活动都要以资源的有效配置和合理利用,即效率的最大化为目的,所有的法律活动基于此都可以用经济学的方法来分析和指导。在西方国家,很多人曾片面地认为法和法学所要解决的问题是公平或正义这样的问题,而经济学所要解决的则是效益问题,即如何有效利用资源、增加社会财富的总量。[1] 经济学本质上是实证科学,注重数据分析。而法律是调整人们相互关系的行为规范,人们的行为难以进行定量分析,因此,人们极少运用经济学理论和方法去分析法律制度。但 20 世纪以来,尤其是第二次世界大战以来,法律在经济生活中的作用越来越大,人们开始认识到法律与经济有不可分割的联系。对法律的经济分析在可能的条件下不仅是定性的,而且是定量的,从而使人们可以精确地了解各种行为之间的经济效益的差异,进而有助于改革法律制度,最终有效地实现最大程度的经济效益。[2] 国家监察改革是一场前所未有的重大政治体制改革,它引致了国家机关组织体系和国家权力配置架构的重大变化,也导致各种政治利益和政治关系的重大调整。面对这样一项全新的改革,我们并没有现成的经验可以参照和依循,因此,监察制度的总体改革和每一项具体改革举措成败利弊到底如何,政治效果、社会效果怎样,都可以借助经济学的分析方法和研究手段进行精准的定量分析,以为改革决策、制度完善提供有益的支撑。

---

〔1〕 参见高静:《法经济学在我国的传播》,载《理论界》2009 年第 4 期。
〔2〕 参见时显群:《西方经济分析法学在中国》,载《现代法学》2002 年第 1 期。

三、本书的定位和编写思路

本书以监察权的运行为主线安排整个逻辑体系，主要针对大专院校本科生、研究生学习监察法的需要，同时兼顾监察实务部门掌握监察法基本理论和基本知识体系的需要，力求做到表达简明平实、线条清晰、篇幅适当。本书坚持法治理念和原则，保持政治敏锐性；不回避争议问题，但尽量采纳通说，不过多纠缠于争议问题；直面监察制度运行的实践，紧密结合监察实践已有的案例，以案释法、以案析理。其目的在于培养和训练学生观察、分析监察法现象，解决宪法问题的能力。总之，本书强调监察法学的学术意识与实践功能，突出原理与经验的探讨，力求完整地体现"原理—规范—现实"的部门法研究思路和方法论体系。监察法学有独立、完整的调整对象和特有、自足的研究方法，这其实决定了监察法学不能被视为宪法学、行政法学、刑事诉讼法学的分支学科，而应然成为法学之下的一门独立二级学科，但其与宪法学、刑事诉讼法学、行政法学的关系理应成为本学科的研究重点。由于当下法学学科课程体系安排的实际状况以及本书篇幅安排的有限性，因而本书只能对上述内容略而不述。辩证唯物主义和历史唯物主义的研究方法是中国一切社会科学研究必须遵循的方法指南，也是本书贯彻始终的根本性研究方法。在本书有关研究方法的介绍中，之所以未将辩证唯物主义、历史唯物主义的研究方法单独阐述，是因为对理所当然之事不必赘述。

国家监察机关是与执政党纪检机关合署办公的机构，在我国《监察法》采取简约立法模式的情况下，大量监察行为的规则都习惯性地依赖党的纪检法规的供给，而且《监察法》本身也借用了很多纪检规则的术语表达，从而形成不确定的"政法语词"。在当下中国的法政机构下，监察法律法规如何与党规党纪衔接协调？如何对党的纪检法规在监察领域的应用进行合宪性、合法性检视，既坚守法治底线，拒斥一切存在即合理的谬见，又不因过度拘泥而造成秩序冲突，这是监察法学研究面临的最大难题。总之，监察法学的研究既要仰望星空，又要脚踏实地；既不能过度浪漫主义，又不能抱持完全的鸵鸟主义。适度地平衡和妥协，才能行稳致远。

本书由国内多位对监察法研究保持长期关注且研究成果颇丰的学者协力编撰而成。由于观察视角、写作风格、研究能力的个体差异,因此,本书的整体一致性未必能符合读者所期,其中错误也在所难免,敬请广大读者批评指正。

第一编

监察法的基本理论

本编讨论监察法的概念、渊源、原则等监察法基本问题，回答监察法是什么、外在表现形式有哪些、表达何种价值理念、遵循何种原则等问题。

第一章　监察法概述

第一节　监察法的概念

2018 年 3 月 20 日第十三届全国人大第一次会议通过《监察法》。《监察法》的通过标志着我国党和国家权力监督体系的重新建构，形成了新的国家监察体制。这部《监察法》是国家监察的基础性和主干性法律，是反腐败国家立法的重要组成部分。

一、监察立法的指导思想

我国是最早建立独立监察机构、制定专门监察法律的国家，具有深厚的监察文化传统。[1] 中华人民共和国成立以来，为了加强对权力的监督，我国建立了党的纪检机关、行政监察机关和检察机关共同查办违纪、职务违法和职务犯罪案件的体系与机制。[2] 实践证明，这一机制发挥了对党员领导干部和国家机关公职人员的监督作用，但不能完全适应我国反腐败的新形势，也不能体现国家治理体系与治理能力建设的新要求，必须进行改革与调整。

---

〔1〕 张晋藩教授认为，中国古代的监察立法经历了从复杂到简单、由地方到中央、由单行法规到完整法典，是中国古代法律体系中独具特色的部分。参见张晋藩：《中国古代监察机关的权力地位与监察法》，载《国家行政学院学报》2016 年第 6 期。

〔2〕 秦前红教授认为，这套体系可以概括为"三驾马车"模式：纪委主导、检察院保障，政府监察机关补充，三轨并行、相对独立。参见秦前红：《困境、改革与出路：从"三驾马车"到国家监察——我国监察体制的宪制思考》，载《中国法律评论》2017 年第 1 期。

党的十八届四中全会提出，全面推进依法治国，建设中国特色社会主义法治体系，建设社会主义法治国家。形成严密的法治监督体系、有力的法治保障体系，完善的党内法规体系。党的十九大报告提出，为了加强反腐败工作，必须推进反腐败国家立法，健全党和国家监督体系，深化国家监察体制改革，组建各级监察委员会，制定国家监察法。

我国《监察法》第 2 条规定，监察法以马克思列宁主义、毛泽东思想、邓小平理论、“三个代表”重要思想、科学发展观、习近平新时代中国特色社会主义思想为指导。它表明我国监察法以建立符合中国国情、具有中国特色的监察体制为目标。我国《监察法》的起草和通过〔1〕符合我国《立法法》的规定，吸收监察体制改革的试点经验，通过法律将党集中领导反腐败工作的经验和机制固定下来，实现党内监督与国家监督、纪律检查与监察调查的有机结合，建构具有中国特色的社会主义监察制度。〔2〕

二、监察法是监察法律规范的总称

法律规范和文本意义上的监察法，其含义有狭义和广义两种。狭义的监察法是指全国人大制定的《监察法》，而广义的监察法是以《监察法》为核心的法律规范的总称。〔3〕

我国《宪法》第 62 条规定，全国人大制定和修改刑事、民事、国家机构的和其他的基本法律。我国《宪法》第 67 条规定，全国人大常委会制定基本法律以外的其他法律。可见，全国人大制定的法律属于规定国家制度的基本法律，《监察法》的立法目标和内容表明，它属于建构新的国家机关并赋予其宪法权力的法律，显然属于《宪法》第 62 条规定的基本法律。因此，由全国人大根据《宪法》和《立法法》制定《监察法》符合监察体制改革的目标和监

---

〔1〕 2016 年 10 月党的十八届六中全会闭幕以后，全国人大常委会法制工作委员会成立了国家监察立法的工作机构，在大量调研的基础上起草了监察法草案。2017 年 6 月下旬，全国人大常委会对监察法草案进行初审。2017 年 11 月 7 日至 12 月 6 日，监察法草案在中国人大网全文公开，征求社会公众意见。2017 年 12 月，全国人大常委会对监察法草案进行二审，2018 年 3 月二审修改稿提交第十三届全国人大审议通过。

〔2〕 参见谢超：《〈监察法〉对中国特色反腐败工作的法治影响》，载《法学杂志》2018 年第 5 期。

〔3〕 本书根据行文的需要，分别在广义和狭义的语境下使用监察法的概念。

察委员会的宪法地位。《监察法》共 9 章 69 条,其内容涵盖监察基本制度的各个方面。

广义的监察法除全国人大制定的《监察法》之外,还包括全国人大常委会制定的监察机关的组织、职权、工作程序方面的法律,国家监察委员会制定和发布的规范性文件,国务院有关公务员奖惩和任免方面的行政法规,最高人民法院和最高人民检察院有关职务犯罪定罪量刑、证据认定方面的司法解释等。所以,广义的监察法是监察法律规范的总称。

三、监察法是授予监察机关职权的法律规范

监察法设置监察机关并授权其行使监察权,是授予监察机关职权的法律规范。

(一)设置各级监察机关

宪法有关监察制度的规定是制定监察法律规范的宪法依据。我国《宪法》规定,监察委员会行使的权力是监察权,监察委员会是行使监察职能的国家机关。因此,我国宪法创制了一种"国家监察权",其目的在于完善人大制度下行政权、监察权、审判权和检察权的国家权力结构。[1] 各级监察委员会均由本级人大产生,向其负责,受其监督。《监察法》根据《宪法》的规定设置监察机关,规定监察机关的职责及与其他国家机关之间的相互关系。监察机关的设置符合我国国家机关设置的基本原理,即在中央和地方分别由本级人大产生国家机关,形成层次清晰的国家机关体系。我国《监察法》第 7 条规定,国家监察委员会是最高监察机关,省、自治区、直辖市、自治州、县、自治县、市、市辖区设立监察委员会。该规定表明,我国的地方国家监察委员会只设三级,乡镇一级不设置监察委员会。《宪法》和《监察法》的规定表明,我国已通过改革形成了新的独立监察体制,此种独立监察体制具有鲜明的时代特色。[2]

---

〔1〕 参见徐汉明:《国家监察权的属性探究》,载《法学评论》2018 年第 1 期。

〔2〕 参见朱福惠:《国家监察体制之宪法史观察——兼论监察委员会制度的时代特征》,载《武汉大学学报》(哲学社会科学版)2017 年第 3 期。

(二)授予监察机关职权

我国《宪法》规定监察机关行使监察权,但没有明确哪些权力属于监察权。由《监察法》和其他法律、规范性文件对监察机关的职权作出规定。

《监察法》规定,监察委员会是行使监察职能的专责机关,也是反腐败的专门机关。监察委员会的职权有四个方面:第一,对公职人员依法履职、秉公用权、廉洁从政和道德操守的情况进行监督和检查;第二,对公职人员的职务违法和职务犯罪进行调查,监察委员会的调查是集党纪调查、职务违法调查和职务犯罪调查于一体的单轨调查体制;[1]第三,监察委员会有权对公职人员的轻微违法行为通过谈话、通报批评等方式作出处理,对职务违法的公职人员作出政务处分,对构成职务犯罪的公职人员移送人民检察院依法审查起诉;第四,开展廉政建设和反腐败工作,维护宪法和法律的尊严。

监察委员会行使职务犯罪的调查权在程序上必须遵守我国《监察法》的规定,同时,在调查职务犯罪时适用刑事法的部分规定。职务犯罪主要是指我国《刑法》分则第八章的贪污罪、第九章的渎职罪。[2] 另外,刑法有关罪名、罪数、犯罪构成、刑罚运用等的规定应当成为监察机关确定职务犯罪的法律依据和准则。监察委员会行使职务犯罪的调查权还必须适用刑事诉讼法的规定,刑事诉讼法的证据规则、非法证据排除规则等是监察机关行使调查权的法律依据和准则。监察委员会的处置权必须适用公务员法、法官法、检察官法的规定,监察委员会在作出政务处分时应将这些法律规定与监察法共同适用。

四、监察法是规范监察权运行的法律规范

任何国家权力都要在宪法和法律范围内运行,这是依法治国的基本要求。监察委员会行使监察权,必须遵守监察法和法律,并且,在法理上确立监察权必须受到制约的理念,对监察委员会自身的监督制约力度须足以防止监察体制改革过犹不及,监察权的运用应当与被调查人权利的保障两者

---

〔1〕 参见陈瑞华:《论监察委员会的调查权》,载《中国人民大学学报》2018 年第 4 期。

〔2〕 参见《国家监察委员会管辖规定(试行)》。

在实践上依法协调实现。[1] 因此,我国《监察法》对监察机关行使职权的程序、条件和法律责任作出了明确的规定,其目的在于规范和限制监察权的运行。

(一)规定行使监察职权的程序

《监察法》对监察工作的每一个步骤都规定了严格的程序,如对报案、举报及问题线索的处理程序;对立案调查的审批程序;各级监察机关管辖案件的程序以及移送管辖的程序;职务违法和职务犯罪调查程序;对被调查人采取强制措施的批准程序;对被调查人作出的处置程序;反腐败国际合作的组织与实施程序等。

(二)规定行使监察职权的条件

为了规范监察权的运行,《监察法》除规定严格的监察程序外,还对监察机关行使权力设定具体条件,以规范监察机关和监察人员合法行使权力。《监察法》第42条规定:"调查人员应当严格执行调查方案,不得随意扩大调查范围、变更调查对象和事项。"监察机关的调查权和处置权必须遵守《监察法》设定的条件;第45条规定,对职务违法的公职人员应当根据情节轻重分别作出处置,对职务犯罪的公职人员应当依法移送人民检察院依法审查起诉,对不履行和不正确履行职责的领导人员应当问责。

(三)规定行使监察职权的法律责任

《监察法》明确规定监察机关和监察人员的法律责任,对调查工作结束后发现立案依据不充分或者失实、案件处置出现重大失误、监察人员严重违法的,应当追究负有责任的领导人员和直接责任人员的责任。监察机关行使监察职能,必须遵守宪法、法律和党的纪律。《监察法》还规定,监察机关行使监察权,应当规范,对于立案调查和留置被调查人,应当严格履行批准手续;对于不应当冻结、查封、扣押的被调查人的财产应当及时解除;监察机关及其工作人员行使职权,侵犯公民、法人和其他组织的合法权益造成损害的,依法给予国家赔偿。对于非法取得的证据应当予以排除;不得虐待、威胁、利诱、刑讯逼供的方式对待被调查人;对于监察人员的违法失职行为应

[1] 参见童之伟:《对监察委员会自身的监督制约何以强化》,载《法学评论》2017年第1期。

当追究其法律责任，构成犯罪的依法追究刑事责任。

五、监察法是监督公权力的法律规范

一切公权力都应当受到监督和制约，不受监督和制约的权力必然走向腐败，这是历史的经验与教训。我国非常重视国家权力的监督与制约，不断深化权力监督体制改革。《监察法》的制定与实施是监察体制的创新，使监察对象范围更宽，监督内容覆盖面更广，将公权力置于全方位监督下，对健全党和国家权力监督体系具有重要意义。[1]

我国的权力监督体系包括国家权力机关的监督、政协的民主监督、司法监督、行政监督等制度性监督形式，其目的在于保障国家权力在宪法和法律范围内活动，防止权力滥用。监察委员会的设置，其目的在于建立一个由党集中统一领导、权威高效的权力监督体制。监察委员会是行使国家监察职能的专责机关，对公职人员行使公权力的监督主要由监察机关负责，我国《监察法》第6条规定，监察机关严厉惩治腐败、健全法治、有效制约和监督权力。监察监督助益实现党内监督与国家监察的贯通，党纪与国家法律的衔接。《监察法》的实施，是实现由政策反腐向法治反腐的转变，是建立长效、稳定反腐机制，实施法治反腐、推进国家监察体制改革的关键。这对于优化国家监察机关的内部权力结构，构建多职能一体的反腐败专门机构具有重要意义。[2]

（一）监督公职人员遵守纪律

监察委员会与纪委合署办公，纪委对公职人员中的党员以及中国共产党机关进行纪律监督，对违反党纪的党员作出纪律处分决定。纪委是党内监督的专责机关，对党员的违纪和违法行为进行调查并作出纪律处分。纪委对公职人员的党纪处分实行“纪在法前”的原则，即公职人员中党员的职务违法和职务犯罪行为，必须先接受纪委的纪律审查和纪律处分，再受政务

---

〔1〕 参见梁梦霞：《监察法填补了权力监督的空白》，载《中国纪检监察》2018年第7期。

〔2〕 参见刘艳红、夏伟：《法治反腐视域下国家监察体制改革的新路径》，载《武汉大学学报》（哲学社会科学版）2018年第1期。

处分，以实现党内监督与国家监察的贯通。

(二)监督公职人员遵守法律、法规和道德准则

监察机关对公职人员依法履职、秉公用权、廉洁从政从业、道德操守情况进行监督。监察委员会拥有广泛的监督权，通过接受举报、受理职务违法和职务犯罪线索案件，对公职人员的财产状况、婚姻状况、遵守廉政纪律的情况进行监督和检查。

(三)调查公职人员的职务违法和职务犯罪

监察机关的调查权不是一般意义上的立法调查权、行政调查权或者司法调查权，而是监察调查权。立法调查，是指宪法和监督法规定的县级以上各级人大及其常委会针对特定问题进行的查明事实真相的活动；行政调查，是指行政机关为了行政管理的需要查明特定事项、收集相关信息的日常行政管理活动，或者为了查明违法行为人的违法事实，作出行政处罚的决定；司法调查，是指法院为查明案件事实或者核实证据而展开的法庭调查活动。监察调查则是监察机关查明公职人员职务违法和职务犯罪的事实、收集证据、采取强制措施的活动，具有违法犯罪调查的法律效果。但是，监察调查不同于司法机关对普通刑事犯罪的侦查，监察调查只针对职务违法和职务犯罪活动，一般情况下并不针对普通刑事犯罪；[1]监察调查适用监察法，而司法机关追诉普通刑事犯罪适用刑事诉讼法。

监察机关调查职务违法和职务犯罪，可以根据《监察法》的规定，行使谈话、讯问、查封、扣押、冻结、搜查、勘验、留置、通缉、限制出境和技术调查等强制措施，在对被调查人使用强制措施时，可以要求公安机关、人民检察院和人民法院以及其他执法机关予以协助或者要求其他执法机关执行。

(四)对公职人员的职务违法和职务犯罪进行处置

监察机关是处置职务违法和职务犯罪的机关，通过处置权的行使监督

---

〔1〕《监察法》第34条规定："人民法院、人民检察院、公安机关、审计机关等国家机关在工作中发现公职人员涉嫌贪污贿赂、失职渎职等职务违法或者职务犯罪的问题线索，应当移送监察机关，由监察机关依法调查处置。被调查人既涉嫌严重职务违法或者职务犯罪，又涉嫌其他违法犯罪的，一般应当由监察机关为主调查，其他机关予以协助。"因此，监察机关在一定条件下对一般犯罪行为也可以进行调查。

公职人员履行职责。监察机关对违法的公职人员作出政务处分决定;对构成职务犯罪的公职人员,及时将案件调查终结报告及起诉意见书,一并移送人民检察院依法审查提起公诉;监察机关对于不履行职责或者怠于履行职责的领导干部进行问责,问责包括责令辞职、引咎辞职、作出检讨等;对于违法情节较轻的可以谈话、通报批评或者予以诫勉。

综上所述,监察法是设立监察机关并授予其反腐败职权,规范监察权的运行,制约和监督公权力的监察法律规范的总称。

第二节 监察法的特点

一、监察法是综合性的法律

《监察法》是基础性、主干性的法律。《监察法》虽然只有 69 条,但对监察机关的组织、权限、行为和程序均作出了原则性规定。虽然这些规定在以后的立法中需要进一步具体化,但《监察法》兼具组织法和程序法的特点极为明显。

我国一般对国家机关的组织和工作程序分别立法,以保证立法的专门性。但是,《监察法》既有组织法规范,又有权限、行为和程序方面的规范,共同形成综合性较强的法规范体系。产生这一现象的原因有以下几方面:第一,《监察法》的制定是监察体制改革实践的需要。20 世纪 80 年代至 90 年代形成的分散型监察体制,不能有效整合反腐败资源,必须进行改革,改革的目标在于实现党对反腐败工作统一领导,形成集中统一、权威高效的反腐败体系。2016 年年底进行的监察体制改革,将党的纪检、行政监察和检察机关的反贪、反渎和职务犯罪预防 3 个部门整合,形成新的反腐败体制。由于需要及时将监察体制改革的实践成果通过法律形式予以固定和推进,《监察法》只能既规定监察机构及其职能,又规定监察权限和监察程序。第二,新的监察机构的运行需要法律依据。监察委员会的运行必须符合法治原则,因此,监察机关的组织、职权和工作程序必须通过立法予以规范,以保障监察机关能够及时有效地执行反腐败职能。第三,《监察法》必须确立监察制度的基本框架。由于《监察法》是反腐败专门立法，而且在我国的权力监督体系中增加了新的内容，只能通过监察立法将监察体制嵌入现行监督体系之中，使国家机关之间监督权限和监督方式相互贯通。[1] 由于实践的限制，有关监察机关的组织、监察官的任职资格和程序、监察机关的调查程序等法律还缺乏立法经验的支持，只能先制定综合性的法律。

（一）《监察法》对监察机关的组织作出一般规定

国家机关的组织与职权一般由专门的法律作出规定，如我国《全国人民代表大会组织法》《地方各级人大和地方各级人民政府组织法》《国务院组织法》《人民检察院组织法》《人民法院组织法》等均为规定国家机关组织和法律地位的专门法律。同时，国家机关的工作人员也有专门的法律进行规范，如公务员法、法官法、检察官法等。《监察法》并不是专门规定监察机关组织的法律，只对监察机关的组织和职权作出一般规定。

《监察法》规定，监察机关分为四级，国家监察委员会是最高监察机关，统一领导地方各级监察委员会，县级以上地方各级监察机关受上级监察委员会的领导。监察机关办理案件实行区域管辖原则，但上级监察机关可以将自己的案件交给下级监察机关管辖，上级监察机关也可以管辖下级监察机关的案件；下级监察机关可以根据情况将案件请求上级监察机关管辖。对于管辖异议的，可以向其共同上级监察机关提出管辖权请求。

《监察法》并没有对监察机关的内部机构设置作出明确规定。《监察法》第36条规定，监察机关建立线索处置、调查、审理工作机制；监察机关应当设立相应的工作部门履行线索管理、监督检查、督促办理、统计分析等管理与协调职能。在实践中，监察机关设立案件管理室、执纪监督室、案件审理室等业务部门，履行《监察法》赋予的职责。

监察机关的组织包括建立监察官制度，监察官为具有专门知识的监察机关工作人员，只有具备监察官资格才能从事相关的调查和处置工作。《监察法》明确规定要建立监察官制度，依法确定监察官的等级设置、任免、考评和晋升等制度。

---

〔1〕 参见秦前红、叶海波等：《国家监察制度改革研究》，法律出版社2018年版，第77页。

（二）《监察法》对监察机关的权限作出一般规定

各级监察委员会是履行监察职能的专责机关，《监察法》专章规定了监察权限。所谓监察权限是指监察机关为履行监督和调查职权而有权采取的监督和调查措施。《监察法》规定，监察机关在监督和调查过程中，有权依法向有关单位和个人了解情况，收集、调取证据，询问证人；有权对可能违法的监察对象进行谈话或者要求其说明情况；有权要求涉嫌职务违法的被调查人作出陈述；对涉嫌职务犯罪的被调查人，有权进行讯问，并要求其如实供述。根据《监察法》第 22 条规定的情形和条件，将被调查人留置于特定场所。根据《监察法》的有关规定，对涉案单位和个人的财产进行查询、冻结，对被调查人的身体、物品和住处进行搜查，有权采取勘验检查、鉴定、通缉、限制出境和技术调查措施。

（三）《监察法》规定监察程序

监察程序是指监察机关进行监督、调查和处置而应遵守的工作程序。《监察法》对监察程序的规定，条文并不多，但非常具体明确，体现了程序公正与公开原则。

1. 工作程序的顺畅衔接

《监察法》规定了工作程序衔接机制。监察机关应当对通过各种方式收集监察对象的违法犯罪线索，依法分类处理。对于需要初步核实的，应成立核查组，核查结束后，要写出初步核实情况报告并提出处理建议。经过初核后，认为被调查人构成职务违法和职务犯罪的，应办理立案手续并作出调查决定。调查决定作出后，应制定调查方案，根据调查方案依法行使调查权限。调查终结后，根据违法犯罪情节作出相应的处置。因此，从线索处理到立案再到调查处置，主要工作环节都有程序规范，以保障监察机关的监察活动高效运作。

2. 严格的批准程序

为了保障职务违法和职务犯罪案件得到及时调查，防止错案的发生，《监察法》设置了严格的批准程序。可以说，任何监察工作中的决定，都需要经过批准程序才能作出。如监察机关的初步核查是违法和犯罪调查的发动程序，为了慎重起见，需要经过监察委员会批准才能成立核查组；立案必须依法履行批准手续,调查人员在调查过程中遇到的重要事项,需要集体研究并请示批准;对被调查人员采取留置措施必须报请上级监察机关批准或备案。

3. 合理的期限

为了保障监察机关依法履行职权,防止违法侵犯被调查人的权利,《监察法》对监察机关办理职务犯罪调查案件规定了合理的期限。如《监察法》规定留置的期限为 3 个月,特殊情况下可以延长一次,延长时间不得超过 3 个月。监察机关对被调查人采取留置措施后,应当在 24 小时内通知其家属和所在单位。监察对象对监察机关作出的涉及其本人的处分决定不服的,可以在收到处分决定 1 个月内向作出处分决定的监察机关申请复审,复审机关应当在 1 个月之内作出复审决定。

二、监察法是独立的法律部门

监察法是独立的法律部门,监察法的内容包括监察机关的性质、地位、组织、职权和工作程序等,是监察机关设置的规范和依据,发挥了监察基本法的功能。

(一)监察法的独立性

监察法既不属于传统的宪法、行政法,也不属于刑事诉讼法,而是独立的法律部门。监察机关的性质、地位、组织和任期属于宪法规范范畴,但监察法不仅规定监察机关的设置,还要规定监察机关的权限、职能和程序,这些不属于宪法的范畴。监察法规定监察机关对公职人员依法履职和廉洁从政等职务行为进行监督检查,对职务违法尚不构成职务犯罪的公职人员,经过立案调查,查明违法事实后,对其作出政务处分决定,对不履行职责的国家机关负责人进行问责,这些规定属于行政法的范畴。[1] 但监察法规定监察机关对职务犯罪有权进行立案调查,对职务犯罪嫌疑人采取强制措施,依法收集犯罪证据,调查终结后,将案件移送人民检察院依法审查,由人民检

〔1〕 参见朱福惠:《国家监察法对公职人员纪律处分体制的重构》,载《行政法学研究》2018 年第 4 期。

察院向人民法院提起公诉。这些调查和强制措施是监察法规定的针对职务犯罪的特殊手段,不适用刑事诉讼法,最多只能说是刑事诉讼的特别法。由此可见,监察法与宪法、行政法和刑事诉讼法关联,但不属于任何一个法律部门。所以,《监察法》作为一个法律文本仅仅是这个法律部门的基础性和主干性法律,是全国人大制定的基本法律,监察法的核心是反腐败国家立法,作为一个独立的法律部门,反腐败法律体系是以《监察法》为主干,包括以后制定的完善监察制度的法律,如有关监察委员会组织、监察官制度、监察调查程序等法律。

（二）监察法体系

监察法体系是一个以《监察法》为核心的法律体系,《监察法》对监察机关的组织、职权、权限、程序、法律责任等只作了较为原则性的规定。虽然《监察法》对新监察体制的建构以及监察委员会的运作提供了法律依据,但这些规定比较原则,不能适应监察实践和反腐败国家立法的需要,随着反腐败实践的发展,必须加快立法进程,使监察立法体系化。

1. 制定监察委员会监督和调查程序方面的法律。监察机关的主要职权是对公职人员进行监督,对职务违法和职务犯罪进行调查。但是,《监察法》对监察机关如何监督规定得较宏观,对监督事项、途径、方式、方法等均没有作出具体规定,不利于监察机关依法履行监督职责。因此,应当制定监察委员会监督法,对监察委员会接受举报,处理移送调查的违法犯罪线索,处理巡视巡察组移送的公职人员违纪违法问题,处理派驻或派出机关发现的违纪和违法问题等作出规定,使监察委员会的日常监督工作有法可依。同时,监察机关还应采取谈话、询问等日常监督方式对公职人员进行监督,对发现的违纪和违法行为进行调查与处置。监察机关调查法主要规定监察机关对职务违法和职务犯罪的调查程序,《监察法》虽然规定了监察程序,但并不是全面的案件调查程序。由于职务违法和职务犯罪的复杂性,监察机关调查职务犯罪既不属于刑事侦查,也不属于行政调查,而是兼具行政调查和刑事侦查特征的特别调查性质。[1] 因此,应当通过制定监察机关调查程序方面

〔1〕 参见秦前红:《监察体制改革的逻辑与方法》,载《环球法律评论》2017 年第 2 期。

的法律,规定调查程序的启动与立案、调查措施的适用、技术调查的决定与执行、证据的收集与保存、留置场所的管理、调查终结程序等,从而规范调查行为,提高犯罪调查的效率。

2. 制定监察机关组织方面的法律。我国《监察法》规定了监察机关的组织机构,但并没有规定各级监察委员会的组织架构,也没有规定监察委员会的内部组织体系及其权力制约关系。因此,应当制定专门的监察委员会组织法,对监察机关的组织体系作出全面的规定。同时,应当及时制定监察官法,以完善监察组织。《监察法》规定国家实行监察官制度,所以,监察官法应当根据我国监察机关的性质、权限和职能,确定监察官的等级设置、任免、考评和晋升等。《监察法》并没有规定监察官设置什么样的等级以及如何任免,只能留待以后立法予以解决。监察官的政治标准较高,必须是中国共产党党员,忠诚于党的反腐败事业,具备过硬的政治素质;监察官需要具有专门法律知识,熟悉刑法、刑事诉讼法、行政法等法律法规;监察官需要具备犯罪调查的专门知识,熟悉证据学和犯罪学方面的知识;监察官还需要具备良好的道德素质,建立政治坚定、业务过硬、道德高尚、干净担当的监察官队伍。

监察法体系还包括反腐败和廉政建设的党内法规。形成以宪法为统领,以监察法为基础,以其他法律、规范性法律文件和党内法规配套的反腐败法律和规范性法律体系。

三、《监察法》是特别刑事诉讼法

现代刑事诉讼的特点之一,是一切刑事诉讼均由司法机关按照刑事诉讼程序展开,其目标在于规范和限制刑事追诉权的启动,保障犯罪嫌疑人和刑事被告人的刑事诉讼基本权利。监察体制改革前,职务犯罪的侦查权由人民检察院行使。监察体制改革后,《监察法》规定,职务犯罪的调查权由监察机关行使,称为职务犯罪调查。但是,监察委员会对职务犯罪的调查与普通刑事案件的侦查,在性质上是一样的,都具有追诉犯罪的法律效果。[1]

---

〔1〕 参见陈光中:《关于我国监察体制改革的几点看法》,载《环球法律评论》2017 年第 2 期。

由于监察机关不是司法机关，而是行使监察职能的专责机关，因此，它不具有司法机关的属性和权力，其职务犯罪调查程序不直接适用刑事诉讼法，而适用《监察法》。但是，《监察法》与《刑事诉讼法》的关系密切，可以说，《监察法》是《刑事诉讼法》的特别法，表现在以下几个方面。

（一）《监察法》有关职务犯罪调查的原则与《刑事诉讼法》的原则具有内在一致性

《监察法》规定了职务犯罪的调查原则，这些原则主要有：第一，保障被调查人权利的原则。《监察法》规定，监察机关在调查期间应当遵守人权保障原则，严禁侮辱、打骂、虐待、体罚或者变相体罚被调查人员及涉案人员。监察机关应当保障被留置人员的饮食、休息和安全，并保证提供医疗服务。监察机关应当依法保障监察对象的申诉权。第二，严格遵守立案标准原则。监察机关的职务犯罪调查虽然不是刑事侦查，但属于刑事诉讼的发动，具有刑事侦查的法律效果。因此，《监察法》对职务犯罪的立案标准作出了与刑事诉讼法大致相同的规定。如立案之前需要经过初步核实，只有经过初步核实发现被调查人有职务犯罪证据，需要追究刑事责任的，才能立案调查。第三，严格遵守法定程序原则。监察机关在调查过程中，必须严格遵守《监察法》关于立案、留置等的批准程序，严格按照《监察法》规定的条件和程序对涉嫌职务违法和职务犯罪的被调查人进行处置。第四，非法证据排除原则。非法证据排除原则为我国刑事诉讼的基本原则，凡非法收集的证据均不能作为证据使用，公安机关、检察机关和人民法院在其办理刑事案件的过程中均适用这一原则。《监察法》规定，以非法方法收集证据不能作为案件处置的依据。

（二）《监察法》有关职务犯罪调查的证据规则与《刑事诉讼法》的证据规则大致相同

《监察法》规定，监察机关依照监察法规定收集的物证、书证、证人证言、被调查人供述和辩解、视听资料、电子数据等证据材料，在刑事诉讼中可以作为证据使用。这一规定不仅符合我国《刑事诉讼法》第 52 条的规定，也与《刑事诉讼法》第 48 条关于证据的种类一致，只是没有被害人陈述一项，这是由职务犯罪的特征决定的。

《监察法》规定，监察机关在收集、固定、审查、运用证据时，应当与刑事审判关于证据的要求和标准相一致。这一规定为原则性规定，它表明监察机关收集证据证明犯罪的活动需要符合以审判为中心的司法体制改革方向，最高人民法院《关于适用〈中华人民共和国刑事诉讼法〉的解释》第 65 条规定，行政机关收集的证据材料，经法庭查证属实，且收集程序符合有关法律、行政法规规定的，可以作为定案的根据。所以，监察机关收集证据的活动只有符合刑事审判关于证据的要求和标准，且经过法庭质证后，才能被法院作为定案的依据。该解释第 64 条具体规定了应通过证据证明的案件事实范围，并对各种证据的审查与认定规定了明确的标准。

《监察法》规定，监察机关对职务违法和职务犯罪案件，应当进行调查，收集被调查人有无违法犯罪以及情节轻重的证据，查明违法犯罪事实，形成相互印证、完整稳定的证据链。这一规定与我国《刑事诉讼法》第 50 条的规定一致，其规定，审判、检察和侦查人员必须依照法定程序，收集能够证实犯罪嫌疑人、被告人有罪或者无罪、犯罪情节轻重的各种证据，以保证定罪量刑的准确性。

《监察法》规定，以非法方法收集的证据应当依法予以排除，不得作为案件处置的依据。该规定与我国《刑事诉讼法》第 54 条的规定一致，《刑事诉讼法》规定以非法方法收集的言词证据应当予以排除；收集物证、书证不符合法定程序，可能严重影响司法公正的，应当予以补正或者作出合理解释；不能补正或者作出合理解释的，对该证据应当予以排除。《关于办理刑事案件严格排除非法证据若干问题的规定》对收集证据的非法方法以及收集证据的合法程序作出了具体规定，这些规定同样适用于监察机关的调查工作。

(三)《监察法》规定的职务犯罪调查程序与《刑事诉讼法》的规定相当

监察机关调查职务犯罪案件，从犯罪事实的初步核实开始到调查终结的全部过程，与《刑事诉讼法》关于犯罪侦查的程序大致相同。监察案件的初步核实，相当于公安机关在普通刑事案件的初查程序，初步核实和初查的目的都在于初步查明是否存在犯罪事实和证据：如果没有犯罪事实，或者只能构成违法事实，不需要追究刑事责任的，不能进入立案阶段。监察机关立案调查和公安机关对普通刑事案件的侦查,均是通过各种合法手段和方式查明犯罪事实,收集犯罪证据,追究犯罪嫌疑人刑事责任的过程。监察机关调查终结后,需要向检察机关提出案件调查终结报告,起诉意见书等法律文件,作为人民检察院依法审查起诉的依据,这些与普通刑事诉讼侦查终结程序基本相同。

(四)《监察法》关于职务犯罪调查终结移送人民检察院依法审查起诉的程序规定与《刑事诉讼法》的规定大致相同

《监察法》规定,监察机关经调查认为犯罪事实清楚,证据确实、充分的,应当制作起诉意见书,连同案卷材料、证据一并移送人民检察院依法审查、提起公诉。人民检察院经审查,认为犯罪事实已经查清,证据确实、充分,依法应当追究刑事责任的,应当作出起诉决定。人民检察院经审查,认为需要补充核实的,应当退回监察机关补充调查,必要时可以自行补充侦查。这一规定与我国《刑事诉讼法》第160条和第171条的规定大致相同。

《监察法》规定,人民检察院对有刑事诉讼法规定的不起诉情形的,经上一级人民检察院批准,依法作出不起诉的决定。监察机关认为不起诉的决定有错误的,可以向上一级人民检察院提请复议。这一规定与《刑事诉讼法》第175条的规定也基本相同,其区别在于,人民检察院对监察机关移送审查起诉的案件要作出不起诉决定的,必须报请上级人民检察院批准。

《监察法》作为刑事诉讼的特别法,主要是指职务犯罪案件由监察法规定作为特殊犯罪案件,交由监察机关调查,以调查程序代替刑事侦查程序,但产生刑事诉讼法上的效果。此即调查主体特殊、调查程序特殊,但职务犯罪的罪名、构成及证据标准等均与刑事法保持一致。

第三节 监察法的功能

从监察体制改革的背景来看,制定《监察法》的目的在于建立集中统一、权威高效的监察体制,实现反腐败的压倒性胜利。因此,监察法的功能主要体现在惩治腐败、监督公职人员和加强廉政建设提供法律依据和制度保障三个方面。

一、惩治腐败

(一)腐败的危害

腐败是指国家机关以及行使公权力的公职人员利用其权力从事贪污、贿赂、浪费公共资财以及生活腐化堕落等行为。腐败是公权力的产物。公职人员的腐败对国家的政治生活和社会生活产生严重的危害,主要表现在:第一,危害执政党的执政地位。腐败行为将公权力作为谋取个人私利的工具,公职人员的腐败导致执政党与人民关系的恶化,从而导致执政党执政合法性的丧失。第二,损害政府的管理能力。公职人员的腐败产生行政效率低下、官僚主义严重和渎职现象,政府机关风气不正,政府与公民之间的信任关系遭到破坏。第三,危害社会稳定。腐败之风引起社会不正之风盛行,政府腐败会引起社会腐败。社会公众的正义感下降、生活作风颓废、犯罪率上升、理想信念丧失,从而产生社会不稳定因素,危及执政党和政府的统治秩序。

由于腐败具有严重的危害性,因此,各国都通过各种手段与方式加强预防与打击,各国推进腐败治理目标的实现,主要从"机制创新"和"体制完善"两个维度展开。[1] 如新加坡即从20世纪50年代开始,制定了一套完备有效的反贪战略和法规体系,其成功经验是实施"综合式的反腐战略",将反贪腐工作纳入国家廉政体系中,形成制度反腐、立法反腐、社会反腐的统合机制。新加坡的反腐败不仅体现在国家制度层面和党政高层领导人的廉政建设上,还体现在加强法治反腐上。新加坡制定《防止贪污贿赂法》《没收贪污贿赂利益法》作为专门的刑事法律,这些法律是一般刑事法的特别法,赋予专门反腐败机构——贪污调查局以特别调查权,其调查程序也不同于一般刑事诉讼程序。[2] 英国是西方资本主义国家设立专门监察机构的国家,英国的监察体制是议会专门机构监察制。为了打击腐败,1967年英国通过《议

〔1〕 参见魏昌东:《〈监察法〉与中国特色腐败治理体制更新的理论逻辑》,载《华东政法大学学报》2018年第3期。

〔2〕 参见金波:《新加坡的制度反腐经验》,载《国际关系学院学报》2009年第4期。

会监察专员法例》，正式成立议会监察专员署，监察政府公职人员行为的合法性，对政府官员的腐败行为进行调查。1996 年英国修改《预防腐败法》，以后，又相继制定专门的法律对医疗卫生领域的腐败行为进行打击，形成以议会监察为核心的监督体系。[1]

改革开放以来，我国在经济建设方面取得了巨大成就，但公职人员缺乏廉洁自律的意识和制度约束，导致反腐败形势极为严峻。公职人员的腐败严重削弱党和政府的治理能力。为了遏制腐败行为，党的十八大以来，通过全面从严治党和加强党内监督的方式，从加强廉洁从政和全面惩治腐败两个维度达到反腐败的目的。监察体制改革前，我国存在纪法不衔接、不贯通的状况，监察体制改革后，首先加强党内监督，党章将反腐败作为重要的政治任务。《中国共产党纪律处分条例》《中国共产党党内监督条例》明确规定对党员领导干部的腐败、违纪和违法行为进行处分的基本原则、条件和程序，而且根据纪在法前、纪严于法的原则，公职人员涉嫌职务违法和职务犯罪，首先应当接受党纪处分，然后再受政务处分，构成犯罪的依法追究刑事责任。《监察法》颁布实施后，一切公职人员的职务行为必须受到监察机关的监督，实现了监察全覆盖。监察机关不仅有监督权，还有调查和处置权，是反腐败的专责机关，从而重新建构我国的反腐败国家机关体系。

(二)《监察法》建构反腐败体系

党的十九大通过的党章明确规定，全面从严治党和加强党内监督的重点是“深入推进党风廉政建设和反腐败斗争，以零容忍态度惩治腐败，构建不敢腐、不能腐、不想腐的有效机制”。2015 年 10 月中共中央印发《中国共产党廉洁自律准则》，其中，党员领导干部廉洁自律规范共有 4 条，即廉洁从政、廉洁用权、廉洁修身、廉洁齐家。这是从正面要求党员领导干部从四个方面按照廉洁的标准要求自己。《中国共产党党内监督条例》规定对各级党组织、党员领导干部的监督包括“推进党风廉政建设和反腐败工作情况和廉洁自律、秉公用权情况”，建立了党中央统一领导，党委(党组)全面监督，纪

---

[1] 参见张恒:《英国监察制度:在漫长曲折的道路上逐步形成》，载《中国监察》2004 年第 15 期。

律检查机关专责监督,党的工作部门职能监督,党的基层组织日常监督,党员民主监督的党内监督体系。《中国共产党纪律处分条例》规定:“重点查处党的十八大以来不收敛、不收手以及问题线索反映集中、群众反映强烈,政治问题和经济问题交织的腐败案件,违反中央八项规定精神的问题。”该条例分则部分将党的纪律界定为:政治纪律、组织纪律、廉洁纪律、群众纪律、工作纪律、生活纪律等。违反这些纪律的行为应当受到纪律处分。从该条例的规定来看,违反组织纪律、贪污受贿、渎职、生活作风腐化、道德败坏均构成腐败。可见,党内法规对腐败的范围界定较宽泛,并不限于职务犯罪。

我国《监察法》并没有对腐败下一个明确的定义,但《监察法》通过规定腐败行为的范围以及监察委员会监督权的行使范围,对公职人员的腐败行为进行界定。《监察法》第 11 条规定的监督事项为依法履职、秉公用权、廉洁从政、道德操守四方面。显然,该规定确定的监督范围包括道德规则、纪律规则和法律规定在内,范围较广。但对职务违法和职务犯罪的调查,主要针对涉嫌贪污贿赂、滥用职权、玩忽职守、权力寻租、利益输送、徇私舞弊以及浪费国家资财等职务违法和职务犯罪行为,这些行为与《刑法》分则第八章规定的贪污贿赂罪和第九章规定的渎职罪大致相同,属于法律规定的犯罪行为。

我国《监察法》对腐败的惩治构成了纪法贯通的监督体系。执纪监督的范围广泛,包括腐败行为在内的一切违纪行为均应受到监督和查处,但职务违法和职务犯罪的范围限于《刑法》《监察法》等法律的规定,这些职务违法和职务犯罪显然违反党纪,但违反党纪的行为并不一定都构成犯罪。职务违法和职务犯罪的行为属于腐败行为,监察委员会对职务违法和职务犯罪的线索进行处理,对涉嫌职务违法和职务犯罪的进行调查,查明违法和犯罪事实后依法作出处置。纪委根据《中国共产党党内监督条例》和《中国共产党纪律处分条例》的规定,对负有反腐败和廉洁从政管理责任的党委(党组)负责人或者党组织,依法进行问责。监察机关调查职务违法和职务犯罪时,其他国家机关依法应当予以协助,执法机关在履行职责过程中,发现职务违法和职务犯罪线索的依法移送监察机关处理,形成党中央统一领导、纪检监察机关专责、其他国家机关配合的权威高效的反腐败体系。

二、监督公权力

公权力必须受到监督,监察体制改革和监察委员会的建立,目的在于加强对公权力的监督,形成监督的合力。监察法在监督公权力方面具有以下特征。

(一)监督对象覆盖所有公职人员

一切行使公权力的公职人员均应当受到监督,不能存在监督空白地带。《监察法》列举的6种人员,不仅包括所有公务员,而且包括国有企业和事业单位的管理人员。可以说,只要是行使公权力的人员均属于监督的对象。

党的十八大以来,党内监督已经实现全覆盖,《中国共产党纪律处分条例》和《公职人员政务处分暂行规定》等法规规定,党员以及党员公职人员如果受到刑事处罚、严厉的行政处罚的,应将处罚决定报送其所在单位的纪检监察机关,纪检监察机关应当依法给予党纪和政务处分,体现党纪监督全覆盖、监察监督全覆盖的原则。

(二)监督机构体系化

由于纪检和监察合署办公,因此,纪检和监察作为监督公权力的专责机构,在所有公权力体系内形成了监督网络。首先是中国共产党中央委员会政治局、政治局常委会具有监督中央国家机关党组、地方各级党委的职责,并监督中央纪委的工作。地方各级党委和党组不仅监督下级党组织,而且其自身是责任主体。党内监督体系化对权力的监督发挥了重要的作用。

县级以上各级人大及其常委会依照宪法和法律的规定监督并支持各级监察委员会的工作,对"一府一委两院"的工作予以监督,通过备案审查监督本级人民政府和下级人民政府的工作。

各级监察委员会根据我国《监察法》第12条和第13条的规定可以向本级中国共产党机关、国家机关、法律法规授权或者委托管理公共事务的组织和单位以及所管辖的行政区域、国有企业等派驻或者派出监察机构、监察专员。派驻或者派出的监察机构、监察专员根据授权,按照管理权限依法对公职人员进行监督,提出监察建议,依法对公职人员进行调查、处置。

(三)监督方式的多样性

监察机关可以依法行使各种监督权和处置权根据公职人员职务违法和职务犯罪情节分别予以处置。

对可能发生职务违法的公职人员,应当依照监察权限由监察机关直接或者委托有关机关和人员进行谈话和说明情况;对涉嫌职务违法的被调查人,监察机关可以要求其就涉嫌违法行为作出陈述,必要时,向被调查人出具书面通知;对涉嫌贪污贿赂、失职渎职等职务犯罪的被调查人,监察机关可以进行讯问,要求其如实供述涉嫌犯罪的情况。这三种调查方式也是监督公职人员的方式,监察机关监督公职人员时,帮助被调查人从思想和党性的高度认识其违法行为的危害,促使被调查人充分认识自己违法行为的性质,认识到职务违法对党和国家造成的严重危害,从而向监察机关如实陈述或者供述自己的违法犯罪行为。这既可以获得从宽处理的机会,也可以提高案件的调查效率。

监察机关根据监督、调查结果依法作出处置,也具有监督的性质。如对有职务违法行为但情节较轻的公职人员,监察委员会按照管理权限,直接或者委托有关机关和人员进行谈话提醒、批评教育、责令检查或者予以诫勉;对不履行或者不正确履行职责负有责任的领导人员,按照管理权限对其直接作出问责决定,或者向有权作出问责决定的机关提出问责建议;对监察对象所在单位廉政建设和履行职责存在的问题等提出监察建议。[1] 这些规定体现监察委员会处置职务违法和职务犯罪适用教育与监督并重的原则,对轻微的职务违法人员以批评教育为主,组织处理为辅,通过责令检查和诫勉达到使其吸取教育、认识错误的目的。对于负有责任的领导干部,应当对其管理的公职人员的职务违法和犯罪行为承担政治和管理责任,通过问责达到明确岗位责任、监督领导干部依法履职的目的。对于监察对象所在单位发出监察建议,要求该单位对廉政建设中存在的问题和漏洞依法予以整改

---

〔1〕 监察建议是借鉴检察建议而产生的一种监督方式。我国检察机关运用检察建议监督行政机关及其公务人员,检察建议还是行政公益诉讼的前置程序,在实践中发挥了较好的作用。监察建议是监察机关监督公职人员所在单位的重要手段。参见朱福惠、张晋邦:《监察体制改革与宪法修改之学理阐释》,载《四川师范大学学报》(社会科学版)2017 年第 3 期。

和补救,通过加强制度建设达到监督公职人员廉洁从政的目的。对监察委员会的监察建议,被监督单位应当及时答复并将具体的整改措施反馈监察委员会,否则对该单位直接责任人员依法追究责任。

三、加强廉政建设

加强廉政建设是《监察法》确立的基本目标,对实现"不能腐"和"不想腐"的目标具有重要的意义。我国《监察法》总则部分明确规定廉政建设和反腐败教育是监察委员会的职责之一,我国《监察法》第 11 条也将对公职人员进行廉政教育作为监察委员会的监督职责。廉政建设主要包括廉政制度建设和反腐败教育两个方面。

(一)廉政制度建设

监察委员会是廉政制度建设的专责机关,各级党委和党组,各级党政机关和事业、企业组织是廉政建设的责任主体。因此,监察委员会有义务加强廉政制度建设。

1. 加强党内监督制度建设

《中国共产党党内监督条例》第 5 条规定了党内监督的 8 项内容,这些内容从党内监督制度完善的角度来考察,包括党的政治建设、组织建设、作风建设、廉政建设。党组织必须加强对党员领导干部遵守党的政治纪律和政治规矩进行监督检查,通过召开民主生活会、听取工作报告等形式,加强政治思想建设;党组织还必须坚持民主集中制,严肃党内政治生活,落实党员组织纪律责任制。严格落实中央八项规定,建立定期同主要负责人就其履行全面从严治党责任、廉洁自律等情况进行谈话的制度。

2. 加强监察监督制度建设

监察机关通过加强廉政制度和反腐败教育预防职务犯罪。通过加强与本行政区域内的国家机关、事业单位和国有企业等行使公权力的机构进行廉政制度建设,提升反腐败的效果。通过制度建设,对重要领域、重点行业和重大事项建章立制,达到预防违法犯罪的效果。监察机关要加强各级国家机关以及事业和企业组织领导班子的重大事项决策程序的建设,发挥集体领导的监督作用,加强监察机关对重大事项决策的参与,实现监督关口前移,形成“不能腐”的制度体系。

（二）加强反腐败教育

党和政府的公权力来自人民,国家权力的行使必须服从人民的意志和利益。因此,任何公权力的行使都必须受到严格监督,国家公职人员都必须依法履职。我国宪法规定了法治原则,国家机关及其公职人员不仅要依法处理公共事务,而且自身必须严于律己,遵守法律和政治纪律,接受人民的监督;我国宪法还规定国家机关应当树立为人民服务的原则,国家机关及其公职人员应当以人民的利益为目标,实现公正执法,建立便民服务观念,使人民感受到司法的公平正义。

监察机关可以通过网络和媒体等途径,运用各种形式,如讲座、答疑、咨询、案例教学等对公职人员进行反腐败教育,通过反腐败教育增加公职人员的法治观念和廉洁从政观念,引导公职人员遵纪守法,形成“不敢腐”“不能腐”的态势,形成“不想腐”的自觉。

第四节　监察法律关系

一、监察法律关系的含义

监察法律关系是指受监察法调整的监察机关与其他国家机关、监督对象、当事人及其他监察工作参与人之间的权利义务关系。监察法律关系是监察机关行使职权从而使监察法律规范发生实际作用而产生的社会关系。

（一）监察法律关系是一种权力监督关系

监察机关是行使监察职能的专责机关,对一切公职人员有权行使监督权,从而在监察机关和被监察对象所在单位、监察机关与公职人员之间形成了一种监督与被监督的关系。此种监督与被监督关系的基础是权力支配关系,而不是平等基础上的权利义务关系。监察机关是监督者,公职人员是被监督者,监察机关的权力表现为一种职责和义务,而被监察对象享有一定的法定权利,受到《监察法》的保障。

（二）监察法律关系是受《监察法》规范和调整的关系

监察机关与其他国家机关之间的关系如果属于宪法调整的,即是宪法法律关系,不属于监察法律关系,只有《监察法》规定监察机关行使监察权而发生的法律关系才属于监察法律关系。如监察机关在职务违法和职务犯罪调查过程中与人民检察院、人民法院和执法机关的协助与配合关系即为监察法律关系,监察委员会在调查职务犯罪过程中有要求其他国家机关配合的权力,而其他国家机关有依法协助与配合的义务。监察机关行使职务违法和职务犯罪调查权时与其他国家机关、公民之间的关系也是监察法律关系,其他国家机关和公民有提供证据和材料的义务。监察机关行使调查权时与被调查人和其他公民之间的关系也是监察法律关系。

(三)监察机关作为监察法律关系的主要主体,享有权力并承担职责

法律关系的内容是权利与义务,在私法关系中,这种权利与义务关系的特征较明显。但国家机关行使权力是法律关系产生的基础,国家机关的权利在法律上表现为权力和职责,这是公法关系最突出的特点。国家机关为了履行法律赋予的职责,维护宪法和法律的权威,必须严格按照法律的规定行使职权。监察委员会作为宪法和法律赋予行使监察权的专责机关,有监督、调查和处置职权,监察委员会行使这些权力是其法律上的权利。但与一般权利概念不同,监察机关不能放弃行使权力,而只能依法对监察对象进行监督,监察委员会如果不履行监督的职责,就是违法和失职。

二、监察法律关系的构成要素

一般来说,法律关系的构成要素是主体、内容与客体,监察法律关系也符合这一构成原理。

(一)监察法律关系主体

法律关系主体是指法律关系的参加者,监察法律关系的主体是指监察机关行使监察权而导致其他国家机关、监督对象以及其他当事人的参与而形成的参与者。

监察委员会是监察法律关系的主体,在所有监察法律关系中,监察委员会都是法律关系的主体,没有监察机关参加的法律关系,不能形成监察法律关系。因此,各级监察机关及其派驻派出机构专员都有依法独立行使监察权的权力,都属于监察法律关系的主体。

人民法院、人民检察院和其他执法机关是监察法律关系的主体。我国宪法和《监察法》明确规定，监察机关行使监督、调查和处置职权时，这些国家机关依法应当予以协助和配合，公安机关有配合监察机关留置、通缉、限制出境、技术调查等义务；人民检察院有依法及时审查起诉的义务；人民法院有及时审判的义务，有配合监察机关查封、扣押和冻结财产的义务。所有国家机关在履行职责过程中，如果发现公职人员有职务违法和职务犯罪的线索，有义务将线索移送监察机关处理。

公职人员是监察法律关系的主体。所有公职人员均须受到监察委员会的监督，监察机关行使监督权时，公职人员必须配合并接受监督和检查，他们是被监督者。公职人员如果违纪和违法应当接受监察委员会的调查，此时的公职人员即成为《监察法》上的职务违法和职务犯罪嫌疑人，应当接受监察委员会的调查和处置，成为《监察法》上的被调查人。监察机关可以依法对其采取包括限制人身自由在内的强制措施，可以对其违法和犯罪行为予以政务处分并移送人民检察院依法审查起诉。

公民与其他当事人。公民也可以成为监察法律关系的主体，《监察法》规定，监察机关行使监督、调查职权，有权依法向有关单位和个人了解情况，收集、调取证据。有关单位和个人应当如实提供。任何单位和个人不得伪造、隐匿或者毁灭证据。可见，公民有配合监察机关的义务，同时，公民还有权向监察机关举报公职人员的违纪和违法行为，向监察机关提供公职人员违纪和违法的线索。如果公民向公职人员行贿，成为行贿人，依法应当受到监察委员会的调查，成为《监察法》上的被调查人，监察机关可以依法追究其法律责任。

（二）监察法律关系的内容

监察法律关系的内容表现为监察法律关系主体之间的权利与义务。由于监察法律关系表现为监察机关依法行使监察权而发生的社会关系，因此，监察机关的权利表现为行使监察权，而监察机关的义务则是宪法和法律规定的行使监察职能的职责，包括依法保障其他监察法律关系主体的权利和利益等义务。所以，监察机关的权利义务关系是权力和责任的统一体。

监察机关在行使监督和调查权时，有要求其他国家机关依法予以协助和配合的权力，其他国家机关则有协助和配合的义务。但是，监察机关有保守国家秘密、商业秘密和个人隐私的义务。监察机关在行使监督权时，有要求公职人员配合调查、被监督对象陈述事实的权力。监察机关在行使调查权时，对被调查人行使讯问、搜查、留置等强制措施，被调查人有接受调查的义务，但监察机关必须依法保护被调查人的合法权利：对于不应当查封、扣押和冻结的财产，应当及时解除强制措施；对于不应当立案调查的，应当撤销案件；对于被调查人的个人隐私依法予以保护。被调查人也有权依法要求监察机关保护其合法权利。

监察机关与监察机关工作人员的关系也是监察法律关系的一部分，同样表现为权利义务关系。监察机关有权要求监察人员依法行使职权，对于失职和违法行使职权的监察人员，有权调查并追究其法律责任。监察人员有权要求监察机关依法保护其法定权利，监察机关有保障监察人员的生活待遇，保护其执法独立性的义务。

由于监察法律关系的复杂性，监察法律关系主体在监察程序不同阶段其权利义务关系会发生变化。如监察委员会在职务违法和职务犯罪的调查阶段，人民检察院有协助与配合的义务；而在审查起诉阶段，监察机关则有配合人民检察院的义务，人民检察院有制约监察机关的权力。

（三）监察法律关系的客体

在法理学上，法律关系的客体是权利与义务指向的对象。通常来说，物、行为、人身、精神财富等均可成为法律关系的客体。但是，相对不同的法律关系来说，法律关系的客体并不完全相同。如民事诉讼法律关系的客体没有物的概念，而包括案件事实、诉讼请求和程序事项。[1] 监察法律关系的客体与一般法律关系的客体也不相同，监察法律关系权利与义务指向的对象主要是公职人员的违纪、违法事实和监察机关行使监察权的行为，所有监察法律关系的权利与义务均指向事实与行为。

公职人员的违纪、职务违法和职务犯罪的事实是指公职人员违反党的纪律和国家法律，客观上产生了职务违法和职务犯罪的事实，如贪污公款和

---

〔1〕 参见齐树洁主编：《民事诉讼法》（第2版），厦门大学出版社2008年版，第53页。

国有资产、受贿、滥用职权、玩忽职守等。违反党的纪律必须接受党的纪检部门的纪律审查，而违反法律则必须受到监察机关的监察调查，纪检监察机关依法对违纪、违法行为作出处置。监察机关通过接受举报、行使监督检查权等方式发现公职人员的违纪和违法事实，一旦发现线索即开始初步核实，如果掌握部分事实和证据，可以立案调查。因此，监察法律关系围绕违纪和职务违法事实而展开，所有的监察法律关系主体均参与到监察机关的监察活动中来。

监察机关行使监察权的行为是指监察委员会依法依规对公职人员行使监督、调查和处置的行为。监察机关的监察行为对被监察对象和监察法律关系的参加人具有拘束力，监察机关在调查和处置过程中，与被调查人以及其他参与人之间产生权利与义务关系，没有监察机关行使监察权的行为，就不会产生监察机关与其他参与人之间的权利与义务。如监察机关对被调查人调查终结后，依法作出的政务处分，即形成了监察机关与被调查人之间的权利与义务，监察机关有权作出政务处分决定，被调查人有权依监察法的规定向监察机关申请复核，监察机关依法应当保障被调查人的申诉权利。

三、几种主要的监察法律关系

（一）监察委员会与被调查人之间的关系

监察委员会依法行使监察权，对 6 种监察对象依法进行监督。监察机关发现公职人员存在职务违法和职务犯罪的事实，经过初步核实，认为需要立案调查的，经过批准可以立案调查。此时，监察机关与被调查人之间则形成了监督与被监督、调查与被调查的关系，这是最主要的监察法律关系。

如果经过初步核实，认定公职人员存在职务违法和职务犯罪的嫌疑，监察委员会可以经过批准后立案调查，被调查的公职人员即成为被调查人，监察委员会与被调查人之间则形成了权利义务关系。监察委员会依照法律对被调查人进行调查，有权根据《监察法》的规定适用强制措施，有权要求被调查人如实供述自己的违法和犯罪事实，有权要求其他国家机关依法予以协助与配合。被调查人有权要求保护其合法权益，享有不受虐待和非法取证的权利。监察委员会有义务保护被调查人的基本权利，如对于已经留置的被调查人,监察机关应当保障被留置人员的饮食、休息和安全,提供医疗服务,不得疲劳讯问和侮辱、打骂、虐待、体罚或者变相体罚被调查人。

(二)监察委员会与监察人员之间的关系

监察委员会与监察人员之间是监察机关内部的监督与管理关系。监察委员会按照我国行政层级设置。国家监察委员会是国家最高监察机关,领导地方各级监察机关;上级监察机关领导下级监察机关。因此,我国《监察法》第15条第1款将监察机关的公职人员纳入监察对象,即上级监察机关有权对下级监察委员会及其派出和派驻机构的监察人员进行监督,如果监察人员存在职务违法和职务犯罪事实,上级监察委员会应当依法予以调查并作出处置决定。在此种情形下,监察委员会与监察人员之间为监察机关与被调查人员的监察关系。

除存在上述监察法律关系外,监察委员会与监察人员之间还存在另外一种法律关系,即监察委员会与监察人员工作上的内部监督关系,这是一种特殊的监察法律关系。如我国《监察法》第55条规定:“监察机关通过设立内部专门的监督机构等方式,加强对监察人员执行职务和遵守法律情况的监督,建设忠诚、干净、担当的监察队伍。”如果监察机关工作人员在从事监察工作时存在违反工作纪律或者违反法定程序的情形,由监察机关的内部专门监督机构进行监督;如监察工作人员打听案情、过问案件、说情干预;未经批准接触被调查人、涉案人员及其特定关系人或者存在交往情形;监察人员有法定回避情形应当自行回避而不回避的;监察人员应当依法解除查封、扣押、冻结措施而不解除的。这些违反工作纪律的情形,虽然违法情形较轻,但损害监察机关的权威性,应当由监察机关作出处理。

(三)监察委员会与其他国家机关之间的关系

监察机关在行使监察权时与其他国家机关产生的法律关系,是监察机关作出监督和调查行为时发生的法律关系。

监察机关和法院、检察院以及执法机关的关系首先是协助与配合的关系,其次是制约的关系。就协助和配合而言,监察委员会有权要求其他国家机关协助和配合调查,有权要求其他国家机关移送职务违法和职务犯罪线索,有权要求公安机关协助和配合搜查、通缉,有权要求其他国家机关配合进行技术调查，有权要求人民法院和人民检察院配合冻结、没收财产。

监察机关还必须受到司法机关的制约，监察机关对职务犯罪调查终结后，应当将案件和证据移送人民检察院依法审查起诉，人民检察院可以将案件退回监察委员会补充调查，经上级人民检察院批准后，可以作出不起诉的决定。人民法院可以依照我国《刑事诉讼法》的规定，对案件进行非法证据排除，可以建议人民检察院补充侦查。

监察机关对不履行或者不正确履行职责负有责任的领导人员，按照管理权限对其直接作出问责决定，或者向有权作出问责决定的机关提出问责建议；对监察对象所在单位廉政建设和履行职责存在的问题等提出监察建议。被问责的单位及其领导人员应当配合和接受问责。

（四）监察机关与监察工作参与人的关系

监察工作参与人是指除监察对象和相关单位的领导人员外，参与监察监督和调查活动，而与监察机关之间形成权利义务关系的人员。

《监察法》规定，监察机关行使监督、调查职权，有权依法向有关单位和个人了解情况，收集、调取证据，有关单位和个人应当如实提供，任何单位和个人不得伪造、隐匿或者毁灭证据。此处所指个人，既包括公民，也包括公职人员，因监察机关的行为而发生与监察机关之间的关系。对于不按要求提供有关材料，拒绝、阻碍调查措施实施等拒不配合监察机关调查的；提供虚假情况，掩盖事实真相的个人，监察机关有权依法追究其法律责任。

监察机关及其工作人员对监督、调查过程中知悉的国家秘密、商业秘密、个人隐私，有保密的义务。

第二章 监察法的渊源[1]

在法理学上,法的渊源是指法的内容的表现形式,即法的形式渊源。而法的形式渊源又可以分为正式意义上的法的渊源和非正式意义上的法的渊源。监察法作为独立的法律部门,其形式渊源主要是正式意义上的法的渊源,包括宪法、法律、行政法规、规章和规范性文件、司法解释文件与党内法规等。与传统法律部门的形式渊源不同的是,监察法的形式渊源具有两个特征:一是党内法规是监察法的正式渊源。党内法规制定主体是党的机关,不属于国家法律的范畴,从一般法理学意义上来讲,它不属于法的正式渊源。但是,我国实行党的纪检与监察合署办公,而且党内法规是监察机关制定规范性文件的直接依据,同时也是监察委员会作出纪律处分决定的适用依据。二是党的政策文件、政府机关的规范性文件以及司法机关的指导性案例属于非正式渊源。党的政策文件以及政府的规范性文件可以成为监察委员会行使监督权的依据,特别是对监督范围和方式产生明显的影响。司法机关的指导性案例具有判例法的效果,它对职务犯罪的构成、定性以及法律适用产生影响,因此,可以成为监察委员会调查职务犯罪的依据。

第一节 宪 法

宪法是监察法的重要渊源。宪法是国家的根本法,具有最高法律效力。

[1] 本章所指的监察法是指作为法律部门的监察法,不是指狭义意义上的《监察法》。

宪法规定国家机关的组织与职能，确立国家机关行使权力的原则和条件，确认公民的基本权利与义务，调整国家机关之间、国家机关与公民之间的关系。宪法的内容和地位决定了它是制定《监察法》的依据，同时也是创设监察权、设置监察机构、规定监察机构与其他国家机关之间关系的最高法律依据。

一、为监察立法提供宪法依据

监察体制改革前，我国的监察体制是行政监察体制，即在国务院和地方人民政府设立监察机关，行使监察权，对行政机关、公务员以及国有企业和事业单位的部分工作人员进行监督和违法调查。监察体制改革后，新设立的监察委员会是与“一府两院”平行的国家机关，其法律地位高于原行政监察机关，标志我国的行政监察体制转变为国家独立监察体制。监察体制的转变，导致监察权的性质、监察机构的地位与职权均发生变化。我国先修改《宪法》设立监察机关，授予其监察权，进而制定《监察法》，《监察法》是《宪法》创设监察权的结果。

二、宪法创设监察权

监察权是一种国家权力，它既可以由代表机关行使，也可以由行政机关行使，还可以由几个国家机关共同行使。监察权的范围在不同国家以及不同历史阶段并不相同，有些国家将监察权视为监督国家机关及其公职人员的权力，有些国家则将监察权视为反贪污腐败的权力。但无论将监察权定位为何种性质的国家权力，均需宪法作出明确的规定。

第十三届全国人大第一次会议通过《宪法修正案》，这是《宪法》的第 5 次修改。《宪法修正案》的主要任务之一在于确立监察机关的宪法地位，为监察法的制定提供宪法依据。《宪法修正案》专设监察委员会一节，在《宪法》中增加 5 个条文专门规定监察委员会，将原第 123 ~ 138 条相应改为第 128 ~ 143 条。《宪法》第 127 条规定，监察委员会行使监察权，而监察权是人大制度下行政权、审判权、检察权、武装力量统帅权 5 种执行权力之一。在人大制度下，这 5 种权力都是执行法律的权力，它们的不同点在于职权范围与权力行使的方式不同，它们之间不是权力分立与制衡关系，而是权力分工基础上的配合与制约关系。

宪法创设的监察权，是指监察委员会对公职人员行使公权力的监督权，它是国家监督权的重要组成部分。国家监督权是指宪法和法律规定的主体对国家机关及其公职人员行使权力的监督，是一个由国家机关、社会团体、公民和传媒组成的监督体系，我国的国家权力监督体系，主要以监察机关监督和检察监督相互配合为基本架构，两者在监督的对象、方式上不同。第一，监察监督的对象主要是公职人员和领导干部，检察监督的对象则主要是国家机关、国有企业和事业单位。如检察机关的行政公益诉讼，针对的是不履行职责的行政机关，并不针对公职人员本人；检察机关的抗诉，针对的是人民法院，而不是法官。第二，监察监督的内容主要是公职人员的职务违法和职务犯罪行为，检察监督的范围则包括国家机关行为的合法性、适用法律的准确性和合理性。第三，监察监督的方式主要是对公职人员的职务违法和职务犯罪进行调查和处置，通过纪律处分、政务处分、违法和犯罪调查等方式追究公职人员的纪律责任和刑事责任。检察监督主要通过诉讼方式进行监督，纠正国家机关的违法和不合理的行为。

三、宪法确定监察委员会的性质与地位

国家机关的地位由宪法确定，这是宪法配置国家权力的重要功能之一。我国的国家机关体系由宪法确定。监察委员会作为国家机关，其地位与“一府两院”相同，但低于本级人大及其常务委员会。

宪法规定，监察委员会由本级人大产生，向本级人大及其常务委员会负责，应当向本级人大常委会作出专项工作报告，接受本级人大及其常务委员会的监督。各级监察委员会均由主任、副主任和委员组成，每任期同本级人大每届任期相同。国家监察委员会主任连续任职不得超过两届。

宪法规定，地方各级监察委员会应当受到上级监察委员会的领导，国家监察委员会作为最高监察机关，领导地方各级监察委员会；它表明我国国家监察机关实行垂直领导，各级监察机关都是国家的监察机关。地方各级监察委员会要向本级人大及其常务委员会和上级监察机关负责。

宪法规定,监察机关独立行使职能,不受行政机关、社会团体和个人的干涉;监察机关办理职务违法和职务犯罪案件,与审判机关、检察机关和执法部门相互配合、相互制约。

第二节 法 律

监察法的渊源主要是法律,包括全国人大及其常委会制定的法律以及立法性决定,也包括全国人大常委会发布的法律解释。

一、《监察法》

我国《宪法》第124条规定:“监察委员会的组织和职权由法律规定。”该规定是制定《监察法》的重要宪法依据。如上文所述,宪法只规定了监察委员会的性质、地位、组成和任期,监察委员会的权限、程序、法律责任等均由《监察法》作出具体规定。

(一)规定监察法的基本原则

《监察法》的基本原则是监察机关行使监察职能应当遵守的基本准则,是宪法价值在《监察法》中的体现。这些原则包括党的领导原则,依法监察原则(也称为监察法治原则),集中统一、权威高效原则,监察权独立原则,配合与制约原则,惩治与预防相结合原则等。

(二)规定监察机关的职权

监察机关是反腐败的专门机关,宪法规定监察机关是行使监察权的机关,监察法规定监察机关是行使监察职能的专责机关。监察法的规定表明监察机关是对公职人员依法履职、秉公用权、廉洁从政和道德操守行使监督的专门机关,并对监督工作负责。监察机关行使对公职人员职务违法和职务犯罪的调查权,调查期间可以行使包括查封、扣押、讯问、搜查、留置等强制措施。监察机关还行使处置权,对违纪违法的公职人员进行党纪、政务处分,对构成职务犯罪的公职人员移送人民检察院依法审查起诉。

(三)规定监察程序和法律责任

监察机关行使监察权必须根据法定程序,监察法对监察程序,包括举报线索的处理、案件的初步核实、立案调查的标准和批准程序、强制措施适用的条件、处置的条件和批准程序均作出了明确的规定。

监察机关行使监察权,其他国家机关、社会团体和公民应当配合和协助,否则应负法律责任。如不执行监察机关作出的处理决定,或者无正当理由拒不采纳监察建议;拒不提供材料或者提供虚假证据的,都应当由监察机关依法予以通报批评或者予以处分。监察机关及其工作人员违纪、违法行使职权,对负有责任的领导人员和直接责任人员依法予以处理。

二、刑事法

刑事法是刑法和刑事诉讼法的总称,《监察法》本身是刑事诉讼法的特别法。监察机关调查职务违法和职务犯罪案件,在性质上属于犯罪调查,具有刑事追诉的法律效果。因此,我国《刑法》有关职务犯罪的规定,以及犯罪的构成、形态、共犯、罪数、刑事责任和刑罚之适用等条文均为监察机关调查职务犯罪的法律规范,同时也是司法机关追究职务犯罪的法律依据。我国《刑法》第八章规定的贪污贿赂罪、第九章规定的渎职罪及其认定,均为监察机关调查职务犯罪所适用,是监察法的重要渊源。

刑事诉讼法是调整刑事诉讼的法律规范。虽然公职人员的职务违法和职务犯罪调查不适用刑事侦查法律,但监察机关调查的案件应当移送人民检察院依法审查起诉,人民检察院依法提起公诉后,人民法院应当根据刑事诉讼法进行审判。所以,刑事诉讼法的有关审查起诉和审判的规范是监察法的重要渊源。第一,刑事诉讼法关于证据的条件与标准、非法证据排除规则适用于监察机关的调查活动。监察法只规定非法证据排除适用于职务犯罪调查,规定监察机关收集证据应当达到刑事审判的标准,但并没有对证据标准和非法证据的排除作出补充或者例外规定,因此,职务犯罪的调查适用刑事诉讼法关于证据的规定。第二,刑事诉讼法关于审查起诉的规定适用于职务犯罪案件,人民检察院经过审查提起公诉的案件标准必须符合刑事诉讼法的规定,人民检察院认为犯罪事实和证据需要补充核实的,可以退回监察委员会补充调查或者自行补充侦查,补充调查或补充侦查后必须达到刑事案件起诉标准,人民检察院才能提起公诉。人民检察院认为监察委员会调查终结的案件，属于刑事诉讼法上不起诉的案件，应当依法作出不起诉的决定。第三，人民法院适用刑事诉讼法对职务犯罪的被告人进行审判，法院审判过程中适用刑事诉讼法关于证据的规定、关于质证的规定、关于辩护的规定以及关于缺席审判的规定。

三、国家机关组织法

组织法是关于国家机关组织、活动原则、职权与法律责任的法律规范。我国的国家机关组织法包括两部分：第一部分是机构组织法，包括全国人大组织法、地方各级人大和地方各级人民政府组织法、国务院组织法、人民法院组织法、人民检察院组织法。《中国人民政治协商会议组织法》也不属于国家机构组织法的范畴，但人民政协机关工作人员属于公务人员序列，是监察法规定的监督对象。第二部分是公务人员法，包括《全国人民代表大会和地方各级人民代表大会代表法》（以下简称《代表法》）、公务员法、法官法和检察官法等。

（一）机构组织法关于国家机关的组织和职权的规定

监察法规定监察对象为 6 种，确定监察对象的标准之一，是公职人员所在机关和单位的性质和职权。凡国家机关和国有企业事业组织均是国家财政支持的单位，行使国家权力，因此，该单位的工作人员即为行使公权力的公职人员，这是确定监察对象的主要标准。组织法对国家机关组织和职权的规定，是监察机关依法行使监督权的法律依据，也是监察机关行使处置权的依据。机构组织法决定该机构的性质、行使公权力的范围、法定职权等，如《地方各级人大和地方各级人民政府组织法》第 8 条规定县级以上地方各级人大的职权，表明地方各级人大是地方国家权力机关，行使国家权力。《人民法院组织法》规定了各级人民法院和专门人民法院的组织与职权，确定了人民法院的审级制度和审判工作的原则，列举了各级人民法院的案件管辖权，表明各级人民法院是国家的审判机关，代表国家行使审判权。

（二）公务人员法的规定

公务人员法是指确立公职人员资格、产生、任免程序、权利与义务的法律，一般是指国家工作人员。公务人员法作为我国《监察法》的渊源主要表现在:第一,公职人员的确定标准。我国公职人员与公务人员的概念大致相同,《监察法》并没有明确公职人员的判断标准。不过,法律对公职人员资格和行使职权的性质作出的规定,是判断公职人员的标准。如我国《刑法》第93条规定:“本法所称国家工作人员,是指国家机关中从事公务的人员。国有公司、企业、事业单位、人民团体中从事公务的人员和国家机关、国有公司、企业、事业单位委派到非国有公司、企业、事业单位、社会团体从事公务的人员,以及其他依照法律从事公务的人员,以国家工作人员论。”可见,《刑法》确定国家机关工作人员的标准是公务标准,即只要是从事公务的人员均属于国家工作人员。公务标准也是我国法律确定公务人员范围的基本标准。如我国《代表法》第2条规定:“全国人大和地方各级人大代表,代表人民的利益和意志,依照宪法和法律赋予本级人大的各项职权,参加行使国家权力”;《代表法》第3条规定了代表有选举、表决等权利。根据《代表法》的规定,代表享有执行代表职务的权力和相应的法律保障。因此,《代表法》第46条规定:“代表应当正确处理从事个人职业活动与执行代表职务的关系,不得利用执行代表职务干涉具体司法案件或者招标投标等经济活动牟取个人利益。”该规定明确了各级人大代表行使的权力是国家公权力,因此,属于公职人员的范畴,代表不得利用代表身份受贿或者从事与其代表身份不相符合的活动。所以,人大代表理应成为监察的对象,只是监察机关行使监督权和职务犯罪调查权时,需要遵守宪法和《代表法》有关代表职务保障方面的规定。第二,公职人员的职权。我国《监察法》对公职人员范围的确定,除依据公务人员所在机关来判断外,还确立了职权标准,即国家机关和国有企业事业组织中从事公务的人员。它表明,即使某些人员在国家机关和国有企业事业组织中工作,但如果不行使公权力,即没有法定的职权,就不属于监察的对象。如《检察官法》第2条规定:“检察官是依法行使国家检察权的检察人员”;《检察官法》第6条规定,检察官有监督、公诉、侦查等4项职责。它表明,助理检察官以上的专门检察人员属于公务人员。我国的高等学校是法律法规授权的组织,属于监察法规定的公办教育机构,行使教育法、高等教育法授予的公权力。因此,高等学校的校级领导属于行政机关任命的工作人员,而高等学校的管理人员按照行政岗位和行政级别从事管理活动,行使公权力，属于监察法上的公职人员。但是，我国《教师法》第 7 条规定的教师权利包括教学、科研、参加培训、指导学生等，这些权利不属于公权力，即教师没有行使管理职权。因此，不属于公职人员，只有教师根据学校的安排从事招生、考试和录取工作等管理活动时，才行使管理职权，属于监察法上的公职人员范畴。第三，对职务违法公职人员的处置。《监察法》规定公职人员职务违法需要追究法律责任，由监察机关作出政务处分决定。政务处分本质上是一种纪律处分，由于监察机关对中国共产党机关、人大机关、政协机关、民主党派机关的公职人员作出纪律处分，所以，使用行政处分的概念不太适当。监察法以政务处分代替行政处分的概念，但由于监督对象的不同，政务处分必须与公务人员法有关纪律处分的规定相结合，且适用这些法律有关纪律处分的规定。《公务员法》第 55 条规定："公务员因违法违纪应当承担纪律责任的，依照本法给予处分；违纪行为情节轻微，经批评教育后改正的，可以免予处分。"第 56 条规定："处分分为：警告、记过、记大过、降级、撤职、开除。"《法官法》专章规定对法官的惩戒措施，明确列举了法官不得从事的违法乱纪行为，该法第 33 条规定，法官有违法违纪行为的，应当给予处分；第 34 条规定，处分分为：警告、记过、记大过、降级、撤职、开除。这些法律关于纪律处分的规定、适用对象、适用条件的规定，监察机关在作出政务处分时必须执行。

四、法律解释

我国《立法法》规定，当法律规定需要进一步明确具体含义或者法律制定后出现新的情况，需要明确适用的法律依据时，由全国人大常委会进行法律解释。全国人大常委会的法律解释属于立法解释。全国人大常委会对法律的解释与法律具有同等效力，是监察法的渊源。全国人大常委会关于职务犯罪及刑事追诉的解释以及关于《监察法》的解释是监察法规范体系的一部分。

第三节 法规和规章

一、行政法规

行政法规在我国法律体系中具有较高的地位。行政法规与监察工作相关的法规或者条款,均属于监察法体系的组成部分。

(一)《公务员处分条例》

《公务员处分条例》全面规定公务员的权利与义务,规定公务员法律责任。该条例第1条规定:“为了严肃行政机关纪律,规范行政机关公务员的行为,保证行政机关及其公务员依法履行职责。”2005年《公务员法》制定后,为了实施《公务员法》,对公务员的纪律责任作出更具体的规定。行政机关公务员违反法律、法规、规章以及行政机关的决定和命令,应当承担纪律责任的,适用该条例给予处分。《公务员处分条例》规定的纪律处分种类与《公务员法》的规定一致,但对公务员受处分的期间和法律后果作出明确的规定,对6种处分决定适用的条件予以细化,对处理的权限和程序也作出了严格的规定,是我国处分行政机关公务员的主要依据。但是,由于《行政监察法》已经废止,因此,《公务员处分条例》必须修改,使之与《监察法》保持一致。

(二)《中国人民解放军文职人员条例》

《中国人民解放军文职人员条例》是规范军队文职人员的行政法规,由国务院和中央军委共同制定。该条例规定,文职人员是指在军民通用、非直接参与作战且社会化保障不宜承担的军队编制岗位从事管理工作和专业技术工作的非现役人员,是军队人员的组成部分。文职人员在军队和社会生活中,依法享有国家工作人员相应的权利,履行相应的义务。因此,解放军文职人员属于国家工作人员,行使管理职权,是监察法上的监督对象。虽然该条例没有规定纪律处分制度,但规定了辞退和解聘。该条例第56条规定,文职人员正在接受审计、纪律审查,或者涉嫌犯罪,司法程序尚未终结的,不得辞职与单方面解聘。这一规定表明,文职人员违纪或者职务违法,应当接受监察调查与处置。

（三）行政法规中的监察规范条款

行政法规中涉及监察规范的条款或者可以为监察机关适用的条例很多，这些条款属于监察法的渊源。这些法规将某些工作人员作为纪律处分的对象，同时，规定从事某些违法行为需要受到纪律处分。如《财政违法行为处罚处分条例》规定，财政收入执收单位及其工作人员有违反国家财政收入管理规定的行为，应当受到纪律处分。对单位给予警告或者通报批评，对直接负责的主管人员和其他直接责任人员给予警告、记过或者记大过处分，情节严重的，给予降级或者撤职处分。该处分条例主要考虑财政违法的主体和行为特征，因此，对纪律处分的对象和违法行为作出不同于公务员纪律处分条例的规定。这些规定适用于财政收入执收单位的工作人员，监察机关行使监督权时应以此为依据。

二、地方性法规

地方性法规为具有地方立法权的人大及其常委会制定，其效力低于法律和行政法规。有些法规在确定行政管理责任主体、划分行政管理权限、明确行政纪律方面发挥不可替代的作用。这些规定可以为监察机关，尤其是地方监察机关监督公职人员权力的行使产生重要的规范作用。

如《贵州省水路交通管理条例》规定，贵州省人民政府交通行政主管部门主管全省水路交通工作，其所属的航务管理机构和海事管理机构具体负责全省水路交通管理工作。县级以上人民政府交通行政主管部门主管本行政区域内的水路交通工作，其所属的航务管理机构和海事管理机构具体负责本行政区域内的水路交通管理工作。县级以上人民政府有关部门依照法定职责，做好水路交通管理的相关工作。交通行政主管部门、海事管理机构和航务管理机构的工作人员违反本条例规定，滥用职权、玩忽职守、徇私舞弊、索贿受贿，尚不构成犯罪的，依法给予行政处分。

再如，《青海省饮用水水源保护条例》规定，县级以上人民政府水行政主管部门负责对本行政区域内饮用水水源的统一管理和监督工作。县级以上人民政府环境保护主管部门负责对本行政区域内饮用水水源污染防治实施统一监督管理。县级以上人民政府水行政、环境保护和其他有关行政主管部门不履行职责,或者存在滥用职权、玩忽职守、徇私舞弊的行为的,由其上级行政机关或者监察机关责令改正;对直接负责的主管人员和其他直接责任人员依法给予行政处分。

地方性法规一般都对相关行政管理事项明确管理责任主体,划分管理权限,并设定法律责任。这些规定是监察机关行使监督权的依据。

三、规章

规章分为部门规章和地方政府规章两类,规章的效力低于行政法规,法院办理案件时并不直接适用规章,但可参照适用。由于规章数量众多,其中,有些部门规章和地方政府规章可以设立具有行政管理性质的机构和组织,也可以为政府部门或者国有企业事业组织的管理人员设定纪律处分,因此,规章可以为监察机关行使监督和处置权提供依据。

(一)《事业单位工作人员处分暂行规定》

《事业单位工作人员处分暂行规定》系人力资源和社会保障部和监察部共同制定,事业单位工作人员违法违纪,应当承担纪律责任的,依照该规定给予处分。处分的种类为:警告、记过、降低岗位等级或者撤职、开除4种。《事业单位工作人员处分暂行规定》对处分期间以及处分的后果作出明确规定,同时还规定各种处分的适用条件和程序。由于事业单位工作人员不是公务员,并不适用公务员处分条例,而适用《事业单位工作人员处分暂行规定》,因此,可以为监察机关监督事业单位公职人员提供依据。

(二)《事业单位公开招聘违纪违规行为处理规定》

《事业单位公开招聘违纪违规行为处理规定》由人力资源和社会保障部制定,事业单位公开招聘中违纪违规行为的认定与处理,适用该规定。该规定将应当承担违法违纪责任的主体分为单位主管部门和招聘工作人员两类。对于招聘单位在公开招聘中的违法违纪行为,事业单位主管部门或者事业单位人事综合管理部门应当责令限期改正;逾期不改正的,对直接负责的主管人员和其他直接责任人员依法给予处分。对于招聘工作人员的违法违纪行为,由相关部门给予处分,并将其调离招聘工作岗位,不得再从事招聘工作。该规定的特点在于,区分了两类责任主体的违法违纪行为,并规定了处分的程序。

(三)地方政府规章中有关公职人员管理责任的规定及纪律处分条款

地方政府规章众多,构成监察法体系的专门性地方政府规章较少,但许多地方政府规章规定了地方政府或者组织在某些专门行政管理事项方面的责任,规定行政纪律及纪律处分程序。如《江西省英雄烈士纪念设施保护管理办法》规定,县级以上人民政府负责英雄烈士保护工作的部门及其工作人员违反本办法的规定,未依法履行英雄烈士纪念设施保护和管理职责,或者在实施监督管理中滥用职权、玩忽职守、徇私舞弊的,应当责令改正,情节严重的,按照有关规定对直接负责的主管人员和其他直接责任人员依法给予处分。再如《桂林市国有石刻保护资金管理办法》规定,在石刻保护资金管理和使用过程中发现违纪违法问题线索,应及时移送纪检监察机关处理。国有石刻保护资金使用单位截留、挤占、挪用国有石刻保护资金或者不按本办法规定的用途使用国有石刻保护资金的,由文物行政主管部门责令其改正;对相关主管部门主要负责人及直接责任人员,依照国家有关法律法规的规定,给予纪律处分或处罚。

第四节　司法解释

司法解释是审判机关和检察机关单独或者联合发布。这些司法解释如果涉及职务犯罪的构成、认定和法律适用,或者对职务犯罪的立案调查、审查起诉和证据的认定产生影响的,均为监察法体系的组成部分。

司法解释有两种:一种是抽象解释文件,它是司法机关适用法律的整体性解释,其规范结构与法律基本相同,有些解释文本的条文比解释对象的条文还多;另一种是司法机关对下级机关就适用法律问题的答复,这些答复性文件往往是针对特定的案件或者某些法律适用问题作出的具体解释,可以为下级司法机关在处理案件时适用。

一、抽象解释文件

（一）最高人民法院《关于适用〈中华人民共和国刑事诉讼法〉的解释》

最高人民法院《关于适用〈中华人民共和国刑事诉讼法〉的解释》是最高人民法院对《刑事诉讼法》具体适用的解释，共548条。该解释是监察机关调查职务违法和职务犯罪案件的重要法律依据。在以审判为中心的司法体制改革背景下，监察机关犯罪调查立案标准和证据标准必须符合刑事审判的要求，否则不能定罪量刑。所以，监察机关调查职务犯罪必须遵守刑事诉讼法及其司法解释，这是依法监察原则的具体体现。最高人民法院《关于适用〈中华人民共和国刑事诉讼法〉的解释》中主要有两部分内容与监察法相关。

1. 证据规则。最高人民法院《关于适用〈中华人民共和国刑事诉讼法〉的解释》从第61～112条均属于证据的具体解释，规定证据未经当庭出示、辨认、质证等法庭调查程序查证属实，不得作为定案的根据，列举了10种需要证据证明的犯罪事实，详细规定法院对各种证据的审查内容及认定规则，明确了非法证据的含义、法院排除非法证据的程序，明确规定对证据的真实性应当综合全案证据进行审查。最高人民法院《关于适用〈中华人民共和国刑事诉讼法〉的解释》关于证据规定的规定，对监察调查职务犯罪具有重要规范作用。监察机关虽然直接适用《监察法》，但证据的收集和审查必须适用刑事诉讼法，《监察法》没有对职务犯罪事实的证据规定特别规则，所以，只能适用刑事诉讼法的证据规则。《监察法》明确规定职务犯罪调查适用非法证据排除规则，而且证据必须达到刑事审判的标准。因此，最高人民法院《关于适用〈中华人民共和国刑事诉讼法〉的解释》对监察机关调查职务犯罪具有规范作用，构成职务犯罪调查的指引。

2. 补充侦查和证据调取。法庭调查是证明犯罪的关键环节，最高人民法院《关于适用〈中华人民共和国刑事诉讼法〉的解释》对法庭调查期间补充侦查和证据调取作出详细规定，以保障案件审理的高质量。最高人民法院《关于适用〈中华人民共和国刑事诉讼法〉的解释》规定，对公诉机关公诉人发现案件需要补充侦查，建议延期审理的，合议庭应当同意，但建议延期审理不得超过两次。补充侦查期限届满后，经法庭通知，人民检察院未将案件移送人民法院，且未说明原因的，人民法院可以决定按人民检察院撤诉处理。我国《监察法》规定，监察机关调查终结的案件，移送人民检察院依法审查起诉。如果证据充分、确实，已经形成证据链的，人民检察院应当及时提起公诉。但是，在法庭调查阶段，如果人民检察院认为证据不足或者证据存在瑕疵，需要补充侦查，必然会导致监察机关需要调查或者协助人民检察院侦查的问题。最高人民法院《关于适用〈中华人民共和国刑事诉讼法〉的解释》还规定，人民法院向人民检察院调取需要调查核实的证据材料，或者根据被告人、辩护人的申请，向人民检察院调取在侦查、审查起诉期间收集的有关被告人无罪或者罪轻的证据材料，应当通知人民检察院在收到调取证据材料决定书后 3 日内移交。该规定表明，监察机关在调查终结后，如果没有向人民检察院移送全部证据材料，或者在补充调查后没有向人民检察院移送全部证据材料，可能影响定罪量刑的，在人民法院要求调取时，有在法定期限内移送的义务。

（二）《人民检察院刑事诉讼规则（试行）》

《人民检察院刑事诉讼规则（试行）》是最高人民检察院对《刑事诉讼法》的检察解释，涉及刑事诉讼所有的制度和程序问题，内容极为详尽。虽然该规则颁布实施时，《监察法》尚未制定，但它对职务犯罪范围的解释，对审查起诉、不起诉、证据规则和非法证据排除的规定，对监察机关职务违法和职务犯罪的调查具有规范作用。

1. 职务犯罪范围的界定。《人民检察院刑事诉讼规则（试行）》规定，贪污贿赂犯罪是指《刑法》分则第八章规定的贪污贿赂犯罪及其他章中明确规定依照第八章相关条文定罪处罚的犯罪案件。国家工作人员的渎职犯罪是指我国《刑法》分则第九章规定的渎职犯罪案件。国家机关工作人员利用职权实施的侵犯公民人身权利和民主权利的犯罪案件包括：非法拘禁案、非法搜查案、刑讯逼供案、暴力取证案、虐待被监管人案、报复陷害案、破坏选举案。这些职务犯罪案件虽然已不由人民检察院立案侦查，而由监察机关调查，但人民检察院依法审查起诉时仍然适用《人民检察院刑事诉讼规则（试行)》关于职务犯罪的解释。

2. 证据规则。《人民检察院刑事诉讼规则(试行)》规定人民检察院在立案侦查、审查逮捕、审查起诉等办案活动中认定案件事实,应当以证据为根据。人民检察院侦查终结或者提起公诉的案件,证据应当确实、充分。具体应符合以下三个条件:证据确实、充分,且符合定罪量刑的事实都有证据证明;据以定案的证据均经法定程序查证属实;综合全案证据,对所认定事实已排除合理怀疑。另外,该规则还规定人民检察院要对刑讯逼供、其他非法方法收集证据以及不符合法定程序收集言词证据作出解释。

3. 审查批准逮捕。我国《刑事诉讼法》规定,监察机关调查终结后,在移送人民检察院依法审查起诉前,如果被调查人已经被留置的,人民检察院应当对犯罪嫌疑人先行拘留,留置措施自动解除。人民检察院应当在拘留后的10日内作出是否逮捕、取保候审或者监视居住的决定。《人民检察院刑事诉讼规则(试行)》对拘留、逮捕的规定适用于对职务犯罪调查终结的案件,所有审查逮捕均由检察院侦查监督部门派出专案人员办理,并且需要讯问犯罪嫌疑人。《人民检察院刑事诉讼规则(试行)》第361条规定:"对于重大、疑难、复杂的案件,人民检察院认为确有必要时,可以派员适时介入侦查活动,对收集证据、适用法律提出意见,监督侦查活动是否合法。"该条规定表明,人民检察院可以在必要时应监察机关商请,派员提前介入监察机关的调查,以保障监察机关的活动具有合法性,提高监察机关反腐败的效率。

司法机关的抽象解释文件还有:最高人民法院、最高人民检察院、公安部、国家安全部、司法部《关于办理刑事案件严格排除非法证据若干问题的规定》,最高人民法院、最高人民检察院《关于适用犯罪嫌疑人、被告人逃匿、死亡案件违法所得没收程序若干问题的规定》,最高人民法院、最高人民检察院《关于办理贪污贿赂刑事案件适用法律若干问题的解释》,最高人民法院《关于审理掩饰、隐瞒犯罪所得、犯罪所得收益刑事案件适用法律若干问题的解释》,最高人民法院、最高人民检察院《关于办理行贿刑事案件具体应用法律若干问题的解释》,最高人民法院、最高人民检察院《关于办理渎职刑事案件适用法律若干问题的解释》,最高人民检察院《关于工人等非监管机关在编监管人员私放在押人员行为和失职致使在押人员脱逃行为适用法律问题的解释》[1]等。这些解释文件直接针对职务犯罪制定，对职务犯罪案件的审判和法律适用产生规范作用。

二、具体解释

最高人民法院和最高人民检察院采取答复的形式对法律适用进行解释。这些解释直接适用于职务犯罪案件性质的认定，或者职务犯罪范围的界定，在司法实践中发挥非常重要的作用。如最高人民检察院在回复宁夏回族自治区人民检察院《关于国库券等有价证券是否可以成为挪用公款罪所侵犯的对象以及以国库券抵押贷款的行为如何定性等问题的请示》的批复指出，国家工作人员利用职务上的便利，挪用公有或本单位的国库券的行为以挪用公款论；符合我国《刑法》第 384 条、第 272 条第 2 款规定的情形构成犯罪的，按挪用公款罪追究刑事责任。最高人民法院《关于村民小组组长利用职务便利非法占有公共财物行为如何定性问题给四川省高级人民法院的答复》指出，对村民小组组长利用职务上的便利，将村民小组集体财产非法占为己有、数额较大的行为，应当依照《刑法》第 271 条第 1 款的规定，以职务侵占罪定罪处罚。最高人民法院《关于国家工作人员利用职务上的便利为他人谋取利益离退休后收受财物行为如何处理问题给江苏省高级人民法院的批复》指出，国家工作人员利用职务上的便利为请托人谋取利益，并与请托人事先约定，在其离退休后收受请托人财物，构成犯罪的，以受贿罪定罪处罚。

第五节　其他规范性文件

由于监察法是一个独立的法律部门，涉及宪法、行政法、刑事法，所以监

---

〔1〕 最高人民检察院《关于工人等非监管机关在编监管人员私放在押人员行为和失职致使在押人员脱逃行为适用法律问题的解释》规定，工人等非监管机关在编监管人员在被监管机关聘用受委托履行监管职责的过程中私放在押人员的，应当依照《刑法》第 400 条第 1 款的规定，以私放在押人员罪追究刑事责任；由于严重不负责任，致使在押人员脱逃，造成严重后果的，应当依照《刑法》第 400 条第 2 款的规定，以失职致使在押人员脱逃罪追究刑事责任。

察法规范体系极为广泛。国际条约和中央军事委员会制定的监察规定也属于监察法的正式渊源。

我国《监察法》专章规定了反腐败的国际合作,因此,我国签署的反腐败国际条约也构成监察法的渊源。《联合国反腐败公约》是唯一一份具有法律约束力的国际性反腐败法律文件。该公约为世界各国政府对各种腐败行为的定罪、惩处、责任追究、预防、国际合作、资产追回以及履约监督机制提供了法律依据。该公约于2005年12月14日开始生效。全国人大常委会关于批准《联合国反腐败公约》的决定于2005年10月27日发布,自2005年10月27日起施行。除《联合国反腐败公约》外,2014年亚洲太平洋经济合作组织(Asia-Pacific Economic Cooperation,APEC)部长级会议上通过《北京反腐败宣言》,并成立APEC反腐执法合作网络,旨在与亚太各国加大追逃追赃等合作,携手打击跨境腐败行为。2016年9月5日20国集团(G20)杭州峰会成功召开,峰会通过了《二十国集团反腐败追逃追赃高级原则》《二十国集团2017~2018年反腐败行动计划》,在华设立G20反腐败追逃追赃研究中心。

《监察法》规定,中央军事委员会有权制定监察规定,这些规定适用于中国人民解放军以及武装警察部队的监察工作。这里规范同样是监察法的渊源。

第三章　监察法的原则

我国监察机关作为行使监察权的专责机关，其特殊性、独立性植根于中华民族传统文化源流，这是新监察体制的重要特色。[1]《监察法》是在监察体制改革的基础上，充分吸收我国纪检监察体制改革的经验，结合我国反腐败工作的实际情况而制定的。因此，监察法确立了与我国监察体制相适应的原则，这些原则是监察委员会和其他国家机关、监察活动参与人共同遵守的准则。

第一节　党的领导原则

党的领导原则是监察法确立的基本原则，我国《监察法》第 2 条规定："坚持中国共产党对国家监察工作的领导。"该规定确立了党在监察工作中的领导地位，在中国特色社会主义法治语境下，监察制度改革要与党的领导和人民当家作主相结合，实现与中国政党制度合理衔接。[2]

一、新时代中国特色社会主义思想是监察立法的指导思想

中国共产党以马克思列宁主义、毛泽东思想、邓小平理论、"三个代表"重要思想、科学发展观、习近平新时代中国特色社会主义思想作为自己的行

〔1〕 参见陈光中、邵俊：《我国监察体制改革若干问题思考》，载《中国法学》2017 年第 4 期。

〔2〕 参见秦前红、叶海波等：《国家监察制度改革研究》，法律出版社 2018 年版，第 14 页。

动指南。党的领导原则首先表现在,以马克思列宁主义、毛泽东思想、邓小平理论、“三个代表”重要思想、科学发展观、习近平新时代中国特色社会主义思想指导监察立法。中国共产党以马克思主义为指导思想,在其发展的历史过程中,始终坚持将反腐败作为党的建设的重要内容,我国20世纪50年代即建立了党的纪检监督与国务院的行政监察监督相结合的反腐败体制;改革开放以来,确立了党的纪检调查、政府行政监察和检察机关侦查职务犯罪的反腐败机制;在长期的反腐败斗争中取得了成功的经验,也有工作失误产生的教训。习近平新时代中国特色社会主义思想是马克思主义中国化的最新成果,是党和国家的指导思想,继承和发展了马克思主义。习近平新时代中国特色社会主义思想的主要内容之一就是全面从严治党,加强党内监督,加强党对反腐败工作的统一领导。党的十八大以来,全面加强党内监督、依法严惩腐败是党的建设的重要内容。党的十八届六中全会指出,加强党内监督是马克思主义政党的一贯要求,是我们党的优良传统和政治优势。因此,增强党的自我净化、自我完善、自我革新、自我提高能力,提高党的领导水平和执政水平,增强拒腐防变的能力是党的领导原则在政策上的体现。党的十九大报告提出,必须坚持党对一切工作的统一领导,坚持以人民为中心,夺取反腐败斗争压倒性胜利。党的十九大报告还明确指出,人民群众最痛恨腐败现象,腐败是我们党面临的最大威胁,反腐败工作必须要坚持无禁区、全覆盖、零容忍。推进反腐败国家立法,建设纪检监察系统,建立权威高效的监察体制。党的十八大以来,有关反腐败国家立法和监察体制改革的思想是习近平新时代中国特色社会主义思想的重要组成部分。

二、党的领导是监察体制改革和《监察法》制定的保障

监察体制改革是重大政治体制改革,2016年11月7日中共中央办公厅印发《关于在北京市、山西省、浙江省开展国家监察体制改革试点方案》,部署在3省市设立各级监察委员会。2016年12月25日第十二届全国人大常务委员会第二十五次会议根据党中央的试点方案作出决定:在北京市、山西省、浙江省开展国家监察体制改革试点工作。党的十九大报告总结了监察体制改革的试点经验,明确提出要健全党和国家监督体系,确立了监察法的

立法原则:加强对权力运行的制约和监督,深化国家监察体制改革,组建国家、省、市、县监察委员会,同党的纪律检查机关合署办公;实现对所有行使公权力的公职人员监察全覆盖;制定国家监察法,依法赋予监察委员会职责权限和调查手段,用留置取代"两规"措施;构建党统一指挥、全面覆盖、权威高效的监督体系;把党内监督同国家机关监督、民主监督、司法监督、群众监督、舆论监督贯通起来,增强监督合力。

党的十八届六中全会通过的《中国共产党党内监督条例》为《监察法》的制定奠定基础。该条例确立了党内监督体系,我国《监察法》确立国家监督体系。《中国共产党党内监督条例》明确规定了党的中央委员会全面领导党内监督工作,各级党委应当加强对同级纪委和所辖范围内纪律检查工作的领导,检查其监督执纪问责工作情况,规定党的各级纪律检查委员会是党内监督的专责机关,履行监督执纪问责职责。《中国共产党纪律处分条例》规定,党组织和党员违反党章和其他党内法规,违反国家法律法规,违反党和国家政策,违反社会主义道德,危害党、国家和人民利益的行为,依照规定应当给予纪律处理或者处分的,都必须受到追究,明确规定党纪处分的种类与适用程序。这些党内法规对党内监督和党纪处分的规定,是《监察法》确定监督对象、监察权限和监察程序的依据之一。这些党内法规的制定与实施是党领导反腐败工作的主要内容,《监察法》的制定使党内监督与国家监察贯通,纪律审查与监察调查衔接,形成系统的国家权力监督体系。

第二节 集中统一与权威高效原则

我国《监察法》的制定在于构建集中统一、权威高效的中国特色国家监察体制。监察体制改革前,原行政监察体制存在诸多弊端,主要是党纪监督、行政监察和职务犯罪侦查三项反腐败职能分别由不同的国家机关行使:党纪监督由党的纪检部门负责,行政监察由国务院监察部门和地方各级行政监察机关负责,而职务犯罪的侦查则由人民检察院负责。这种体制导致反腐败资源分散,不同的反腐败机构职能不同、适用的法律法规不同、处置程序不同,导致一个腐败案件经过多机关不同程序进行处理,严重影响反腐败的效率。监察体制改革的目标之一即在于,建立集中统一、权威高效的反腐败体系。

一、集中统一

所谓集中统一,是指各项反腐败的职权集中并由监察机关统一行使。监察体制改革首先就是要改变反腐败资源分散的状况,将党的纪检部门、行政监察机关和人民检察院的反贪、反渎和职务犯罪预防部门整合,组成与“一府两院”平行的监察委员会,监察委员会的建立标志着集中统一的监察体制形成。

(一)反腐败职能集中

监察委员会的监察权本质上是宪法和法律赋予的监督公职人员合法行使职权的权力,其核心是反腐败的职权。无论是各级党政机关工作人员,还是国有企业和事业组织的管理人员,只要其行为违反党内法规或者法律,构成职务违法或者职务犯罪的,均由各级监察委员会依照监察权限进行监督、调查和处置。国家监察委员会与党的纪律检查机构合署办公,具有政治机关的性质。因此,各级监察委员会事实上作为党的纪检机关,必须根据党章以及党内法规履行党内监督的专责,监督各级党组织及党员是否遵守党的政治纪律和政治规矩,是否遵守廉洁纪律,对违反党纪的党员和党员领导干部以党的纪律检查委员会名义进行审查并作出纪律处分决定。各级监察委员会作为监督公职人员的机关,具有宪法和法律机关的性质,依监察法、刑法和刑事诉讼法之规定对公职人员的职务违法和职务犯罪行为进行调查,对职务违法行为人作出政务处分,对构成职务犯罪的公职人员移送人民检察院依法审查起诉。所以,监察委员会集党内监督、职务违法和职务犯罪调查以及处置于一身,实现了反腐败资源的集中。

(二)反腐败机构统一

各级监察委员会均实现党的纪检机关与监察机关合署办公,成为党政合署机构。监察委员会还整合了由人民检察院转隶过来的反贪、反渎和职务犯罪预防部门。因此,监察委员会事实上既是党内监督的专责机构,又是行使国家监察职能的专责机关;既是党纪审查机关,又是监察调查与处置机关。反腐败的职能由监察委员会统一行使,从而实现党内监督和监察监督的贯通,实现党纪与法律之间的衔接。

监察机关是职务违法和职务犯罪的主要调查和处置机关。《监察法》规定,执法机关在履行职责的过程中,如果发现公职人员有职务违法或者职务犯罪线索,应当将线索移送监察机关处理;如果公职人员既有普通刑事犯罪,又有职务犯罪的,一般应当由监察机关调查为主。

监察机关在履行监督与调查职能时,其他国家机关必须予以协助。虽然监察机关行使调查权应当受到检察机关审查起诉权的制约,但在调查阶段,监察机关是调查的主导机关,这是监察机关的性质决定的。

二、权威高效

所谓权威高效,是指监察机关行使监察职能具有权威性,并且能够在监督、调查和处置过程中提高效率,提升反腐败的效果。

(一)监察委员会监督的权威性

纪检监察合署办公,党内监督与监察监督贯通,是监察机关权威性的制度保障。中国共产党是执政党,拥有8000多万名党员,多数公职人员是中国共产党党员,党的纪检监督部门对党员以及党的组织的监督同时可以覆盖多数公职人员。因此,纪检的党纪监督具有权威性,监察机关的权威性得到党纪监督的保障。宪法设置独立的监察机构,将监察权与武装力量统帅权、行政权、审判权、检察权并列,从而将监察委员会作为国家的宪法机构,各级监察委员会由本级人大产生,向本级人大及其常委会负责,受其监督。监察委员会宪法地位的确立也是其权威性的重要制度保障。

(二)监察委员会监督和调查的高效率

公职人员的违纪、职务违法和职务犯罪统一由监察机关监督、调查与处置,是监察机关高效运行的体制基础。《监察法》对监察委员会接受举报,办理案件线索以及初步核实和立案调查等作出了明确规定,监察机关应当建立问题线索处置、调查、审理各部门相互协调、相互制约的工作机制。监察机关应当设立相应的工作部门履行线索管理、监督检查、督促办理、统计分析等管理协调职能。监察机关内部各承办部门权限分工明确,办事流程合理。监察机关内部工作程序的优化对提高监督的效率发挥了重要的作用。《监察法》还通过优化案件管辖权提升办案效率，规定上级监察机关可以办理下一级监察机关管辖范围内的监察事项，必要时，也可以办理所辖各级监察机关管辖范围内的监察事项。监察机关之间对监察事项的管辖有争议的，由其共同的上级监察机关确定。上级监察机关可以将其所管辖的监察事项指定下级监察机关管辖，也可以将下级监察机关有管辖权的监察事项指定给其他监察机关管辖。监察机关认为所管辖的监察事项重大、复杂，需要由上级监察机关管辖的，可以报请上级监察机关管辖。《监察法》明确案件管辖实行上级监察机关全面管理的原则，可以有效防止因管辖权争议而导致案件拖延的情况，提高监督和调查的效率。

第三节　监察全覆盖原则

监察全覆盖，是指监察机关履行对所有公职人员的监督职责，凡行使公权力的公职人员都要受到监察委员会的监督。我国《监察法》第 1 条规定："加强对所有行使公权力的公职人员的监督，实现国家监察全面覆盖，深入开展反腐败工作，推进国家治理体系和治理能力现代化。"可见，监察全覆盖的目的在于，加强对公职人员的监督和深入开展反腐败工作。

党的十八大以来，为了加强对公权力的监督，防止公权力的滥用，党中央提出监督全覆盖的观点。较早提出的是审计全覆盖，2015 年 12 月 8 日中共中央办公厅、国务院办公厅印发《关于实行审计全覆盖的实施意见》，通过对一定周期内依法属于审计监督范围的所有管理、分配、使用公共资金、国有资产、国有资源的部门和单位，以及党政主要领导干部和国有企事业领导人员履行经济责任情况进行全面审计，实现审计全覆盖。审计全覆盖的目的在于监督公共资金的使用，监督财政权力行使的合法性和合理性，是发现职务违法和职务犯罪线索的重要手段与方法。其次是党内监督、巡视巡察的全覆盖。党的文件虽然没有明确提出这一概念，但从党的文件以及党内法规的规定来看，监督全覆盖是权力监督的新形态，体现权力监督的制度化、体系化和经常化。党内监督全覆盖的含义有以下几点：第一，监督对象全覆盖,不容许存在不受监督的党员和党组织。所有党员和党的组织必须接受党中央、地方各级党委以及各级党的纪律检察委员会的监督。第二,监督的内容全覆盖,党内法规、党的文件规定的党员和党组织应当遵守的纪律以及应当履行的义务都是监督的内容,包括党员和党组织遵守政治纪律、工作纪律、生活纪律、廉洁纪律的情况,对违纪行为进行调查并作出党纪处分决定,党的各级纪律检查委员会是党内监督的专责机关。党员如果违法犯罪受到刑事处罚应同时受到党纪处分,以实现党内监督无禁区的目标。第三,实现巡视巡察全覆盖。中央和省、自治区、直辖市党委一届任期内,对所管理的地方、部门、企事业单位党组织全面巡视。省、自治区、直辖市党委应当推动党的市和县委员会建立巡察制度,使从严治党向基层延伸。第四,管党治党责任全覆盖。党内监督是全党的任务,各级党委(党组)负主体责任,党委书记是第一责任人,党委组成人员履行各自的监督职责,勇于监督。[1]

监察对象全覆盖是全面依法治国和全面依规治党的体现,是实现公权力监督全覆盖在监察领域的体现,它与党内监督全覆盖、审计监督全覆盖共同构成权力监督的新制度体系。

一、监察对象全覆盖

我国《监察法》第15条规定,监察机关对6类公职人员进行监察:中国共产党机关、人大及其常务委员会机关、人民政府、监察委员会、人民法院、人民检察院、中国人民政治协商会议各级委员会机关、民主党派机关和工商业联合会机关的公务员,以及参照公务员法管理的人员;法律、法规授权或者受国家机关依法委托管理公共事务的组织中从事公务的人员;国有企业管理人员;公办的教育、科研、文化、医疗卫生、体育等单位中从事管理的人员;基层群众性自治组织中从事管理的人员;其他依法履行公职的人员。

监察法主要根据两个基本标准来确定监察对象的范围:一是人员标准,即法律法规规定属于公职人员的,均属于监察的对象;二是职权标准,即法

---

〔1〕 参见申晚香:《实现党内监督全覆盖——回望全面从严治党波澜壮阔的征程之三》,载《中国纪检监察报》2017年10月14日,第1版。

律法规并没有明确规定其属于公职人员的范畴，但行使的是公权力，应当属于监察对象的范围。所以，《监察法》第 15 条并没有全部使用公务员的概念，而是使用公务员、参公管理人员、从事公务的人员、管理人员、履行公职的人员等多种概念，这些概念的使用，将公职人员分为公务员、管理人员和履行公职的人员 3 种。在实践中，行使公权力的公职人员范围较广，如具有公共管理职能的行业协会以及检验、检测等鉴定机构的工作人员，其行使的职能是法律法规授权或者国家机关委托行使的公权力，属于监察的对象。国有企业的管理人员虽然不属于国家工作人员，但属于行使公权力的管理人员。

二、监察事项全覆盖

监察事项是指监察机关对监察对象的哪些行为实施监察。依监察法之规定，监察机关只对监察对象的职务违法和职务犯罪行使监察权。但是，监察委员会与党的纪律检察委员会合署办公，因此，可以监督党员和党组织是否违反党的纪律也是监察机关的职责。

《监察法》对公职人员的约束分为两部分：第一部分是对公职人员的监督。监察法规定，监察机关对公职人员依法履职、秉公用权、廉洁从政从业以及道德操守情况进行监督检查。监察机关监督的范围包括公职人员履行职责过程中的合法性和规范性，也包括道德规范的遵守。所以，从监察机关对公职人员的监督方面来讲，监督事项已经覆盖了公职人员的职务行为以及与其公职人员身份相关的道德与个人生活问题。第二部分是对公职人员涉嫌贪污贿赂、滥用职权、玩忽职守、权力寻租、利益输送、徇私舞弊以及浪费国家资财等职务违法和职务犯罪进行调查。可见，监察机关对公职人员的监督范围比调查范围更广，监察机关的调查限于对公职人员职务违法和职务犯罪的调查，主要是对公职人员贪污贿赂和渎职等腐败问题的调查，至于公职人员的其他违法和犯罪行为，根据刑法、刑事诉讼法、行政处罚法和民事诉讼法等法律进行处理。

第四节 依法独立行使监察权原则

一、执法机关独立行使职权是我国宪法确立的基本原则

监察委员会是行使监察职能的专责机关,因此,监察委员会有权对公职人员行使公权力的行为进行监督,调查职务违法和职务犯罪,对公职人员的职务违法和职务犯罪进行处置。根据《监察法》的规定,监察机关有权对涉嫌职务违法和职务犯罪的公职人员采取强制措施。监察机关的性质和职权表明,它是具有执法性质的机构。为了保障执法的公正性和权威性、防止其他国家机关和公民干涉执法机关的活动,我国宪法和法律规定执法机关独立原则。如《宪法》第131条规定:"人民法院依照法律规定独立行使审判权,不受行政机关、社会团体和个人的干涉。"《宪法》第136条规定:"人民检察院依照法律规定独立行使检察权,不受行政机关、社会团体和个人的干涉。"《审计法》第5条规定,审计机关依照法律规定独立行使审计监督权,不受其他行政机关、社会团体和个人的干涉。因此,审判独立、检察独立和审计独立是我国宪法和法律确认的基本原则。

二、监察机关依法独立行使职权原则的主要内容

《宪法》第127条以及《监察法》第4条均规定,监察委员会依照法律规定独立行使监察权,不受行政机关、社会团体和个人的干涉。这一规定确认了监察独立的原则。其主要内容包括,监察机关的独立性受到宪法和法律的保障,监察机关在《监察法》规定的监督范围内行使监察权并恪守监察工作人员独立原则。[1]

(一)监察机关必须接受本级人大及其常务委员会的监督,接受人民检察院和人民法院的制约

监察机关由本级人大产生,向本级人大及其常务委员会负责。监察机

---

〔1〕 参见姜明安:《论监察法的立法目的与基本原则》,载《行政法学研究》2018年第4期。

关必须向本级人大常务委员会作专项工作报告,本级人大可以通过执法检查、质询、罢免等方式监督监察委员会的工作。

《监察法》规定监察委员会对职务犯罪的调查和处置受到司法机关的制约。此种制约包括人民检察院依法审查起诉阶段,退回补充调查和不起诉,也包括人民法院依法审查证据以及提出退回补充侦查的建议等。

(二)监察职能独立

监察委员会履行职责,除接受本级人大及其常务委员会的监督以及人民法院和人民检察院的制约外,不受其他国家机关、社会团体和个人的干涉。监察委员会依照《监察法》以及其他法律规定的职权,任何其他国家机关、社会团体和个人均不能要求监察机关按照其意见办案,不得向监察委员会打听案件的进展情况,不得利用其政治和行政影响力或者个人声誉为被调查人说情,也不得阻碍监察委员会的调查与处置。

(三)监察工作人员独立

监察委员会内部工作人员也不得违反监察独立原则。《监察法》第 57 条规定,对于监察人员打听案情、过问案件、说情干预的,办理监察事项的监察人员应当及时报告,发现办理监察事项的监察人员未经批准接触被调查人、涉案人员及其特定关系人,或者存在交往情形的,知情人应当及时报告。有关情况应当登记备案。为了保障监察机关工作人员不受外部因素之影响,《监察法》规定了监察机关工作人员的回避制度,确定回避的四种情形:监察对象或者检举人的近亲属的;担任过本案的证人的;本人或者其近亲属与办理的监察事项有利害关系的;有可能影响监察事项公正处理的其他情形的。监察机关工作人员有上述情形的应当自行回避,监察对象、检举人及其他有关人员也有权要求监察机关工作人员回避。

第五节　人权保障原则

人权保障是法治的基本要求,也是法治的目的。我国《宪法》第 33 条规定,国家尊重和保障人权,确立了人权保障的原则。国家的立法、行政、监察、审判和检察机关必须履行保障人权的义务,并以此作为其履行职能的准则。《监察法》第5条规定:“国家监察工作严格遵照宪法和法律,以事实为根据,以法律为准绳;在适用法律上一律平等,保障当事人的合法权益。”该规定所指的当事人是指监察活动的参与人,包括受到监督的公职人员、被调查人、职务违法和职务犯罪嫌疑人、证人、见证人、监察机关工作人员等。由于监察措施对公民的人身、财产构成限制或剥夺,必须对当事人的权利予以保障,实现惩治腐败与保障人权的结合。[1]

一、保障被调查人的人身自由权

监察机关的主要职能是监督、调查和处置。所以,监察机关有权采取强制措施,为了体现人权保障原则,监察法对被调查人的人身权作出明确规定。人身自由是宪法赋予公民的基本权利,我国《宪法》第37条规定了公民的人身自由不受非法侵犯。监察委员会对被调查人采取强制措施必须具有合法性并依法保障被调查人的人身权。监察法对被调查人人身自由的规定主要有:第一,对于不需要继续采取技术调查措施的,应当及时解除;第二,对于不需要继续采取限制出境措施的,应当及时解除。

技术调查是监察机关为调查职务犯罪之需要,根据刑事诉讼法及有关法律的规定,经过严格批准程序,运用技术调查措施收集犯罪证据和证明犯罪事实的活动,包括电子侦听、电话监听、电子监控、秘密拍照、录像、邮件和信息检查等秘密的专门技术调查手段。技术调查的来源是刑事诉讼法规定的技术侦查,《刑事诉讼法》第150条规定,公安机关和人民检察院对于特定犯罪可以采取技术侦查措施。监察机关的技术调查措施在法律上来源于刑事诉讼法的规定,但由于监察机关不是司法机关,监察机关对职务犯罪的调查不属于刑事诉讼法上的侦查,因此,采用技术调查的概念较为妥当。技术调查的措施与公安机关和人民检察院正在采用的技术侦查措施大致相同。由于技术调查涉及被调查人隐私权、信息保护权等基本权利的限制,因此,必须严格遵守法律的规定,并且严格批准手续。

---

〔1〕 参见陈光中、兰哲:《监察制度改革的重大成就与完善期待》,载《行政法学研究》2018年第4期。

限制出境是对公民人身自由的限制,我国《出境入境管理法》第12条规定了禁止公民出境的6种情形,最高人民法院、最高人民检察院、公安部、国家安全部发布的《关于依法限制外国人和中国公民出境问题的若干规定》,根据《出境入境管理法》的规定确定了限制出境的条件与适用的程序。出境限制适用于被判处刑罚尚未执行完毕或者属于刑事案件被告人、犯罪嫌疑人,或者有未了结的民事案件、存在危害国家安全与利益的公民。如果不限制其出境,存在重大法律风险或者存在损害国家利益的可能性。监察机关调查的职务违法和职务犯罪嫌疑人,符合法律法规规定的限制出境情形,因此,应当限制其出境。但如果出现撤销案件或者其他不需要限制的情形,应当及时解除限制出境的措施。

二、保障被调查人的人格尊严和财产权

人格尊严是一项独立的基本权利,它不同于名誉权、荣誉权等人格权,也不属于人身自由的范畴。[1] 人格尊严是基本权利的核心价值,人格尊严兼有消极和积极两个方面的功能,且消极功能居于主导的地位。[2] 我国民事法律和刑事法律均对人格尊严的保障作出明确规定,监察法也对被调查人的人格尊严的保护作出了具体规定。第一,监察机关可以对被调查人采取留置措施,由于留置具有剥夺人身自由的性质,因此监察法规定,监察机关应当保障被留置人员的饮食、休息和安全,提供医疗服务;第二,监察法规定禁止疲劳讯问,体现了对人权的尊重。讯问被留置人员应当合理安排讯问时间和时长;第三,严禁侮辱、打骂、虐待、体罚或者变相体罚被调查人和涉案人员;第四,明确规定搜查女性身体,应当由女性工作人员进行。

财产权是宪法确认的基本权利,自近代宪法以来,财产权受到宪法和法律的严格保护。监察法对被调查人财产权的保护较严格。第一,规定查封、扣押的财物、文件经查明与案件无关的,应当在查明后3日内解除查封、扣押,予以退还;第二,监察机关冻结的财产经查明与案件无关的,应当在查明

---

〔1〕 参见上官丕亮:《论宪法上的人格尊严》,载《江苏社会科学》2008年第2期。

〔2〕 参见刘志刚:《人格尊严的宪法意义》,载《中国法学》2007年第1期。

后3日内解除冻结,予以退还。

三、保障被调查人的刑事诉讼基本权利

刑事基本权利是指宪法确认的公民在刑事侦查、起诉和审判过程中所享有的权利,虽然《监察法》不是刑事诉讼法,但是其援引了刑事诉讼法的程序性规定,因此,职务犯罪的被调查人仍然在调查阶段享有刑事基本权利。第一,不受刑讯逼供权。严禁以威胁、引诱、欺骗及其他非法方式收集证据,以非法方法收集的证据应当依法予以排除,不得作为案件处置的依据。第二,知情权。立案调查决定应当向被调查人宣布,并通报相关组织。涉嫌严重职务违法或者职务犯罪的,应当通知被调查人家属,并向社会公开发布。第三,终止调查权。监察机关经调查,对没有证据证明被调查人存在违法犯罪行为的,应当撤销案件。

四、保障被调查人的复审和申诉权

被调查人的复审和申请权主要包括:

第一,复审请求权。监察对象对监察机关作出的涉及本人的处理决定不服的,可以在收到处理决定之日起1个月内,向作出决定的监察机关申请复审,复审机关应当在1个月内作出复审决定;监察对象对复审决定仍不服的,可以在收到复审决定之日起1个月内,向上一级监察机关申请复核,复核机关应当在2个月内作出复核决定。复审、复核期间,不停止原处理决定的执行。复核机关经审查,认定处理决定有错误的,原处理机关应当及时予以纠正。

第二,申诉权。如果监察机关及其工作人员有《监察法》第60条规定的行为之一,被调查人及其近亲属有权向该机关申诉。《监察法》规定,受理申诉的监察机关应当在受理申诉之日起1个月内作出处理决定。申诉人对处理决定不服的,可以在收到处理决定之日起1个月内向上一级监察机关申请复查,上一级监察机关应当在收到复查申请之日起2个月内作出处理决定,情况属实的,及时予以纠正。

上述权利保障同样适用于涉嫌行贿犯罪或者共同职务犯罪的涉案人员。

第六节 监察法治原则

法治原则是我国宪法确立的基本原则,《宪法》第 5 条规定:“中华人民共和国实行依法治国,建设社会主义法治国家。”《关于全面推进依法治国若干重大问题的决定》明确提出,依法治国是坚持和发展中国特色社会主义的本质要求和重要保障。党的十九大报告指出,全面依法治国是国家治理的一场深刻革命,必须坚持厉行法治。《监察法》第 5 条规定:“国家监察工作严格遵照宪法和法律,以事实为根据,以法律为准绳;在适用法律上一律平等。”监察体制改革的主要内容就是建立完善的监察机关人员产生规范、组织规范、职权行使规范和监督规范,规范监察职权依法行使。[1] 监察委员会的设立,以监察全覆盖的方式,监督所有行使公权力的公职人员;同时,监察委员会自身也应当受到人大的监督。[2]

一、监察机关的组织和职权法定

监察机关依法监察首先表现在监察机关的组织和职权由法律规定,监察机关必须严格遵守法律的规定。

《宪法》和《监察法》对监察机关的性质与地位作出了明确规定,它为监察机关的组织建设提供了合法性基础。监察机关的组织主要包括监察委员会的组成人员,监察机关的内设机构及其工作职责,监察官的选任条件、待遇、任免和职务保障等。由于监察体制改革仍处于推进阶段,监察法并没有对监察机关的组织作出详细的规定,其目的在于通过进一步总结经验,为以后制定监察委员会组织法和监察官法留有空间。《宪法》规定监察委员会由主任、副主任和委员组成,但监察委员会副主任和委员的法定人数没有规定,监察委员会的领导体制是否属于主任负责制也并不明确。从《宪法》和

---

〔1〕 参见叶海波:《国家监察体制改革试点的法治路径》,载《四川师范大学学报》(社会科学版)2017 年第 3 期。

〔2〕 参见刘小妹:《人大制度下的国家监督体制与监察机制》,载《政法论坛》2018 年第 3 期。

《监察法》的精神来看，监察委员会应当实行主任负责制，其理由为：第一，监察委员会主任由本级人大产生，副主任和委员由监察委员会主任提名，由本级人大常委会任免；第二，监察委员会主任主持召开委务会议，对监察委员会的工作负政治责任；第三，监察委员会的重大事项由集体讨论决定，具体工作依法由职能部门提请审批，符合民主集中制原则。随着我国监察体制改革的推进和《监察法》的实施，全国人大及其常务委员会应当及时制定监察机关组织法和监察官法，不断完善监察制度。

监察职权由监察法作出规定，监察机关有权通过接受举报、处理其他国家机关移送的职务违法和职务犯罪线索、日常工作检查以及派出与派驻机构的活动收集监察对象的违纪和违法情况，行使监督职能。监察机关对职务违法和职务犯罪嫌疑人进行调查，对违法但不构成犯罪的依法进行党纪和政务处分，对构成犯罪的嫌疑人依法移送人民检察院依法审查起诉。监察机关还要加强对各级党政机关、社会团体、国有企业和事业组织的廉政建设和廉政教育。监察机关的监督、调查和处置必须在监察法的范围内进行，公职人员的非职务违法和犯罪行为，由行政执法机关和司法机关予以追究。

二、监察机关的工作程序法定

监察机关的工作程序是监察机关为履行职权而遵守的法定程序。《监察法》规定了监察委员会的监督程序、调查程序和处置程序。如监察委员会对问题线索规定分类处理程序，对调查工作规定初步核实程序和立案启动程序，对处置工作规定了政务处分与撤案程序以及复审与申诉程序等。监察机关的工作程序有以下两个特点：一是初步核实、立案调查、启动调查措施、撤案等程序的运行，均需要通过严格的批准手续，或者需要经过监察委员会集体讨论作出决定。二是监察委员会的调查必须严格遵守调查方案，调查人员应当严格执行调查方案，不得随意扩大调查范围、变更调查对象和事项。其目的在于保证调查工作在监察法的范围内。

三、监察机关适用强制措施和处置手段的条件法定

监察委员会调查职务违法和职务犯罪，必须对被调查人采取强制措施。

而强制措施的适用对被调查人的人身自由、财产和个人隐私权构成损害，因此，强制措施具有损益性。为了既保障调查工作的顺利展开，又保障被调查人权利不受非法损害，《监察法》规定强制措施除需要严格履行批准手续外，还为强制措施的适用规定条件。如留置是剥夺被调查人人身自由的强制措施。因此，《监察法》对留置措施的适用规定了极严格的条件：首先，被调查人已涉嫌严重职务违法和职务犯罪，此处的"严重"二字表明被调查人的违法犯罪为情节严重或者数额较大，依照刑法的规定应当判处较重刑罚的犯罪嫌疑人。其次，监察机关已经掌握被调查人的部分违法犯罪事实与证据。如果仅怀疑被调查人有违法犯罪事实，但没有掌握证据，不能对被调查人采取留置措施。最后，被调查人仍有重要问题需要查清且有《监察法》第 22 条规定的情形之一的。监察法为留置规定严格的条件，其目的在于保证留置措施的合法适用，防止监察机关及其工作人员滥用留置权力。

监察机关监督和调查程序终结后，应当对违纪、职务违法和职务犯罪的被调查人作出处置决定，处置主要是对被调查人作出政务处分或者组织处理，对被调查人权利产生重大影响。因此，监察法对政务处分的条件按照违纪违法情节设定处分的种类。首先，处置分为对违法公职人员的处分和对负有责任的领导人及其单位的处分两种：对违法公职人员适用政务处分，对负有责任的领导人如果认定其不履行职责或者没有正确履行职责的，应当问责；对违法公职人员所在单位如果存在廉政建设问题的应当由监察机关提出监察建议，对存在的问题进行整改。其次，对违法公职人员的处分分为情节较轻、情节较重和构成职务犯罪 3 种，分别作出不同的处置：对情节较轻的可以谈话、批评教育和诫勉；对情节较重的进行政务处分；对构成职务犯罪的移送人民检察院依法审查起诉。《监察法》的这些规定对规范监察机关合法行使处置权具有重要意义。

第七节 配合制约原则

配合和制约原则是我国宪法规定司法机关办理刑事案件适用的基本原则。《宪法》第 140 条规定："人民法院、人民检察院和公安机关办理刑事案件，应当分工负责，互相配合，互相制约，以保证准确有效地执行法律。”配合与制约原则一直是司法机关办理刑事案件的准则，在监察体制改革过程中，有学者明确提出宪法上的配合与制约原则应当适用于监察机关与司法机关之间的关系。[1] 监察委员会入宪后，《宪法》第127条规定，监察机关办理职务违法和职务犯罪案件，应当与审判机关、检察机关、执法部门互相配合，互相制约，从而将配合与制约原则适用于监察机关与其他国家机关。《监察法》第4条作出了与《宪法》第127条相同的规定。

一、宪法上配合与制约条款的含义

《宪法》第123条和第140条确认的配合与制约原则的含义并不完全相同，表现在：第一，监察机关与审判机关、检察机关、执法部门之间的配合与制约，主要适用《监察法》，同时也部分适用刑事诉讼法有关审查起诉和审判方面的规定；人民法院、人民检察院和公安机关办理刑事案件的配合与制约适用我国刑事诉讼法。所以，《宪法》第127条的配合与制约是监察机关与司法机关和执法部门的制约，《宪法》第140条的配合与制约是司法机关之间的制约。第二，监察机关与审判机关、检察机关和执法部门之间的配合与制约，其主体包括执法部门。而执法部门是一个比较宽泛的概念，凡具有执法职能的行政机关、行业协会、事业组织均可以成为与监察机关配合与制约的主体。办理刑事案件的配合与制约主体只能是法院、检察院和公安机关。第三，监察机关与其他机关的配合与制约关系，是以监察机关为主建立的法律关系，监察机关在配合与制约过程中居于主导地位。这是因为，监察机关是行使监察职能的专责机关，对职务违法和职务犯罪的调查权由监察机关统一行使，其他国家机关并不行使调查权。司法机关办理刑事案件，案件之侦查权在公安机关和检察机关之间进行分工，自诉案件可以由人民法院直接受理。人民法院、人民检察院、公安机关办理刑事案件的地位相等，只是

---

[1] 参见朱福惠、张晋邦：《监察体制改革与宪法修改之学理阐释》，载《四川师范大学学报》（社会科学版）2017年第3期。

在刑事追诉的各阶段发挥的作用不同而已。[1] 第四,监察机关与审判机关、检察机关、执法部门的配合与制约,并不都存在制约关系。监察机关与执法部门之间主要是配合关系,并不是权力制约关系;但监察机关与检察机关、审判机关之间的关系则既存在配合关系,又存在相互制约关系。人民法院、人民检察院和公安机关办理刑事案件,依照刑事诉讼法的规定可以相互制约,是以制约为主,配合为辅的法律关系。

二、监察机关与审判机关、检察机关、执法部门的配合关系

《监察法》对监察机关办理职务违法和职务犯罪案件时,其他国家机关的配合作出了较为明确的规定,目的在于建立集中统一、权威高效的监察体制。监察法规定的配合主要是指协助监察机关监督、调查与处置,所以配合是指监察机关与其他国家机关之间的协助关系。

(一)职务违法和职务犯罪调查中的配合

职务违法和职务犯罪的调查较复杂,如果没有其他国家机关的配合,监察机关的调查工作将面临诸多困难,监察法对职务犯罪调查过程中的配合作出了全面的规定。

第一,金融、证券机构的配合。监察机关查询、冻结涉案单位和个人的存款、汇款、债券、股票、基金份额等财产,有关单位和个人应当配合。

第二,公安机关的配合。监察机关进行搜查时,可以根据工作需要提请公安机关配合,公安机关应当依法予以协助。监察机关调查涉嫌重大贪污贿赂等职务犯罪,根据需要,经过严格的批准手续,可以采取技术调查措施,按照规定交有关机关执行。依法应当留置的被调查人如果在逃,监察机关可以决定在本行政区域内通缉,由公安机关发布通缉令,追捕归案。监察机关对被调查人及相关人员采取限制出境措施,由公安机关依法执行。

第三,人民法院和人民检察院的配合。被调查人逃匿,在通缉 1 年后不能到案或者死亡的,由监察机关提请人民检察院依照法定程序向人民法院

〔1〕 参见朱福惠:《论检察机关对监察机关职务犯罪调查的制约》,载《法学评论》2018 年第 3 期。

提出没收违法所得的申请,人民检察院和人民法院应当予以协助。

(二)案件移送方面的配合

人民法院、人民检察院以及执法部门的配合具体包括:国家机关在工作中发现公职人员涉嫌贪污贿赂、失职渎职等职务违法或者职务犯罪的问题线索,应当移送监察机关,由监察机关依法调查处置。被调查人既涉嫌严重职务违法或者职务犯罪,又涉嫌其他违法犯罪的,一般应当由监察机关为主调查,其他机关予以协助。

三、监察机关与审判机关、检察机关的制约关系

监察机关调查和处置权的运行必须受到司法机关的制约,其目的在于保障职务违法和职务犯罪调查的合法性,保障职务犯罪案件审判的质量,有效地防止错案的发生。

(一)审判机关对监察机关的制约

监察机关对职务犯罪案件调查终结后,应当将案件移送人民检察院依法审查起诉,人民检察院依法提起公诉后,人民法院才能对职务犯罪案件进行审理。人民法院在审理案件过程中,应当对犯罪事实和证据进行审查,依我国《刑事诉讼法》第200条的规定作出判决。不过,人民法院对事实和证据的审查,如果认为指控的犯罪不能成立或者依法宣告无罪,可以间接影响监察机关的立案和调查。所以,监察机关与人民法院间也存在间接的制约关系。

(二)检察机关与监察机关的相互制约

检察机关是刑事追诉的主要机关,监察机关调查终结的案件应当依法制作起诉意见书,并将证据材料一并移送人民检察院依法审查起诉。因此,在审查起诉阶段,应当明确人民检察院公诉权的独立性,正确认识补充调查的内涵,发挥人民检察院法律监督机关的作用。[1] 人民检察院根据监察法和刑事诉讼法的规定,对证据、事实进行审查,对起诉罪名的准确性、调查活动的合法性一并进行审查。如果认为事实清楚、证据充分确实的,应当及时

---

〔1〕 参见陈卫东:《职务犯罪监察调查程序若干问题研究》,载《政治与法律》2018年第1期。

向人民法院提起公诉；如果认为事实不清、证据不足的，应当退回监察机关补充调查或者自行补充侦查。人民检察院还可以决定起诉或者不起诉，决定是否接受监察机关对犯罪嫌疑人从宽处理的建议等。监察法的这些规定，形成了监察机关与检察机关的“制约模式”，即尊重监察机关在职权范围之内独立行使调查权的同时，通过检察机关依法行使审查起诉决定权和调查活动引导权，从而实现监察机关与检察机关的分工与制约。[1]

人民检察院对调查终结的案件进行审查，主要适用刑事诉讼法。人民检察院认为职务犯罪调查终结的案件符合刑事诉讼法不起诉情形的，应当报请上级检察机关批准后作出不起诉决定，监察机关对人民检察院不起诉决定有错误的，可以向上一级人民检察院提请复议。对于符合法定不起诉和酌定不起诉情形的，人民检察院可以向监察机关提出意见后，作出不起诉决定。

---

〔1〕 参见左卫民、唐清宇：《制约模式：监察机关与检察机关的关系模式思考》，载《现代法学》2018年第4期。

第二编

监察法的历史与发展

本编集中梳理境外和我国监察制度的发展演变，包括北欧国家议会监察专员模式、英美国家议会监察模式、新加坡独立监察机关模式，以及古代中国的监察法、民国时期的监察法和中华人民共和国的监察法，旨在通过境外实践和我国历史上监察制度变迁的梳理，呈现监察制度的历史和实践理性。

第四章　境外监察法的历史与发展

现代世界各国的监察制度，肇始于1809年的北欧瑞典，并盛行于20世纪。根据国际监察组织（International Ombudsman Institute，IOI）的统计，截至2014年年底，其已有199个成员，涵盖全球100多个国家或地区，监察法制的构建与监察权的独立行使已蔚为世界潮流。基于各国政治、经济、社会和传统文化等基本国情的不同，境外监察法的发展也呈现出多元化的类型，并各具特色。本章拟对境外监察法的历史与发展进行介绍与分析，从中吸取经验教训，以资对我国监察法的理论与实践提供镜鉴和参考。

第一节　概　　述

境外监察法发源于北欧瑞典。1809年瑞典新宪法确立了“议会监察专员”；1919年刚独立的芬兰仿效瑞典模式设立监察制度；1954年丹麦参考瑞典模式并加以改造，创立了监察制度的“丹麦模式”，并自斯堪的纳维亚半岛开始向外传播。新西兰在1962年成为第一个设立监察机关的英联邦成员国。自20世纪60年代中期开始，英国、瑞士、法国、葡萄牙、奥地利，纷纷以“丹麦模式”为蓝本设立议会监察专员。此后，加拿大、美国陆续在有些州设立地方监察机构。21世纪后，各国如星火燎原般设立独立监察机构，这类机构在澳大利亚、亚洲、南美洲、非洲各地迅速蔓延开来。本节将对境外监察制度的缘起、基本类型、共性特征、主要功能及发展趋势等予以分述。

一、境外监察法的起源

境外各国的监察制度，通常是该国宪治的构成部分。这种以限制公权力、维护公民权利为目的的制度设计，究其实质，在于对国家权力中影响公民权利最大的行政权进行监督与控制。一般而言，民主法治国家对行政权的限制，主要有议会的立法权与财政权，法院的司法审查等，这就是为西方国家所普遍接受的孟德斯鸠提出的“三权分立”的制度设计。

然而，行政权的扩张膨胀和议会力量的衰落式微已成为不争的事实，20世纪的一个显著特点是，宪治的重心由议会转向行政机关。如何加强对行政部门的监督成为世界各国共同面临的难题。[1] 第二次世界大战以后，随着行政权不断扩大，福利国家出现，行政机关被赋予相当程度的自由裁量权，出现的问题在性质上是“多中心的”，不是立法、行政、司法三机关所能分别解决的，因而需要一个综合性机构，这就是议会监察专员制度出现的政治背景。[2] 为了保护公民权益，现代国家发展出另一种独立控制政府和救济公民权利的监察权。这种廉政分支并非传统三权中的任何一权，而是“切实构建一个分立的、廉政的分支，对于现代宪法的起草者来说是当务之急。这一新的分支应当被赋予权力，并以持续的监督作为刺激”。[3] 议会监察专员的形成正是为了保护公民权利，对行政权进行监督与控制，以发挥反腐廉政功能。

二、境外监察法的基本类型

北欧国家与英联邦国家的监察法，可称为传统监察制度，其主要目的在于监督“不良行政”，确保公职人员依法行政，维持政府施政的公平性，寻求“不良行政”的解决办法。20 世纪 70 年代，人权监察机构兴起于南欧的葡萄

---

〔1〕 参见[英]威廉·韦德、克里斯托弗·福赛：《行政法》(第 10 版)，骆梅英等译，中国人民大学出版社 2018 年版，第 682 页。

〔2〕 参见龚祥瑞：《比较宪法与行政法》，法律出版社 2003 年版，第 487 页。

〔3〕 [美]布鲁斯·阿克曼：《别了，孟德斯鸠：新分权的理论与实践》，聂鑫译，中国政法大学出版社 2016 年版，第 84 页。

牙与西班牙,并扩展至拉丁美洲、加勒比海和部分非洲国家。人权监察机构也称为混合式监察机构,兼具监察专员与人权委员会的角色。此外,还有些国家设有其他形式的混合式监察机构,这类监察机构负有反贪、环境保护等多重使命。

(一)议会监察专员制度

“监察专员”(Ombudsman)一词,最早出现于北欧瑞典,依据瑞典文,该词意为“代表人”,原本是代表国王,之后则改为代表议会监督和管控政府官员。《大英百科全书》对议会监察专员的定义为:“一国立法部门的专员,替公民对官员滥权的申诉展开调查。”肇始于斯堪的纳维亚半岛的监察专员制度大致区分为两种基本形态:其一为“瑞典模式”,监察专员不仅是调查员,同时也是检察官,可以“起诉”个别官员,特别是检视个别官员的行为是否在刑法容许范围内;其二为“丹麦模式”,基于司法独立原则,监察专员原则上不能审查法官,而只能审查行政官员,因此,也被称为议会行政监察专员,此种模式为大多数国家所效仿。

大多数英联邦国家以“丹麦模式”为基础和蓝本设立了独立的监察机关。新西兰在 1962 年成为第一个设立监察机构的英联邦成员国家。1967 年,英国国会开始设置监察专员。自 20 世纪 60 年代中期开始,遍布美洲、非洲、亚洲与太平洋地区的其他英联邦成员国,也设立了监察制度。

从 20 世纪 60 年代开始,监察制度在国际上获得广泛的认同,越来越多的国家设立了监察组织,一直持续至今。例如,美国的 5 个州与 2 个附属地(1969 年开始),法国于 1973 年,意大利于 1974 年,奥地利于 1977 年,荷兰于 1981 年,爱尔兰于 1980 年,冰岛于 1998 年,韩国于 1994 年,比利时于 1995 年,摩洛哥于 2002 年,均设立了监察机构。

传统监察机构一般是由立法部门任命,但独立于立法部门之外的公权力部门。传统监察专员获得授权,对行政行为进行调查、评估与处置,以监督行政部门依法施政。传统监察机关的通行定义为:“依据宪法或由立法部门、议会决议所成立的办公室,由独立、高阶官员领导,对立法部门负责,受理受害民众对于政府机关、官员与雇员的投诉,具有调查、建议与提出报告的权力”。[1] 议会监察专员是在三权分立的架构下,隶属于议会的一种监察制度,议会监察专员模式负责监督和控制政府部门的活动,以瑞典、芬兰等国为典型代表。目前,全世界采行议会监察专员制度的国家,约占2/3,可以说是目前国际监察制度的主流模式。

(二)混合式监察制度

混合式监察机构具有多重使命,同时具有监察专员与人权委员会的角色。一种为人权监察机构,其功能兼具行政监督与人权保障;另一种混合式监察机构则身负反贪、环保等职责。

1. 人权监察机构

这种混合型的监察机关,由传统的监察机关和人权机关所组成。人权监察组织具有不同的角色,一方面近似传统监察专员,另一方面类似单纯的人权委员会。人权监察机构的历史可以追溯到20世纪70年代葡萄牙及西班牙所设立的混合式组织。葡萄牙的正义保护官成立于1975年,除监督行政外,也被赋予保护和推动人权与自由的权力。西班牙在1978年制定了一部新宪法,设置了“护民官”,负责监督新宪法与政府行政中对于人权的保护。1980年后半年,因政治与经济的发展带动新一波混合式监察组织的设立。其中一个趋势是,有些政府由军事统治过渡为民主治理,以中南美洲国家居多;另一个发展是,苏东剧变后,中欧、东欧各国转变为民主治理。此外,还有国际组织与捐助国对于发展中国家的影响,以及建立良好治理的压力。拉丁美洲、加勒比海地区、中欧及东欧、非洲、亚洲与太平洋地区各国在建立民主治理的进程中,设立了许多混合式人权监察机构,使其涵盖保护与推动人权的使命,可视为这些国家想要发展民主与建立良好治理最显著的表现。此外,近年来,有些国家将传统监察机构改制为混合式监察机构,如芬兰、牙买加、加纳与坦桑尼亚等国。

爱尔兰、澳大利亚的某几个州与加拿大部分省份,越来越多的传统监察专员负有额外或第二职责,如监督信息自由、隐私权保护、举报人保护等。

---

〔1〕 M. Seneviratne, *Ombudsmen: Public Services and Administrative Justice*, Butter-worths Lexis Nexis, 2002, pp. 197 -237.

不同使命、称谓的人权监察机构，主要设置在下列这些国家：(1)欧洲：西班牙、葡萄牙、芬兰、希腊以及中欧与东欧大部分国家；(2)拉丁美洲：危地马拉、哥斯达黎加、萨尔瓦多、洪都拉斯、尼加拉瓜、巴拿马、哥伦比亚、秘鲁、玻利维亚、厄瓜多尔、牙买加、阿根廷与巴拉圭；(3)非洲：加纳、莱索托、纳米比亚、坦桑尼亚与津巴布韦；(4)亚洲与太平洋地区：部分中亚国家、斯里兰卡、泰国与斐济。

混合形态的监察机关通常比传统监察专员具备更多额外权力，诸如展开法律行动的权力、担任陈情者的法律顾问以及进行人权教育和宣传计划等。这些混合式机构的性质，有些较接近监察机关，如西班牙、阿根廷、秘鲁的护民官；有些较接近人权委员会，如墨西哥的人权委员会。

2. 其他混合式监察机构

还有一种混合式监察机构被赋予打击贪污的使命。有些国家没有设立特定对抗贪污腐败的组织，而是赋予监察机构额外的反贪使命；还有些国家认为，针对反贪腐，监察专员办公室可以弥补其他专责机关的不足。具有此功能的监察组织主要出现在政府贪污问题较严重的国家和地区，如非洲、亚洲、太平洋与加勒比海地区。

大部分监察专员有间接处理环境问题的职权，如果环境权受到宪法或其他国内法保护时，有些人权监察专员可以调查涉及人权的环境问题。此外，非洲的纳米比亚和莱索托的人权监察组织，具有明确的环保使命。还有少数国家，设有专业的环境监察专员。

(三)独立设置的监察机构

韩国、波兰均设置了独立的监察院，其中，韩国监察院直属于总统，波兰监察院直属于议会。监察权为第四种权力，此类型的监察机构在形式上独立于立法、行政、司法机关之外，从组织和性质上看，都是实质上的独立机构，独立行使监察权。

(四)行政监察

行政监察是指国家行政机关内部设立的专门机构，对其他行政机关和行政人员的行政行为进行全面监督。这些行政性监察机关被称为“行政监察专员公署”，因为具有某些传统监察制度的特征，故又被称为“准监察专员公署”。但传统监察制度独立于立法机关外的特征，则为行政监察制度或准监察制度所不及，在行政首长的意志下，集中处理陈诉案件的机关，属于行政体系的内部监督机制。因为不是完全独立的机构，其性质上仍是行政机关，只能算是“准监察专员”的性质。行政监察专员不同于传统议会监察专员，通常没有文件调阅权和召开听证会的权力，也缺乏完整的调查权，而且隶属于行政机关，所以，其独立性和公正性受到质疑。总之，典型的监察机关具有“外部性”，独立于行政机关，且是保护公民权利的监察机关，行政监察机关的特性和典型行政机关不同，并不符合典型监察机关的定义。例如，日本总理府总务厅所辖行政监察局，是属于行政监察性质的机关。日本行政监察是在性质上属于行政权内部关于行政绩效的考核与监察的一种行政行为，故日本行政监察局只是行政权内部的机关，并非独立于行政权而与立法权、司法权相并列的机关。

三、境外监察法的共性特征

境外监察法制虽各具特色，但也有若干共性可寻。

（一）立法目的的双重性

传统监察机关与人权监察机关，实质上均具有行政监督与人权保障的双重目的。人权监察机关皆被授予保障人权的权力，因此，其具有作为国内人权机制的明确使命。人权监察机关的法律架构中明确包含人权法律，在设有人权监察机关的国家中，因为其角色明确或者无其他解决侵犯人权的机构机制或不健全，人权申诉案是该办公室最主要的工作。

相较之下，尽管传统监察机关并未明确人权保障的使命，但实务上监察专员也调查涉及人权的申诉案，并援引国际人权规范作为解决途径。还有少数已设置的传统监察机关，如芬兰、牙买加，在其原有职责基础上，增设明确的人权保障功能。

因此，除监督行政外，境外监察制度也被赋予保护和推动人权与自由的权力，对行政行为进行监督，以达到人权保障的终极目的。

（二）独立性

为了维持监察机关本身的公正、超然与权威，必须在制度与功能上维持其独立性。监察专员不受任何外力的干扰。议会必须使监察专员有充分的权力进行调查和评估。监察专员必须要有适当的预算、资源和人力，才能确保其工作品质。监察专员必须享有法律保障，监察专员的任期及待遇，均应由法律予以确保。北欧国家监察专员在形式上虽然隶属于议会，属于传统三权分立中立法权的范畴，但在实际运作上，监察专员一经议会选任，即独立行使职权，同样不受立法、行政、司法权的任何干涉，故其实质上属于"第四权"的形态。这一制度特别强调监察专员的独立性、客观性和公开性，这为监察专员活动的公正性和意见的权威性奠定了基础。监察专员的力量并不是因为位高权重，而是因为其独立、公正和公开的活动方式。[1] 以丹麦监察专员制度为例，丹麦《监察专员指导原则》第 15 条第 3 项规定，监察专员行使职务，独立于议会，监察专员通常相当注意保持其独立性，并避免被视为介入议会和政府以及政府官员间的政治冲突。

(三)非司法性

议会监察专员的工作方式不同于司法部门对控告人提出的事实作出裁判，其主要是进行调查，通过对有关部门的调查，找出导致控告人提出控告的原因。在普通法系国家，法院的司法审查处于救济链条的末端，作为一种审查行政机关作出的违法(越权)行为的救济制度，过去和现在均受到成本、期间和起诉资格要求的限制。归根结底，司法审查程序倾向于强调对抗式争议解决方式，而不是新建立的议会监察制度所采取的更具纠问式、调查性的方式。[2] 另外，相较于司法审查，议会监察专员强调了经济和程序相对简单的特点，具有可以在使争议双方当事人免受诉讼的限制或花费的情况下解决争议的潜能。

(四)补充性

议会行政监察专员制度以非司法的手段来达到监督行政权、保护公民权的目的，是对传统行政监督制度的重要补充和创新。[3] 法院的审查，主要

---

〔1〕 参见吴天昊:《议会行政监察专员制度的新发展》，载《上海行政学院学报》2008 年第 6 期。

〔2〕 参见[英]彼得·莱兰、戈登·安东尼:《英国行政法教科书》(第 5 版)，杨伟东译，北京大学出版社 2007 年版，第 143 页。

〔3〕 参见吴天昊:《议会行政监察专员制度的新发展》，载《上海行政学院学报》2008 年第 6 期。

限于行政行为合法与否,而并不过问行政决定适当与否的问题。[1] 为了弥补法院的不足或与之互补,当司法救济体系不存在或不实际时,监察机关可以扮演更重要的角色,监察机构在保障和促进人权角色的特质和程度上主要因该机构的种类而定。比如,在英国,凡可向行政裁判所提出控诉、可由法院进行司法审查的案件,行政监察专员不得进行调查。但是,行政监察专员认为法院、行政裁判所解决的案件不适当时,可对这种案件进行调查。

四、境外监察法的主要功能

监察制度对于监督政府和保护人权,在法治社会中发挥着重要的功能。

(一)监督行政

20 世纪,行政权大为扩张,其官僚主义招致许多不满,全球许多国家设立监察制度以因应。虽然瑞典早在 1809 年就创设了监察制度,但直到 20 世纪 60 年代,才扩展至斯堪的纳维亚半岛以外。加拿大最高法院曾指出:"赋予监察机构权力是期望以此处理司法、立法与行政部门无法解决的问题。"[2] 监察机构是制衡行政权的另一道防线,监察权的运作可以弥补法院与行政裁判所的不足,相对于其他官方的争议解决机制,监察机构具有非正式、快速与易于接近等优点。典型的监察专员介于议会、政府与公民之间,以调节三者之间的关系,每一个普通公民都可以就政府公职人员的不法行为直接向监察专员投诉,获得法律救助。因此,监察专员扮演着政府与民众间沟通桥梁的角色。

监察机构的主要功能,在于确保公职人员遵守规范,克服"不良行政",确保公职人员遵守法律规范,维持政府施政的公平性,并为"不良行政"找到解决办法。第二次世界大战后,行政权大量扩张,立法机关将广泛的自由裁量权授予行政机关,各国无不殚精竭虑对行政权加以控制,于是,监察权成为司法系统外对行政权加以控制的另一种有效的机制。以英联邦国家为例,监察专员的主要任务就是监督政府部门或特定公共机构,对因"不良行

[1] 参见龚祥瑞:《比较宪法与行政法》,法律出版社 2003 年版,第 484 页。

[2] B. C. Development Corp. V. Friedmann(1985)1W. W. R. 193(S. C. C.)at 206.

政”造成不当行为的申诉案件进行调查。所谓“不良行政”包括政府可以避免的延误、程序错误或不遵守正确程序、不告知民众可以诉请求助的相关权利、不公正、偏见或成见、提供易误导或不适当的意见、拒绝回答合理的问题、无礼、不为错误道歉、在处理民众的投诉时犯错误、该提供适当的补偿时却没有提供等。

尽管世界各国的监察制度不尽相同，但监督行政是监察制度最主要的功能。就消极层面而言，负责监督行政机关违法失职的行为，以达到澄清吏治，肃贪防腐的目的；就积极层面而言，可以促进良好行政和行政效率。监察机制可以提高政府透明度，有助于建立国家的良好治理。

（二）人权保障

监察专员的监察行为，还可以视为人权的实践机制，监察专员阻止行政机关不当或滥用公权力而致妨害公民基本权利的情形发生。即使是传统监察机构也能解决有关人权方面的申诉，在人权维护与推动上扮演重要角色。监察机构属于国内非司法性的机构，可负责落实国际人权法。传统监察以监督不良行政为主，新兴民主国家的监察专员强调人权保护，也提升了传统民主国家监察机关对人权保护的重视。因此，监察专员也被形象地称为“护民官”，其作为公民权利守护者的功能主要体现为：(1)受理公民投诉，开展调查并解决纠纷；(2)发起主动调查、开展日常视察；(3)监督实施国际人权公约，促进国家人权状况改善。[1]

目前，在实务上，传统民主国家监察机关较少处理不良行政案件，而以处理公民基本权利、社会福利、消费者权益保护等案件为主，同时扮演“人权保护者”和“纠纷解决者”的角色。因此，在民主法治国家，监察专员同时身为保护者和监督者，角色合二为一。例如，丹麦监察专员扮演捍卫个人对抗滥用公权力的保护者，而新西兰的监察专员被称为“民众捍卫者监察专员”。

新兴民主国家面临着法律体制不稳固、政体转型、社会危机等复杂情形，以及以下挑战：(1)侵犯人权的历史；(2)正义伸张不易；(3)缺乏合法解

---

〔1〕 参见李红勃：《人权、善政、民主：欧洲法律与社会发展中的议会监察专员》，载《比较法研究》2014年第1期。

决政府与公民之间争议的机构和途径;(4)没有行政法及正式请愿程序的基本架构;(5)以权谋私的贪官污吏;(6)歧视原住民和少数民族。所以,这些国家更需要监察专员对人权的保护。琳达·瑞芙指出,稳定民主国家中,人权机构通常是在更广大的机构网络下运作,如法院和特别法庭。可是,正在民主化过程中的国家,监察专员扮演更中心的角色,因为他对人权陈情案,甚至是不良行政的调查,提供了一个可行的方法,以作为诉诸司法和其他效果不彰的政治机构的替代渠道。所以,发展中国家出现"监察—人权"混合形态的机构,混合行政监察机关、人权委员会和人权宣传教育机构,以满足发展中国家民主化过程之需,一方面监察行政机关,另一方面保护公民权益、教育国民、提升人权水准。

(三)仲裁功能

监察专员作为仲裁者(或称为"调停者""调解者""斡旋者")的角色,这是法国和英联邦国家的模式。其监察专员通常不需要解决合法性问题,而是以亲民和公正的方式解决公民与政府间的争端。仲裁者通常没有受过法律训练。以法国为例,监察专员的职位皆为卸任的政治家所担任。荷兰的监察专员在接到申诉案件之初,也经常利用调解的方式,化解各方的争议。自 1994 年以来,监察专员决定只要各方条件允许,尽量以调解方式解决。这一政策使相当比例的申诉案件、原属调查并应出具相关报告的案件,改以调解方式获得解决。

五、境外监察法的发展趋势

监察专员制度在承继与创新的过程中,呈现多元化形态。监察专员的概念已扩展到其他领域,包括公、私部门甚至国际层面。

(一)继承性与创造性

境外监察制度虽然大多源自瑞典的议会监察专员制度,但是,各国的历史传统、文化背景、政经体制都不完全相同,为了适应各国主客观因素的差异性,监察制度的内容和实际运作,几乎没有完全相同的模式。即使同属北欧国家的瑞典、芬兰、丹麦、挪威,也有制度上的差异。早期瑞典监察专员制度的任务聚焦于司法行为,主要在于监督司法机关,所以又被称为"司法监督专员”，全世界只有芬兰的监察制度接近瑞典原型。其他国家大多移植丹麦改良式的议会监察专员制度，特别是英联邦国家，丹麦模式以行政权为监督重点，较之瑞典和芬兰以司法权为监督重心的制度设计，更易为其他国家所接受。西班牙的国家护民官制度则是中南美洲国家的蓝本。未来境外监察制度的发展趋势，应是适合各国具体国情，对他国监察制度进行创造性转化，而形成制度的差异性和独特性。

（二）形态多样化

随着监察专员制度的发展，监察专员的形态越来越多样化。从隶属关系来看，传统模式隶属于议会或立法部门，现代模式则隶属于立法、行政、司法部门或独立的廉政部门；从管辖范围来看，则包括国际、国家、地方等不同类型的监察专员形态；就组织架构而言，传统监察专员采取个人制，目前，有些国家则以委员会形式组成；其他如监察专员的资格、选任程序、任期、职权等，都各有差异。

（三）专业监察专员制度的设置

一般目的的监察专员，对政府进行全面性的监督，其成功运作，造就了大量的特殊监察专员，许多国家设置特殊监察专员，负责处理单一目的或特定行政领域的申诉事项。例如，信息获取、警政、军事部门、监狱、健康服务或官员伦理行为。另外，有些监察专员被授权从事保障特定权利，例如，保护环境、保护少数族群、原住民、残障者或儿童，以及处理文化或语言权利。[1] 这些特殊监察专员，又被称为“专业监察专员”。专业监察专员监察范围和对象较特定，不如一般监察专员全面，其权力通常仅限于忠告、谘商、表达意见、立法提议等，不能行使一般监察专员具有的弹劾、起诉、惩戒等权力。

从各国的例子来看，瑞典、挪威、以色列设置了军事监察专员；加拿大、美国康涅狄格州、密歇根州、俄勒冈州设有监狱监察专员；加拿大、英国设有警政监察专员；加拿大有语言监察专员、信息自由与隐私权保护监察专员；

---

〔1〕 资料来源：I. O. I. 网：http://www.law.ualberta.ca/centres/ioi/eng/about_ioi.html，最后访问日期：2018 年 2 月 1 日。

匈牙利有信息保护与少数族群监察专员；瑞典有反歧视监察专员；芬兰有个人信息保护监察专员、两性平等监察专员与少数族群监察专员；英国有健康服务监察专员；澳大利亚的新南威尔士州设有隐私权监察专员、电信业监察专员。此外，还有很多国家设有长期医疗与监狱监察专员。

（四）私部门采用监察专员制度

监察专员模式也已被私部门广泛采用，作为解决内部争端的形式，或作为处理顾客投诉之用。例如，公司、企业、大学、银行、退休金、私立健康医疗场所、建筑业公会、保险、投资、财产中介、法律服务、丧葬服务等私人机构。瑞典、芬兰的儿童监察专员、瑞典的媒体监察专员、公平机会监察专员、芬兰的保险监察专员、消费者监察专员、新西兰的银行监察专员、保险监察专员、荷兰的退休金、财产保险、丧葬服务保险监察专员、爱尔兰的保险和信用机构监察专员、新加坡的银行监察专员、澳大利亚维多利亚州的石油和电力工业监察专员，这些都属于私领域的监察专员。典型的监察专员是公职身份，所以私部门设置的监察专员虽然也被称为监察专员，但并非通常定义下的监察专员或监察机构。

（五）国际监察专员的出现

欧盟在 1995 年 9 月 1 日，设置了第一个超国家层级的监察专员——欧盟监察专员。欧盟监察专员办公室是根据《马斯特里赫特条约》第 8 条第 4 项以及第 138 条第 5 项的规定成立的，作为欧盟公民权的一部分。监察专员主要调查有关欧盟机构和相关团体违法失职行为的申诉，例如，欧洲执行委员会、欧盟部长理事会、欧洲议会、欧洲审计院、欧洲法院、欧洲经济社会委员会、区域委员会、欧洲中央银行、欧洲投资银行、欧洲刑警组织等。在欧洲议会的认可下，欧盟监察专员有权定义不良行政和关注人权、法治以及良好行政的原则，并处理欧盟公民或任何居住在欧盟成员国国内的自然人或法人的申诉案。欧盟监察专员有权进行调查、主动调查和作成处分。

（六）地方监察专员的设置

原则上，单一制国家通常只设有中央层级的议会监察专员，联邦制国家才设有地方监察专员，或者除了设置联邦监察专员之外，也设置地方性或自治区的监察专员。但也有一些例外情形，世界上有些国家除了有中央层级的监察机关外，还有地方监察专员办公室，如丹麦、英国、澳大利亚、阿根廷、墨西哥、西班牙。其中，丹麦除了中央层级的议会监察专员之外，还有格陵兰自治区监察专员；英国除了议会行政监察专员外，还设立了英格兰地方行政监察专员和威尔士地方行政监察专员；西班牙有国家护民官和自治区护民官；也有一些国家只有地方层级的监察机关，如加拿大、印度、意大利和美国。

（七）重视预防效果

传统上，监察权本质上为法律性的事后监督权，而非政治性的事前监督，但现代监察观念特别重视预防的效果，许多国家的监察专员可以对政策提出建议或意见，提出良好行政规则的标准，或者对立法草案提出意见，这些都可以达到预防的效果。

第二节　北欧国家议会监察专员模式

国际律师协会对监察专员的界定为：以宪法或法律为依据，由议会或立法者任命，独立行使职权，接受公民针对政府的投诉，开展调查，根据调查结果可对政府提出建议或批评，并将结果向议会和公众报告。[1] 虽然瑞典最早创设了监察制度，但最常见的传统监察模式是仿效丹麦与挪威所建立的，并不具有调查司法部门或起诉官员的权力，其目的在于增进政府行政绩效与促进政府履职尽责。监察专员制度的基本理念可以简要概括为：由一名完全独立于行政机关的官员专门调查相关人员对行政机关不良行政提出的申诉。议会监察专员成为立法部门控制行政部门及官僚体系的工具，是立法部门直接从受侵害民众身上发掘行政违法行为，进而提供特定国家救济补偿的手段。

---

〔1〕 See Per Erik Nilsson, The Ombudsmanas Mediat or, Reformer, and Fighter, in *International Handbook of the Ombudsman: Evolution and Present Function*, Vol. 1, 65, Geralded., Greenwood Press 1983.

一、瑞典

瑞典是世界上第一个设立议会监察专员的国家，现代监察专员的起源是瑞典于1809年设立的司法监察专员。瑞典1809年新宪法授予议会监督行政权的功能，创设了一项议会任命的监察机构的新制度：司法监察专员由议会任命，具有监督公共行政与司法的权力，并可起诉未能履职尽责的官员。

（一）起源与发展

为什么瑞典议会要创设这样一个监察机构？根据当时宪法委员会的备忘录可知，委员们觉得由议会所任命的监察专员，才能推动"公民真正的心声"。此监察专员的主要任务在于建立公职人员施政的监督体系，且独立于政府。瑞典设立这一机构的目的，在于监视法律法令的执行，限制国家工作人员不合法、不公平的行为，以完善行政管理，保障公民的合法权益。[1] 该制度从一个单纯的立法部门任命的监督机关，逐渐演变为经由民众陈诉而启动的程序。

瑞典现行宪法制定于1974年，设有4个议会监察专员，多具有法学背景，或是律师出身。其中，1位为首席监察专员，另外3位为监察专员，任期均为4年一任，由议会选举产生，可以连选连任。他们分别受理一切控告国家机关（包括行政机关、司法机关、军事机关）和企（事）业单位及其工作人员（包括法官、文官、军官、经理人员）的申诉案件，有权进行调查、视察、批评、建议以至提起公诉。[2] 首席监察专员同时负责监察公署的行政工作，却与其他3位监察专员一样，平等而独立地行使职权。不过，4位监察专员所负责的监察对象，则有所区别，其职权划分情况大致如下：首席监察专员负责监督法院、检察系统、警政；第一位监察专员负责监督狱政、武装部队、税务、海关、裁判执行、社会保险等；第二位监察专员负责监督社会福利、公共健康、医疗、教育等业务；第三位监察专员负责监督行政法院、房屋与建筑、移

---

〔1〕 参见龚祥瑞：《比较宪法与行政法》，法律出版社2003年版，第483页。

〔2〕 同上。

民、外交事务、环境保护、农业与动物保护、劳动市场，以及其他各位监察专员所未负责监督的业务。监察专员的任期是4年，薪俸相当于最高法院的法官。议会有权在任期内将他免职，但实际上从未发生。可以连选连任，但是很少有超过3任的。

（二）宪法与法律基础

瑞典并无单一的宪法，所谓的瑞典宪法，是由《议会法》《政府组织法》《王位继承法》《信息自由法》4部法律所构成，瑞典议会监察专员的宪法基础见于《议会法》第4章及《政府组织法》第12章，其具体规范如下。

1.《议会法》第4章第10条

其中规定：议会应有4位议会监察专员，其中1位为首席监察专员，其他3位为监察专员。首席监察专员是监察专员公署的行政领导人，负责决定其主要活动事项。

对首席监察专员的选举应单独进行，其他监察专员的选举则应个别举行。当监察专员通过秘密投票产生时，应按照该法第1条第2项规定的程序办理。

议会监察专员的任期自当选之日起，至4年后的新选举之日止，议会也可另行决定其任期。在议会宪法委员会的要求下，一旦监察专员失去了议会的信任，议会即可提前解除其职务。如果议会监察专员在他任期结束前提前退休，议会应尽早选出另一位任期4年的继任者。如果议会监察专员长期因生病或其他因素不能履行其职务，则在此一障碍持续期间，议会应选出其他人员替代其工作。

根据以上规范可知，议会对每一位监察专员的投票是分开进行的，且每一位监察专员任期的起始与终结各不相同。当议会对每一位监察专员的表现不满意时，还可将其提前解职。基于此，4位监察专员不仅职权范围不同，而且任期参差交错，各自独立行使职权，互不干涉。

2.《政府组织法》第12章第6条

议会应选出1名或数名议会监察专员，负责在议会指导下对公务人员执法或执行其他法规进行监督。在上述指导范围内，议会监察专员可以提起法律诉讼。

议会监察专员可以出席法院或行政机关的审议会,并有权查阅法院及行政机关的正式记录及其他文件。如果议会监察专员提出要求,任何法院、行政机关,以及国家及地方政府官员都应向其提供他所要的情报或报告。其他在监察专员监督范围内的人员也有义务提供。在议会监察专员的要求下,检察官均应对其提供协助。

(三)任务与权限

议会监察专员的监督对象,包括中央及地方政府及其所属职员,以及其他所有执行公共事务的人士。但下列几类人士,并不在议会监察专员的监督范围之内:(1)内阁阁员、各部部长;(2)议员;(3)地方政府中直接由民选产生的官员;(4)司法总监;(5)中央银行理事及总裁;(6)其他监察专员。

监察专员对议会负责,脱离国王控制而独立行使权力,其主要职权是以议会代表的身份,监督行政与司法机关是否违背人权保障的原则,瑞典的议会监察专员兼具检察官的角色,对于未被移送法院的失职案件,如果经过监察专员的介入与调查,可以移送法院侦办。在实际运作过程中,监察专员目前多以对相关行政机关批评或谴责的方式,予以鞭策,并公之于众,以期对政府机关或公务员形成压力,但很少以径行移送法院的方式处理。

瑞典监察专员的主要职权包括以下10项:(1)受理公民申诉,这是议会监察专员最主要的监察任务与方式;任何人如果遭受政府侵害时,均可向议会监察专员申诉,外国人也无例外。(2)巡察权,即议会监察专员有权巡察任何政府机关,以发现违法或不当的行政行为,并加以改善。(3)主动调查权。议会监察专员可以不经公民投诉,主动行使调查权,以调查官员可能犯下的错误。(4)起诉权。如果某位官员不守法令,以致造成行政行为的疏忽或无能,此时议会监察专员可以居于特别检察官的地位,以渎职罪的罪名起诉此位官员。目前,起诉已渐次被提醒或警告所取代。(5)官方文件调阅。议会监察官员有权要求与案件有关的政府机关提供所有相关的档案资料或记录,且可进入重要的军事设施,查阅机密的军事文件。(6)建议权。包括下列数种情形:请主管机关对申诉事项再加以考虑;建议改正错误,议会监察专员可将其意见转送有关上级机关,建议给予某些官员以行政处分等,但此建议不具有强制力;建议撤销或变更处分;建议变更引起争议的行政法律规范;建议修改引起申诉的法令。(7)报告公开权。监察专员必须于每年 10 月 15 日前向议会提出报告书,并分别送至各有关部门,其内容主要是全国的调查报告与资料,以及议会监察专员所作的其他主要裁定,如果涉及批评行政机关或行政人员,往往也附有当事人的答辩书。(8)豁免权。为保障其职权的行使及地位的超然独立,议会监察专员的任何措施、意见或言论,均不受法院审查,不负刑事或民事责任,也不受议会支配。(9)裁量权。议会监察专员有权决定其调查的方式与范围,决定其建议的内容、次数以及形式。(10)警告或申诫权。警告往往是针对一些错误并不严重的官员。

监察专员不仅受理公民申诉,还可以主动发掘问题或线索。其从报纸上、个人谈话间、职员的建议,以及本人对法院和行政机关所作例行巡察获得资料。监察专员有助于被冤枉的被拘禁者。监察专员不能为公民直接平反冤狱,但可以对法官和其他官员发出警告,这对作风建设产生了良好的影响。

瑞典监察专员每年都会出版年度报告书并送交议会。中央政府也会对各级政府及官员发送相关的监察裁决书。此外,监察专员也会向议会提出建议,包括当前法律或行政命令中的缺失、冲突之处,其结果往往引起议会的重视,并据以作为修法的重要依据。议会对监察专员的职权运作则是充分尊重其自主性,议会无权对监察专员发号施令,但是,对于监察专员提交议会的年度报告,议会将安排常设委员会针对此年度报告,提出意见书。

议会监察专员具有双重使命:监督公共行政与司法权力,并确保"公共行政不会侵犯公民的基本人权与自由"。监察专员奉命检验行政部门是否遵守瑞典宪法的人权条款。因此,瑞典的监察组织实际上也是一种人权监察机构。

(四)专业监察专员的功能及职权

除了 4 位议会监察专员外,瑞典还设置了 6 位由政府任命的专业监察专员,分别为:消费者监察专员、公平机会监察专员、反族群歧视监察专员、反性倾向歧视监察专员、儿童监察专员、身心障碍办公室监察专员以及由媒体组织自行设置的媒体监察专员。其共同特征有以下几点:(1)专业监察专员是从人权保障角度出发,而且多以国际通行的人权公约为监察权行使的标准。(2)专业监察专员所监督的对象,如消费者、男女平等、身心障碍、性倾向歧视、儿童保护、族群歧视,是当代国家人权保障的新兴领域。因此,专业监察专员多由具有专业背景的专家出任。这与一般着重法律背景、清廉形象的议会监察专员,有根本的不同。(3)专业监察专员虽由政府任命,但不同于政府行政组织的执行部门,专业监察专员的角色是监督、协助、保护人权的性质,必要时,还具备检察官的功能,可以向法院(普通法院或专门法院)提起诉讼。(4)专业监察专员具有"公共辩护人"与"舆论领航人"的双重角色,对其相关领域的社会舆论及专业发展,有倡导的义务。而与议会监察专员稳重、低调、审慎的形象截然不同。(5)专业监察专员的监督任务单纯而明确,成效立竿见影。议会监察专员则以整体政府行政体系为监察对象,除非针对某些攸关公共利益的大案要案做出明显成绩外,否则不易让一般民众留下深刻印象。

二、芬兰

芬兰是继瑞典之后,全球第二个设立议会监察专员的国家。

(一)起源与发展

芬兰独立后,在 1919 年宪法中设置了议会监察专员制度。根据芬兰新宪法的规定,议会监察专员一任 4 年,可连选连任,其选举产生方式与议会议长相同。监察专员共有一正两副,合计 3 人。议会监察专员的职责是监督法院、政府机关、公务人员执行公务,监督范围及于公共企业雇佣人员,以及其他有义务执行公共职能的人员。议会监察专员也要监督基本权利与人权的履行情况。

(二)任务与权限

芬兰议会监察专员的监督对象包括:(1)政府、部长与总统;(2)法院与法官,包括最高法院在内;(3)政府官员与机构;(4)地方政府与区域机构;(5)市议会议员;(6)政府、市政机关与其他公职机关的聘任人员,包括军人与警察;(7)国营企业,只要是他们执行着公共权威的任务;(8)失业基金和保险公司,只要是他们为法定利益和年金制度而负责;(9)其他私人性质的法人机构及其职员,当其接受委托,无论是基于法律或是契约规定从事公共事务。

不属于议会监察专员监督的对象则包括：(1)议会及议员；(2)司法总监；(3)外国机构或国家组织；(4)银行、企业组织、房屋公司；(5)辩护律师或其他私有领域的专业人士；(6)非营利组织；(7)私人、个体。

芬兰议会监察专员独立于政府，根据其个人判断而采取行动。议会监察专员虽然要将其观察与活动定期向议会作报告，但议会不得就他们所处理的个案进行干预，也不可要求他们进行某种特定任务。

根据芬兰宪法的规定，监察专员与副监察专员必须具有“杰出的法律知识”。他们不可由议员兼任，也不可以同时兼任其他任何公职，或是管理、执行任何可能危害其公正性及执行任务的公共或私人任务。如果在当选监察专员时他们正在履行其他公职，则必须停止该项职务。

监察专员与副监察专员在处理其任务中，具备相同的权威，而且可各自独立行使职权，彼此不相统属。目前，芬兰监察专员与副监察专员之间，按照以下原则进行业务分工：(1)监察专员：有关国家最高机关、特别重要的事务，以及社会福利、社会安全、健康照护及儿童人权等事项；(2)第一位副监察专员：警政、检察事务、狱政、扣押、移民及语言立法；(3)第二位副监察专员：法院、武装部队、边境卫队、交通运输、市政与环保部门以及税务机关。

监察专员与副监察专员均独立行使职权，且普遍受到议会的尊重。如果有极特殊的理由，议会的宪法委员会可以提议在他们的任期尚未结束前解除其职务，但必须得到2/3出席的议员的同意。如果监察专员有任何违法行为，则应在议会宪法委员会的提议下，由议会通过决议，送交最高弹劾法院。如果监察专员、副监察专员确实被证明有罪，最高弹劾法院可以解除其职务。

公民应以书面方式申诉，也可以通过传真或网络方式进行。使用的语言则包括芬兰语、瑞典语及其他语言。申诉的内容应包括：申诉的对象；争议的事情或事件的简要内容；申诉人认为该项决策或行动之所以违法或侵犯其权益；申诉人希望监察专员采取哪些措施；申诉人的姓名、签字、街道住址或电子邮件地址以及电话号码等。如果有相关决策或档案的复印件，申诉人可以附上。

在调查程序方面,监察专员对申诉人的姓名、提供的资料等,除非有法律规定,否则均应予以保密。但是,对匿名检举则不予调查。此外,监察专员在得到相关信息且无人投诉的情况下,也可以主动进行调查。

经过调查后,监察专员可能会作出以下处置:(1)对涉案的政府官员提起控诉,但总统与政府阁员不得被列为起诉对象;(2)对政府官员违法行为或轻忽职责的行为予以谴责;(3)对如何正确解释法律表达其看法;(4)要求政府当局或官方注意到良好行政的必要性;(5)要求政府重视对宪法与人权的实践及其相关条件的改善;(6)建议政府有关部门改正错误,重新更正;(7)要求政府与议会注意相关法令中的缺失,以及如何进行补正。

但是,监察专员无权作出以下决定:(1)对正在进行上诉的事情横加干涉;(2)对正在法院或政府机关进行裁决或审判的事情发挥影响;(3)修正或推翻申诉者所反对的政府决策内容;(4)认为政府应对当事人的损失作出何种补偿;(5)对申诉案件提供法律协助或辅导,换言之,监察专员不应越俎代庖,扮演不属于其应有职权职责范围的任何角色。

芬兰的监察专员还可对议会立法适当与否表达意见。芬兰1995年修改宪法,直接赋予监察专员人权保障的特别职责范围。

(三)专门监察专员制度

芬兰的专业监察专员制度与瑞典的情况类似,同样在议会监察专员外,另设了专业监察专员制度,包括:(1)消费者监察专员;(2)保险监察专员;(3)少数族群监察专员;(4)儿童监察专员;(5)两性平等监察专员;(6)信息保护监察专员。

三、丹麦

丹麦议会监察专员制度是以瑞典议会监察专员制度为范本的改良式监察制度。

(一)起源与发展

第二次世界大战后,丹麦制定了新宪法,宪法委员会提醒应设置1~2位监察专员,监督军队及行政部门。1954年丹麦设置行政监察专员的法案通过,次年产生了第一位监察专员。根据丹麦有关规定,监察专员必须具备法学素养,其职权与瑞典类似,几乎可以调查有关中央政府的一切控诉,其中包括国营部门、军队、公共事业等,但无权调查有关司法部门的控告。丹麦推行行政监察专员制度,其目的为:一是代表议会强化国家最高权力机关对政府部长和行政官员的监督;二是代表公民利益维护法律和秩序,作为"因政府不公正、专横、滥用职权而受侵害的公民的保护人",受理公民对行政机关及其雇员的指控。从 1962 年起,监察职能进一步扩及地方政府,但只能调查地方官员或议会各委员会所作的裁决,不能对地方政府全体会议所做的决定予以审理,以免妨碍地方自治的权限。至 1996 年 5 月,丹麦议会通过监察法修正案,对监察的范围作了删增,如增加对教会的监察,删除旧法中监察专员参与公务员惩戒的规定等。

丹麦议会监察专员由议会选举产生,并代表其监督内政和中央及地方政府的行政措施及其人员,但不包括法官。监察专员本身必须为大学法律系毕业,但不得为议会成员。在行使职权时,其"陈述自己对案件的看法"一向具有主导性,对所提出的意见很少受到争议。

(二)任务与权限

丹麦议会监察专员主要的任务与职权如下:

1. 受理公民申诉

这是议会监察专员制度最主要的监察任务与方式。任何公民遭受政府侵害时,均可向议会监察专员申诉,外国人也不例外。申诉者不一定是申诉案中的直接利害关系人。原则上,即使是政府当局或官员,也可以向监察专员投诉。地方政府向监察专员投诉中央政府当局,也没有限制。公民向监察专员申诉时,会被要求尽量以书面并具有申诉者本人签名的申诉书状为之。除非申诉者提出具有说服力的理由,匿名的申诉书状通常会被拒绝接受。

2. 巡察权

国会监察专员有权巡察任何国家机关,借以发现违法或不当的事件,并加以改善。此项职权规定在《议会监察专员指导原则》第 3 条第 3 项。由于办公室的幕僚人员有限,巡察仅占监察工作极少部分。

3. 调查权

在丹麦《监察专员法》第6条第5项规定下,监察专员可以主动进行调查。发起主动调查的决定,通常是基于监察专员在调查某件投诉案件时所发现值得进一步探究的问题,或是报章、媒体中所报道的内容引起监察专员注意。每一个公民都可以向监察专员提出申诉,但申诉必须满足3个前提条件,才能被监察专员受理。第一,申诉行为的时效;第二,上一级行政机关能够改变的行政决定,在未决定是否改变前,不能投诉;第三,受理当事人或与案件有直接利害关系的人提出的申诉,投诉必须以书面形式,且签字画押。[1]

4. 追诉权

这是瑞典监察专员行使的权力,指如果有某位官员不守法,以致造成在作出行政行为时疏忽或无能,此时议会监察专员可以渎职罪名并居于特别检察官之地位,起诉此官员。但丹麦监察专员严格说起来并无起诉官员的权力,只有权指挥检察官追诉部长以外的官员,但这种情形极少见。因此,其职权比瑞典、芬兰要小。

5. 建议权

就丹麦的行政机关而言,遵循监察专员的建议可以说是固定的传统。在实际操作中,监察专员的建议通常都会产生效用,而使其意见和判决具有同等效力。所谓建议权包括下列数种情形:(1)请主管机关对申诉事项再加考虑;(2)建议变更或撤销行政行为;(3)建议修改引起申诉的法律或行政法规。

6. 调卷权

1996年5月31日,丹麦议会通过新修订的监察法规定,监察专员可以调阅任何与案件相关的正式、非正式计算机档案与网络资料等文件,并可以要求被调查机关提出书面报告。

(三)对议会监察专员的监督

在丹麦议会制度中,普遍认为监察专员与议会的关系不应只是从属关

---

〔1〕 参见张腾腾:《丹麦监察专员制度对中国廉政工作的启示》,载《黑龙江社会科学》2016年第3期。

系。监察专员通过议会遴选出来,议会一旦对其丧失信任可随时将其免职。另外,根据丹麦《监察专员法》第 3 条规定:“议会必须设立管理监察专员业务活动的通则。”根据《议会监察专员指导原则》第 16 条第 2 项规定,“如果监察专员发现案例相关情势会引起大众质疑其公正性时,应将该结果告知议会监察专员委员会,并由委员会来决定取代其功能的适当人选”。这两条规定了管理监察专员业务活动及监察专员有主动提出自律的责任。

(四)丹麦议会监察制度被奉为蓝本的原因

丹麦的监察制度为何如此卓有成效并成为其他国家效仿的蓝本,用美国著名学者琳达 · C. 赖夫(Linda C. Reif)提出的评判一个监察专员机构是否成功的 11 项标准来审视,丹麦国会监察专员的成功经验可以归纳为如下几条:(1)国内民主政治发展成熟;(2)监察专员独立于行政机关;(3)监察专员管辖范围广;(4)监察专员权限大;(5)公众容易接近监察专员机构;(6)监察专员机构与其他机构实现了有机协调;(7)有充足的资金及人力保障;(8)监察专员机构具有很高的透明度和责任度;(9)监察专员的个人能力强、素质高;(10)政府对监察专员机构的意见能作出及时有效的回应;(11)监察专员对社会公众而言具有权威性。同时,丹麦国会监察专员制度在不断地进行创新、改革和完善,持续探索更高效、便民和实效的路径和方法。[1]

第三节　英美国家议会监察模式

议会监察,是指代议制机关对政府机关的人员、财物、施政和其他法定事项的监察,包括同意、弹劾、纠举、纠正、审计和监视以及为完成这些任务所必需的质问、视察和调查,以对违法失职的行为进行事前预防和事后惩处。英美国家的议会,代表人民监督政府,在立法权和财政权外,通常都享有监察权。

---

〔1〕 参见郑宁:《丹麦国会监察专员制度考察》,载《团结》2010 年第 5 期。

一、英国

英国议会行政监察专员制度已被1967年通过的《议会行政监察专员法》所确立,并被此后的立法所发展。英国监察专员制度产生的导火索是克里切尔高地事件,该事件暴露出英国传统行政救济制度中存在的明显缺漏。1961年《公民与行政:冤屈的解决》报告的出炉,直接催生了英国的监察专员制度。同时,制度模仿与制度竞争也是英国缔造监察专员制度的内驱力,北欧国家和英联邦国家议会监察专员制度的实践无疑对英国产生了波及效应。

(一)起源

英国议会对政府各部门的监察权非常广泛。对于内阁阁员的监察,英国议会没有同意权,但可用不信任案使他们去职。英国议会的监察中,质询尤为重要,英国下议院在会期中,大约有一半时间专用以批评政府的政策和行政。议员对政府各部门的质询,都须由有关部门的首长予以口头答复,必须用心应对。这是议会用以监督政府并揭发政府弊政的主要方法。

此外,国家政务日趋繁复,议会无暇自订那么多的法律加以控制,于是委托政府颁布行政命令。对于委任立法的执行情况,议会经常用质询等方式进行监察。从1994年开始,议会设置行政命令委员会加以监察。

对于政府财政的监察,英国不仅设有审计部,议会内部设有国库支出委员会作日常性调查。自从国营企业发展后,议会设有13人委员会负责监察国营企业。

1967年英国议会在监察制度方面又迈出一大步,设置了议会监察专员。英国监察专员的职权比北欧的小,主要针对"不良行政"加以调查,且主要受理由议员所转来的申诉案件。监察专员不能推翻行政机关的决议,而只能提出改进建议。此外,英国监察专员的地位也不如北欧的监察专员。

(二)《议会行政监察专员法》的主要内容

1. 立法目的

监察专员共同担负两项核心使命:调查申诉与保障良好行政。[1] 从功

---

〔1〕 参见[英]彼得·莱兰、戈登·安东尼:《英国行政法教科书》(第5版),杨伟东译,北京大学出版社2007年版,第145页。

能上分析,该制度具有两种功能:一是对申诉的非司法救济;[1]二是加强对行政自由裁量权的审查。[2] 英国议会行政监察专员的监察对象聚焦于“不良行政行为”,其目的在于强化对行政自由裁量权的审查。由于法律对不良行政没有明确界定,议会监察专员对不良行政有很大的解释空间。[3] 一切不公平、不合理以及压迫性的作为或不作为都可能被认为是不良行政。[4] 在不同的议会立法中出现的高频词诸如“偏见”“疏忽”“粗心”“迟延”“无资格”“不称职”“专断”等,都被认为是“不良行政”的注脚。在实践中,议会监察专员对不良行政采纳相当宽泛的解释,可认定为不良行政的申诉类型包括对误导性的陈述或建议、对作出决定时不合理的迟延的申诉。[5]

2. 职权与限度

英国《议会行政监察专员法》规定,对可以向法院或行政裁判所申请救济的案件,议会行政监察专员不能进行调查。可见,议会监察专员不是替代法院或行政裁判所,而是作为其有益的补充。但是,对议会行政监察专员管辖权的限制有一个例外,根据该法第 5 节第 2 条的规定,如果行政监察专员认为,在某种情况下期待受害人向法院或行政裁判所起诉为不合理时,即不具有期待可能性时,行政监察专员可以不顾法院管辖权的存在,对向他申诉的案件进行调查。从这个例外规定可以看出,行政监察专员和法院管辖权的界限并非泾渭分明。如今,英国法院也有扩大对行政事务监督权的趋势,二者管辖权重叠的可能性更大。

英国《议会行政监察专员法》法律附表三中所列举的不受调查的事项不在行政监察专员的管辖范围内。这些事项包括:(1)外交行为;(2)政府在国外所采取的行为(但英国领事对于在英国有住所的人所采取的行为除外);(3)对海外领地所采取的行为;(4)引渡和对逃犯所采取的行为;(5)刑事侦

---

〔1〕 参见[荷]勒内·J. G. H. 西尔登、弗里茨·斯特罗因克:《欧美比较行政法》,伏创宇等译,中国人民大学出版社 2013 年版,第 241 页。

〔2〕 参见陈宏彩:《行政监察专员制度比较研究》,学林出版社 2009 年版,第 39 页。

〔3〕 参见王名扬:《英国行政法》,中国政法大学出版社 1987 年版,第 254 ~255 页。

〔4〕 同上书,第 255 页。

〔5〕 参见[荷]勒内·J. G. H. 西尔登、弗里茨·斯特罗因克:《欧美比较行政法》,伏创宇等译,中国人民大学出版社 2013 年版,第 243 页。

查活动、保护国家安全的行为,包括与护照有关的行动;(6)在联合王国内部或在国际任何法院中的诉讼程序以及部队内部的纪律处分程序;(7)特赦权的行使;(8)卫生行政事务(另设卫生行政监察专员);(9)商业交易和合同事项(但土地的强制征购和买卖以及多余的征购土地处理例外);(10)文职人员及军职人员的人事管理事项(包括待遇、纪律、解雇在内),或者政府有权采取、决定或批准的人事行政行为,如内政部长拒绝批准某个警察长官的任命;(11)英王授予荣誉、恩赐、特赦、豁免、特许证。行政监察专员对自己管辖权的范围保有自由裁量余地,例如,行政监察专员认为法律的意义不明或案件需要迅速处理时,可以不顾法院管辖权的存在而对案件进行调查。

3. 申诉程序

无论自然人或团体(不限于法人)由于行政机关自己实施的或委托其他组织或人员代为实施的行政管理因管理不良而利益受到侵害时,都可以提出申诉。议会行政监察专员是议会的代理机构,一切申诉案件必须先向下议院议员提出,受害人不能直接向行政监察专员提出申诉。议员征得申诉人同意后转送行政监察专员处理,如果议员认为申诉无理由时,可以不转送行政监察专员调查。受害人向议员提出申诉的日期不得迟于知道或应当知道不良行政发生侵害后1年内,监察专员认为情况特殊,可以延长。监察专员对管辖内的案件是否调查有自由决定权,没有任何法律上的限制可以强制监察专员必须进行调查。

4. 调查程序

监察专员决定进行调查后,必须通知有关部门的负责人和有关的行政官员对受害人的申诉陈诉意见。调查必须私下进行,监察专员自由决定调查的方式,例如,应当取得哪些证据,询问哪些证人,是否允许当事人由律师代理等。在取得证据方面,监察专员具有高等法院所有的全部强制权,能够要求任何人提供证据。对于妨碍调查工作的人,可以要求高等法院科以藐视法庭罪。由于监察专员负有保密义务,除内阁会议文件外,任何证据都不能对他保密,但如果内阁部长证明某些文件不能公开发表时,他不能在报告中透露文件的内容。

监察专员在调查程序的各阶段必须写出各种报告,他必须向转送案件的议员报告调查的结果或者拒绝调查的理由，调查报告也必须送交有关部门和有关的行政官员。如果监察专员认为必要时，他可以就不良行政的情况和补救的建议向议会两院提出一个特别报告。此外，他每年必须向议会两院提出一个报告，总结全年的工作，还可以提出其他应当提出的报告，这些报告由议会中的行政监察专员特别委员会审查。

5. 处理结果

监察专员没有权力决定救济方法，他只能提出建议，通常是建议行政机关在法律规定以外补偿受害人的损失，或者修改原来的行政决定。在绝大多数情况下，行政机关能够接受监察专员的建议。究其缘由，首先，因为监察专员和行政机关通常处于合作关系，能够说服行政机关接受他的建议；其次，因为议会中的专门委员会和有关的议员能够利用行政监察专员的报告对行政机关施加某些压力；最后，行政机关如果拒绝建议，监察专员可能提出一个特别报告继续施压。

如果发现确实具有不良行政的情形，监察专员通常会建议给申诉者进行一定的赔偿，或者采取其他措施减轻因不良行政给申诉者造成的不公待遇。尽管监察专员的建议不具强制性，各部门没有义务必须遵照监察专员的建议行事，但各部门基于声誉的考虑通常会接受建议。比如，巴洛·克洛斯事件涉及一个对导致许多投资者的终身储蓄损失的经纪业务的调查，商业和工业部被指控一直无视公司不法行为的证据，监察专员的调查结论表明，商业和工业部的一些不良行政行为导致了投资者的损失，监察专员建议该部门向申诉者赔偿。虽然商业和工业部并不承认他们存有不良行政，但他们确实向投资者支付了总计大约 1.5 亿英镑的赔偿，当然部分是出于对监察专员的尊重。[1]

(三) 运行效果

监察专员制度已被纳入英国行政法，成为其不可或缺的一部分，且重要性绝不亚于行政裁判所、司法审查等其他法律救济制度。议会监察专员制

---

[1] See R. Gregory and G. Drewry, *Barlow Clowes and the Ombudsman*, Public law, 1991, pp. 192, 408.

度的建立不仅跨越法律体系与司法权、行政权的限制，跨越政治、行政裁量及官僚作风，也跨越国家父爱主义及福利国家心态，更将每位公民受到政府公平对待的权利予以制度化。[1] 与法院的司法审查及行政裁判所等法律救济制度相比较，议会行政监察专员制度具有灵活性、适应性、有效与低廉等非司法救济途径的优势，但也存在不能直接受理申诉、管辖范围窄、权力有限性等不足。正如有论者总结的，在英国的宪政框架下，监察专员的最佳定位是“防火员”，即试图维持和提升行政行为的总体水准，而如果期待建立的是一个行政裁判所、司法审查之外的控权机关，发挥灭火队员的作用，那么我们将对现有的议会监察专员制度表示失望。[2]

《议会行政监察专员法》实施后，议员受理的申请每年稳步增加至大约1500件。其中，引人注目和比较典型的案件主要有：1967年萨克豪森（Sachsenhausen）案，[3]舰队街（Fleet Street）临时雇员案，1974年考特邮轮公司（Court Line）事件，1989年巴洛·克洛斯（Barlow Clowes）公司事件，1996年海底隧道铁路连接案，等等。《议会行政监察专员法》的执行全凭建议本身的说服力量、议会的批评和舆论压力，没有任何法律上的限制。

（四）发展与推广

英国《议会行政监察专员法》颁行以后，这一制度得到了进一步的发展，地方行政监察专员、医疗保健监察专员、北爱尔兰监察专员纷纷设立。1969年《议会行政监察专员（北爱尔兰）法》通过，1972年与1973年的《全民健康服务重组法》又分别成立了苏格兰、英格兰和威尔士卫生监察专员。1974年《地方政府法》决定设立英格兰和威尔士两个地方行政监察专员。

到了20世纪80年代，监察理念与监察原则已从“政府”部门扩展到私营部门，监察专员理念蔚为潮流。例如，英国已经设立养老金监察专员、保险业监察专员和建筑协会监察专员。可见，监察专员制度有存在的必要和

---

〔1〕 参见［英］Gerald E. Caiden：《行政监察官与正义的追求》，杨戊龙译，载《政治科学论丛》2006年第30期。

〔2〕 参见［英］彼得·莱兰、戈登·安东尼：《英国行政法教科书》（第5版），杨伟东译，北京大学出版社2007年版，第188页。

〔3〕 参见王名扬：《英国行政法》，中国政法大学出版社1987年版，第259页。

发展的价值。

二、美国

美国的国会监察权有 5 种：对总统委任的行政人员和法官的监察；对委任立法的监察；对政府支出和公款的监察；立法的否决权；对外交事务的监察。

根据美国宪法第 1 条规定，国会的主要功能是立法。国会的立法功能是制定国家大政方针，并为执行它们而建立机关和分配经费。随着行政功能的增长和行政裁量权的扩张，为了对行政部门进行监督，议会采用了传统的方法，也使用了一些新的监察方法。

美国联邦议会没有设置监察专员，但在美国 50 个州中，设置州议会监察专员的已有 5 个州。

第四节　新加坡独立监察机关模式

新加坡的廉政举世闻名，而贪污调查局又是新加坡廉政建设的重要推动力量。新加坡的贪污调查局背后的理论基础、思想观念是新权威主义。所谓新权威主义是李光耀的主张，他主张政治上专制、经济上自由的政策。这种政策据称代表了亚洲价值，被认为是亚洲国家经济发展的成功模式。

一、起源与发展

贪污调查局是新加坡打击公共部门与私人企业贪污行为的独立机关，成立于 1952 年，被赋予广泛的调查权，局长直接向总理负责。新加坡人民行动党上台执政后，于 1960 年制定了《反贪污法》。这部新加坡廉政建设的根本法对贪污调查局的职责和体制进行了很大修改，赋予了贪污调查局许多特权并改善了贪污调查局本身的领导指挥机制，大大加强了贪污调查局在反腐败中的作用，为贪污调查局在后来的廉政建设中屡建奇功奠定了基础。几十年来，贪污调查局真正起到了高效反腐败的作用。贪污调查局秉公执法，严格调查。凡调查腐败属实者，无论职务多高，照判照罚不误。反贪调查局体制导致新加坡政权组织和普通的三权分立有了很大差别。新加坡的贪污调查局独立于三权之外。从1970年以来,贪污调查局就归由总理公署直接管辖。[1]

二、任务与职权

根据新加坡的《反贪污法》,总统直接任命贪污调查局局长,有权根据需要任命贪污调查局的副局长以及一定数量的助理局长和特别调查官,可以设立不同级别的助理局长和特别调查官。贪污调查局局长由总理直接领导,对总理负责,在行事其职权方面不受其他任何机关的限制。[2]

新加坡贪污调查局的鲜明特色,主要表现在其特权方面:贪污调查局既是监察机关又是执法机关,为了让它能够高效执行任务,新加坡法律赋予其广泛的特权。这些特权的广泛程度令一般国家的检察机构望尘莫及,主要有以下几个方面:(1)贪污调查局局长和特别调查员可以不用逮捕证逮捕任何涉嫌贪污受贿的人,以及任何遭到指控、掌握可靠情报和被怀疑与违反反贪污法令有关的人。(2)局长或特别调查员无须公诉人员的命令也可行使刑事诉讼法所赋予的一切或任何有关警方调查的特别权力调查贪污受贿行为。(3)有权入屋搜查,没收被认为是赃物或其他罪证的任何银行存款、股票或银行保管箱等。(4)有权进入各部门、机构,要求其官员、雇员及其他任何人提供所需的任何内部资料。(5)要求涉嫌贪污受贿者对其合法收入以外的财产说明其来源。(6)有权要求任何人根据授权官员的要求披露或提供有关情报或账户文件物品。这些调查不但可以向涉嫌违法者本人调查,还可以调查其妻子儿女。(7)行为跟踪权,即贪污调查局的探员有权对所有政府工作人员的行为进行跟踪,暗地调查其活动,如果发现可疑或违纪行为,探员有权用秘密拍摄的方式收集证据。[3]

贪污调查局体制中最值得借鉴的是,限制公务员的隐私权和扩大贪污

[1] 参见曹云华:《亚洲的瑞士:新加坡启示录》,对外经济贸易出版社1997年版,第66页。
[2] 参见郑维川:《新加坡治国之道》,中国社会科学出版社1996年版,第274页。
[3] 参见曹云华:《亚洲的瑞士:新加坡启示录》,对外经济贸易出版社1997年版,第65页。

调查机构的调查特权。关于限制公务员的隐私方面，新加坡的做法是要求公务员进行财产申报，并在日志上记录自己的行为。在办公时间有人来访，必须详细记录来访者身份姓名还有来访事由。日记本必须随身携带，不允许乱丢乱放，不得遗失。每周一上班时要将日记本送交主管官员检查，查完后签名送还。

三、对贪污调查局的监督

对于贪污调查局的监督方式，除总理对贪污调查局自上而下的管理和监督以外，主要表现为其他机关的公务员对贪污调查局的监督。贪污调查局秉公执法，对新加坡公务员队伍起到很大的威慑作用，但同时也得罪了许多人。因此，它不可避免地遭到了任职于其他机关的公务员“不遗余力”之“监督”。

第五章　我国监察法的历史与发展

监察者，“监视而观察”[1]之义也。在传统中国的文官制度中，治官是头等大事，因而监察制度在其中扮演重要的角色，发挥着重要的作用，监察法也在此过程中产生并不断发展。中国古代的监察法，既是传统中国文官制度和监察制度的有机组成部分，也是中国古代法律体系的有机组成部分，其不容忽视。正如张晋藩教授所总结的，“在封闭的政治法律文化氛围中产生的中国古代监察法，以其特有的制度建构、多元的监察体系、全面性的监察规范，鲜明地表达了中华民族在运用法律约束权力、规范权力，把握监察法与法律体系整体之间的互动关系，以及适应中国国情特点而形成的监察法制模式等方面的伟大创造力”。[2] 中国历史上的监察法制，可作为当今的监察法和监察制度之镜鉴。

从法律和政治的角度来看，中国古代并无严格区分司法、行政等的思想观念，故其时与监察相关的法律具有浓厚的政治色彩，与国家的监察制度密不可分，而监察制度本身也是整个国家或朝廷的政治制度中的一环。反过来看，国家监察制度的建立和运行，也需借助相关法律而行。因此，欲了解中国历史上的监察法，必然离不开对监察制度，甚至整个政治制度的了解。这是学习中国古代监察法时需注意的一大特点。

从中央和地方的角度来看，中国历史上各时期的监察法，一般既规定了

〔1〕《诗经·大雅·思齐》。

〔2〕张晋藩：《中国监察法制史稿》，商务印书馆2007年版，第22页。

中央的监察制度，也规定了地方的监察制度。从监察权的指向、范围和监察法的实践来看，中国古代监察机关的职权主要包括立法监察、行政监察和司法监察这三个方面。大体上，立法监察主要包括提出立法建议、提出修法建议、对任意修改成法提出驳正；行政监察主要包括监察行政机关及官员的行为、监察各行政机关的公文流程、监察官参与考课；司法监察主要包括会审定狱、审录囚徒、查核积案。[1] 限于篇幅，本章对历代监察法的介绍主要从立法规定层面展开。

关于我国监察制度和监察法产生的确切时间，学界有不同的观点，但基本上认为是在春秋至秦王朝这段时期，有的则更上溯至原始社会，认为在原始社会就产生了监察的萌芽。[2] 一般认为，完整意义的监察制度，产生于秦汉时期。[3] 从历史上看，虽然在夏商、西周时期，便已经开始出现运用法律治理官吏，实行权力监督的做法，但当时的监察法令仍极为粗疏；战国时期官僚制度的形成之时，也是我国古代监察制度和监察法的正式出现之机。因此，本章将战国、秦汉时期作为对中国监察法的历史与发展予以介绍和讨论的起点。

第一节　古代中国的监察法

中国古代监察法制的历史发展，大体上可以分成三个阶段：(1)形成阶段——战国、秦汉；(2)发展阶段——三国两晋南北朝、隋唐；(3)完备阶段——宋、元、明、清。[4]

---

〔1〕 参见张晋藩：《中国古代监察机关的权力地位与监察法》，载《国家行政学院学报》2016 年第 6 期。

〔2〕 参见本书编委会编著：《中国历代文官制度——文官之监察》，国家图书馆出版社 2014 年版，第 1 页。

〔3〕 参见马作武：《秦汉时期监察制度形成及思想探源》，载《政法论坛》1999 年第 3 期。

〔4〕 参见张晋藩：《中国监察法制史稿》，商务印书馆 2007 年版，第 2 ~17 页。

一、战国、秦汉时期的监察法

(一)战国时期

夏商和西周时期,虽然专门的监察机构和监察法尚未出现,但统治者已认识到“治官”的重要性,当时的一些职官也已担有监察之责。例如,史官的主要职责,是将国家政事,尤其是君主和官员的言行真实地记录下来,其后果为被记录者所看重,因此,这种“记事”本身便含有监督之意味[1]——实际上,后世的“御史”正是由此发展而来。这些思想和实践,成为后世监察法的滥觞。

春秋战国时期,百家争鸣,各种政治、法律学说相应地丰富起来,监察思想也随之发展。典型体现者,即当时各家对吏治重要性的认识普遍提高。尤其值得注意的是法家的监察思想。战国时期,法家已成为显学,商鞅甚至将法家思想实践于秦国,奠定了秦统一六国的基础。在法家的思想中,对官吏的监督是极重要的一环,甚至形成了一整套控制官吏以维护君主专制的理论和策略。法家一方面认识到君主的统治不能不依赖于官吏之辅助,另一方面又认为君臣之间的关系乃“事合而利异”,[2]因此,法家非常重视治吏,认为“明主治吏而不治民”。[3] 至于如何治吏,法家认为,一是靠“术”,二是靠“法”。例如,商鞅曾言,“使吏非法无以守,则虽巧不得为奸”;[4]而韩非子也认为,应“明法而以制大臣之威”。[5]

上述思想,为监察制度和监察法的确立提供了思想理论基础。到战国时期,随着社会经济的发展、各国之间兼并战争的进行,各国进一步加强中央集权的需要越来越迫切。由此,官僚制度便逐渐建立起来。官僚制度的确立对监察制度的形成和发展具有十分重要的意义。其一,职官体系的扩大及官僚和国君之间的冲突,使对官僚系统进行监督变得必要且迫切。其

---

[1] 参见马作武:《秦汉时期监察制度形成及思想探源》,载《政法论坛》1999 年第 3 期。

[2] 《商君书·禁使》。

[3] 《韩非子·定法》。

[4] 《商君书·慎法》。

[5] 《韩非子·南面》。

二,由于监督的对象是整个官僚系统,监督的执行和过程如何避免利益冲突和勾结等情况,成为一个重要的问题;战国时期国君近臣系统满足了这个需要,而后世最主要的检察官御史其实也源于此。其三,职官管理的制度化,要求对监察官吏本身的管理也规范化,这为监察活动的有序和效率提供了保证。[1]

战国时期监察制度确立的一个主要标志,是御史专任监察体制的初建。御史一职源于"史官",到战国时期,御史的监察职能得到了强化,不仅可以随王监察大臣,还可以监察地方官吏。此外,专职谏官、对地方上的巡行视察以及对各级管理的上级考核,也是当时开始出现并应用的重要监督方式。

与此相应的是,监察法律此时也开始出现。魏国的李悝制定的《法经》,是中国历史上第一部比较系统的成文法典。据《晋书·刑法志》记载,《法经》分为盗、贼、网、捕、杂、具六篇,其中的"杂"律便对假借不廉、逾制等职官犯罪行为作出了规定。[2] 可以认为,这些规范官吏行为的条文,便属于今人所称的监察法的范畴。虽然整体而言,这些监察法规数量并不多,但由此仍可见,当时的监察活动已在相当程度上得以展开,并以这些律法作为具体的行为准则和法律依据;否则,这些律法本身便无必要,也就不可能得到系统地制定,从而流传于世。

需指出的是,先秦诸家的监察思想虽重于对各级官吏的控制,但也存在认为君主也应接受臣民的监督这一方面。与此相对应的是,战国时期各国专司监察的职官往往也负有谏议之责,甚至设置专门的谏官成为当时的一种趋势。[3] 虽然在君主专制下,谏议对君主所起的监察作用极其有限,但不可否认的是,谏议的制度和实践在当时还是具有一定的现实意义的。

(二)秦代

秦灭六国,建立起了统一的中央集权皇朝,并设置了一整套的官僚政治制度以维持统治。在地方上,则用郡县制取代了分封制。这就让监察制度

---

[1] 参见张晋藩:《中国监察法制史稿》,商务印书馆2007年版,第49~50页。

[2] 同上书,第55页。

[3] 参见马作武:《秦汉时期监察制度形成及思想探源》,载《政法论坛》1999年第3期。

和监察法的发展既成为必要，又变得可能。

秦王朝设置了专门的监督机构。秦代的中央监察机关称为御史府，亦称御史大夫府或御史大夫寺。御史大夫为其最高长官，即最高监察官，负责统率全部监察官员来对其他政府机关及其官员的违法行为进行纠举、弹劾。御史大夫下，设御史中丞和御史丞，直接辅助御史大夫行监察之责。而御史府中的一般官员则称为御史，部分御史在朝廷中负责日常监察工作，其他则常驻地方郡一级政府，以实施对地方的监察。这些驻地方的监察官员被称为监郡御史，又称监御史、监察史或简称为“监”。由此可见，秦王朝时期，一个从御史大夫到御史、从中央到地方的较严密、独立的监察体系已建立起来，“这就标志着秦朝以御史制度为主体的监察制度已经建立”。[1]

秦朝时期，监察官员地位有了较大的提高。秦朝有“公”“卿”之分，御史大夫在身份和政治待遇上只属于“卿”，比丞相和太尉低了一个档次。但御史大夫同时也任副丞相，与丞相和太尉一起位列三公，即属于皇帝之下的最高级官员之一，不仅能参议国事，甚至还具有司察丞相非法行为、弹劾丞相的重要职权。[2] 御史的禄秩虽然较低，但常驻地方的监御史之地位也相当高。他们常与郡守、郡尉一起并称“守、尉、监”，除负责监察工作外，还握有部分的地方行政、军事权力，[3]实际上也成为地方上的重要官员。

秦统一后，也设置了谏议官员，专掌规谏。然则，秦王朝并未设置专门的言谏机构，而谏议官员本身也并非“常员”，难以发挥作用。换言之，其时的监察体制变得“重御史轻谏官”，百官受皇权监察，皇权本身却变得绝对化，成为暴君专政，由此，御史监察实质上也沦为了暴君的统治工具，失去了监察本应有的意义和作用。[4]

秦始皇非常推崇法家“以法治国”的主张，故秦朝监察机制的建立和运行，离不开相关法律的制定和运用。《云梦秦简》中关于官员行政的律文中，有些就涉及监察方面。其中典型者，便是《语书》和上文曾提及的《为吏之

---

[1] 邱永明：《中国古代监察制度史》，上海人民出版社2006年版，第67页。

[2] 参见熊伟：《秦汉监察制度史研究》，天津人民出版社2011年版，第29页。

[3] 参见李小树：《秦汉魏晋南北朝监察史纲》，社会科学文献出版社2000年版，第8~9页。

[4] 参见胡沧泽：《中国监察史论》，中国书籍出版社2012年版，第6~10页。

道》。《语书》将官吏区分为良吏和恶吏两类，并制订了相应的判断标准；《为吏之道》则强调了“吏之五善”和“吏有五失”。这些判断标准，为御史等官员实施对官吏的监察提供了法律准绳。秦律鼓励官吏成为良吏，而对于恶吏，则要作出相应的惩罚。尤其值得注意的是，《语书》中有关于郡守应派员监察属县的明确要求：“今法律令已布，闻吏民犯法为间（奸）私者不止，私好乡俗之心不变，自从令丞以下，智（知）而弗举论，是即明避主之明法也，而养匿邪避（僻）之民。如此，则为人臣亦不忠矣。……今且（将）令人案行之，举劾不从令者，致以律，论及令丞。……独多犯令，而令、丞弗得者，以令、丞闻。”对于违反国家法令的官吏，应依照法律予以处置；如官吏“多犯令”而县令、县丞没有予以查处的，县令、县丞也要承担责任。故正如有论者所言，《语书》等律文虽然“还不是专门的监察法令，但在许多方面，已展现有后世监察法令主要性质的内容”。[1]

（三）汉代

两汉时期，随着政权变更、社会形势变迁及统治阶级利益之不断冲突和协调等变化，监督制度之变动也颇为频繁。其中之要者，即以专门的中央监察机关御史台及专职的地方监察官刺史制度之出现为标志，中国古代的监察制度基本形成和确立起来。

在中央，监察机关名为御史府（台），以御史大夫为最高长官，其下有御史中丞和御史丞，再之下是一般官员——其通称御史或侍御史，常按其职务而分别名之为治书御史、绣衣御史、督运漕御史等。到绥和元年，御史大夫改名大司空，与大司马、丞相并为三公，御史中丞则成了御史府的实际长官。此后，光武帝将大司空改为司空，专掌水木之事，御史中丞便正式成为御史府的最高长官。此后，御史中丞搬出宫外置署办公，称为“御史台”，中国历史上相对独立的专门监察机关正式出现。[2] 汉代御史府（台）的设置虽然大致上和秦代一致，但其组织更严密，幕僚配备齐全、分工也更具体，表现出一种明显的“进化”趋势。

---

〔1〕 熊伟：《秦汉监察制度史研究》，天津人民出版社2011年版，第37页。
〔2〕 参见邱永明：《中国古代监察制度史》，上海人民出版社2006年版，第82页。

在地方，由于刘邦即位后以刘氏宗亲建立诸侯国，这实际上便令中央政府无法对地方实行有效的监督，各种弊端也随之而生。虽然“其后诸州复置监察御史”，[1]又派具有临时性质的丞相史巡行各地，考察地方吏治，但其监察效果均不理想。因此，汉武帝于元封六年（公元前105年）设立固定性的十三部刺史专司监察地方，刺史制度由此建立。刺史隶属于中央监察机关御史台，由御史中丞具体督管，在地方有固定治所。相比秦朝常驻地方的监御史，其一大特点在于只掌监察，不再兼管开渠修路、带兵作战之类的其他职务。[2] 汉代时期监察制度的专门化发展，由此也可见一斑。

此外，西汉时设立的司隶校尉一职，也负有监察畿辅七郡、劾奏公卿大臣、纠太子宗室贵戚等监察职务。[3]

专门的监察法在西汉时期开始出现，其中较主要的是《监御史九条》和《刺史六条》。《监御史九条》于汉惠帝三年颁布，其监察的对象主要是郡县官吏，且其只适用于部分地方。《监御史九条》的内容涉及行政、司法、吏治等诸多方面；虽然在今天看来，其中的内容较粗简，《监御史九条》仍可称得上“中国封建地方监察立法之滥觞”。[4] 汉武帝时制定的《刺史六条》，是全国适用的地方监察法规。顾名思义，《刺史六条》是汉武帝为了规范刺史之监察行为而制定的法律，与上文提及的刺史制度有密切的关联。从监察对象上看，《刺史六条》第1条针对的是“强宗豪右”，其余5条则都是监察“二千石”，即俸禄级别是二千石的地方官员，主要是郡守。从内容上看，其对“二千石”官员的监察，主要包括“不奉诏书遵承典制”“不恤疑狱”“选署不平”“违公下比，阿附豪强”等。不过，后来刺史的权力不断扩大，其对官员的监察也逐渐超出《刺史六条》范围。[5]

东汉在法制建设上基本承继西汉，在监察法上也无重大变化，只不过颁

---

[1] 《通典·职官六》。

[2] 参见李小树：《秦汉魏晋南北朝监察史纲》，社会科学文献出版社2000年版，第23页。

[3] 参见熊伟：《秦汉监察制度史研究》，天津人民出版社2011年版，第99～104页。

[4] 张晋藩：《中国监察法制史稿》，商务印书馆2007年版，第111页。

[5] 参见袁刚：《汉武帝的“六条诏书”及汉唐地方监察法规》，载《南都学坛》（哲学社会科学版）1998年第4期。

布了一些具有监察法性质的法令，[1]例如，汉光武帝时的《惩举荐非其人令》和《禁吏卒嫁娶过令》等。

综上，汉代的监察法有一大特点，即“监察立法步入自觉阶段”；特别是“《监御史九条》和《刺史六条》的问世，开中国古代专门监察立法之先例，对后世产生了深刻而久远的影响”。[2]

二、魏晋南北朝时期的监察法

魏晋南北朝时期，各政权分裂割据，连年征战甚至自顾不暇，客观上不利于各政权整顿、发展其包括监察制度在内的政治制度。另外，在当时的门阀政治中，如何平衡、协调、处理皇权和门阀特权之间的关系，又是一个重要的问题。监察机构作为一种制衡力量在此间发挥了一定的作用，而监察制度和监察法由此也得到了一定发展。概言之，魏晋南北朝时期监察法和监察制度的发展，在汉唐之间起着继往开来的作用。[3]

此时期政权变迁频繁，监察制度也因之在架构设置、具体细节等方面均显得变动不定。整体而言，此时期的监察制度，呈现出两大特点：御史监察机构的完全独立和谏官组织的系统化。[4]

至曹魏时，御史台不仅相对独立且更是直接由皇帝控制，其最高长官御史中丞也由皇帝直接领导。“如果说秦汉的御史府（台）还带有一点行政机关的尾巴的话，那么至魏晋则构成了一个超然于行政之外的外部监察体制”。[5]在整个魏晋时期，御史中丞的权力整体上呈扩大的趋势。此外，当时御史开始被允许“风闻奏事”，即刺史可根据道听途说之传闻来参奏大臣；据北宋洪迈所说，“御史许风闻论事……以予考之，盖自晋、宋之下”。[6]这反映出刺史的监察权力在魏晋南北朝时期同样也有所扩大。

---

〔1〕参见张晋藩：《中国监察法制史稿》，商务印书馆2007年版，第115～116页。

〔2〕张晋藩：《中国监察法制史稿》，商务印书馆2007年版，第115页。

〔3〕参见邱永明：《中国古代监察制度史》，上海人民出版社2006年版，第204～205页。

〔4〕参见胡沧泽：《中国监察史论》，中国书籍出版社2012年版，第21～24页。

〔5〕邱永明：《中国古代监察制度史》，上海人民出版社2006年版，第143页。

〔6〕（宋）洪迈：《容斋随笔》四笔卷十一“御史风闻”条，穆公校点，上海古籍出版社2015年版，第507页。

在地方上，由于东汉末年地方行政体制已由郡、县两级制变成州、郡、县三级制，魏晋南北朝时期的多个政权均沿用此制，其地方监察制度也与此相应。例如，两晋时期，州一级的监察官是刺史或州牧，而刺史或州牧同时也是本州的行政长官和军事长官；在郡一级，太守之下设督邮一职，以监察所属县的官员；县一级则设廷掾一职，以监察本县以下的乡级官吏。[1]

值得一提的是，南朝时的宋、齐、梁、陈和北朝时的北魏、北齐、北周等政权，还设置了一种可名之为典签制度的地方监察体制。"典签"一词，本身是一官职名，刘宋时的典签是由朝廷派到地方去监督刺史和宗室诸王的官员。不过，在性质上典签又是刺史的属官，地位并不算高，所以其在和刺史、宗室诸王的角力中并不占优势，也难以发挥其监察作用。到齐、梁、陈等朝代，典签所能起到的牵制作用已大大减弱。而在北朝，典签的主要职能则在于监督州府仓库财务出纳。[2]

魏晋南北朝时期，各朝统治者均较重视法律的作用，故在立法上取得了较大的成就；晋朝的《泰始律》，北朝的《北魏律》《北齐律》等，在中国法制史上均有着相当重要的地位和意义。在这些法典以及为数众多的科、比、格、式中，也有关于官吏职务犯罪和处罚的详细规定。此外，也出现了诏令形式的专门监察法，其调整的范围已相当广泛。

关于此时期监察法的发展成就，可择其要者介绍如下。

其一，晋朝的《察长吏八条》和《五条律察郡》。前者是察吏的标准，后者则是适用于郡守的监察条例——五条者，包括"正身""勤百姓""抚孤寡""敦本息末"和"去人事"。《察长吏八条》和《五条律察郡》均以诏书的形式作出，具有最高权威。其二，西魏的《六条诏书》。所谓"六条"，包括"治心""敦教化""劝课有方""擢贤良""恤狱讼"和"均赋役"，以这些要求作为考核官员的标准和监察官员的依据。其三，北周的《诏制九条》。《诏制九条》重点放在断罪决罚，将纠正地方官员任意决狱的弊端作为监察官员的要点。

---

〔1〕 参见贾玉英等：《中国古代监察制度发展史》，人民出版社2004年版，第235～238页。

〔2〕 同上书，第239～245页。

换言之，其侧重点在于司法监察方面。[1]

三、隋唐时期的监察法

（一）隋代

隋朝的监察制度由两大部分组成：一是御史监察系统；二是谏官言谏系统。

隋文帝即位后，革除魏晋南北朝时期各种混乱的监察方式，重新设置专门的监察机关，并沿用汉代旧称，即御史台。御史台是皇帝直接控制下的中央最高的专门监察机关，又因文帝之父名杨忠而讳“中”字，故将御史台的实际长官恢复为御史大夫。以后唐宋诸朝，御史大夫均为御史台首长。御史台主要负责监察朝中官吏，监察官员的“职责范围极广，大事小事国事家事都可纠弹”。[2] 隋炀帝即位后，增设谒者、司隶两台。谒者台的主要职责是“出使慰抚”，故其对地方的监察乃通过使者在出使过程中了解民风政情、纠正冤假错案而实现，是一种巡视性而非经常性的监察；换言之，谒者台不是一个完全意义上的监察机构。[3] 司隶台则是专事地方监察的机构，主管负责对地方官员的监察兼考绩。

隋朝实行三省六部制，其中，门下省在隋初即为侍奉谏议机关，掌管审查政令和封驳等事。隋炀帝于大业三年（公元 607 年）对门下省进行了改革，门下省成为言谏官的最高领导机关。不过，隋炀帝本身并不重视言谏官之作用，后来甚至把谏议大夫等职废除。可以说，隋朝的谏官言谏系统虽已形成体系，但在实践中并未能发挥作用。[4]

与监察制度的变更相应，隋朝的监察法规也有一定的调整和发展。隋炀帝即位后，在汉代《刺史六条》的基础上，颁布了新的“六条诏书”，其对司隶台的监察责任、范围、对象都作出了较为明确的规定：一察品官以上能理

---

〔1〕 参见张晋藩：《中国监察法制史稿》，商务印书馆 2007 年版，第 161～164 页。

〔2〕 袁刚：《隋朝监察制度述论》，载《北京大学学报》（哲学社会科学版）1999 年第 6 期。

〔3〕 参见张先昌：《隋朝监察制度述论》，载《法学研究》2005 年第 2 期。

〔4〕 参见本书编委会编著：《中国历代文官制度——文官之监察》，国家图书馆出版社 2014 年版，第 81～82 页。

政不。二察官人贪残害政。三察豪强奸滑,侵害下人及田宅逾制,官司不能禁止者。四察水旱虫灾,不以实言,枉征赋役及无灾妄蠲者。五察部内贼盗,不能穷逐,隐而不申者。六察德行孝悌,茂才异行,隐不贡者。[1] 比起汉代的《刺史六条》,隋代的"六条诏书"扩大了对官员进行监察的范围,凡有品阶的职官均在监察范围内;而其监察重点也放在考察品官的理政能力、个人品德等方面。虽然由于隋王朝的短命,"六条诏书"在中国历史上发挥作用的时间并不长,但它为唐代的监察立法提供了一个蓝本,在我国古代监察法规的发展上具有承上启下的地位。[2]

(二)唐代

在中国监察制度和监察法的沿革历史中,唐代是一个有重要意义的时期。"在中国封建社会监察制度史上,唐代的御史监察制度占有十分重要的地位。它既是秦汉以来监察制度的完善和总结,又对宋以后的监察制度产生了深刻的影响。"[3]

在唐代的监察制度中,中央监察机构包括御史台系统和谏官系统。

御史台是唐代的中央最高监察机关。唐高祖李渊登基后,中央官制等基本沿用隋制,御史台也随之保留下来。到唐朝中期,由于政治形势复杂,御史台制度变动频繁——例如,武则天登位后,将御史台改为左肃政台,并增设右肃政台;到唐睿宗即位后,二台又重新合并为一。到唐玄宗即位后,御史台制度才基本稳定、定型。[4]

唐代御史台的长官是御史大夫,掌管封建法制、礼仪和政纪,位高权重,副长官则为御史中丞。御史台下设三院:台院、殿院和察院,三院职掌分明,共同构成一个十分严密的御史监察系统。台院是御史台的"本部",其可作为御史台的代表,与刑部、大理寺组成"三司",联合审案,同时也负责弹劾官员。殿院的主要任务,则是纠察百官在宫殿内的违法失礼行为。此外,殿中

---

〔1〕 参见(唐)魏徵等:《隋书》卷二十八,中华书局1973年版,第797页。

〔2〕 参见本书编委会编著:《中国历代文官制度——文官之监察》,国家图书馆出版社2014年版,第82页。

〔3〕 胡沧泽:《中国监察史论》,中国书籍出版社2012年版,第28页。

〔4〕 参见邱永明:《中国古代监察制度史》,上海人民出版社2006年版,第221~225页。

侍御史还负责维护朝廷的秩序和尊严、推按狱讼、监察京城仓库等。而察院的主要任务，则是监察地方官吏。[1] 唐代御史台的监察职能之一大特色，在于监察御史“若在京都，则分察尚书六司，纠其过失”。[2] 这说明，此时监察工作的重点，开始转向对政府机构的监察，这和此前的监察偏重针对官吏个人有所不同。[3] 此外，御史台的监察工作主要还包括监察礼仪权、监察祭祀、监察军队和治安、监察司法，等等；由此可见，唐代御史台的监察职能具有相当的多样性。[4]

唐代也颇重视对地方的监察。唐朝中央对地方的监察，经历了一个从御史台不定期派遣御史出按州县到中央对地方进行经常性的分道巡察的演变过程。唐太宗即位后，将全国划分成十个监察区，即“十道”，并委任御史或其他官员不定期地分道巡视州县；不过，此时的地方巡察并不完全按照州县来派遣。唐中宗当政后，在十道设置了固定的监察官员，十道巡察制度至此基本完善。后来，十道变为十五道，十道巡察也演变为十五道采访使制度，监察官员开始常驻地方，原来的“道”也演变为地方一级的监察机构。[5] 此外，在各级地方政府内部，亦设置有负有监察职能的官吏，如州级的录事参军和录事、县级的主簿和录事等。[6] 这种地方内部监察机制和中央对地方的监察，共同形成了一套完整的地方监察体系。

唐代言谏制度已颇为成熟。从组织上看，唐代的谏官组织日趋完备。进谏的职责主要归于中书、门下两省，专门以进谏为职责的官员则主要有给事中、散骑常侍、谏议大夫，以及武则天当政时增设的补阙、拾遗。

唐代谏官拥有两大权力，即封驳之权和言谏之权。所谓“封驳”是指门下省接到中书省草拟的诏书要予以复审，如不同意或觉不妥，则批注“涂归”，意思是将原诏书送回中书省重拟。设置封驳权的直接目的，是减少皇

---

〔1〕 参见周宝砚：《唐王朝监察制度的运作及特点》，载《南京政治学院学报》2002年第5期。

〔2〕 (唐)张九龄等原著：《唐六典全译》卷十三，甘肃人民出版社1997年版，第392页。

〔3〕 参见胡沧泽：《中国监察史论》，中国书籍出版社2012年版，第31页。

〔4〕 同上书，第31～37页。

〔5〕 参见本书编委会编著：《中国历代文官制度——文官之监察》，国家图书馆出版社2014年版，第88～90页。

〔6〕 参见杜文玉：《唐五代州县内部监察机制研究》，载《江西社会科学》2013年第2期。

帝决策的失误。[1] 而所谓言谏,具体而言,则包括了参预决策以规谏皇帝失误、上封言事以规谏朝廷过失、充任知匦使以“申天下之冤滞,达万人之情状”等。[2]

众所周知,唐代被认为是中华法系成熟和定型的时期,以《唐律疏议》为代表的唐代立法,不少已颇为完备。监察法乃唐代立法的重要组成部分,其发展也比前朝明显地更进一步。

在《唐律疏议》中,就有不少条文可被作为监察官执行职务的依据;特别是其中的“职制门”五十九条,基本上均适用于职官监察。《唐律疏议》外的其他具体的律、令、格、式,同样可作为监察官员的法律依据。上文述及的唐御史台制度,则主要规定于《唐六典》卷一三的“御史台”部分。谏官制度,如谏官组织及其主要职责等,主要也是在《唐六典》中予以规定。[3] 至于言谏立法,则采皇帝诏敕的形式,其主要内容是确立各种具体言谏制度,例如,确认谏官随宰相入阁议事、允许谏官随时进封事、赋予谏官封驳权、鼓励谏官直谏等。[4] 此外,一些诏令的内容也关涉监察,也可视为监察法的范畴。

唐代较值得注意的专门性监察法规,主要有《监察六法》《风俗廉察四十八条》《出使巡察法》和《言谏法》。

《监察六法》的性质属于地方监察法规,其主要目的乃在于规范按察使的监察职责。所谓“六法”,即“其一,察官人善恶;其二,察户口流散;籍帐隐没,赋役不均;其三,察农桑不勤,仓库减耗;其四,察妖滑盗贼,不事生业,为私蠹害;其五,察德行孝悌,茂才异等,藏器晦迹,应时用者;其六,察黠吏豪宗兼并纵暴,贫弱冤苦不能自申者”。[5] 《监察六法》虽是在汉《刺史六条》和隋“六条诏书”基础上而制,但内容上已和后两者有所不同。例如,从监督对象上看,对地方豪强的监察已落至末位,变成监察法中一个较为枝节的问题;而对于被置于首位的对官员的监察,监察范围则继续扩大——从汉的

---

〔1〕 参见周宝砚:《唐王朝监察制度的运作及特点》,载《南京政治学院学报》2002 年第 5 期。
〔2〕 参见贾玉英等:《中国古代监察制度发展史》,人民出版社 2004 年版,第 121 ~123 页。
〔3〕 李青:《唐宋监察制度初探》,载《现代法学》2004 年第 3 期。
〔4〕 参见张晋藩:《中国监察法制史稿》,商务印书馆 2007 年版,第 204 ~206 页。
〔5〕 (宋)欧阳修、宋祁等:《新唐书》卷四十八,中华书局 1975 年版,第 1240 页。

“二千石以上”，到隋的“品官以上”，到唐代则是凡“官人”均纳入其中，不管其官品几何。[1]

《风俗廉察四十八条》于武则天光宅元年正式颁行，其内容主要包括清除民间陈习陋俗和监察官员的行政、执法情况。不过，由于其过于烦琐难行，故实行仅2年便备受官员非议，实行10年后便宣告终止。[2]

唐朝疆域广阔，统治者又有见于南北朝时期长期分裂割据之鉴，深感加强中央对地方志控制和监督之重要。故唐朝皇帝在《监察六法》等所规定的地方监察外，还热衷于颁发众多的制敕诏令，派出监察御史及各种使臣巡察地方。因此，这些制敕诏令也具有浓厚的监察法色彩。例如，唐太宗于贞观八年发布《遣使巡行天下诏》，派大臣“分行四方……观风俗之得失，察政刑之苛弊”；唐玄宗于开元二十九年颁《遣使黜陟诸道敕》，指示大臣“卿等所到之州……其官吏中贪冒赃私及犯名教，或衰老疾病，或无政理者，刺史以下，宜停务闻。其守职公清，为政尤异，事堪激劝，远近知者，具以名闻”。[3] 显然，对地方的监察，乃是皇帝遣使巡察地方的一个重要目的。唐代的出使巡察法“将稳定性的《监察六法》与因事而发的临时性的皇帝制诏相结合，形成了较为严密的地方监察法网，对于维持地方的吏治以及推动各种地方政务的实施，起了积极的作用”。[4]

唐代的监察制度，具有监察机构统一完整并分工明确、御史地位独立且职权广泛等特点，但也存在监察机构职权庞杂、谏官谏权分散等缺陷。但整体而言，其还是比前朝有不少的重大调整和改革，特别是在台谏制度的完善发展方面。[5]

唐朝后，中国历史进入五代十国时期。此时期各政权纷扰割据，其监察制度和监察法基本上沿袭唐代而未有新的发展，监察机关的作用甚至因战乱等原因而大大削弱。古代中国监察制度和监察法律的继续发展，则需待

---

〔1〕参见张晋藩：《中国监察法制史稿》，商务印书馆2007年版，第200～202页。

〔2〕参见本书编委会编著：《中国历代文官制度——文官之监察》，国家图书馆出版社2014年版，第97页。

〔3〕张晋藩：《中国监察法制史稿》，商务印书馆2007年版，第203～204页。

〔4〕同上书，第204页。

〔5〕参见邱永明：《中国古代监察制度史》，上海人民出版社2006年版，第290～294页。

到宋朝廷这一新的统一政权出现之后了。

四、两宋时期的监察法

和前朝类似，两宋时期的监察系统也可分为御史和谏官两端。

宋代的御史台因沿唐制，但其组织机构却有所变化。北宋前期，御史台以御史中丞为台长，下设台院、殿院、察院三院；但到元丰改制后，台院仅设侍御史一人，且其实际上已升为副台长，而台院本身则名存实废，其纠察官员等职责也已划归殿院和察院。换言之，隋唐以来的御史台三院组织架构，在宋代开始呈现合并的趋势。宋代御史台的职能，主要包括监察和弹劾百官、规谏皇帝和参议朝政、参预司法和监察司法部门、参预百官的管理工作，等等。[1]

宋代的言谏系统，按其主要职能可分为言谏和封驳两大相对独立的部门。

两宋时期，谏官机构开始从中书省和门下省中独立出来，设谏院，谏院下又设登闻鼓院和登闻检院。“登闻检院，隶谏议大夫；登闻鼓院，隶司谏、正言。掌受文武官及士民章奏表疏。凡言朝政得失、公私利害、军期机密、陈乞恩赏、理雪冤滥，及奇方异术、改换文资、改正过名，无例通进者，先经鼓院进状；或为所抑，则诣检院。”[2]

宋代的封驳制度也有一定的发展。如上文所述，在唐朝，“封驳”之责是由门下省负责。北宋初建时，门下省不再负封驳之任，但专门的封驳机构亦未建立起来。至淳化四年（公元993年），宋太宗决定恢复封驳制度，封驳职能由通进司、银台司掌领。北宋后期及之后，封驳职能则由新设置的门下后省与中书后省掌领。宋代的封驳制度虽几经变化，但封驳官的主要职责仍在于监督朝廷决策，包括监督朝廷的财政决策、司法决策、人事决策等，也相应地负有规谏皇帝的职能。此外，宋代的封驳官还具有更多重要职能，如参

〔1〕 参见贾玉英：《宋代监察制度》，河南大学出版社1996年版，第41~69页。
〔2〕（元）脱脱等：《宋史》卷一六一，中华书局1977年版，第3782页。

议朝政、奏劾百官、荐举官员、审察百官奏章等。[1] 可见,宋代封驳机构和封驳官员的职责和权力范围是有所扩大的。

从以上述及的御史和谏官之职能可知,宋代较之以往出现了一个大转变,即,开"台谏合一"之端:御史和谏官两者的职责上开始相互渗透,既允许台官言事,也允许谏官弹劾。而允许谏官弹劾是"台谏合一"这一转变的关键所在。具体而言,宋代御史和谏官的职能,开始具有了主谏争、监察宰相百官、参议朝政、参预举荐官员、兼任侍讲等多个共同点,可见御史和谏官两者已形成合一之势,[2]这也成为明朝时期监察制度所出现的取消谏官、设置都察院等的历史发展基础。不过,就御史台而言,其主要职责仍在于检举、弹劾百官的非法行为。

在地方监察方面,宋代的一大特点是"诸司并立",即建立起了一个多元化的监察体制。"……监察如何全面握有对地方的监察权,以及监察官之间的关系,如何体现独特的权力结构,这是宋代制度自生的内容。"[3]

宋代将唐代的道改为路,其下设府、州、军、监等。相应地,宋代的地方监察体制也分为路和府、州、军、监两级。路级监察机构,主要包括转运司、提点刑狱司和提举常平司,统称监司;府、州、军、监级的监察机构,则是通判厅。[4]

宋初,转运司并无监察性质,而属军事性质之机构。到宋太宗时期,转运司才转变为同时具有行政职能和监察职能的路级机构。转运司的基本职能之一,是按察部内官吏;此外,其监察比较偏重于路级财政管理。提点刑狱司初设于淳化二年(公元 991 年),初隶属于转运司,到景德四年(公元 1007 年)时则成为和转运司并列的独立机构。提点刑狱司的职能偏重于司法监察,即通过监督并审理一路的刑狱案件,以实现对州县官吏的监察。但实际上,提点刑狱司的职能不限于此,而是对于一路的财政、军政、民政等方面,均可予以干预。提举常平司正式设置于王安石变法时期,其职能偏重于

---

〔1〕 参见贾玉英:《宋代监察制度》,河南大学出版社 1996 年版,第 228 ~251 页。

〔2〕 同上书,第 144 ~147 页。

〔3〕 余蔚:《中国古代地方监察体系运作机制研究》,上海古籍出版社 2014 年版,第 9 页。

〔4〕 参见贾玉英:《宋代监察制度》,河南大学出版社 1996 年版,第 297 页。

主管一路常平、义仓和赈济灾民,也兼领慈善事务等,但也有审理经济诉讼案件、按察地方官吏之职能。[1] 总而言之,监司在宋代的地方监察制度中占据重要的地位,“监督州县之行政事务,是它们最早具有的、最主要的任务。监督的内容,则几乎无所不包。其监督之具体内容,可用几个关键词概括:‘检视簿书’、‘按视仓库场务’、‘审核刑狱’”。[2]

除监司外,宋代在路一级尚有一些短期性的监察官职的设置,如建置于北宋熙宁年间的察访司及北宋政和年间的走马承受与廉访司等。

宋代在府、州、军、监一级的监察机构是通判厅。宋代的通判始设于乾德元年(公元963年),其职能和路级的监司颇为相似,包括监察州县官吏、参预州郡的财政管理和官吏的选任管理,参预审理州郡的刑狱案件,等等。[3]

宋代较重视法制建设,除《宋刑统》外,皇帝颁布的敕也是重要的法律形式,并和令、格、式一起,构成了较严密的法律体系。宋代监察制度的设置等,在这些法律中亦有所体现。《宋刑统》中的职制律,便是监察官行使其职权的重要法律依据。例如,职制律中的第1条规定,“诸官有员数,而署置过限及不应置而置”者,[4]应受杖徒等刑;换言之,员数设置是否有违法规,便是监察官的监察内容之一。此外,户婚律、杂律、断狱律等其他各律中也有关于官吏违失及其处罚之规定,这些同样可作为监察官对官员实施的法律依据。

宋代也有对御史的监察活动作出规定的专门法规。例如,宋太宗时,与御史台相关的敕、令、格、式及例,开始被编纂为专门的御史法规;再如,宋真宗时,则编成了《御史台仪制》六卷。[5]

和上文述及的宋代地方监察制度发生了较大的变化和发展相呼应,宋代的监察立法成就,主要也体现在地方性监察法律上。这些立法,散见于

---

[1] 参见贾玉英:《宋代监察制度》,河南大学出版社1996年版,第340~396页。
[2] 余蔚:《中国古代地方监察体系运作机制研究》,上海古籍出版社2014年版,第20页。
[3] 参见贾玉英:《宋代监察制度》,河南大学出版社1996年版,第407~415页。
[4] (宋)窦仪:《宋刑统》,薛梅卿点校,法律出版社1999年版,第162页。
[5] 参见张晋藩:《中国监察法制史稿》,商务印书馆2007年版,第263~264页。

《庆元条法事类》、《宋会要辑稿》和《宋大诏令集》等史料中。例如,收于《庆元条法事类》中的《职制令》,便对监司出巡规定甚详,包括“诸监司每岁分上下半年巡按州县,具平凡冤讼,搜访利害,及荐举循吏,按劾奸赃以闻”“诸监司每岁点检州县禁囚,淹留不决,或有冤滥者,具当职官、职位、姓名,按劾以闻”“诸监司按察官,每岁终,具发摘过赃吏姓名,置籍,申尚书省”等;《断狱令》则对监司巡历中的重点——司法监察作出了许多补充规定;《职制敕》《厩库敕》中则有许多关于监司本身之纪律和责任的规定,如“诸监司,巡历所部不遍者,杖一百……”“诸监司巡按,巧作名目,追呼巡尉弓兵,将带出本界者,杖一百”“诸发运监司巡按,以所得酒卖易,杖一百”“诸发运监司巡按,随行公吏违法出给驿券,及所给官司,各徒二年”,等等。而《宋大诏令集》中,也收入了许多诏令形式的一般性监察立法,如《置纠察在京刑狱诏》《令转运司廉访官吏能否诏》《令转运县知州等官能否诏》等。[1]

宋代监察法规中较具特色的是《诸路监司互监法》。前朝的各种地方监察制度均或多或少地面临一个问题,即监察官员在地方上权力过大、擅权专横,甚至干预地方事务;《诸路监司互监法》便是宋廷为解决对地方监察官的监察而施行的法律和举措,其主要内容包括:诸监司及其属官有违法及不公事者,可互相举报、互相察举;诸监司巡历所至而受折送钱者,也得互相察举,等等。《诸路监司互监法》弥补了地方监察官本身难受监察的法律漏洞,是中国古代监察法规建设的一大创举。[2]

概言之,宋代的地方监察立法,“不仅对监察机关的性质、职能、职权、任务、活动原则和程序作了较明确的规定,而且对监察官本身的纪律、考核和惩戒作了严格规定”,[3]其内容、关涉面较前朝变得更广泛,也更趋向系统化。

总而言之,宋代的监察制度有较为鲜明的特征。例如,中央监察官的监察权相对独立、形成了台谏合一之势,且其职能侧重于监察宰相百官,地方

---

〔1〕参见张晋藩:《中国监察法制史稿》,商务印书馆2007年版,第264~273页。

〔2〕参见邱永明:《中国古代监察制度史》,上海人民出版社2006年版,第324~325页。

〔3〕邱永明:《中国古代监察制度史》,上海人民出版社2006年版,第321页。

监察体制严密但权力分散设置、监察官可参预地方政务,等等。[1] 宋代监察法的进步,则主要体现在地方监察法上。"宋代的地方监察立法,虽然多以诏、敕、令等法律形式出现,还较为零散,没有形成一部完整的地方性单一监察法规,但其内容较之汉唐远为充实,立法技术也有所进步……在程序上也日趋严密……此外,详定监司与按察官的职掌与违法处置办法;赋予监司巡历所至'点检'属下公文运行情况,有无差失之权;重视司法监察;维护重农国策;严申监司的法定责任;推行互察法等等,都构成了宋朝地方监察法的明显特点。"[2]

五、元朝的监察法

元朝统治者十分重视中央监察机关御史台的地位和作用,御史台和中书省、枢密院并重,形成监察、行政、军事三权并立的格局,御史台的纠弹范围也非常广泛。此外,元朝已不设谏院,谏议的职责也转移到了御史身上。如忽必烈曾言:"卿等既为台官,职在直言,朕为汝君,苟所行未善,亦当直谏,况百官乎!"[3] 换言之,宋代开始出现的"台谏合一"之变化,至元时已完全完成。

元朝版图巨大,故在地方上设行省,下再设路、府、州、县四级。元代的地方监察制度也仿行省制,建立行御史台,作为地方监察机关。主要的行御史台有二,即江南诸道行御史台(南行台或南台)和陕西诸道行御史台(西行台或西台)。行台下,又在各道设地方基层监察组织肃政廉访司,分道进行监察。由此,元朝建立起了一个从中央到地方的严密的监察网络体系。值得指出的是,行台在设官、官秩、职责、地位等方面,都与中央御史台几乎相同;因此,行台在性质上虽为地方监察系统,被称为"外台",但其相对于中央御史台也有较独立的地位和权力,行台御史甚至可以和中央御史台诸御史

---

[1] 参见贾玉英:《宋代监察制度》,河南大学出版社 1996 年版,第 273 ~278 页、第 426 ~428 页。

[2] 张晋藩:《中国监察法制史稿》,商务印书馆 2007 年版,第 273 页。

[3] (明)宋濂等:《元史》卷一六三"张雄飞传",中华书局 1973 年版,第 3820 页。

一样奏劾朝廷百官。[1] 这是元朝地方监察制度的一大特点。

监察法规的健全,是元朝监察法制的另一特点,也是当时监察制度加强的一大标志。“元朝以前各代,中国封建监察法规的发展比较缓慢,条文简略,内容偏重于地方监察官员的职权规定。到元朝不仅有完整的地方监司法规,而且有详细的中央御史台台纲,内容已涉及监察机构之职能、地位、监官权责、工作程序、监察纪律等方面。”[2]

元朝的监察立法多以宪纲条例的形式出现,具有集中化、专门化之特色。元朝主要的监察法规有:其一,《设立宪台格例》。《设立宪台格例》是御史台行使监察权的基本法律依据,其大体上分为宪纲和条例两部分,前者规定了御史台的职权范围和地位,后者则包括了纠察、体究、纠劾及罚则等内容。其二,《行台体察等例》。《行台体察等例》于至元十四年(公元1277年)制定,其内容主要是规范了行御史台的职掌、权责和活动方式。其三,《察司体察等例》。如前所及,按察司乃元朝的基层监察机构;《察司体察等例》便是对按察司之权责作出明确规定的法规。其四,《察司合察事理》。至元二十五年(公元1288年)新颁的《察司合察事理》,在《察司体察等例》之基础上,再次明确规定了按察司的职权范围、权力行使方式等内容。其五,《廉访司合行条例》。该法规于至元二十八年(公元1291年)颁布,主要目的在于约束肃政廉访司官的行为,以更好地发挥其监察效能。[3]

另需指出的是,元代的监察立法也较受朝廷的民族歧视政策影响。例如,在实践上,御史等的监察对象主要限于汉人官员和南人官员,蒙族官员却常可免受法律的追责;监察法的实效,自然也大受影响。[4] 事实上,元朝统治者一直未能处理好“民族”的问题,此乃其统治难以维持长久的一个重要原因。

---

[1] 参见吴文涛:《论元代地方监察制度的特点》,载《华中师范大学学报》(哲学社会科学版)1993年第3期。

[2] 邱永明:《中国古代监察制度史》,上海人民出版社2006年版,第363~364页。

[3] 参见张晋藩:《中国监察法制史稿》,商务印书馆2007年版,第350~366页。

[4] 同上书,第383页。

六、明清时期的监察法

(一)明代

欲了解、把握明代的监察制度和监察法,则必须谨记,“明朝……是专制制度向着极端化发展的王朝。这是明朝治国理政的一条主线,无论监察思想,还是监察制度与监察法都围绕这条主线不断地改革演变”。[1]

明初,国家政体组织大致上仍袭元制。在中央,设中书省、都督府、御史台,即所谓“三大府”,分管行政、军事、监察事宜;但由于“三大府”权力过大,朱元璋对其进行了改制,其中,中央监察机构御史台改称都察院。都察院长官称都御史,此外,亦设直接行使监察权的专职监察官监察御史。监察御史,即所谓“道官”,“在组织上虽隶属于都察院,但具有较强的独立性,可以不受都察院的统治而独立行事……监察御史与都御史同为皇帝耳目之官……可以互相纠绳,互相监察”。[2] 都察院的监察官员的职权职责,主要包括弹劾、谏诤、监督司法、考核百官等。而从唐代开始的中央监察机构内分成三院的设置,至此也不复存在。此外,明朝在留都南京也保留着一整套包括司法机构在内的相对完整的中央机构,其中主管监察者即南京都察院。当然,在具体职权、实际作用等方面,南京都察院都难以同北京的都察院相提并论。

在明代,六科给事中也是主要的监察机关。洪武年间,明太祖分相权于吏、户、礼、兵、刑、工六部,但又担心部权过重而威胁皇权,故又设六科给事中以监察六部及其官员。由此,六科给事中成为直属于皇帝的独立监察机关。六科给事中的监察官员,即所谓“科官”。给事中本由前朝的言官制度发展而来,但明代的六科给事中除具有前朝言官的职权外,还具有纠举、弹劾官员的职权;当然,其最基本的职权仍是封驳。

除了都察院和六科给事中外,明朝著名的厂卫——如锦衣卫、东厂、西厂等,其性质上属于特务组织,但从职能上讲,它们也具有监察的效用。这

[1] 张晋藩:《中国古代监察思想、制度与法律论纲——历史经验的总结》,载《环球法律评论》2017 年第 2 期。

[2] 刘双舟:《明代监察法制研究》,中国检察出版社 2004 年版,第 3 页。

些组织的设置及其所具有的重要作用,也和明朝重视维护皇权有着密切的关联。

在地方上,明代以提刑按察使司为主体监察机关。提刑按察使司,简称按察司,是省级地方“藩司”(又常被称为“臬司”或“臬台”)三大台柱之一,与布政司、都司并列。洪武十四年(公元1381年)时,始设各道按察分司,按察所属府州县,后几经改易,至明宣宗宣德五年(公元1430年)时固定为十三道按察司。按察司的职位颇为广泛,“其时地方上一应纠举官邪、刑名、诉讼皆为按察司掌理,而在司法与监察两种职权中,更重于监察”。[1]

督抚监察制,也是明代地方监察制度中的重要一环。地方上三司分制的制度,本因加强中央对地方的控制而设,但在实践中却导致三司之间互相推诿,难以有效地行使职责。督抚监察制,正是为了更好地对地方政权进行监察,督促其行使职责而设。总督和巡抚属都察院系统内的监察官员,领有都御史的官衔,以中央最高监察官员的身份巡视地方,权力颇重。总督和巡抚的基本职责大致相同,在于抚巡地方,同时也有监察属吏等责。两者的相异之处,主要在于总督的管辖范围一般较大,可超过一省,且兼管军事,巡抚则不然。

此外,隶属于都察院的监察御史除协管两京直隶衙门外,也有巡按各地方之责。出巡的监察御史,又可分为专差和按差两大类,前者的监察职权包括到地方上清军、巡盐、巡茶马、巡漕、监军等,后者即所谓巡按御史,其任务则主要包括纠劾地方文武百官、断理冤狱、督查地方仓库户口等。[2] 可见,监察御史也是明代之地方监察的重要主体。

上述监察系统相互独立,形成了“严密布网”的效果;与此相关的是,明朝的监察渠道也是多元的,甚至鼓励民众对官吏进行监督,[3] 由此,不同的监督主体间也形成了较复杂的关系,这是明代监察制度的一大特征。例如,都察院和六科给事中均是明代的主要监察组织,两者彼此独立,互不统属,

〔1〕 邱永明:《中国古代监察制度史》,上海人民出版社2006年版,第403页。

〔2〕 同上书,第392~396页。

〔3〕 参见路远志:《明代监察制度特点的历史思考》,载《河北大学学报》(哲学社会科学版)2006年第1期。

地位平等,共同行使监察职责,但又互相负有监察责任;此外,科道官员的职责,也呈现出合而为一的趋势。再如,巡抚和巡按御史都负有地方监察之责,但两者亦互不统属,在实践上其职责区分亦常常混淆不清,以至于所谓"抚按之争"在明代几乎一直存在。[1]

明代的监察法比宋元时期有了更进一步的发展,"主要表现为都察院法规、六科给事中法规与地方监察法规内容上的完备性,以及法典化趋势的加强"。[2]

在明代的监察立法中,《宪纲条例》尤其值得重视。《宪纲条例》制定于洪武年间,是明代最早的监察立法,此后明仁宗、明宣宗等朝亦对其有所增补,至英宗时可说已蔚为规模。可惜的是,《宪纲条例》原文已失传,不过,根据《大明会典》,可知其主要内容主要是关于御史的选用、职权、责任等方面的规定。例如,"凡都察院官及监察御史、按察司官吏人等,不许于各衙门嘱托公事""凡国家政令得失,军民利病,一切兴利除害等事,并听监察御史、按察司官各陈所见,直言无隐""凡都察院及按察司吏典,须于考退生员与应取吏员相参补用,不许用曾犯奸贪罪名之人"等。概言之,《宪纲条例》赋予了监察御史、按察司官广泛的职权,而且要求诸官员必须对其监察工作予以配合,否则治罪。[3]

除《宪纲条例》外,六科监察法规、南京都察院事例二十八条和《抚按通例》在明代之监察立法中也较具代表性。

如上所述,明代的六科给事中是和都察院相互独立的,对其也立有专门的监察法规。根据《大明会典》,六科通掌即总则,共有 34 条,另吏、户、礼、兵、刑、工六科的监察法规,分别有 20 条、25 条、16 条、35 条、13 条、18 条,这些法规对六科给事中的职责、权力等作出了颇明确、详细的规定。而南京都察院事例,顾名思义,即主要是对南京都察院之监察工作所作出的规定。[4]

---

〔1〕 参见刘双舟:《明代监察法制研究》,中国检察出版社 2004 年版,第 24 ~25 页、第 27 ~29 页。

〔2〕 张晋藩:《中国监察法制史稿》,商务印书馆 2007 年版,第 419 页。

〔3〕 同上书,第 420 ~423 页。

〔4〕 参见刘双舟:《明代监察法制研究》,中国检察出版社 2004 年版,第 190 ~199 页。

《抚按通例》的颁布和施行,与督抚监察制、巡按御史制有关。督抚监察制度和巡按御史制度是有所矛盾的,为了协调好两者之间的关系,嘉靖年间,颁行了《抚按通例》,至隆庆元年,又予以增补。《抚按通例》旨在规范抚按之间的职权划分和相互关系,其典型规定有如"巡按出巡查盘,不必会同巡抚,其事关抚按两院者,仍照例委官会案发落""凡抚按官,动用钱粮,互相觉察"等。不过,总体而言,其未能很好地起到抑制巡按御史和巡抚干涉地方事务之效用。[1]

此外,明代的监察立法尚包括各种奏请点差法规、出巡监察法规、回道考察法规等,这些监察法规多已收入《大明会典》中。

明朝的监察制度和监察法,具有得到最高统治者的重视、注重监察法制建设、强调监察队伍自身的廉正建设等特点,[2]故在明代前期能发挥出较好的效果。但到了明朝中后期,随着朝政渐腐朽、党争日烈,科道官也卷入党争之中,以科道官为主体的监察机构沦落成党争的政治舞台;[3]由此,监察官员不仅不再能发挥其职能和作用,甚至监察制度的运作乃至其本身也受到了破坏,直至明亡。

(二)清代

清代的政治制度建置基本沿袭明制,监察制度自然也不例外;当然,其中的某些具体内容,如机构和官员的设置、性质、职责之类,还是和明朝有一定的差别。

清代亦以都察院为中央监察机构。都察院以左都御史为最高长官,"掌察核官常,参维纲纪;率科道官矢言职,率京畿道纠失检奸,并预参朝政大议。凡重辟,会刑部、大理寺定谳。祭祀、朝会、经筵、临雍,执法纠不如仪者"。[4] 都察院下设的办事机构,包括经历厅、都事厅、值月处、督催所等。

清初,六科给事中仍和明代一样,是独立之监察机关;至雍正年间,六科"内升外转",变为隶属于都察院。六科的职责,本包括封驳一项,但"由于清

[1] 参见张晋藩:《中国监察法制史稿》,商务印书馆2007年版,第450~453页。

[2] 参见刘双舟:《明代监察法制研究》,中国检察出版社2004年版,第245~257页。

[3] 参见朱子彦:《论明代监察制度》,载《探索与争鸣》2015年第4期。

[4] 赵尔巽:《清史稿》卷一一五,中华书局1977年版,第3302页。

代密本或由军机处‘廷寄’,或由内阁抄,六科不能与闻机密,故封驳之职基本上丧失殆尽”。[1]

在地方上,清代省级的最高司法监察机构仍称提刑按察使司。其长官按察使每省置1人,“掌振扬风纪,澄清吏治。所至录囚徒,勘辞状,大者会藩司议,以听于部、院。兼领阖省驿传。三年大比充监试官,大计充考察官,秋审充主稿官”。[2]

清代的督抚则已和明代有较大的差别。如前所述,明代的总督和巡抚乃中央派往地方的监察大员,但到清朝时,总督和巡抚已正式变成管辖一省和数省的地方官员,实际上即省级的最高军政长官。不过,他们仍兼有监察地方的职责。

监察御史则仍和明代一样,从组织上看隶属于都察院,从职能上看则主要负责对地方之监察。监察御史对地方实行之监察同样分道而行,全国共设十五道,和明代的共设十三道略有不同。

此外,在定都北京后,为加强对京畿地区的监察,防止外省官员到京城“钻营嘱托、交通贿赂”,又设直属于都察院的五城察院,以“厘除奸弊,整顿风俗”。[3]

清代的监察立法可说颇有成就,“从国家立法、部门立法到地方立法,形成了纲举目张的监察立法体系,使监察活动规范化、制度化、法律化”,其“内容完善、结构严密、内部协调、形式统一,形成了中国古代历史上最为完备的监察法律体系”。[4] 上述清代之相当完备的监察制度,也正是在此基础上构建而成的。

清代最具代表性的综合性监察法规,是《钦定台规》和《都察院则例》。

《钦定台规》始纂于乾隆八年(公元1743年),共八卷,其后各朝又陆续有新增和续修,到光绪朝,《钦定台规》已共有四十二卷。《钦定台规》汇编了有关监察制度方面的上谕、皇帝批准的奏议和条例等;正由于其是“钦定”

---

〔1〕 邱永明:《中国古代监察制度史》,上海人民出版社2006年版,第430页。

〔2〕 赵尔巽:《清史稿》卷一一六,中华书局1977年版,第3348页。

〔3〕 参见贾玉英等:《中国古代监察制度发展史》,人民出版社2004年版,第308页。

〔4〕 焦利:《清代监察之法镜鉴》,载《国家行政学院学报》2006年第4期。

的,故其所包含的内容之多之细,均是前朝所未见。《钦定台规》所具有的最高权威性,于此也可见一斑。《钦定台规》,“是秦汉以来监察立法之大成,既是清朝最后一部监察法典,也是中国封建历史上最完备的一部监察法典”。[1]

《都察院则例》现存两卷本和六卷本两种。从其目录可见,《都察院则例》的内容涉及行政监察、立法监察、人事监察、司法监察、治安监察等诸多方面,其名为“则例”,实际上其性质已更近监察法典。但也正因如此,乾隆三十九年(公元1774年),和《钦定台规》并存的《都察院则例》被认为续修已“殊可不必”,以免造成两监察法典并用的混乱局面。此后,《都察院则例》实际上已丧失效力。

除这些综合性监察法规外,清廷也制定了不少针对特定事项或对象的专门性监察法规。例如,单是顺治时期,便制定了针对满洲官员的《满官京察则例》、针对巡按监察制度的《巡方事宜》、对科举考试中考官的职责作出了详细和严格之规定的《科场条例》、针对督垦荒地事宜的《劝惩则例》,等等;乾隆时期,为整顿吏治,更是制定了大量的专门监察法规,如《京察滥举处分条例》《侵贪犯员罪名》《职官犯罪脱逃治罪例》等。[2]

当然,除上述监察法规外,包括《大清律例》在内的其他的法律法规,也有关涉监察方面的内容。例如,在《大清律例》中,“对于各级官员在失职、渎职、贪污、行贿、受贿等方面的处罚规定十分详尽,因而与专门监察法相互呼应,是从刑法的角度对监察法的支持与补充”。[3]《吏部处分则例》则具体规定了对所辖的奖惩规则,从而为对职官的违法、违规行为之处罚提供了法律依据。

从技术的角度来看,清代的监察制度和监察法比前朝有了很大的发展,可说是集帝制中国的大成,是中国古代监察制度和监察法发展的最高峰;然则,从其本质上来看,法律和政治互相纠缠、密不可分这一点,其实在整个帝制中国时期均没有实质性的改变,清代自然也不例外。具体到监察法上,正

---

〔1〕 张晋藩:《中国监察法制史稿》,商务印书馆2007年版,第544页。

〔2〕 参见焦利:《吏治何以清明——清代监察法镜鉴》,中国民主法制出版社2007年版,第90～94页。

〔3〕 张晋藩:《中国监察法制史稿》,商务印书馆2007年版,第549页。

如有学者所指出的，“清代监察法的目的就在于‘治吏’，而其终极目的则是维护皇权”；[1]在这种政治语境下，即便相关立法已相当成熟，但真正、完全意义上的监察，仍很难得到实现。

关于清代的监察制度和监察法，还可一提的是1901年开始的清末新政所带来的影响。例如，在“预备立宪”的改革过程中，清政府拟定了《都察院整顿变通章程》，对都察院进行整顿和改革，其内容主要包括裁撤六科、按行省分设“道”、新设都察院研究所等。此外，仿照资本主义国家三权分立的体制，司法监察之职能也根据1907年的《高等以下各级审判厅试办章程》而划归检察机关，都察院之监察则开始向现代之行政监察权靠拢。[2]不可否认，监察制度和监察法在清末新政中的变化具有一定的进步性，但由于清廷很快便步向灭亡，这些变革也很快被民国时期的新变化所取代了。

整体而言，古代中国的监察制度和监察法，具有不少的特点，如监察官位卑权重、奉行监察权法定原则、互监互纠、监察官犯罪加重处罚、监察区与行政区适度分离、重视“代天子巡狩”等。[3]究其原因，古代中国乃皇权至上，故整套政治制度的设计，均以维护皇权统治为依归。因此，历代王朝对监察制度和监察法其实都颇为重视，希望借监察官而对百官起约束作用；与此同时，统治者又担心监察官本身权力过大，故在制度设置上也强调对监察官本身的限制以及监察的法定。这样的设计构想，特别是在中国幅员辽阔、行政制度架构复杂的客观条件下，其实对监察制度和监察法本身提出了颇高的要求，从而促进了古代中国的监察制度和监察法不断发展，令其变得越来越完善和严密；不可否认，其在客观上确实存在发挥出良好作用的一面。但是，监察制度和监察法所具有的某些内在弱点也正是由此而起，最终，其实施结果甚至与统治者的初衷大相径庭，在实践上造成了一系列严重的弊端：其一，混淆了监察职能和行政职能，扰乱了正常的行政秩序；其二，混淆了监察职能和审判职能，扰乱了正常的司法秩序；其三，监察官员

[1] 焦利：《清代监察之法镜鉴》，载《国家行政学院学报》2006年第4期。

[2] 参见王晓天：《论清末民初监察制度的嬗变》，载《湖南社会科学》1999年第4期。

[3] 参见崔永东：《中国传统监察制度的特点与价值》，载《管子学刊》2014年第3期。

因拥权过重而自身严重腐败；其四，监察机关的工具性本质使其职能严重异化[1]——这从上文述及的御史等监察官员的职能之多样性便不难看出。一言以蔽之，“权力一体化政治体制是中国古代强化专职监察权失败的根源”，[2]在古代中国的政治制度语境下，监察制度和监察法不可能真正发挥其作用，古代中国历朝言谏制度的作用多弱于御史制度，且最终演变为“台谏合一”的事实，便已鲜明地反映出这一点。

第二节　民国时期的监察法

辛亥革命的枪声宣告了中国帝制的终结。民国时期，国体、政体均发生了根本性质上的转变，军阀割据，战乱频仍，内忧外患，社会动荡；政治、社会、法律诸制度，甚至政府本身，都处于一种不安定的状态。因此，此时期的监察制度和监察法，既出现了从“古代到近代”的样式变换，发生了较根本性的变革和发展，但也呈现出不少的问题和缺陷。

民国时期的监察制度和监察法的构建，深受孙中山“五权分立”思想的影响。按照孙中山的设想，立法、行政、司法、考试、监察五权相互独立，又“彼此相维”；由此，监察机关必须独立设置，并独立行使职权。[3]

民国时期的监察制度和监察法的沿革，大致上可分为两个历史阶段：北洋政府及广州、武汉国民政府时期和南京国民政府时期。

一、北洋政府及广州、武汉国民政府时期（1913～1927年）

辛亥革命成功后，孙中山领导成立中华民国临时政府。根据1912年的《中华民国临时约法》及《国会组织法》等法律，包括临时大总统在内的政府及其官员，须受国会的监察。但是，革命的胜利果实很快被袁世凯掠夺；袁世凯于1913年10月6日当选中华民国首任正式大总统后，北洋政府正式形

---

〔1〕参见艾永明：《对中国古代监察制度利弊的理性分析》，载《河北学刊》2013年第4期。

〔2〕艾永明：《对中国古代监察制度利弊的理性分析》，载《河北学刊》2013年第4期。

〔3〕参见聂鑫：《中西之间的民国监察院》，载《清华法学》2009年第5期。

成。袁世凯醉心于独裁专制，其去世后，北洋政府更是陷入了长期的权力纷争，因此，国会的监察职能实际上并不显著。

北洋政府时期，除国会外，负有监察职能的机关主要有平政院、肃政厅、文官高等惩戒委员会和审计院。

1914 年北洋政府颁布《平政院编制法》，并据此建立平政院。平政院实质上是行政法院，通过审理行政诉讼案件而行使监察权。肃政厅和文官高等惩戒委员会在形式上均隶属于平政院。

肃政厅亦设置于 1914 年。肃政厅虽然在形式上属于平政院，但实际上独立司掌纠察官吏违失等事。肃政厅的职权范围可分为处理直呈大总统纠弹案和提交平政院诉讼案两类，但在当时的政治环境下，肃政厅实际上基本没发挥什么作用。

根据 1914 年颁布的《文官惩戒委员会编制令》等法规，文官高等惩戒委员会主要负责对有违背职守义务、废弛职务或沾污官吏身份、有失官职威严和信用等情事者施行惩戒。[1]

审计院是全国财政总监督，主要依据审计法规，通过稽查支出、审查决算、检查官有资产等方式，来对官员实施监察。[2]

此外，大理院、监察厅等司法机关，也分担了一定的司法监察职能。

1925 年 7 月 1 日广州国民政府成立，后迁往武汉。这一时期的国民政府，“遵循孙中山监察权独立的思想，设立了独立于行政机构之外的监察机关，确立了较完整的监察体系”。[3]

同年 7 月 17 日广州国民政府正式颁布《国民政府监察院组织法》。根据该法，监察院“掌理国民政府所属行政、司法各机关官吏”的活动。8 月 1 日监察院正式设立。监察院下设五局一科，五局分别主管总务及吏治、训练及审计、邮件及运输、税务及货币和稽查及检查，一科则是宣传科。监察院的职权主要包括：调查质疑权、撤销违法与不当处分权、纠弹官吏权、检举与

---

〔1〕 参见赵贵龙：《中国历代监察制度》，法律出版社 2010 年版，第 123～127 页。

〔2〕 参见本书编委会编著：《中国历代文官制度——文官之监察》，国家图书馆出版社 2014 年版，第 192～193 页。

〔3〕 同上书，第 195 页。

逮捕权及侦查与预审对官吏的犯罪。值得一提的是,《国民政府监察院组织法》第一次将审计列为监察院的重要职权,而监察院也制定了较为详细的审计法规。监察院成立后不久,国民政府又于 1926 年年初成立惩吏院。顾名思义,惩吏院的职责乃是对失职、犯法之官吏进行惩治。监察院和惩吏院均是广州国民政府的最高监察机关。[1]

除《国民政府监察院组织法》外,广州国民政府也颁布了一系列监察法规,如《惩治官吏法》《惩吏院组织法》《审计法及审计法实行细则》等,为监察机关之监察实践提供了法律依据。其中的《惩治官吏法》,于 1926 年 2 月 17 日正式颁布。《惩治官吏法》规定:违背誓词或失职的官吏必须付诸惩戒,惩戒的种类有 6 种,即褫职、降等、减俸、停职、记过和申诫。《惩治官吏法》也对官吏进行惩戒的程序作出了规定。[2]

此外,广州国民政府也曾尝试建立地方的监察机关。不过,随着时局变化,国民政府北迁武汉,这一设想未能实现。1927 年 3 月武汉国民政府正式成立,其监察院等之设置与广州国民政府相同。

虽然广州、武汉国民政府时期的监察制度和监察法因囿于局势而相当程度上未能落到实处,但其仍是孙中山监察独立理论的一个尝试,也成为以后南京国民政府建立其监察制度的范本。[3]

二、南京国民政府时期(1928 ~ 1949 年)

1927 年 4 月蒋介石在南京设立一套新的政府,以和武汉国民政府相对立,即南京国民政府。南京国民政府的发展可分为“训政”和“宪政”两个历史时期,而其监察制度和监察法的发展,则主要发生在训政时期。

1928 年南京国民政府根据《训政纲领》和《国民政府组织法》,按照孙中山的设想,设立“五院”,其中“一院”即监察院。至 1931 年 2 月,监察院正式成立,以于右任为院长。监察院下设审计部和 10 个委员会——如内政委员

---

〔1〕 参见本书编委会编著:《中国历代文官制度——文官之监察》,国家图书馆出版社 2014 年版,第 195 ~197 页。

〔2〕 参见赵贵龙:《中国历代监察制度》,法律出版社 2010 年版,第 131 ~132 页。

〔3〕 参见姚秀兰:《南京国民政府监察制度探析》,载《政法论丛》2012 年第 4 期。

会、经济委员会、教育委员会等,分别负责全国审计业务及各方面的具体监察工作。此外,政务官惩戒委员会、中央和地方公务员惩戒委员会等各惩戒机关也隶属于监察院,直到"行宪"后将公务员惩戒事宜划归司法院管辖。

监察院作为最高监察机关,其职权非常广泛。其中,弹劾权在监察院之监察职权中占首要位置,监察院的弹劾对象包括:(1)总统、副总统;(2)中央及地方公务人员;(3)司法院及考试院人员。弹劾事宜事关重大,故在监察法、《监察法施行细则》等法律法规中,对弹劾权的行使程序作了严格的规定。除弹劾权外,监察院的职权还包括纠举权(弹劾的简便程序之应用)、纠正权(督促行政院及其部会改善、纠正其行为)、同意权(对人事任用的监督权)、审计权(监督国家财政)、监试权(监督国家考试)等。

在地方上,则按照《监察院组织法》的规定,将全国分为16个监察区,在每个监察区设立监察使署,作为地方监察机关。[1]

1948年3月"行宪国大"在南京召开,蒋介石成为总统,此时期的监察制度和监察法基本继承训政时期,只是在局部上出现了一些变化,如根据1947年修订的《监察院组织法》,决定增设监察院委员会;根据"行宪"后颁布的《监察院监察委员行署组织条例》,将全国改为划分成17个监察区,设监察委员行署在地方上实施监察;等等。[2] 不过,随着国民党败退台湾地区,这套监察制度和法律也随着南京国民政府一起,成为历史。

以南京国民政府时期的监察制度为代表的民国时期监察制度,其最大的变化是摆脱了对专制君主的依附,依据法律的规定而独立行使其监察职权。此外,当时所制定的监察法规也较周详、完备,在此基础上,监察制度体系也朝法制化、规范化方向而有一定程度的发展、完善。不过,在当时的政治环境下,监察制度和监察法在付诸实践时仍存在相当的局限性,如监察权与惩戒权严重脱节、监察院自身缺乏必要的外部监督,等等;[3] 从本质上看,其只是"一党独裁军事专制制度的国家中披着民主外衣的专制统治的工具

〔1〕 参见赵贵龙:《中国历代监察制度》,法律出版社2010年版,第133~142页。

〔2〕 参见本书编委会编著:《中国历代文官制度——文官之监察》,国家图书馆出版社2014年版,第201~202页。

〔3〕 参见姚秀兰:《南京国民政府监察制度探析》,载《政法论丛》2012年第2期。

而已”。[1]

第三节 中华人民共和国成立后的监察法

1949 年中华人民共和国成立,我国的监察制度和监察法也随之进入了一个新的时期。

从中华人民共和国成立后至 1993 年,我国监察制度之沿革,大致可分为四个时期:1949~1954 年的创建时期、1954~1959 年的调整时期、1959~1982 年的停滞时期、1982~1993 年的恢复时期。[2] 1993~2018 年,则是监察体制改革与重组时期。在不同的时期里,监察法的沿革也呈现不同的特点。

一、创建时期(1949~1954 年)

中华人民共和国新型监察机关的设立,最早是以《中国人民政治协商会议共同纲领》第 19 条所规定的“在县市以上的各级人民政府内,设人民监察机关”为依据的。而《中央人民政府组织法》更明确规定,在政务院(国务院前身)设人民监察委员会,负责监督政府机关和公务人员是否履行其职责。在政务院人民监察委员会下,则设地方各级人民监察委员会。中华人民共和国成立后,政务院和政务院人民监察委员会更是制定并颁布了一系列法规,对监察的程序、原则、监察机关的惩处权限等问题作了具体的规定。中华人民共和国的监察工作在初创时期便取得了明显的成绩。

二、调整时期(1954~1959 年)

根据 1954 年《国务院组织法》的规定,人民监察委员会改为监察部,地方上也设置了监察厅、监察局、监察处。1955 年的《监察部组织简则》,则对监察部的地位和任务、权力及监察部的机构设置、人员配备及内部领导关系

---

〔1〕 姚秀兰:《南京国民政府监察制度探析》,载《政法论丛》2012 年第 2 期。

〔2〕 参见赵贵龙:《中国历代监察制度》,法律出版社 2010 年版,第 151~171 页。

等作了具体的规定。此外,1957 年的《关于国家行政机关工作人员的奖惩暂行规定》,也对监察制度的建设有着重大的影响。总体而言,此时期的监察立法呈现出较好的局面。[1] 但正当我国监察制度向正规化、法制化发展之时,却在当时的大背景下因其实行"垂直领导"而受到了批评,[2] 而这也为监察法和监察制度发展的暂时停滞埋下了伏笔。

三、停滞时期(1959~1982 年)

1956 年社会主义改造基本完成后,我国进入社会主义建设的新时期。但由于缺乏相关经验,此后约 20 年的时间里,我们走了不少弯路,也积累了不少经验教训。在法律层面上,由于受左倾思想的影响,社会主义法治原则在当时受到了错误的批判,轻视法律、以言代法等现象日益严重;监察制度和监察法的发展,自然也大受影响。

1959 年 4 月第二届全国人大第一次会议通过了《关于撤销监察部的决议》,这标志着中华人民共和国的监察制度陷入了停滞时期。到"文化大革命"时期,甚至党中央监察委员会也被撤销了。直到党的十一届三中全会之后,党和政府吸取历史教训,重新认识到了建设监察制度的重要性,并重新恢复了党内的监察机构,也为之后行政监察体制的恢复奠定了基础。

四、恢复时期(1982~1993 年)

1982 年《宪法》的通过和实施,标志着中国的法治建设重新回到正轨,也意味着中华人民共和国的监察制度获得了复兴的基础。1986 年第六届全国人大常务委员会第十八次会议决定重新设立监察部。以此为起点,国家行政监察体制得以重新恢复并确立。1990 年《行政监察条例》通过并发布实施,这"标志着我国行政监察工作初步向法治化轨道迈进"。[3]

---

〔1〕 参见赵贵龙:《中国历代监察制度》,法律出版社 2010 年版,第 160 页。

〔2〕 参见徐德刚:《新中国行政监察法律制度回溯与前瞻》,载《求索》2004 年第 12 期。

〔3〕 赵贵龙:《中国历代监察制度》,法律出版社 2010 年版,第 170 页。

五、重组时期(1993～2018 年)

1993～2018 年的 25 年,可视为我国的监察制度和监察法的重组时期。此前,我国的监察体制仍是党的纪检机关和行政监察机关并行,这导致了实践中出现了不少问题。因此,改革可说是势在必行。1993 年 1 月中纪委和监察部正式合署,随后地方各级纪委和监察厅(局)也逐步合署,按照"一套机构,两块牌子,两项职能"的框架建制,[1]实行"一套班子、两套职能"。合署后的监察部仍属于国务院系统,地方各级监察机关则仍是各级政府的组成部分,接受所在政府和上级监察机关双重领导。

此时期的一个重要的监察立法,是 1997 年 5 月 9 日第八届全国人大常务委员会第二十五次会议通过,并于 2010 年修正的《行政监察法》。特别值得指出的是,我国《行政监察法》在 2010 年的修改中有不少值得肯定之处。例如,把对法律、法规授权的具有公共事务管理职能的组织及其从事公务的人员和国家行政机关依法委托从事公共事务管理活动的组织及其从事公务的人员也纳入监察的范围、对派出监察机构的体制作出了重要修改、进一步完善了监察程序等,从而促进了我国监督制度的进一步发展。此外,我国《公务员法》《法官法》《检察官法》等法律,也关涉监察问题,这些法律共同构成了我国的监察法律体系。

但我们也应意识到,此时的监察制度和监察法仍存在一定的不足。在中国特色社会主义进入了新时代和全面推进依法治国、实现国家治理体系和治理能力现代化的大背景下,监察法制的继续改革势在必行。

六、新时代的监察法制发展

2017 年 10 月 18 日中国共产党第十九次全国代表大会在北京召开。习近平同志在党的十九大报告中指出,"中国特色社会主义进入了新时代"。在新时代这一重大科学判断和理论创新的指导下,监察法制也必然要与时俱进,不断发展,以符合全面推进依法治国、实现国家治理体系和治理能力

---

〔1〕 参见彭勃:《关于建国以来监察体制的探索与实践》,载《当代中国史研究》1995 年第 1 期。

现代化的要求。

（一）监察体制改革的背景与精神

反腐败工作的深入推进，全面依法治国和深化政治体制改革、推进国家治理体系和治理能力现代化，是我国监察体制改革的重要背景。

党的十八大以来，我党非常重视反腐败工作。在全面从严治党下，反腐败工作也取得了重大成就。但在这一过程中，反腐败工作中所存在的一些问题，特别是一些制度性问题，也逐渐被展现出来，如监督对象重合、监督程序模糊、监督力量分散等。因此，结合全面依法治国和深化政治体制改革的要求，推进监察体制改革，通过建立完善的、新式的监察制度，以实现有效的反腐败工作的常态化、制度化，具有相当的必要性和迫切性。而第十三届全国人大第一次会议通过的《监察法》，实质上也是我国政治制度的一项重要改革，目的是把监察力量集中起来，实现对行使公权力的公职人员监察全覆盖，用法治化手段增强反腐败的权威性、有效性和持久性。

由此可见，监察体制改革的根本精神，也在于"加强党对反腐败工作的统一领导，推动反腐败斗争向纵深发展。通过整合行政监察、预防腐败以及检察机关查处贪污贿赂、失职渎职和预防职务犯罪等工作力量，组建国家、省、市、县监察委员会，同党的纪律检查机关合署办公，对党中央、地方党委全面负责，为加强党对反腐败工作的统一领导提供国家根本法保障，推动反腐败斗争取得更大成效，进一步增强人民群众对党的信心和信赖，厚植党执政的政治基础"。[1]

（二）监察体制改革试点

自2016年年底，推行国家监察体制改革开始试点，并以北京市、山西省、浙江省作为改革的试点地区，从体制机制、制度建设上先行先试、探索实践，为试点工作在全国推开积累经验。这些改革试点的实践，成为新时代的监察法制发展和监察体制改革的坚实基础。

根据全国人大常务委员会《关于在北京市、山西省、浙江省开展国家监

---

〔1〕 吴建雄：《对国家监察立法的认识与思考》，载《武汉科技大学学报》（社会科学版）2018年第2期。

察体制改革试点工作的决定》，改革试点的任务和内容主要包括：其一，在试点地区设立由本级人大产生的监察委员会，行使国家监察权；其二，通过充分行使地方立法权，明确监察委员会在选举/任命、权力行使、监督等方面的程序，并对监察委员会的职权和职责作出具体规定。[1]

从3省市的实践来看，试点探索的成效较为明显。3地新成立的监察委员会履职积极主动，认真履行了监督、调查、处置3项职责，全面行使全国人大授权的12项调查措施，成功查办了不少案件。2017年1～8月，北京市立案1840件，处分1789人；山西省立案11,261件，处分10,557人；浙江省立案11,000件，处分9389人。北京市、山西省、浙江省分别追回外逃党员和国家工作人员12人、9人、10人。在机构组成、程序运转、人员编制方面，试点工作均取得了较为丰富的经验。[2] 2017年11月4日第十二届全国人大常委会第三十次会议通过全国人大常务委员会《关于在全国各地推开国家监察体制改革试点工作的决定》，将国家监察体制改革试点工作进一步在全国范围内铺开。

（三）监察体制改革修宪

宪法是国家的根本大法，具有最高的法律效力。法律的制定须以宪法为依据，国家监察的法律创制亦不例外。更重要的是，“国家监察体制改革的本质是宪法上权力关系的重新配置，属于宪制的变迁”，[3]因此，监察体制的改革在我国必须也只能通过修宪的路径来确立正当性、合宪性的根据。

第十三届全国人大第一次会议审议通过的我国《宪法修正案》在“国家机构”一章中专门增写“监察委员会”一节，并在其他部分相应调整充实有关监察委员会的内容，确立了监察委员会作为国家机构的法律地位，为设立国家和地方各级监察委员会提供了根本法保障，为制定监察法提供了宪法依据。

---

〔1〕 参见叶海波：《国家监察体制改革试点的法治路径》，载《四川师范大学学报》（社会科学版）2017年第3期。

〔2〕 参见郑光魁：《全面推开国家监察体制改革试点》，载《中国纪检监察报》2017年11月11日，第4版。

〔3〕 叶海波：《国家监察体制改革的宪法约束》，载《武汉大学学报》（哲学社会科学版）2017年第3期。

本次修宪与监察体制改革相关的内容,涉及监察委员会的性质、产生、组成、地位,工作原则、领导体制、与其他国家机关的关系等方面,主要包括:

其一,监察委员会的性质和产生。如我国《宪法》第 123 条规定,中华人民共和国各级监察委员会是国家的监察机关;第 125 条规定,中华人民共和国国家监察委员会是最高监察机关;第 3 条第 3 款规定,国家监察机关由人大产生,对它负责,受它监督。

其二,监察委员会的组成和组成人员的产生方式。如我国《宪法》第 124 条规定,监察委员会由下列人员组成:主任,副主任若干人,委员若干人;第 101 条第 2 款规定,县级以上的地方各级人大选举并且有权罢免本级监察委员会主任。

其三,监察机关的领导体制。如我国《宪法》第 125 条规定,国家监察委员会领导地方各级监察委员会的工作,上级监察委员会领导下级监察委员会的工作;第 126 条规定,国家监察委员会对全国人大和全国人大常务委员会负责。地方各级监察委员会对产生它的国家权力机关和上一级监察委员会负责。

其四,监察委员会的工作原则。如我国《宪法》第 127 条规定,监察委员会依照法律规定独立行使监察权,不受行政机关、社会团体和个人的干涉。

其五,监察机关与其他国家机关的关系。如我国《宪法》第 127 条规定,监察机关办理职务违法和职务犯罪案件,应当与审判机关、检察机关、执法部门互相配合,互相制约。

(四)《监察法》的制定

党的十八大以来,以法治途径推动监察体制改革的必要性和重要性越来越受到重视。在此背景下,监察法的制定也迅速提上日程。

2015 年 1 月习近平总书记在党的十八届中央纪委第五次全会上发表重要讲话,明确要求修改行政监察法。

2016 年 1 月习近平总书记在党的十八届中央纪委第六次全会上强调,要坚持党对党风廉政建设和反腐败工作的统一领导,扩大监察范围,整合监察力量,健全国家监察组织架构,形成全面覆盖国家机关及其公务员的国家监察体系。

2016年6月至10月，习近平总书记先后6次主持召开中央全面深化改革领导小组会议、中央政治局常委会会议和中央政治局会议，专题研究深化国家监察体制改革、国家监察相关立法问题，确定了制定监察法的指导思想、基本原则和主要内容，明确了国家监察立法工作的方向和时间表、路线图，并发表了一系列重要讲话，为监察法立法工作提供了根本遵循。

2017年6月23日第十二届全国人大常委会第二十八次会议对监察法草案进行了审议。

2017年11月7日《监察法(草案)》公布并面向社会征求意见。2018年3月14日《监察法(草案)》发布。

2018年3月20日第十三届全国人大第一次会议表决通过了《监察法》，国家主席习近平签署第3号主席令予以公布。

作为反腐败国家立法，《监察法》的制定出台，使党的主张通过法定程序成为国家意志，对构建集中统一、权威高效的中国特色国家监察体制，具有重大而深远的影响，必将为反腐败工作开创新局面、夺取反腐败斗争压倒性胜利提供坚强法治保障。

(五)监察法的目标和价值

制定新监察法和深化国家监察体制改革的根本目标，在于加强党对反腐败工作的统一领导。

深入推进反腐败斗争，坚持无禁区、全覆盖、零容忍，坚持重遏制、强高压、长震慑，是党中央鲜明的立场态度和目标任务。当前，反腐败斗争形势依然严峻复杂。党面临着具有长期性和复杂性的四大考验——执政考验、改革开放考验、市场经济考验、外部环境考验，面临着具有尖锐性和严峻性的四大危险——精神懈怠危险、能力不足危险、脱离群众危险、消极腐败危险。反腐败工作，则是应对好这些考验和危险的重要一环。这便要求着力解决反腐败斗争中存在的力量分散、行政监察范围过窄、纪法衔接不畅，一些地方查办职务犯罪案件“先移后处”“先法后纪”，甚至“带着党籍蹲监狱”等突出问题。因此，必须抓住加强党对反腐败工作统一领导这个根本，作出深化国家监察体制改革的重大决策部署。

我国制定《监察法》是深化国家监察体制改革的内在要求和重要环节。

《监察法》旨在以法治的路径和方式实现国家监察体制的改革,并依此相应地组建国家、省、市、县四级监察委员会,作为党统一领导下的国家反腐败工作机构,构建出新的国家监察体系,为反腐败工作的继续推进提供了坚实的组织体制和制度基础。

《监察法》的价值主要在于:推进党和国家治理体系和治理能力现代化;有效实现对所有行使公权力的公职人员监察全覆盖,保证党纪国法得到一体遵循;实现中国特色社会主义监督理论和实践的重大创新。[1]

---

[1] 参见袁曙宏:《深化国家监察体制改革的四重意义》,载《中国纪检监察》2018 年第 5 期。

第三编

监察机关和监察范围

本编探讨监察机关和监察对象及其范围，包括我国监察体制的流变及监察机关的演变、各级监察委员会及其职权、监察官、监察对象及其识别标准，重点介绍“谁监察谁”的问题。

第六章　监察体制

1949年后,我国监察体制建立了党纪国法分殊前提下的分散监察体制。随着实践中纪检行政监察合署办公以及纪检检察间联合办案的出现,我国逐步形成党政合署的集中专责监察体制。

第一节　多元监察体制及其流变

2018年前的多元分散监察体制,是指由多个机关行使监察权,对特定对象展开监察,即中国共产党的纪律检查机关对党员和党组织进行党内监察,专门的行政监察机关对行政机关及其工作人员进行行政监察,检察机关对公职人员职务犯罪进行检察监察,专设的审计机关对财政和财务进行审计监察。

一、党内监察

中国共产党党内监察制度源远流长,历经演变,最终演化为党内纪律检查。党的一大通过的党纲对纪律要求和监督制度等作出了明确规定,党的二大通过的党章第四章则单列了党的纪律,进一步明确了党的政治纪律、组织纪律和纪律处分等方面的内容,党的三大(1923年)和四大(1925年)在修正章程时,基本上延续了党的二大章程的布局,用单章规定了党的纪律与监察问题。党的五大(1927年)及1927年6月党中央政治局通过《中国共产党

第三次修正章程决议案》后，中共中央选举产生中央监察委员会，明确了其党内地位和权责，党内纪律检查和监察迎来重大制度性突破。这一机构也是今天的纪律检查委员会的前身，“标志着党内纪律检查制度的初步创立，为后来党的纪检机构的发展和完善奠定了基础”。[1] 这是党内纪律检查建制的第一个时期。

随之而来的是特殊形势下的变动和重建时期。由于革命形势所迫，1928 年 6 月在莫斯科召开的党的六大通过的党章取消了监察委员会，成立审查委员会，实际承担纪律检查的职责。1931 年 11 月江西瑞金中华苏维埃共和国临时中央政府建立，通过了《工农检察处问题的决议案》，设立工农检察处，作为苏维埃共和国临时中央政府的一部分，对国家机关工作人员进行检察和监督。随后，更是建立了“由中央工农检察人民委员部、地方各级监察部、控告局和检举委员会组成的监察系统”。[2] 在中央政府建立监察制度后，党的纪律检查机关建设也随之跟上。1933 年 9 月通过的《关于成立中央党务委员会及中央苏区省县监察委员会的决议》决定在党的中央监察委员会未正式成立前，设立中央党务委员会，省县成立监察委员会，维护执行党纪，监督党章和党的决议的实行，检查各种腐败现象。党的六届六中全会(1938 年)通过的《关于中央委员会工作规则与纪律的决定》《关于各级党部工作规则与纪律的决定》《关于各级党委暂行组织机构的决定》等党内法规进一步细化了党内监察制度。党的七大(1945 年)通过的党章专设“党的监察机关”一章，规定中央及地方监察委员会的任务与职权是决定或取消对党员的处分，受理党员的控诉，进一步完善了党的纪律检查监察制度。

1949 年后，党内监察制度开始不断完善。同年 11 月，根据《关于成立中央及各级党的纪律检查委员会的决定》，中国共产党党内监察以纪律检查委员会为载体全面展开，纪律检查委员会负责检查中央直属各部门及各级党组织、党的干部及党员违反党的纪律的行为，受理、审查并决定中央直属各

---

[1] 李爽、汪海：《中国共产党纪律检查工作体制历史回顾》，载《新疆社会科学》2006 年第 3 期。

[2] 同上。

部门、各级党的组织及党员违反纪律的处分,或取消其处分,在党内加强纪律教育,作为同级党委的一个工作部门,在各级党委的领导下工作,接受上级纪律检查机关的工作指导。随后,中共中央制定了《关于处理党的组织及党员的批准权限和手续的规定》,中央纪律检查委员会也制定了《中共中央纪律检查委员会关于处理检举、控告和申述案件的若干规定》,分别对纪律处分的程序与权限,控告申述案件的范围、权限与程序等问题作出明确规定。"这两个《规定》的产生是党的历史上在执行纪律和维护纪律方面第一次作出的较系统的、成文的专门规定,对于正确开展纪律检查工作具有重要的作用。"[1] 1956 年,党的八大通过的党章在第七章中规定了党的监察机关的设置、产生、任务及相互间关系等问题。监察委员会的任务是经常检查和处理党员违反党的章程、党的纪律、共产主义道德和国家法律、法令的案件;决定和取消对党员的处分;受理党员的控诉和申诉。但在此之前的 1955 年 3 月,党的全国代表会议决定成立中央和地方监察委员会,并选举产生了中共中央监察委员会。党的八大后,中央监察委员会第一次全会专门通过了《中共中央监察委员会工作细则》,党的八届十中全会于 1962 年通过了《关于加强党的监察机关的决定》,进一步完善了党内监察制度。

党的十一届三中全会后,在"文化大革命"期间受到严重破坏、被取消的党内监察制度得到恢复,党的十二大通过的党章第七章和第八章分别对党的纪律和纪律检查机关的具体问题进行了详细规定,包括党的纪律处分种类、处分原则,纪律检查机关的产生方式、领导体制、工作任务和职责范围等。这次的规定几乎是党章对党内监察制度的首次详尽规定,后来党内监察制度的完善都以之为基础。如 1992 年党的十四大党章将"协助党的委员会整顿党风"改为"协助党的委员会加强党风建设",强化纪律检查机关反腐败的职责,并演化为党的纪律检查机关与国家行政监察机关合署办公的国家监察体制。党的十六届四中全会(2004 年)后,纪律检查机关直接管理领导派驻机构,改变了此前驻在部门共同领导的双重领导机制。这是中国共

---

〔1〕 李爽、汪海:《中国共产党纪律检查工作体制历史回顾》,载《新疆社会科学》2006 年第 3 期。

产党不断加强反腐败领导和党的廉洁建设的直接结果。

回顾中国共产党成立以来的历史,可以发现,党内监察自始便是其制度和组织的重要部分。虽然在特殊形势下,党内监察多有波折,但一旦形势向好,党内监察便得以恢复并逐步完善,被赋予党内纪律检查和反腐败的重任,逐渐成为国家反腐败的核心机制和主导力量。

二、行政监察

早在1948年,华北人民政府便设立了专门的人民监察院,对政府机关及其工作人员进行监察,但直到1949年后的10年间,我国专门行政监察体制才迎来逐步确立的时期。[1]

1949～1954年是我国行政监察体制的宪法化时期。作为1949年后中国的临时宪法,[2]《中国人民政治协商会议共同纲领》首次明确规定了县市级以上人民政府设立专门监察机关的行政监察制度,[3]将行政监察体制作为一项宪法制度加以规定。随后制定的《中央人民政府组织法》[4]《中央人民政府人民监察委员会组织条例》《大行政区人民政府(军政委员会)人民监察委员会试行组织通则》《省(行署、市)人民政府人民监察委员会试行组织通则》等法律法令,进一步规定了人民监察委员会的组织、机构、职权职责及内部关系,以及监察程序和处置。[5] 这一时期确立的行政监察体制延续了《陕甘宁边区政纪总则草案》、华北人民政府时期创制的人民监察体制,由专门的监察机关对政府机关及其工作人员进行监督。[6] 1954年《宪法》并

---

〔1〕 参见朱福惠:《国家监察体制之宪法史观察——兼论监察委员会制度的时代特征》,载《武汉大学学报》(哲学社会科学版)2017年第3期。

〔2〕 参见刘少奇:《关于中华人民共和国宪法草案的报告(一九五四年九月十五日在中华人民共和国第一届全国人民代表大会第一次会议上的报告)》,载《人民日报》1954年9月16日,第2版。

〔3〕 参见《中国人民政治协商会议共同纲领》第19条规定:"在县市以上的各级人民政府内,设人民监察机关,以监督各级国家机关和各种公务人员是否履行其职责,并纠举其中之违法失职的机关和人员。人民和人民团体有权向人民监察机关或人民司法机关控告任何国家机关和任何公务人员的违法失职行为。"

〔4〕 参见《中央人民政府组织法》第18条规定:"政务院设政治法律委员会、财政经济委员会、文化教育委员会、人民监察委员会……人民监察委员会负责监察政府机关和公务人员是否履行其职责。"

〔5〕 参见卢建平:《行政监察法初探》,载《浙江大学学报》(社会科学版)1992年第3期。

〔6〕 参见郑传坤:《我国行政监察历史发展简况》,载《现代法学》1992年第1期。

未像《中国人民政治协商会议共同纲领》一样,浓妆重抹地为行政监察体制写上一笔,其存立的直接法律依据是《国务院组织法》,监察部是国务院的一个部门。由国务院批准的《监察部组织简则》详细规定了监察部的职权职责、机构设置及组成、监督程序与处置。这一时期行政监督的最大特点为:行政监督体制并不具有宪法上的地位,监督部的监察权限扩展到行政机关之外的国营企业、公私合营企业,合作社,监察内容则限定为是否正确执行国务院的决议、命令。1959 年 4 月 28 日第二届全国人大第一次会议通过决议,撤销监察部。[1]

1982 年《宪法》恢复了行政监察制度,其第 89 条规定国务院领导和管理监察工作,1986 年全国人大常委会作出了《关于设立中华人民共和国监察部的决定》,国务院监察部随之恢复。1987 年国务院发布《关于在县以上地方各级人民政府设立行政监察机关的通知》,对行政监察机关的领导体制、监察对象和职权及程序等作出了明确规定,1990 年《行政监察条例》颁布,1997 年《行政监察法》(2010 年修改)通过,明确规定了监察机关、监察人员、职责、权限、程序和责任,行政监察法治化。

三、检察监察

"根据监察权的一般理论,凡对国家机关及其公职人员的违法失职行为进行调查和处置的权力均属于监察权的范围。在我国的行政监察体制中,宪法和法律明确监察部为行使监察权的机构。但从 1954 年人民检察院组织法的规定来看,我国人民检察院对国家公职人员的执法监督具有监察权的性质,因此,应当属于广义监察权的范围。"[2]检察院的执法监察也是国家监察的构成部分。

我国人民检察监察制度历经变化。早在中国共产党领导的苏区政府

---

〔1〕 参见《第二届全国人民代表大会第一次会议关于撤销司法部监察部的决议》,载中国人大网:http://www.npc.gov.cn/wxzl/gongbao/2000-12/23/content_5328102.htm,最后访问日期:2018 年 7 月 30 日。

〔2〕 朱福惠:《国家监察体制之宪法史观察——兼论监察委员会制度的时代特征》,载《武汉大学学报》(哲学社会科学版)2017 年第 3 期。

中，检察机关便承担职务犯罪侦查职责，例如，1933 年中央苏区颁布的《关于惩治贪污浪费的行为》和 1939 年陕甘宁边区颁布的《惩治贪污条例》皆规定检察机关侦查贪污等犯罪。

1949 年后，检察监察制度不断完善。根据规定，最高人民检察署及其领导的下级检察机关负责检察全国各级政府机关、公务人员和全国国民是否严格遵守《中国人民政治协商会议共同纲领》、人民政府的政策方针和法律法令。[1] 1954 年《宪法》制定后，检察机关只承担审查国家机关的决议、命令和措施是否合法以及国家机关工作人员和公民是否遵守法律的职责，[2] 其职责主要限于合法性审查，合法性审查也是检察机关一般监督的主要内容。[3] 《人民检察院组织法》（1954 年）较具体明确地设置了合法性审查的抗议程序，检察机关发现监督对象的决定、命令和措施违反法律时，有权提出抗议，而有关国家机关必须负责处理并给予答复。[4] 而且，其规定检察机关负责提起并支持公诉，对侦查行为进行监督，并负责侦查国家机关、企事业单位工作人员利用职权从事犯罪活动的案件。1962 年制定的《关于公、检、法三机关受理普通刑事案件的职责范围的试行规定》规定检察机关管辖属于国家机关工作人员、基层干部和企业职工中贪污、侵吞公共财产，侵犯人身权利等构成犯罪的案件，对检察机关的职务犯罪侦查权进一步加以明确。

如同党内监察制度一样，检察监察制度在"文化大革命"中也遭受了打击，直到 1978 年《宪法》出台才得以恢复。1979 年的《人民检察院组织法》规定检察院行使如下职权：（1）对于叛国案、分裂国家案以及严重破坏国家的政策、法律、法令、政令统一实施的重大犯罪案件，行使检察权。（2）对于

---

〔1〕 参见《中央人民政府组织法》（1949 年）第 7 条、第 15 条、第 28 条，《中央人民政府最高人民检察署试行组织条例》（1949 年）第 3 条，《中央人民政府最高人民检察署暂行组织条例》（1951 年）第 3 条。

〔2〕 参见《人民检察院组织法》（1954 年）第 4 条。

〔3〕 检察工作报告一般以一般监督来概括这部分职权的行使，如 1957 年的报告指出："各级人民检察院在一般法律监督和处理人民申诉方面都做了不少的工作。"参见张鼎丞：《关于 1956 年以来检察工作情况的报告——1957 年 7 月 1 日在第一届全国人民代表大会第四次会议上》。

〔4〕 参见《人民检察院组织法》（1954 年）第 8 条。

直接受理的刑事案件,进行侦查。(3)对于公安机关侦查的案件,进行审查,决定是否逮捕、起诉或者免予起诉;对于公安机关的侦查活动是否合法,实行监督。(4)对于刑事案件提起公诉,支持公诉;对于人民法院的审判活动是否合法,实行监督。(5)对于刑事案件判决、裁定的执行和监狱、看守所、劳动改造机关的活动是否合法,实行监督。另外,人民检察院依法保障公民对于违法的国家工作人员提出控告的权利,追究侵犯公民的人身权利、民主权利和其他权利的人的法律责任。1979 年,我国颁布了第一部《刑事诉讼法》。该法规定检察机关侦查贪污罪、侵犯公民民主权利罪、渎职罪以及人民检察院认为需要自己直接受理的其他刑事案件。在全国人大常委会通过《关于严惩严重破坏经济的罪犯的决定》及《关于惩治贪污罪贿赂罪的补充规定》后,检察机关加大对贪污贿赂、渎职犯罪的打击,行使侦查与起诉权,覆盖所有国家机关工作人员的这类行为。随后,检察机关自侦案件的范围扩展。[1] 但 1996 年,《刑事诉讼法》修订,该法规定贪污贿赂犯罪,国家工作人员渎职犯罪,国家机关工作人员利用职权实施的非法拘禁、刑讯逼供、报复陷害、非法搜查的侵犯公民人身权利的犯罪以及侵犯公民民主权利的犯罪,由人民检察院立案侦查,检察机关自侦案件的管辖范围被极大收缩。1998 年 5 月最高人民检察院出台了《关于人民检察院直接受理立案侦查案件范围的规定》,进一步明确了人民检察院直接受理侦查案件的范围。2013 年《刑事诉讼法》修订后,强化了对刑事侦查措施的监督,即当事人和辩护人、诉讼代理人、利害关系人对于司法机关及其工作人员有下列行为之一的,有权向该机关申诉或者控告:(1)采取强制措施法定期限届满,不予以释放、解除或者变更强制措施的;(2)应当退还取保候审保证金不退还的;(3)对与案件无关的财物采取查封、扣押、冻结措施的;(4)应当解除查封、扣押、冻结不解除的;(5)贪污,挪用,私分,调换,违反规定使用查封、扣押、冻结的财物的。受理申诉或者控告的机关应当及时处理。对处理不服的,可以向同级或者上一级人民检察院申诉。人民检察院直接受理的案件,可以

---

[1] 如 1988 年 10 月起,挪用公款案、巨额财产来源不明案、隐瞒不报境外存款案由人民检察院立案侦查。

向上一级人民检察院申诉。人民检察院对申诉应当及时进行审查,情况属实的,通知有关机关予以纠正。另外,该次修订进一步强化人民检察院对减刑、假释、暂予监外执行的监督,监狱、看守所提出减刑、假释建议或者暂予监外执行的书面意见的,应当同时抄送人民检察院。人民检察院可以向人民法院或者批准机关提出书面意见。总体上,从我国检察制度的演变来看,检察机关对司法工作人员的违法行为和公职人员的职务犯罪行为的侦查,特别是反腐败监察,是检察监察的主要内容。[1] 2018 年《刑事诉讼法》修订后,人民检察院在对诉讼活动实行法律监督中发现的司法工作人员利用职权实施的非法拘禁、刑讯逼供、非法搜查等侵犯公民权利、损害司法公正的犯罪立案侦查。

四、审计监察

在 1949 年建立国家行政监察制度时,审计是行政监察的一部分,由行政监察机关行使审计权,"实行审计与监察合一"。[2] 1982 年《宪法》改变了这一传统,设立了由国务院总理直接领导的审计体制。可以说,在行政系统内,行政监察和审计监察并行。1955 年国务院颁布的《审计条例》和 1994 年全国人大常委会通过的《审计法》(2006 年修改),推动了审计监察的法治化。根据法律的规定,国务院各部门和地方各级人民政府及其各部门的财政收支,国有的金融机构和企业事业组织的财务收支,以及其他依照《审计法》规定应当接受审计的财政收支、财务收支,依照《审计法》规定接受审计监督。审计机关对前列财政收支或者财务收支的真实、合法和效益,依法进行审计监督。"审计权被视为严格意义上的监察权,在议会监察体制的国家,审计权作为监察权由议会行使。"[3] 根据我国《审计法》的规定,审计是一种重要的行政监察方式,也是我国国家监察的组成部分。

---

〔1〕 参见陈光中、曾新华:《中国刑事诉讼法立法四十年》,载《法学》2018 年第 7 期。

〔2〕 朱福惠:《国家监察体制之宪法史观察——兼论监察委员会制度的时代特征》,载《武汉大学学报》(哲学社会科学版)2017 年第 3 期。

〔3〕 同上。

第二节　多元监察体制的问题与挑战

根据上文的简单梳理,我国实行多元监察体制,既包括党内监察,也包括行政系统内监察,还包括司法性的检察监察,其中,行政监察实际上又区分为行政监察部门监察和审计监察。这套多元监察体制的特征是监察权分散配置、监察权限重叠,同时,党内监察与行政监察部门合署办公,但与检察监察和审计监察则未达到这种联系紧密程度。本质上,这套多元监察体制就是一种分散监察和多头监察,被形容为"三驾马车"。[1] 这种监察体制面临诸多问题,[2]不符合我国的反腐败需要。

一、行政内部同体监察不力

我国的行政监察机关包括隶属于政府的国家监察部、国家预防腐败总局、国家审计署及相应地方各级行政监察机构,依据我国《行政监察法》对同级政府行使监督职能。就行政监察而言,其监察工作的"全覆盖"至多可达行政系统内部全体部门,难以覆盖全部国家机关及其公务员,"同体监督"由此成为必然。试想,行政监察范畴若增至行政系统外部,无疑开我国行政权限扩增之先河:一则与我国行政机关定位为权力机关之执行机关的宪制结构不符,缺乏正当性;二则与我国当下限缩行政权职能之宪法发展趋势不符,缺乏合理性;三则行政监察部门隶属于行政机关,以此身份妄图有效监督人大、政协和两院及其公务人员,显然缺乏可实施性。

---

〔1〕 参见秦前红、叶海波等:《国家监察制度研究》,法律出版社 2018 年版。

〔2〕《关于〈中华人民共和国监察法(草案)〉的说明》指出,这些问题主要有三:一是监察范围过窄,没有实现对全部公权力行使者进行覆盖;二是反腐败力量分散;三是体现专责和集中统一不够。参见中共中央纪律检查委员会、中华人民共和国国家监察委员会法规室编写:《〈中华人民共和国监察法〉释义》,中国方正出版社 2018 年版,第 30 ~32 页。

行政监察多以派驻监察专员模式，即向各监察单位派驻监察专员，实现对行政机关监察工作的“全覆盖”。该模式的最大缺陷是“强枝弱干”，冗官严重，高成本，低效甚至无效。

同体监督问题之症结，在于决策权、执行权、监督权合为一体，这是现行监察制度的最大缺陷。唯有权力分解才能实现制衡，唯有权力制衡才能实现有效监督和制约。同体监察是一种内部监督、自我监督。“君子慎其独也”，[1]便是君子亦应于独处时谨慎自控，这是因为德高君子也难以自控言行。这种内部监督的矛盾在于，即便官员全是德高君子，也难保证权力不滥用；希冀于行政内部监督作用显著，无异于认为只要官员德行好就能自我监督，就能实现良治。这显然与社会主义监督原则相背离。实际上，贪腐官员初入官场时，并非道德沦丧、党性缺失，反而满腔热血，期待“为官一任，造福一方”，但最终却“把政治职位当成致富工具”。简单的君子德行和自我约束，很难保障全部官员自始至终维系本心；一些不良风气，使政府官员相互监督难以发挥实际作用。

这种监督体制还是下级监督、同级监督。行政监察机关接受同级政府领导、对其汇报工作，这种模式难以保障监督力度。党的十八大以来，多只地方“大老虎”的落马，几乎均由中央巡视组“捕抓”；甚至“文化大革命”结束后行政监督恢复以来，也几乎没有一位党政主要领导的贪腐是本级纪委监察部监督检举揭发的。

二、检察同体监督缺失公信

现代国家在刑事司法领域多选取侦查、起诉、审判三者独立运行、相互制约的体制。我国反腐败刑事司法的制度难题也在于“同体监督”：检察机关集职务犯罪预防、侦查、起诉和监督多权于一身。

“在检察监督模式下，检察机关集侦查主体与侦查监督主体于一身，自侦监督沦为自我监督，其本质是同体监督”，“而检察监督模式无法回

---

〔1〕《礼记·中庸》。

答检察机关对自身行使侦查权如何实现有效监督的问题”。[1] 侦查监督部门在制度上存在同体监督缺陷，[2] 在时空上，事后审查机制无法防止刑讯逼供等的发生。上级检察院的监督范围局限于两种：一种是侦查过程中审查批准逮捕，但未包含其他强制侦查行为；另一种是作为侦查机关，成为实施侵权行为的被控告机关，但在检侦一体化体制背景下几乎难以客观公允。炙手可热的人民监督员制度在选任主体、选任程序、监督范围和监督程序上存在诸多问题，[3] 导致其受制于检察院，难补自侦案件监督的缺陷。可见，无论是自我监督、上级监督还是人民监督员，都难防侵害贪腐人员刑事辩护权利，难保反腐败司法的公正性，由此造成司法检察公信力缺失。

分化检察机关职务犯罪预防、侦查权和监督权，乃反腐败刑事司法改革应有之义。这并非剥离检察机关全部职务犯罪侦查权，更不是剥离其全部侦查权，而是落脚于克服或缓解检察机关同时享有职务犯罪侦查、监督权这一同体监督缺陷。实际上，检察机关在职务犯罪方面保有一定侦查权，仍具有理论价值和现实意义。

三、异体监察效果不彰

国家监察体系具备强制力的除了执政党监督外，主要有权力机关监督、

---

〔1〕 刘计划：《侦查监督制度的中国模式及其改革》，载《中国法学》2014 年第 1 期。

〔2〕 侦查监察之对象是检察院自侦案件。刘计划教授认为，检察院的同体监督不仅表现于从整体维度看侦查监督部门内设于检察院，还在于从部门维度看侦查监督部门难以独立运作，后者表现有三：其一，侦查监督部门审查范围狭窄，侦查监督部门仅审查逮捕一种强制处分；对于其他强制侦查行为如搜查、扣押、监听等，都是由侦查部门报请检察长决定，侦查监督部门连形式上的审查也不存在。其二，即便是审查逮捕过程中附带进行的监督，其保障人权的功能也是极其乏力的。其三，多服务于侦查职能，代表效率价值的侦查职能常凌驾于代表人权保障的监督职能之上。参见刘计划：《侦查监督制度的中国模式及其改革》，载《中国法学》2014 年第 1 期。

〔3〕 关于人民监督员制度的缺陷和制度构建，参见秦前红等：《人民监督员制度的立法研究》，武汉大学出版社 2010 年版，第五章。

检察院法律监督中的一部分[1]和人民法院司法审判监督,[2]等等。其中,人大及其常委会限于会期制度,且财政受制于政府,难有监督实效。就检察院、人民法院的监督而言,二者人事任免权虽属人大,实际上人事和组织运作受政府干扰极大,且诉讼费用直接交与政府财政部门,薪酬福利由政府统一支出。除职务犯罪侦查权外,检察机关其他监督权并无强制力,而人民法院对不履行生效判决书的行政主体,又常作出隔靴搔痒的处罚,也就不难理解了。

四、监察分散覆盖不全

当前,我国"三驾马车"模式将监察权人为地一分为三,从部分维度来看,三者分属不同系统、各自为政,边界不清、职能重叠;从整体视角来看,由于执法方式和执法标准差异,缺乏统一指挥,三者难以形成稳定、高效的衔接机制,监察合力难聚、反腐实效难成,反致"部分之和小于整体"。党内纪检委的纪律审查难以覆盖党外公务员;行政监察工作的"全覆盖"至多可达行政系统内部全体部门;检察院司法检察以党内纪检为前置,且限于现实因素难以发挥应有作用。当每驾"马车"都定位模糊、难以周延,三者又缺乏统一指挥和稳定、高效的衔接制度时,却要求三者合力能够全面覆盖国家机关及其公务员,以达监察良效,何其难也。

---

〔1〕 包括诉讼监督权及对非自侦案件批准逮捕权、审查起诉决定是否公诉。有两个问题值得注意:其一,关于法律监督权的外延,有学者认为,党的十八届四中全会《中共中央关于全面推进依法治国若干重大问题的决定》指出:"监察机关在履行职责中发现行政违法行使职权或者不行使职权的行为,应当督促其纠正",可见,检察机关对行政权的监督,即"行政检察"是完善检察机关行使监督权的重要一环。参见湛中乐:《三个层面构建科学的行政检察监督体系》,载《人民检察》2015年第2期。其二,对自侦案件的侦查权、批准逮捕权、审查起诉决定是否公诉等,因属同体监督而排除之。

〔2〕 2015年实施的《行政诉讼法》第1条规定"保护公民、法人和其他组织的合法权益,监督行政机关依法行使行政职权",第2条规定"认为行政机关和行政机关工作人员的行政行为侵犯其合法权益,有权依照本法向人民法院提起诉讼",表明行政诉讼的审查对象是"行政机关和行政机关工作人员的行政行为",立法宗旨在于"监督行政机关"。可见,人民法院行政诉讼审理行政案件应属司法监督范畴。

第三节　一元专责监察体制的确立

基于上述原因，我国于 2016 年开始实质性地展开国家监察体制改革，最终形成一元专责监察体制。这一重大制度变革，意在将现有党内巡查、行政监察、司法监督整合为统一的国家监督，打破现有“一府两院”的宪制结构，形成“一府两院一委”的宪制结构，在异体监督基础上行形成全面覆盖国家机关及其公务员的国家监察体系。

一、整合资源统一监察

为解决多头监察、资源分散、力量薄弱的缺陷，我国建立了集中、高效、权威、统一的监督机关，整合“三驾马车”为“一马当先”，将现行检察院反贪污贿赂部门、渎职侵权监察部门、职务犯罪预防部门，政府监察机构、预防腐败机构等全部纳入国家监察委员会，构建统一的国家监督。

二、独立和异体监察

其意蕴有四：其一，将监察权从行政权中剥离，变同体监督为异体监督；其二，监察委员会独立于一府两院，不受政府人事、经费等制约；其三，融入人大制度，由人大任命，对人大负责，受人大监督，[1]但人大无权对监察委员会以个案指导；其四，实行垂直管理。

三、党领导下的合署办公

这一体制全面覆盖国家机关及公务员，解决法纪衔接问题。国家监察委员会与中国共产党纪律检查机关合署办公，各级监察委员会主任由党纪委书记兼任。这一安排，一则，既充分发挥纪委党内监督作用，又保证国家

---

〔1〕 全国人大内务司法委员会改革为监察与司法委员会，人大及其常委会听取监察委员会的专项工作报告，组织执法检查，人大代表可以提出询问和质询，但监察委员会不向全国人大及其常委会报告工作。

监察机关依法独立行使职权；二则，破解党纪难审非党员公务人员、监察难查非政府公职人员的难题，既合理衔接法纪鸿沟，又形成全面覆盖国家机关及公职人员的国家监督体系，即凡纳入国家行政编制、由国家财政负担工资福利、依法履行公职的公务员，包括党内机关、人大、政府、政协、法院、检察院、民主党派、部分社会团体机关的公职人员以及其他实质行使公权力的人员，均受其监督。

第七章　监察机关和监察官

一元统一集中监察模式决定了国家监察机关的设置及其构成。在这一模式下，我国从中央到地方设置了一套组织结构几乎完全同一的监察机关。本章介绍监察机关的宪法地位、体系构成、内部关系、权限分配、人员构成。

第一节　监察机关的宪法地位

监察机关的宪法定位主要体现为监察机关在人民代表大会制度中的地位。根据我国《宪法》和《监察法》的规定，这一地位具体体现为，"监察机关与权力机关是'产生、负责和监督'的关系，与司法机关是'互相配合，互相制约'的关系，与行政机关则为'不受干涉，且互相配合，互相制约'的关系，上下级监察机关间则是'领导与被领导'的关系"。[1]

一、监察机关与权力机关的关系

民主集中制乃是普遍适用于执政党和国家政治生活的一项重要原则，且有颇为丰富的指向和内涵。中国共产党在全国执政后，把这种原则和制度运用于政权建设，在国家机构中实行民主集中制的原则。[2] 我国《宪法》

---

〔1〕 秦前红：《我国监察机关的宪法定位——以国家机关相互间的关系为中心》，载《中外法学》2018 年第 3 期。

〔2〕 参见《中共中央关于加强党的建设几个重大问题的决定》，载中共中央文献研究室编：《十四大以来重要文献选编》(中)，人民出版社 1997 年版，第 959 页。

第3条规定了民主集中制原则,并将其作为一项国家机构的组织原则,该原则成为国家机关产生及相互间关系运行的遵循和基础。此项原则的核心内容有三:一是在人民与权力机关的关系上,遵循由人民选举产生并监督权力机关的原则;二是在权力机关与其他国家机关的关系上,遵循由权力机关产生并监督其他国家机关的原则;三是在中央和地方国家机构职权划分上,遵循在中央统一领导下发挥地方主动性和积极性的原则。当然,民主集中制原则的具体内容并非一成不变,自“五四宪法”规定国家机关“一律实行民主集中制”以来,该原则在宪法上的含义其实是自始变化和发展的,特别是“八二宪法”对该原则的内容予以具体化。[1] 同样地,在国家监察体制改革的背景下,监察机关被纳入宪法规定的国家机构体系当中。为此,宪法上的民主集中制原则需随之修改完善,以便为监察机关的产生以及其与其他国家机关间关系的运行确定根本法意义上的遵循和依据。正是基于此种考量,我国《宪法修正案》第37条增加了监察机关“由人民代表大会产生,对它负责,受它监督”的规定。

由此可知,监察机关与权力机关在宪法上的关系至少有以下三层含义:

其一,权力机关的宪法地位高于监察机关。我们国家“按照宪法确立的民主集中制原则、国家政权体制和活动准则,实现人大统一行使国家权力”,[2]并“在这个前提下,明确划分国家的行政权、审判权、检察权和武装力量的领导权”。[3] 依此逻辑,国家监察体制改革过程中所进行的机构与职能整合,以及由此而生的监察机关与监察权,同样是在“人大统一行使国家权力”的前提下进行和展开的。甚至可以说,最高国家权力机关基于现实需要创设出了监察权,并根据分工负责、功能适当等原则将该权力配置给了监察机关。

其二,监察机关由权力机关产生,即监察委员会主任由本级人大选举,

〔1〕 参见肖蔚云:《新宪法对民主集中制原则的发展》,载肖蔚云:《论宪法》,北京大学出版社2004年版,第264~266页。

〔2〕 习近平:《在首都各界纪念现行宪法公布施行30周年大会上的讲话》,人民出版社2012年版,第7页。

〔3〕 乔石:《在首都各界纪念人民代表大会成立四十周年大会上的讲话》,载乔石:《乔石谈民主与法制》(下),人民出版社、中国长安出版社2012年版,第430页。

副主任和委员则由本级人大常委会任免，对此，《宪法》和《监察法》皆有较详细的规定。但需注意的是开发区监察机关（监察委员会或是派驻监察机构等）的产生和设置问题，因为诸如开发区、新区等地区通常只设有履行行政管理职能的管理委员会等机关，而未设置相应的权力机关。因此，如何在此类地区产生和设置监察机关便成问题。对此，实践中有在开发区设立监察委员会，并由省级人大根据省级监察委员会主任提名，任免开发区监察委员会主任的做法。[1] 此般开发区监察委员会及其组成人员的产生方式，在很大程度上致使该地区（开发区）监察机关的法律地位变得模糊不清。因为我国《宪法》和《监察法》皆未规定开发区可设立监察委员会，且按此方式产生的开发区监察委员会亦非《监察法》中的派驻或派出的监察机构。

其三，监察机关对权力机关负责，权力机关监督监察机关。这其实是一个"一体两面"的问题，因为监察机关对权力机关负责，即体现为权力机关对监察机关的监督；而监察机关接受权力机关的监督，亦表现出监察机关对权力机关负责。例如，监察机关向权力机关报告工作，既是监察机关向权力机关负责的表现，也属权力机关监督监察机关的表现。具体而言，我国《宪法》明确规定了罢免与免职这一监督方式；《监察法》在此基础上规定了人大常委会听取本级监察委员会专项工作报告，组织执法检查，人大代表及人大常委会委员提出询问或质询的监督方式。此外，相较于"一府两院"，监察机关对权力机关负责，以及权力机关监督监察机关的方式并不包括向人大作年度工作报告，《宪法》和《监察法》皆未对此进行规定，[2] 但理论上对此问题不乏争论。[3]

---

〔1〕 例如，根据《海南省人民代表大会常务委员会任免海南省监察委员会副主任、委员暂行办法》第7条的规定，海南省人大常委会根据省监察委员会主任的提名，决定任免海南省洋浦经济开发区监察委员会主任，海南省洋浦经济开发区监察委员会副主任、委员的任免则参照该办法执行。参见《海南省人民代表大会常务委员会任免海南省监察委员会副主任、委员暂行办法》，载《海南日报》2018年1月22日，A2版。

〔2〕 实践中的理由是监察委员会承担的反腐败工作具有特殊性，调查过程涉及大量党和国家秘密，涉及国家安全和国家利益，事关重大，保密要求高，不宜在人大会议上公开报告。参见王丹：《党性和人民性的高度统一》，载《中国纪检监察报》2018年3月10日，第2版。

〔3〕 参见曲相霏：《国家机构"报告工作"的宪法分析——兼论监察委员会"报告工作"问题》，载《北京联合大学学报》（人文社会科学版）2017年第2期。

如上所述,我国《宪法》和《监察法》就权力机关监督监察机关的问题进行了规定,但只明确规定了四种具体监督方式,即罢免与免职、听取专项工作报告、执法检查、询问与质询,且未规定此四种监督方式如何在实践中展开。对新成立的监察机关权力须防止“过犹不及”。〔1〕 无论是国家监察体制改革的具体实践,还是《监察法》皆注重对监察机关的监督制约,其中即包括权力机关的监督。不过,与权力机关对“一府两院”的监督类似,由于各级人大一年通常只开一次会,不可能对“一府两院”的工作施以经常性的监督。按照我国《宪法》的规定,对“一府两院”工作实施经常性监督的职权通常是由人大常委会来行使的。〔2〕 同样地,权力机关对监察机关的监督,在很大程度上亦需由各级人大常委会来实施。而各级人大常委会实施监督的法律依据主要是《各级人民代表大会常务委员会监督法》(以下简称《监督法》),如此一来,各级人大常委会如何根据《监督法》监督监察机关便成殊值探讨的问题,即《监察法》规定的监督方式是否适用于各级人大常委会对监察机关的监督?该问题的探讨又可引申出两个更具体的问题:一是我国《监察法》规定的各级人大常委会对监察机关的监督方式,是否可适用《监督法》规定的监督程序?二是《监察法》未规定但在《监督法》中有规定的监督方式,各级人大常委会是否可将其运用于对监察机关的监督?对于以上问题,理论上其实已有所谈论:如有论者认为,监察法规定的各级人大常委会听取和审议专项工作报告的监督方式,便可适用《监督法》的相应规定。〔3〕 还有论者认为,我国现行《监督法》规定的对“一府两院”的监督方式大多可以适用于监察机关。〔4〕

笔者以为,无论是基于各级人大常委会作为权力机关的宪法地位,还是为了防止监察权的滥用,都有必要明确《监督法》规定的监督程序和监督方式得适用于监察机关,即各级人大常委会运用《监察法》规定的监督方式时,

---

〔1〕 参见童之伟:《对监察委员会自身的监督制约何以强化》,载《法学评论》2017 年第 1 期。

〔2〕 参见乔晓阳主编:《〈中华人民共和国各级人民代表大会常务委员会监督法〉学习问答》,中国民主法制出版社 2006 年版,第 14 页。

〔3〕 参见陈光中、姜丹:《关于〈监察法(草案)〉的八点修改意见》,载《比较法研究》2017 年第 6 期。

〔4〕 参见姜明安:《国家监察法立法的若干问题探讨》,载《法学杂志》2017 年第 3 期。

得适用《监督法》规定的具体程序，以及各级人大常委会可运用《监督法》规定的监督方式对监察机关实施监督。其理由主要有二：一是由于当前的"监察法"同时"扮演"监察机关组织法、监察活动程序法等"角色"，以至于该部法律难以就所有问题进行详细的规定，其中即包括各级人大常委会如何监督监察机关的问题。《监察法》中虽有规定听取专项工作报告、执法检查、询问与质询等监督方式，却未规定这些监督方式如何在实践中运作。而《监督法》作为一部就各级人大常委会监督工作进行的专门立法，其中就监督的方式、程序和内容皆有相当具体的规定。二是《监察法》虽未明确规定规范性文件备案审查、特定问题调查等监督方式得适用于监察机关，但这无疑是各级人大常委会作为权力机关的应有之义，同样也能通过监督进而防止监察机关滥用权力。例如，监察机关在工作中制发的决议、决定等规范性文件，亦应报相应的人大常委会备案，相应的人大常委会要对其进行是否符合我国《宪法》和法律的审查。这其实也是开展合宪性审查工作的需要。当然，欲使《监督法》规定的监督程序和监督方式得有效运用于权力机关对监察机关的监督，尚需对《监督法》进行相应的修改。

二、监察机关与司法机关的关系

如何理解监察机关与司法机关之间的关系，同样关涉对监察机关定位和监察权性质的认识。我国《宪法》第 127 条第 2 款为此关系的处理确定了"互相配合，互相制约"的原则，即监察机关办理职务违法和职务犯罪案件时，应当与审判机关、检察机关互相配合、互相制约。《监察法》第 4 条第 2 款重申了该原则，并将其视为监察工作的基本原则之一。[1] 因此，有关监察机关与司法机关间关系的探讨，亦应围绕此项原则来展开。具体来说，此一原则其实有以下三层含义：一是监察机关与司法机关互相配合，如根据《监察法》第 47 条第 1 款的规定，对于监察机关移送的案件，检察机关应当依照《刑事诉讼法》的规定，对被调查人采取强制措施。二是监察机关与司法机

---

〔1〕 参见李建国：《关于〈中华人民共和国监察法（草案）〉的说明》，载《人民日报》2018 年 3 月 14 日，第 5 版。

关互相制约,如根据《监察法》第47条第4款的规定,检察机关若认为监察机关移送的案件,有《刑事诉讼法》规定的不起诉的情形,经上级检察机关批准,则依法作出不起诉的决定。三是正确处理配合与制约的关系。其实在国家监察体制改革前,审判机关、检察机关和公安机关之间同样是根据《宪法》和《刑事诉讼法》等的有关规定,形成“分工负责,互相配合,互相制约”的关系。对于其中“配合”与“制约”的关系,理论上有两种不同的认识,如有论者认为,有必要“废止互相配合的表述,凸显制约的本体性地位”;[1]还有论者认为,应根据不同情形来处理二者的关系,即当涉及干预公民基本权利时,则应突出互相制约的关系,而在与基本权利无涉的场合,则应强调各主体间的配合。[2] 本书以为,鉴于现有权力配置与运行的实践,监察权的实际位阶已然高于审判权和检察权,故而为避免监察权的滥用而保障公民基本权利,无疑更应强调监察机关与司法机关之间的制约。不过,实践中所呈现的却是对“互相配合”的过分偏重,以至于“互相制约”被不合理漠视。[3] 这极易致使检察机关的审查起诉和审判机关的独立裁判沦为形式,并可能出现所谓“监察中心主义”现象,若进而致使“冤假错案”出现,则有碍于公民基本权利的保障和国家刑事法治的建设。这显然是《宪法》和《监察法》实施中必须矫正的问题。

三、监察机关与行政机关的关系

监察机关与行政机关间的关系是监察委员会依照法律规定独立行使监察权,不受行政机关的干涉;监察机关在办理职务违法和职务犯罪案件时,与执法部门互相配合,互相制约。

---

〔1〕 左卫民:《健全分工负责、互相配合、互相制约原则的思考》,载《法制与社会发展》2016年第2期。

〔2〕 参见孙远:《“分工负责、互相配合、互相制约”原则之教义学原理:以审判中心主义为视角》,载《中外法学》2017年第1期。

〔3〕 例如,山西省便制定了《省委政法委统筹指导政法机关支持配合监察体制改革试点工作意见》。参见师长青:《根本在加强党对反腐败的统一领导》,载《中国纪检监察》2017年第13期。

(一)不受行政机关的干涉

民主政治的监察官应当是独立的。[1] 此前,行政监察机关在行使监察职权时有一定的独立性,如我国《行政监察法》第 3 条规定行政监察机关依法行使职权,不受其他行政部门、社会团体和个人的干涉。但置于行政机关内部的行政监察机关,独立监察职能的发挥无疑是“大打折扣”的。也正是鉴于此,国家监察体制改革才基于监察权独立行使的改革理念,将监察权从行政权当中“剥离”出来。[2] 加之,行政机关公职人员乃是监察机关之监督对象,而监督者应独立于被监督者,于是,更需使监察机关和监察权独立于行政机关和行政权。为此,我国《宪法》第 127 条第 1 款及《监察法》第 4 条第 1 款规定:“监察委员会依照法律规定独立行使监察权,不受行政机关、社会团体和个人的干涉。”因此,监察机关职权行使不受行政机关干涉,乃是宪法上监察机关与行政机关相互关系的主要面向之一。再者,所谓“独立行使监察权”及“不受行政机关干涉”其实需要借由具体的制度设计来实现,机构设置的独立其实只是其中的一个方面。当然,党政合署办公的体制于监察机关的独立性也是有所裨益的。此外,诸如经费独立、人事独立、办案独立等也是监察权独立行使的重要内容。

正是基于以上思路,有论者认为当前的预算管理体制乃是不利于监察机关独立行使职权的。因为根据《预算法》第 23 条和第 24 条的规定,中央预算、决算草案乃是由国务院负责编制的,县级以上地方各级预算、决算草案则是由本级地方人民政府来负责编制。这将造成监察机关在财政体制上依附于行政机关,进而不利于监察机关独立开展反腐败的监督、调查和处置工作,尤其是针对行政机关工作人员履行监察职责时。[3] 为此,有论者建议,在国家监察体制改革中借鉴我国香港特别行政区廉政公署的经验,即廉政公署财政经费是由行政长官在政府预算中另立单项支拨的。[4] 因此,可

---

〔1〕 参见[法]孟德斯鸠:《论法的精神》(上),张雁深译,商务印书馆 1961 年版,第 53 页。

〔2〕 参见秦前红:《监察体制改革的逻辑与方法》,载《环球法律评论》2017 年第 2 期。

〔3〕 参见王旭:《国家监察机构设置的宪法学思考》,载《中国政法大学学报》2017 年第 5 期。

〔4〕 参见赵心:《香港反腐制度设计对内地国家监察体制改革的借鉴研究》,载《理论月刊》2017 年第 8 期。

以通过预算制度的相应调整,实现监察机关预算的单独编制。不过,监察机关的预算“受制”于行政机关,看似是有碍监察机关独立行使职权,但不可否认的是,这其实也是行政机关制约监察机关的重要方式之一。例如,在美国,总统对官僚机构控制权的来源之一,即为总统向国会递交预算建议。[1] 当然,行政机关虽可通过编制预算草案等方式,对监察机关施以必要的制衡,但此类方式的运用不得妨碍监察权的依法独立行使。

(二)与执法部门互相配合,互相制约

监察机关与行政机关在宪法上的关系,除表现为监察权行使不受行政机关干涉外,还包括“互相配合,互相制约”,即根据我国《宪法》第 127 条第 2 款和《监察法》第 4 条第 2 款的规定,监察机关在办理职务违法和职务犯罪案件时,应当与执法部门互相配合,互相制约。不过尚需说明的是,此处的“执法部门”指向为何,可能还涉及对上述《宪法》和法律条文的解释和理解。因为在全国人大及其常委会制定的法律中,此前仅有极少数的法律使用了“执法部门”的表述。[2] 在此次《宪法》修正和《监察法》制定之后,较权威的解释认为,此处所言之执法部门是指公安机关、国家安全机关、审计机关以及质检部门、安全监管部门等行政执法部门。[3] 由此可见,我国《宪法》和《监察法》中的执法部门指的主要是行政机关中的执法部门。同时,由于相关规定并未使用“行政机关”或“行政执法部门”的表述,是故,并不限于行政机关中的执法部门,即此处“执法部门”的范围要广于行政执法部门。因此,由我国《宪法》和《监察法》的上述规定可知,监察机关与行政机关中的执法部门也有“互相配合,互相制约”的关系。其中,“互相配合”如《监察法》第 24 条第 3 款规定的“监察机关进行搜查时,可以根据工作需要提请公安机关

---

〔1〕 参见[美]戴伊、齐格勒、舒伯特:《民主的反讽:美国精英政治是如何运作的》,林朝晖译,新华出版社 2016 年版,第 336 页。

〔2〕 例如,《旅游法》第 83 条第 2 款规定:“县级以上人民政府应当组织旅游主管部门、有关主管部门和工商行政管理、产品质量监督、交通等执法部门对相关旅游经营行为实施监督检查”;再如,《海关法》第 5 条第 2 款规定:“各有关行政执法部门查获的走私案件,应当给予行政处罚的,移送海关依法处理……”

〔3〕 参见中共中央纪律检查委员会中华人民共和国监察委员会法规室编写:《〈中华人民共和国监察法〉释义》,中国方正出版社 2018 年版,第 65 页。

配合”;而“互相制约”主要是指配合需要依法进行。[1] 当然,互相制约应当是监察机关与行政执法部门间关系的核心要旨。

四、上级监察机关与下级监察机关的关系

在我国《宪法》规定的国家机构中,纵向间的关系主要有以下两种表现形式:一是领导与被领导的关系,如国务院与地方各级行政机关之间,上级行政机关与下级行政机关之间;[2] 以及最高人民检察院与地方各级人民检察院之间,上级人民检察院与下级人民检察院之间。[3] 二是监督与被监督的关系,即最高人民法院与地方各级人民法院,上级人民法院与下级人民法院之间。[4] 根据我国《宪法》第125条第2款的规定,监察机关内部也是领导与被领导的关系,即作为最高监察机关的国家监察委员会领导地方各级监察委员会的工作,上级监察委员会领导下级监察委员会的工作。

国家机关内部究竟以何种原则来调整其纵向关系,其实是由诸多因素共同决定的。比如,从国家结构形式来看,单一制下国家机关纵向关系多趋于领导或监督的体制,而在联邦制下则多为彼此独立的关系。国家机关所行使权力的特性,如行政权的管理关系存在官僚层级的服从性,司法权则是非服从性的权力。[5] 因而行政机关纵向之间通常为领导关系,而审判机关则多为监督关系。另一个考量是国家机关预期的功能,如我国的检察机关作为法律监督机关,维护国家法制统一是其核心功能和任务。检察机关必

---

[1] 比如,浙江省监察委员会主任刘建超在接受采访时便指出,公安机关对我们也有监督的。一个案件下来,技术侦查、通缉、限制出境等就要得到公安机关的配合,监察机关自身不具备这些执法的权力。有配合同时就有制约,比如,采取这些措施合不合法,公安机关有公安机关的考虑。参见谭畅、郑可书:《“我无权单独对一个案子拍板”——专访浙江省监察委员会主任刘建超》,载《南方周末》2018年3月15日,第5版。

[2] 我国现行《宪法》第108条规定:“县级以上的地方各级人民政府领导所属各工作部门和下级人民政府的工作……”;第110条第2款规定:“……全国地方各级人民政府都是国务院统一领导下的国家行政机关,都服从国务院。”

[3] 我国现行《宪法》第137条第2款规定:“最高人民检察院领导地方各级人民检察院和专门人民检察院的工作,上级人民检察院领导下级人民检察院的工作。”

[4] 我国现行《宪法》第132条第2款规定:“最高人民法院监督地方各级人民法院和专门人民法院的审判工作,上级人民法院监督下级人民法院的审判工作。”

[5] 参见孙笑侠:《司法的特性》,法律出版社2016年版,第11页。

须通过行使检察权维护国家法制的统一。而要完成这一任务，在上级检察机关与下级检察机关之间，特别是最高人民检察院与地方各级人民检察院之间，如果没有保证统一和高效运作的领导与被领导关系，是不可思议的。[1] 此外，此种纵向关系的调整原则亦是处于不断变化和发展过程中的。比如，我国“七五宪法”确立的检察机关领导体制是监督与被监督的关系，但在1979年《人民检察院组织法》制定过程中，为保证检察机关对全国实行统一的法律监督，便把检察机关上下级关系由原来的监督关系改为领导关系。[2]

根据我国《宪法》和《监察法》的规定，上下级监察机关间的领导体制是领导与被领导的关系。在国家监察体制改革之初，全国人大常委会审议通过的《关于在北京市、山西省、浙江省开展国家监察体制改革试点工作的决定》亦规定：“监察委员会对本级人大及其常务委员会和上一级监察委员会负责，并接受监督。”有论者据此认为监察机关内部是一种“更接近政府内部的纵向关系，而与人民检察院内部的纵向关系有一定差别”。[3] 监察机关缘何采用领导与被领导的领导体制，在很大程度上是由国家监察体制改革的目标所决定的，即改革的根本目的就是加强党对反腐败工作的统一领导，[4] 而惩治腐败工作又必须始终坚持在党中央的统一领导下推进。[5] 如此一来，自然要求加强国家监察委员会对地方各级监察委员会的领导，上级监察委员会对下级监察委员会的领导。同时，监察委员会并非司法机关，监察权的运行状态基本上是行政性的而非司法性的，故而在组织体系上更强调上下级监察机关之间的服从性，[6] 也就是领导与被领导的关系。此外，由于监察机关与执政党纪律检查机关合署办公，故而纪律检查机关的领导体制也在很大程度上决定了监察机关的领导体制，纪律检查机关领导体制的改变

---

〔1〕 参见《彭真传》编写组编：《彭真传》（第4卷），中央文献出版社2012年版，第1319页。

〔2〕 参见彭真：《关于七个法律草案的说明》，载《中华人民共和国第五届全国人民代表大会第二次会议文件》，人民出版社1979年版，第101～102页。

〔3〕 姜明安：《国家监察法立法应处理的主要法律关系》，载《环球法律评论》2017年第2期。

〔4〕 参见钟纪言：《赋予监察委员会宪法地位健全党和国家监督体系》，载《中国人大》2018年第5期。

〔5〕 参见李建国：《关于〈中华人民共和国监察法（草案）〉的说明》，载《人民日报》2018年3月14日，第5版。

〔6〕 参见马岭：《论监察委员会的宪法条款设计》，载《中国法律评论》2017年第6期。

同样会作用于监察机关的领导体制。

相较于行政机关和检察机关内部的纵向关系，监察机关虽同样为领导与被领导的关系，但在监察机关内部，此种领导的程度其实要远强于行政机关和检察机关内部。一是因为在人大制度下，上述三机关皆是一种双重从属负责的体制，即横向层面需向同级权力机关负责，纵向层面还要向上级机关负责，但监察机关纵向层面的从属性其实要强于横向层面的从属性。二是由于执政党纪律检查体制改革要求强化上级纪委对下级纪委的领导，如腐败案件的查办要以上级纪委的领导为主，[1]因而与纪律检查机关合署办公的监察机关，其领导体制中上下级间的领导关系亦将随之强化。

第二节　各级监察委员会

我国设立了国家监察委员会、省级监察委员会、市(地)级监察委员会、县级监察委员会，四级监察委员会均是国家的监察机关，共同构成我国的监察机关体系。总体上，国家的监察机关由国家监察委员会和地方各级监察委员会组成，监察委员会可以向本级中国共产党机关、国家机关、法律法规授权或者委托管理公共事务的组织和单位以及所管辖的行政区域、国有企业等派驻或者派出监察机构、监察专员，并实施监察官制度。

一、各级监察委员会的性质和地位

国家监察体制改革以来，关于监察机关的性质和定位问题一直纷争不断，监察委员会或者被定位为“反腐败机构”，[2]或者被定位为“监督执

---

〔1〕 参见《中共中央关于全面深化改革若干重大问题的决定》，载《中国共产党第十八届中央委员会第三次全体会议文件汇编》，人民出版社2013年版，第61页。

〔2〕 参见王岐山：《实现对公职人员监察全覆盖　完善党和国家的自我监督》，载《人民日报》2016年11月26日，第1版。

法机关”,[1]“行使国家监察职能的专责机关”。[2] 改革者则将之定位为“政治机关”。[3] 对此,有学者认为,将监察委员会定位为反腐败机构,忽视了“对事监察权”,是“定位失准”。[4] 在《宪法》修改纳入国家监察机关和《监察法》制定后,应当以《宪法》和《监察法》对监察机关的规定来认识监察机关的性质和地位。《宪法》和《监察法》规定,“中华人民共和国各级监察委员会是国家的监察机关”,“中华人民共和国国家监察委员会是最高监察机关”,“各级监察委员会是行使国家监察职能的专责机关”。据此,各级监察委员会的性质和地位包括如下两层含义:一是各级监察委员会是国家的机关,即中华人民共和国的机关,不是任何地方的其他政党或者组织的机关;二是各级监察委员会是且仅是国家的监察机关,不是立法机关、行政机关、军事机关、检察机关和审判机关,或者其他性质的机关。

二、各级监察委员会的组成人员及其任期

根据我国《宪法》和《监察法》的规定,各级监察委员会由主任、副主任若干人、委员若干人组成。主任由本级人大选举,副主任、委员由主任提请本级人大常委会任免。各级监察委员会主任每届任期同本级人大每届任期相

---

〔1〕 参见王岐山:《推动全面从严治党向纵深发展　以优异成绩迎接党的十九大召开——在中国共产党第十八届中央纪律检查委员会第七次全体会议上的工作报告》,载《人民日报》2017 年 1 月 20 日,第 4 版。

〔2〕 马怀德:《国家监察体制改革的重要意义和主要任务》,载《国家行政学院学报》2016 年第 6 期。

〔3〕 参见《积极探索实践　形成宝贵经验　国家监察体制改革试点取得实效——国家监察体制改革试点工作综述》,载新华网:http://news.xinhuanet.com/2017-11/05/c_1121908387.htm,最后访问日期:2017 年 11 月 10 日。

〔4〕 参见魏东昌:《国家监察委员会改革方案之辨正:属性、职能与职责定位》,载《法学》2017 年第 3 期。

同,通常为5年,[1]其中,国家监察委员会主任连续任职不得超过两届。需要注意的是,《宪法》和《监察法》对国家监察委员会组成人员的产生及其任期的规定有其特殊之处,与国务院组成人员产生方式及其任期限制有所不同,与最高人民检察院和最高人民法院组成人员任期的规定基本相同,但与其产生方式规定不同。[2]

我国《宪法》规定,国务院每届任期同全国人大每届任期相同,由总理、副总理若干人、国务委员若干人、各部部长、各委员会主任、审计长、秘书长组成,实行总理负责制。总理、副总理、国务委员连续任职不得超过两届。全国人大根据中华人民共和国主席的提名,决定国务院总理的人选;全国人大及其常委会根据国务院总理的提名,决定国务院副总理、国务委员、各部部长、各委员会主任、审计长、秘书长的人选。由此可知,国务院组成人员的任期最长与全国人大每届任期相同,若是某个组成人员中途接任,国务院任期到期时,其任期自然到期。但只有总理、副总理、国务委员连续任职不得超过两届,其他组成人员连续任职未有限制。国务院实行总理负责制,因此,由全国人大或其常委会根据总理的提名决定国务院副总理、国务委员、各部部长、各委员会主任、审计长、秘书长的人选。这一提名制度赋予总理对国务院其他组成人员的实质权力。[3]

我国《宪法》规定,最高人民检察院检察长和最高人民法院院长每届任期与全国人大每届任期相同,连续任职不得超过两届,由全国人大选举产生。全国人大常委会根据最高人民法院院长的提请,任免最高人民法院副

---

〔1〕 全国人大每届任期5年。全国人民代表大会任期届满的2个月以前,全国人民代表大会常务委员会必须完成下届全国人民代表大会代表的选举。如果遇到不能进行选举的非常情况,由全国人民代表大会常务委员会以全体组成人员的2/3以上的多数通过,可以推迟选举,延长本届全国人民代表大会的任期。在非常情况结束后1年内,必须完成下届全国人民代表大会代表的选举。故全国人大每届的任期可能超过5年,相应地,由其产生的同级其他国家机关及其组成人员的任期也可能超过5年。但地方人大的任期为5年,宪法和法律未规定紧急情况下的任期延长问题。从理论上讲,如果出现紧急情况,全国人大及其常委会可以解释《宪法》,决定地方人大及由其产生的同级国家机关任期的延长问题。

〔2〕 鉴于上下级监察机关间是领导与被领导关系,国家监察委员会的组成人员产生方式及任期制度的实践影响将会影响监察制度,因此,正文中不比较地方各级监察机关与地方各级法院检察院及人民政府组成人员的产生方式和任期。

〔3〕 当然,在我国政治制度下,总理的这项权力更多具有程序性内涵。

院长、审判员、审判委员会委员和军事法院院长;根据最高人民检察院检察长的提请,任免最高人民检察院副检察长、检察员、检察委员会委员和军事检察院检察长,并批准省、自治区、直辖市的人民检察院检察长的任免。不难发现,我国宪法和法律只是规定了最高人民检察院检察长和最高人民法院院长的任期和任限,并对其他组成人员采用由最高人民检察院检察长和最高人民法院院长提请任免的制度。提请任命与提名任命有区别,后者应当提出任命的建议人选,前者则旨在启动任命程序,而任命何人则由任免机关来完成提名和任命程序。[1] 质言之,提请任免只是一项程序性权力。这一制度安排的目的是,通过最高人民检察院检察长和最高人民法院院长的选举产生方式和任期限制安排维护人大制度,但基于检察权和审判权的功能及行使独立性需要,对其他组成人员的任期不作限制,在产生方式作特别安排,弱化其与最高人民检察院检察长和最高人民法院院长的关系。当然,提请任免和免职指向特定主体,因此会强化最高人民检察院检察长和最高人民法院院长监督的一面。

我国《宪法》和《监察法》对国家监察委员会的规定取上述二者的部分:一方面,只规定主任由全国人大选举产生,并对任期作出限制,对其他组成人员的任期则不作限制,适度强化其相对任免机关的独立性。另一方面,规定主任提名副主任和委员的任免,强化了国家监察委员会主任的人事权力,进而强化了其为代表的国家监察委员会的整体性和行动一致性;在制度逻辑上,主任由选举产生所蕴含的政治性要素会经由主任的提名任免权而传递至国家监察委员会内部,主任在国家监察权的行使中承担核心角色。

与上述机制相关联的问题是各级监察委员会的内部领导体制。《宪法》规定国务院实行总理负责制;各部、各委员会实行部长、主任负责制;其他的委员会制度,如全国人大及其常委会,采用多数决制。《宪法》和《监察法》未明确规定各级监察委员会的内部领导体制问题,但《监察法》有 4 处规定了

---

〔1〕 一些学者在讨论我国的提名和提请制度时,将二者视为同一提名制度,显然不妥。参见杨泉明、孙曙伟:《论提名制度》,载《四川师范大学学报》1986 年第 4 期。

“集体研究”程序。[1] 这里的集体研究只是讨论程序，而非决定程序。从主任与其他组成人员的关系来看，各级监察委员会虽然不是实行主任负责制，但主任事实上拥有极大的决定权。[2]

三、各级监察委员会的职责

各级监察委员会职责的法律规定与我国特殊的监察体制密切相关。具体而言，在我国，“党内监督和国家监察都是中国特色治理体系的重要组成部分，一体两面，具有高度内在一致性”。[3] 根据党章的规定，党的各级纪律检查机关的职责是监督、执纪、问责。[4] 党的十八届六中全会通过的《中国共产党党内监督条例》对党内监察的原则、任务、内容、对象、措施等作了详细规定，实现了党内监察全覆盖。作为与党内监察一体两面的国家监察，必须在职责上与党内监察机关的职责相匹配，承担相当的权责。为此，《宪法》

---

〔1〕 相关规定参见《监察法》第31条规定：涉嫌职务犯罪的被调查人主动认罪认罚，有下列情形之一的，监察机关经领导人员集体研究，并报上一级监察机关批准，可以在移送人民检察院时提出从宽处罚的建议：(1)自动投案，真诚悔罪悔过的；(2)积极配合调查工作，如实供述监察机关还未掌握的违法犯罪行为的；(3)积极退赃，减少损失的；(4)具有重大立功表现或者案件涉及国家重大利益等情形的。第32条规定：职务违法犯罪的涉案人员揭发有关被调查人职务违法犯罪行为，查证属实的，或者提供重要线索，有助于调查其他案件的，监察机关经领导人员集体研究，并报上一级监察机关批准，可以在移送人民检察院时提出从宽处罚的建议。第42条规定：调查人员应当严格执行调查方案，不得随意扩大调查范围、变更调查对象和事项。对调查过程中的重要事项，应当集体研究后按程序请示报告。第43条规定：监察机关采取留置措施，应当由监察机关领导人员集体研究决定。设区的市级以下监察机关采取留置措施，应当报上一级监察机关批准。省级监察机关采取留置措施，应当报国家监察委员会备案。

〔2〕 当然，鉴于国家监察委员会与中共中央纪律检查委员会合署办公，且要“坚持中国共产党对国家监察工作的领导”，因此，国家监察委员会主任的决定权仍受到外部因素的制约。目前的情况是，国家监察委员会主任由中纪委副书记兼任，但地方各级监察委员会由同级纪委书记兼任主任。相较而言，地方各级监察委员会主任将拥有更大的话语权。

〔3〕 中共中央纪律检查委员会中华人民共和国监察委员会法规室：《〈中华人民共和国监察法〉释义》，中国方正出版社2018年版，第88页。

〔4〕 《党章》(2017年)第46条第1款、第2款规定：“党的各级纪律检查委员会是党内监督专责机关，主要任务是：维护党的章程和其他党内法规，检查党的路线、方针、政策和决议的执行情况，协助党的委员会推进全面从严治党、加强党风建设和组织协调反腐败工作。党的各级纪律检查委员会的职责是监督、执纪、问责，要经常对党员进行遵守纪律的教育，作出关于维护党纪的决定；对党的组织和党员领导干部履行职责、行使权力进行监督，受理处置党员群众检举举报，开展谈话提醒、约谈函询；检查和处理党的组织和党员违反党的章程和其他党内法规的比较重要或复杂的案件，决定或取消对这些案件中的党员的处分；进行问责或提出责任追究的建议；受理党员的控告和申诉；保障党员的权利。”

和《监察法》规定，各级监察委员会负责全国范围的监察工作，并根据管理权限履行监督、调查、处置职责。

1. 监督。“监督是监察委员会的首要职责。”[1]各级监察委员会根据宪法和法律的规定对公职人员开展廉政教育，对其依法履职、秉公用权、廉洁从政从业以及道德操守情况进行监督检查。在方式上，监督包括教育和检查。“廉政教育的根本内容是加强理想信念教育”，[2]通过提高思想认识来夯实不想腐的认识基础。教育的方式多种多样，法规释义、廉政警示、理论课堂、典型宣传等，均是常见的方法。监督检查的方法包括“列席或者召集会议、听取工作汇报、实施检查或者调阅、审查文件和资料等，内容是公职人员依法履职、秉公用权、廉洁从政从业以及道德操守情况”。[3] 廉政教育和监督检查作为各级监察委员会履行监督职责的“两手”，既要重教育，也要重检查，将日常监督作为国家监察的重点工作来开展。总体上，监察机关的监督权限极为广泛，这体现在《监察法》使用了“依法履职、秉公用权、廉洁从政从业以及道德操守”这样的抽象一般性用语，试图通过原则性和概括性规定将相关情况都包括在内。

2. 调查。各级监察委员会根据宪法和法律的规定，对涉嫌贪污贿赂、滥用职权、玩忽职守、权力寻租、利益输送、徇私舞弊以及浪费国家资财等职务违法和职务犯罪进行调查。调查是各级监察委员会开展廉政反腐、履行法定职责的重要措施。根据《监察法》的规定，各级监察委员会可以采取谈话、讯问、查询、冻结、搜查、调取、查封、扣押、勘验检查、鉴定、技术调查、留置、通缉、限制出境等调查措施。[4] 但调查人员采取讯问、询问、留置、搜查、调取、查封、扣押、勘验检查等调查措施时，均应当依照规定出示证件，出具书面通知，由2人以上进行，形成笔录、报告等书面材料，并由相关人员签名、盖章。调查人员进行讯问以及搜查、查封、扣押等重要取证工作，应当对全

---

〔1〕 中共中央纪律检查委员会、中华人民共和国监察委员会法规室编写：《〈中华人民共和国监察法〉释义》，中国方正出版社2018年版，第88页。

〔2〕 同上书，第91页。

〔3〕 同上。

〔4〕 详细内容请参见第四编的论述。

过程进行录音录像,留存备查。各级监察委员会调查的内容是涉嫌贪污贿赂、滥用职权、玩忽职守、权力寻租、利益输送、徇私舞弊以及浪费国家资财等职务违法和职务犯罪行为。这里列举的“贪污贿赂、滥用职权、玩忽职守、权力寻租、利益输送、徇私舞弊以及浪费国家资财”是反腐工作中常见的现象,但何种行为构成何种违法和犯罪,应当依据法律的规定来确定。因此,要根据其他法律和罪刑法定的原则,特别是刑法的规定来理解这里列举的现象是否构成犯罪行为。

需要特别说明的是,各级监察委员会的调查权限并非仅限于职务违法和犯罪行为,如果被调查人既涉嫌严重职务违法或者职务犯罪,又涉嫌其他违法犯罪的,一般应当由监察机关调查为主,其他机关予以协助。所以,监察机关也调查非职务违法犯罪行为。

3. 处置。各级监察委员会根据宪法和法律的规定对违法的公职人员依法作出政务处分决定;对履行职责不力、失职失责的领导人员进行问责;对涉嫌职务犯罪的,将调查结果移送人民检察院依法审查、提起公诉;向监察对象所在单位提出监察建议。因此,处置包括以下四个方面。

一是作出政务处分。即对违法的公职人员作出警告、记过、记大过、降级、撤职、开除等政务处分决定。根据《公职人员政务处分暂行规定》,实施政务处分的依据,主要包括《监察法》《公务员法》《法官法》《检察官法》《企业国有资产法》《行政机关公务员处分条例》《事业单位人事管理条例》《事业单位工作人员处分暂行规定》《国有企业领导人员廉洁从业若干规定》《农村基层干部廉洁履行职责若干规定(试行)》等。

需要特别注意的是,这里政务处分的对象是所有违法行使公权的公职人员,并不限于行政机关的工作人员,也不是指废止前的《行政监察法》中的行政处分。在国家监察体制改革后,对于所有公职人员的违法给予的处分,统一称为政务处分,因此,行政处分的概念事实上不再存在。

政务处分也不是指党纪处分。党的纪律处分是指对党组织和党员违反党章和其他党内法规、违反国家法律法规、违反党和国家政策、违反社会主义道德,危害党、国家和人民利益的行为依照规定应当给予的纪律处理或者处分。对党员的纪律处分种类包括警告、严重警告、撤销党内职务、留党察看、开除党籍。这些类别与政务处分类别并不相同。对严重违犯党纪的党组织的纪律处理措施主要是改组和解散。

但是,党纪处分与政务处分应当有效衔接与协调。按照《公职人员政务处分暂行规定》,公职人员中的中共党员严重违犯党纪涉嫌犯罪的,应当由党组织先作出党纪处分决定,并由监察机关依法给予政务处分后,再依法追究其刑事责任。非中共党员的公职人员涉嫌犯罪的,应当先由监察机关依法给予政务处分,再依法追究其刑事责任。公职人员中的中共党员先依法受到行政处罚和刑事责任追究的,党组织、监察机关可以根据生效的行政处罚决定和司法机关的生效判决、裁定、决定及其认定的事实、性质和情节,依纪依法给予党纪、政务处分。监察机关对公职人员中的中共党员给予政务处分,一般应与党纪处分的轻重程度相匹配。其中,受到撤销党内职务、留党察看处分的,如果担任公职,应当依法给予其撤职等政务处分。严重违犯党纪、严重触犯刑律的公职人员必须依法开除公职。

二是问责。各级监察委员会可以对履行职责不力、失职失责的领导人员进行问责。问责的对象是领导人员,“主要是指中国共产党机关、人大机关、行政机关、监察机关、审判机关、检察机关、政协机关、民主党派和工商联机关中担任各级领导职务和副调研员以上非领导职务的人员;参照公务员法管理的单位中担任各级领导职务和副调研员以上非领导职务的人员;大型、特大型国有和国有控股企业中层以上领导人员,中型以下国有和国有控股企业领导班子成员,以及上述企业中其他相当于县处级以上层次的人员;事业单位领导班子成员及其他六级以上管理岗位人员”。[1] 除了法律如《公务员法》的规定外,问责的具体依据是党政联合发文的《关于实行党政领导干部问责的暂行规定》《关于实行党风廉政建设责任制的规定》等。[2] 问责的适用条件是领导人员履行职责不力、失职失责。因此,依法依规确定领导人员的职责是问责的前提。问责的方式是按照管理权限对其直接作出问

---

〔1〕 中共中央纪律检查委员会、中华人民共和国监察委员会法规室编写:《〈中华人民共和国监察法〉释义》,中国方正出版社2018年版,第91页。

〔2〕《中国共产党问责条例》适用于党内,在纪检监察合署办公的情况下,当然构成问责的依据。

责决定,或者向有权作出问责决定的机关提出问责建议,即直接问责或者建议问责。

三是依法移送审查,提起公诉。即对被调查人涉嫌职务犯罪,监察机关经调查认为犯罪事实清楚,证据确实、充分的,制作起诉意见书,连同案卷材料、证据一并移送检察机关依法审查、提起公诉。这里涉及如下具体问题:其一,依法移送,即只要是犯罪事实清楚,证据确实、充分的,就应当依法移送,不得按压不移送甚至作出其他处置。当然,这里的“犯罪事实清楚,证据确实、充分的”是各级监察委员会主观认为的,因此,监察机关享有极大的自由裁量权,这也提出了“移送”的监督问题。其二,整体移送,即应当制作起诉意见书,连同案卷材料、证据一并移送。一并移送也应当一次性移送。如果分件移送,将严重制约检察机关职权的行使。其三,依法审查、提起公诉,即检察机关依据法律,特别是刑事诉讼法的规定,审查移送的材料是否符合提起公诉的标准,进而决定是否提起公诉。为了监督检察机关的审查提起公诉权,监察法规定,人民检察院对于有刑事诉讼法规定的不起诉的情形的,经上一级人民检察院批准,依法作出不起诉的决定。监察机关认为不起诉的决定有错误的,可以向上一级人民检察院提请复议。

四是对监察对象所在单位廉政建设和履行职责存在的问题等提出监察建议。各级监察委员会在监督调查中若发现监察对象所在单位廉政建设和履行职责存在问题,应向该单位提出监察建议。这里的“问题”主要指廉政、职责履行制度机制方面的缺陷或者不足。各级监察委员会主要是对公权行使主体的职务违法犯罪行为进行监察,不监察机关的行为,因此,只能提出监察建议。虽然有意见认为,“监察建议不同于一般的工作建议,它具有法律效力,被提出建议的有关单位无正当理由必须履行监察建议要求其履行的义务,否则,就要承担相应的法律责任”,〔1〕但监察建议是否具有法律效力,即是否具有强制执行的效力,仍是需要研究的问题。〔2〕 但鉴于各级监察

〔1〕 中共中央纪律检查委员会、中华人民共和国监察委员会法规室编写:《〈中华人民共和国监察法〉释义》,中国方正出版社2018年版,第94页。

〔2〕 检察机关可以提出检察建议,关于检察建议的效力,理论上形成肯定说和否定说的分殊,肯定说的主张者又对检察建议强制执行力的强度认识有分歧。

委员会对具体公权行使者的监察权,这项建议权具有不言而喻的约束力。如果被建议单位无正当理由不按照建议进行整改,各级监察委员会可以对相关人员展开监察调查,因此,监察建议会得以认真对待。

除上述四种处置方式外,对有职务违法行为但情节较轻的公职人员,按照管理权限,直接或者委托有关机关、人员进行谈话提醒、批评教育、责令检查,或者予以诫勉。申言之,有职务违法行为因情节较轻而不作政务处分的,应当作出与之行为违法程度相应的处置,并非放任不管。

在认识各级监察机关的职责时,要注意地域管理和事务管辖两个原则。具体而言,各级监察机关按照管理权限管辖本辖区内监察法规定人员所涉监察事项。管理权限主要指在纪检监察合署办公的情况下,监察机关的监察对象必须与党管干部制度相匹配。换言之,党的各级纪律检查部门监督管理的干部才是与之合署办公的监察机关的监察对象。在此前提下,国家监察委员会作为最高的国家监察机关,管辖全国的监察事务。上级监察机关可以办理下一级监察机关管辖范围内的监察事项,必要时,也可以办理所辖各级监察机关管辖范围内的监察事项。监察法规定了指定管辖和移送管辖,即上级监察机关可以将其所管辖的监察事项指定下级监察机关管辖,也可以将下级监察机关有管辖权的监察事项指定给其他监察机关管辖。监察机关认为所管辖的监察事项重大、复杂,需要由上级监察机关管辖的,可以报请上级监察机关管辖。监察法规定了指定管辖、移送管辖制度。

四、各级监察委员会的派驻派出监察机构、监察专员

派驻是中国共产党党内监督的基本制度,在纪检监察合署办公的情况下,监察法规定各级监察机关的派驻派出监察机构、监察专员,其渊源是党内派驻制度,也是将党内派驻制度法治化和规范化。根据《监察法》的规定,派驻派出制度包括如下内容:一是各级监察委员会均可以根据需要和监察实际派驻派出监察机构、监察专员,如何派出派驻由各级监察委员会自行决

定，但派驻监察机构实行统一名称、统一管理，称为“派驻纪检监察组”。〔1〕二是派驻派出纪检监察组合署办公，共同设置内设机构，承担党内监督国家监察的任务，履行纪检、监察两项职能，对监督监察对象行使监督、执纪、问责，监督、调查、处置的权力。三是派驻对象为本级的中国共产党机关、国家机关、法律法规授权或者委托管理公共事务的组织和单位以及所管辖的行政区域、国有企业等，“这里的国家机关主要是指行使国家权力、管理国家事务的机关，包括国家权力机关、国家行政机关、审判机关、检察机关等。这里的行政区域主要是指街道、乡镇以及不设置人大的地区、盟等区域”。〔2〕四是派出派驻监察机构监察专员对派驻或者派出它的监察委员会负责，受其领导。五是派出派驻监察机构监察专员根据授权行使监察权。这要求授权要明确和具体，机构专员如何设置、职责权限范围、监察对象范围等要以书面形式作出具体规定。《监察法》规定了授权的范围，即可以授权派出派驻监察机构专员行使监督权，提出监察建议，也可以行使调查处置权。需要明确的是，对派出派驻监督机构专员的授权要遵循权限原则和监察保留原则。权限原则是指在本级监察委员会依据宪法和法律授权的监察权限范围内授权派出派驻机关以监察权；监察保留是对本级监察委员会监察权限内的特定监察事项和监察对象，不能授权派驻派出监察机构专员行使监察权。“比如，国家监察委员会派驻的监察机构，可以依法调查、处置驻在机关、部门的司局级及以下干部，但是对于驻在机关、部门的中管干部，则要由国家监察委员会来进行调查、处置。”〔3〕《中央纪委国家监委派驻（派出）机构措施使用管理办法》对派驻派出机构专员监察措施的使用作了相关规定。

---

〔1〕 国家监察委员会网站显示，国家监察委员会的派驻监察机构为：驻国家发改委纪检监察组、驻教育部纪检监察组、驻工业和信息化部纪检监察组、驻民政部纪检监察组、驻司法部纪检监察组、驻财政部纪检监察组、驻人力资源和社会保障部纪检监察组、驻生态环境部纪检监察组、驻住房和城乡建设部纪检监察组、驻交通运输部纪检监察组、驻水利部纪检监察组、驻农业农村部纪检监察组、驻商务部纪检监察组、驻国家卫生健康委员会纪检监察组、驻中国人民银行纪检监察组、驻国务院国资委纪检监察组、驻海关总署纪检监察组、驻税务总局纪检监察组、驻国家市场监督管理总局纪检监察组、驻国家体育总局纪检监察组、驻中国科学院纪检监察组、驻中华全国总工会机关纪检监察组。

〔2〕 中共中央纪律检查委员会、中华人民共和国监察委员会法规室编写：《〈中华人民共和国监察法〉释义》，中国方正出版社2018年版，第94页。

〔3〕 同上。

第三节 监察官

古今中外的国家都曾设置监察官。监察官在中国更是源远流长。中国历史上"最早出现以监察为职能的官员,是西周的小宰",[1]"小宰之职,掌建邦之宫刑,以治王宫之政令。凡宫之纠禁,掌邦之六典、八法、八则之贰,以逆邦国、都鄙、官府之治。执邦之九贡、九赋、九式之贰,以均财节邦用。以官府之六叙正群吏:一曰以叙正其位,二曰以叙进其治,三曰以叙作其事,四曰以叙制其食,五曰以叙受其会,六曰以叙听其情"。[2] 随后,作为史官的御史逐渐发展出监察的职能,形成御史系统以及监察官的主干。"秦汉时期,执掌监察的御史制度已经形成。"[3]随着时间的演进,各朝代根据需要逐渐完善发展形成监察官制度。"监察官的职权范围很广,但最基本的职责是纠察百官,即弹劾群僚结党营私、贪污渎职等非法行为。"[4]古代监察官事实上扮演审计的角色,也对财政收支进行监督。鉴于监察官监察百官的重要角色,对监察官的选拔、考核、升迁都进行严格和特殊的管理,如"刚正疾恶、廉洁自重"通常是一个作用的重要标准;考核也通常比别的官员多一道,升迁也较快;对监察官的纪律约束更严,而且违纪会受到加重处罚;实行垂直管理,独立建置和办公,政治秩级不断提升,可谓身居要位,等等。[5] 我国监察体制改革,既是对权力制约的新尝试,也借鉴了中国古代的监察制度。[6]《监察法》规定,国家实行监察官制度,依法确定监察官的等级设置、任免、考评和晋升等制度。本节介绍监察官的性质、监察官制度的基本内容。

---

〔1〕 修晓波:《中国古代的监察官》,载《中国社会科学院研究生院学报》1996年第3期。

〔2〕《周礼·天官冢宰》。

〔3〕 修晓波:《中国古代的监察官》,载《中国社会科学院研究生院学报》1996年第3期。

〔4〕 同上。

〔5〕 同上。

〔6〕 参见中共中央纪律检查委员会、中华人民共和国监察委员会法规室编写:《〈中华人民共和国监察法〉释义》,中国方正出版社2018年版,第304~305页。

一、作为公务员特殊类别的监察官

监察官是公务员。根据我国《公务员法》的规定，公务员是指依法履行公职、纳入国家行政编制、由国家财政负担工资福利的工作人员。监察官是履行国家监察职责，纳入国家行政编制、由国家财政负担工资福利的工作人员，当然是公务员的一部分，因此，其权利义务和管理适用公务员法。《公务员法》详细规定了公务员的条件、义务与权利、职务与级别、录用、考核、职务任免、职务升降、奖励、惩戒、培训、交流与回避、工资福利保险、辞职辞退、退休、申诉控告、职位聘任、法律责任。监察官的义务权利和管理应依据《公务员法》来确定。

监察官是公务员的特殊类别，实行特殊管理制度。根据《公务员法》的规定，公务员的义务、权利和管理，适用《公务员法》。但法律对公务员中领导成员的产生、任免、监督以及法官、检察官等的义务、权利和管理另有规定的，从其规定。我国公务员类别众多，对一些职业化、专业化的公务员，实行特别管理制度。如我国制定了《法官法》《检察官法》《人民警察法》《现役军官法》，对这类专业化极强的公务员设立了特别的管理制度。如《法官法》明确规定法官是依法行使国家审判权的审判人员，包括最高人民法院、地方各级人民法院和军事法院等专门人民法院的院长、副院长、审判委员会委员、庭长、副庭长、审判员和助理审判员，担任法官的人员一般必须具备法律职业资格。《人民警察法》规定录用人民警察，必须按照国家规定，公开考试，严格考核，择优选用，担任人民警察必须具备高中毕业以上文化程度。《现役军官法》规定，军官的来源为选拔优秀士兵和普通中学毕业生入军队院校学习毕业、接收普通高等学校毕业生、由文职干部改任、招收军队以外的专业技术人员和其他人员。另外，这些法律也都设置了相应的管理制度。《监察法》规定，国家实行监察官制度，依法确定监察官的等级设置、任免、考评和晋升等制度。因此，我国监察官和法官、检察官、现役军官等一样，是公务员中的特殊类别。

二、监察官制度的基本内容

我国应制定监察官法，建立监察官义务权利和管理制度。监察官法应当明确规定何为监察官、监察官的职责、监察官的条件、[1]监察官的权利与义务、监察官的任免、监察官的任职回避、监察官的等级、监察官的考核、监察官的培训、监察官的奖励、监察官的惩戒、工资保险福利、辞职辞退、退休等。

监察官制度的内容应当遵从组织机构功能最适化原则。[2] 这一原则要求监察机关的内部机构设置、权力行使程序、人员安排及制约机制应当能够保证监察权的行使符合宪法的规定和设定的目标。这当然要求作为监察制度一部分的监察官制度，也符合宪法上监察制度设定的目标。根据这一要求，我国监察官制度的构建要处理如下重要问题：一是专业化监察队伍的构建，即行使监察权的监察官应当具有监察专业知识和能力，既要熟知党内法规制度，也要熟知国家法律，更要对党规国法有正确的理解和认识。因此，监察官是否必须具备法律职业资格便是一个需要明确的问题。鉴于监察机关和监察官行使影响巨大的监察权力，对于专业能力要求不能有任何松懈，因此，必须要求监察官具备法律职业资格才能行使监察权。[3] 二是以专业能力和工作绩效作为职务晋升的核心标准。监察官手握重权，能否依规依法行使权力，实现反腐败的宪法重托，是考核监察官的首要和核心标准。因此，围绕监察官专业能力建立一套考核标准和工作绩效评价标准，是监察官管理制度中的重要部分。三是建立行之有效的监察官监督制度。监察机关行使监察权，但监察权总是由具体的人员来行使的，而这些人员生活在现实的世界中，具有各自的利益和诉求，因此，监察权集中固然可以使得监察效

---

〔1〕 是否需要通过国家法律职业资格考试，仍有争议。参见李鼎楚、刘颖新：《应将初任监察官资格纳入“司考”》，载《民主与法制时报》2018年3月1日，第6版；张元星：《构建科学规范的监察官制度》，载《学习时报》2018年8月6日，A3版。

〔2〕 参见黄舒芃：《法律保留原则在德国法秩序下的意涵与特征》，载《中原财经法学》2004年第13期。

〔3〕 参见李鼎楚、刘颖新：《应将初任监察官资格纳入“司考”》，载《民主与法制时报》2018年3月1日，第6版；张元星：《构建科学规范的监察官制度》，载《学习时报》2018年8月6日，第3版。

果更明显，但也使权力行使者面临着更复杂的环境，权力被滥用的风险极大，由此，必须强化对监察官的监督。这种监督应当借助现有的人大监督、民主监督、司法监督、社会监督、舆论监督等机制，必须保证监督有力和有效。[1]

---

〔1〕 参见童之伟：《对监察委员会自身的监督制约何以强化》，载《法学评论》2017 年第 1 期。

第八章　监 察 对 象

鉴于我国党内已经实现监察全覆盖，而行政监察仅监察行政机关及其工作人员，“监察对象失之过窄，权力监督存在盲区”。[1] 为此，监察体制改革确立了实现监察“全覆盖”的目标。何为“全覆盖”？《监察法》对监察范围和监察事项作了明确规定，确立了监察范围法治原则。监察机关应当依法监察，而不能随意扩大监察范围。本章重点探讨监察机关的监察对象。

第一节　监察对象的确定标准

关于监察对象，《监察法》有多处规定。如其第 1 条规定，为了深化国家监察体制改革，加强对所有行使公权力的公职人员的监督，实现国家监察全面覆盖，深入开展反腐败工作，推进国家治理体系和治理能力现代化，根据宪法，制定本法。其第 3 条规定，各级监察委员会是行使国家监察职能的专责机关，依照本法对所有行使公权力的公职人员（以下简称公职人员）进行监察，调查职务违法和职务犯罪，开展廉政建设和反腐败工作，维护宪法和法律的尊严。其第 11 条规定，监察委员会依照本法和有关法律规定履行监督、调查、处置职责：（1）对公职人员开展廉政教育，对其依法履职、秉公用

---

〔1〕 秦前红、刘怡达：《监察全面覆盖的可能与限度——兼论监察体制改革的宪法边界》，载《甘肃政法学院学报》2017 年第 2 期。

权、廉洁从政从业以及道德操守情况进行监督检查。(2)对涉嫌贪污贿赂、滥用职权、玩忽职守、权力寻租、利益输送、徇私舞弊以及浪费国家资财等职务违法和职务犯罪进行调查。(3)对违法的公职人员依法作出政务处分决定;对履行职责不力、失职失责的领导人员进行问责;对涉嫌职务犯罪的,将调查结果移送人民检察院依法审查、提起公诉;向监察对象所在单位提出监察建议。其第15条规定,监察机关对下列公职人员和有关人员进行监察:(1)中国共产党机关、人民代表大会及其常务委员会机关、人民政府、监察委员会、人民法院、人民检察院、中国人民政治协商会议各级委员会机关、民主党派机关和工商业联合会机关的公务员,以及参照《公务员法》管理的人员;(2)法律、法规授权或者受国家机关依法委托管理公共事务的组织中从事公务的人员;(3)国有企业管理人员;(4)公办的教育、科研、文化、医疗卫生、体育等单位中从事管理的人员;(5)基层群众性自治组织中从事管理的人员;(6)其他依法履行公职的人员。不难发现,《监察法》对监察范围和对象的规定既有具体的兜底性定量列举,如第11条和第15条的规定,也有定性式的规定,如第1条和第3条中的"行使公权力的公职人员"。显而易见的是,这些规定之间并不一致。如第15条列举的监察范围包括公职人员和有关人员,"有关人员"显然并非"公职人员"。这是在确定监察范围时必须解释的问题之一。此外,第15条列举的具体监察对象也需要明确其具体范围。所有这些问题的解决,依赖于监察范围的确立标准。从监察机关的性质、权限、功能和地位来看,监察范围应当从如下方面加以理解。

一、国家

我国《宪法》规定各级监察委员会是国家的监察机关,理论上只能监察属于国家权力范围内的人和事,而不能监察与国家相对应的、宪法和法律保留给社会或者私人自主处置的事务。众所周知,宪法上的国家是根据宪法设立的管理公共事务的公共机构,通常用"政治国家""公域"加以表述,与之相对应的是"市民社会"和"私域"。对于前者,《宪法》设定的公权力可以依据宪法和法律加以管理,对于后者,国家则不得非法干预。各级监察机关是由同级人大选举产生的国家机关,是人民通过《宪法》设立的管理公权力行使的公共机关。具体而言,其是对公权力进行监察的反腐败专责机关。因此,监察的范围限于"国家"的范围,不得逾越"国家"的界限。倘若监察机关监察宪法和法律保留给社会和私人的事务,就会造成国家对私人和社会的宰制,形成一个全权国家。

二、宪法

宪法学言及的"国家"并非抽象不可触摸,而是以宪法设置的各种权力为具象和存在形式。在现代国家,任何国家机关行使的权力必须最终在《宪法》上获得规范依据,否则便属于非法的权力。因此,若要找到"国家"的边界,便须回归《宪法》的文本和规范,缕清宪法上权力的谱系和边界。具体而言,监察机关作为国家机关,监察的对象是国家权力的行使,要确定监察范围,便必须确定国家权力的界限,而唯有《宪法》才是国家权力的最终规范渊源。因此,脱离宪法,便无法定位监察范围。

三、权力

宪法设立国家机关、授权宪法权力,权力以机关的名义、由具体的人行使。因此,监察行使权力的机关和人员可以达到监察权力的目的,但仅限于这种路径,将使国家监察失之精准。监察的目标是防范权力的滥用,遏制和消除腐败。因此,监察的唯一指向便是权力,无论该权力由哪一机关的哪一具体工作人员行使,也不论该权力是以何种程序行使。在法律上,这些权力被称为公权力。理论上,将这种由宪法授予的权力称为"宪法权力"。[1] 公权力的用语容易导致模糊,除了指国家行使的由宪法授权的公权力,也可以用来指称社会公权力。要确定监察的范围,通过宪法权力的概念显然更科学,这一概念天然地提供了确定国家公权力范围的路径,即"回头看宪法的规定"。[2]

通过上述3个关键词,我们可以确立国家监察的范围,即"宪法权力"。

---

〔1〕 参见秦前红、程关松:《论宪法权力》,载《河南省政法管理干部学院学报》2003年第3期。

〔2〕 参见胡锦光:《论监察委员会"全覆盖"的限度》,载《中州学刊》2017年第9期。

凡是宪法授予的权力的行使，均属于监察的对象。监察机关监察权力及其行使，鉴于任何权力都被授予或者委托给某些机构或者组织，并最终由具体的个人来行使，因此，监察机关对权力的监察就必然转化为对行使权力的个人的监察。也正是在此意义上，《监察法》规定监察机关全覆盖式地监察所有行使公权力的公职人员。当然，这一表述导致理解上的误区，让人误以为监察机关的监察对象是公职人员。本质上，监察机关作为国家监察的专责机关，监察的主要是行使宪法权力的人员的权力行为，而权力行使总是遵循一定的程序，并具体化为不同的环节，因此，这所有的程序和环节均是监察的对象，在这些程序和环节承担相应职责的人士，也就落入监察的范围。这是我们理解监察范围必须要把握的核心内容，也是正确理解《监察法》确立的监察范围的前提。[1]

第二节　公务员及“参公”管理人员

公务员及“参公”管理人员是《监察法》第15条列举的监察范围中的第一类。我国《监察法》规定：中国共产党机关、人民代表大会及其常务委员会机关、人民政府、监察委员会、人民法院、人民检察院、中国人民政治协商会议各级委员会机关、民主党派机关和工商业联合会机关的公务员，以及参照《公务员法》管理的人员属于监察的范围。这一规定中的“机关”“公务员”这两个关键词确定了监察范围和对象的基本标准。

一、机关

“机关”原本是工程学的概念，指机械设备中承担启动和制动功能的关键性组件。这一概念被运用于行政管理学和法学等学科后，是指某一组织为实现其职能而建立的固定机构。机关既是作为组织处理日常工作的活动

---

〔1〕 有论者提及了这一点。参见姚文胜：《准确把握监察对象的两个维度》，载《中国纪检监察报》2018年8月1日，第8版；石艳红：《“全覆盖”不是“啥都管”》，载《中国纪检监察》2018年第14期。

场所，也是组织与组织之间，或者组织与其他外界人士接洽公务的地方，还是该组织收发、汇集和典藏文书资料的场所，在任何一个行政组织中都起着核心与枢纽的作用。在形态上，机关是指特定的机构。

虽然我国《宪法》规定，人大及其常委会是国家权力机关及其常设机关，但显然，我国《监察法》第15条第1项中所列举的中国共产党机关、人民代表大会及其常务委员会机关、中国人民政治协商会议各级委员会机关、民主党派机关和工商业联合会机关并非指我国《宪法》上所说的“机关”，而是指这些宪法机关的“机关”，即这些机关设立的特定机构。反之，我国《监察法》第15条第1项中所列举的人民政府、监察委员会、人民法院、人民检察院，则是指宪法上的“机关”，即各级人民政府是执行机关和行政机关，监察委员会是监察机关，人民法院是审判机关，人民检察院是检察机关。因此，只有这些机关中的公务员才是监察的对象。凡是落入《监察法》所言及的“机关”之中的人士，便是监察对象。这是确定这类监察对象的第一个标准。

二、公务员

第二个标准是，只有隶属于上述机关的公务员，才可能是监察对象。而公务员身份的确定，必须依据法定程序，特别是《公务员法》的规定，并非所有在机关中工作的人员均是公务员。具体而言，《监察法》第15条列举的第一类中的公务员包括如下类别。[1]

1. 中国共产党机关的公务员。中国共产党虽然是一个有着8000多万名党员的组织，但该组织设置了众多的内部机构，作为其机关。这些机关中的公务员是监察对象，包括：(1)中央和地方各级党委、纪律检查委员会的领导人员；(2)中央和地方各级党委工作部门、办事机构和派出机构的工作人员；(3)中央和地方各级纪律检查委员会机关和派出机构的工作人员；(4)街道、乡、镇党委机关的工作人员。党代表可能被选举或任命为这些机关的工作人员或领导人员，但若不是公务员则不是本类监察对象。

---

〔1〕 参见中共中央纪律检查委员会、中华人民共和国监察委员会法规室编写：《〈中华人民共和国监察法〉释义》，中国方正出版社2018年版，第108～114页。

2. 人民代表大会及其常委会机关的公务员。全国人大及地方各级人大是国家权力机关，由选举产生的代表组成，代表约为250万人。但代表并非当然的监察对象，只有全国人大、地方人大及其常委会机关的公务员才属于监察对象，包括：(1)县级以上各级人大常委会领导人员，乡、镇人大主席、副主席；(2)县级以上各级人大常委会工作机构和办事机构的工作人员；(3)各级人大专门委员会办事机构的工作人员。这些机关中的公务员可能经选举具有人大代表的身份，但其作为监察范围和对象，并非因其人大代表的身份，而是其在这些机关中的公务员身份。这些机关中可能包括非公务员的人大代表，这些代表不是此类监察对象的范围。

3. 人民政府的公务员。各级人民政府是行政机关，因此，行政机关中的公务员当然属于监察范围，具体包括：(1)各级人民政府的领导人员；(2)县级以上各级人民政府工作部门和派出机构的工作人员；(3)乡、镇人民政府机关的工作人员。

4. 监察委员会的公务员。监察委员会是监察机关，其公务员是监察对象，包括：(1)各级监察委员会的组成人员；(2)各级监察委员会内设机构和派出派驻监察机构的工作人员，派出的监察专员等。

5. 人民法院的公务员。人民法院是审判机关，人民法院的公务员中属于监察范围的人员包括：(1)最高人民法院和地方各级人民法院的法官、审判辅助人员；(2)最高人民法院和地方各级人民法院的司法行政人员等。

6. 人民检察院的公务员。人民检察院是检察机关，人民检察院的公务员包括：(1)最高人民检察院和地方各级人民检察院的检察官、检察辅助人员；(2)最高人民检察院和地方各级人民检察院的司法行政人员等。

7. 中国人民政治协商会议各级委员会机关的公务员。中国人民政治协商会议是中国人民爱国统一战线的组织，是发挥协商民主的重要机构，主要由数量巨大的委员组成。同理，委员并非当然是监察对象。只有中国人民政治协商会议各级委员会机关的公务员才是监察对象，包括：(1)中国人民政治协商会议各级委员会的领导人员；(2)中国人民政治协商会议各级委员会工作机构的工作人员。非公务员的政协委员被选举或任命为前述机关的领导人员或工作人员,也不是监察对象。

8. 民主党派机关和工商业联合会机关的公务员。民主党派机关和工商业联合会在本质上是政治结社组织,是中国的参政党和参政组织,这些组织内机关的公务员是监察范围,包括中国国民党革命委员会中央和地方各级委员会,中国民主同盟中央和地方各级委员会,中国民主建国会中央和地方各级委员会,中国民主促进会中央和地方各级委员会,中国农工民主党中央和地方各级委员会,中国致公党中央和地方各级委员会,九三学社中央和地方各级委员会,台湾民主自治同盟中央和地方各级委员会的公务员,以及中华全国工商业联合会和地方各级工商联等单位的公务员。需要特别说明的是,这些民主党派和工商业联合会均设置了内部机构,作为该组织的机关,所以,凡在人事上隶属于这些机关的公务员,均是监察对象。

需要特别说明的是,如果在上述机关中工作,但不具有公务员身份,便不得以《监察法》规定的"中国共产党机关、人民代表大会及其常务委员会机关、人民政府、监察委员会、人民法院、人民检察院、中国人民政治协商会议各级委员会机关、民主党派机关和工商业联合会机关的公务员,以及参照《中华人民共和国公务员法》管理的人员"这一项为据,将之确定为监察对象。

三、参公管理人员

除上述公务员外,还有一类人员是监察对象,即参照公务员法管理的人员。这里的关键是"参照"。根据《公务员法》第106条的规定,法律、法规授权的具有公共事务管理职能的事业单位中除工勤人员以外的工作人员,经批准参照本法进行管理。因此,参照的条件在于如下关键词:"法律法规授权"——因而规章和其他规范性文件被排除在外、"具有公共事务管理职能"、"事业单位"、"工勤人员以外的工作人员"、"批准"——必须具备明示的许可程序。因此,参照是实体条件和程序条件的合一,在程序上必须是依法批准的工作人员。

第三节　其他有关人员

除公务员和参公管理的人员外,还有一批其他人员被列入监察范围,具体包括如下人员。

一、法律、法规授权或者受国家机关依法委托管理公共事务的组织中从事公务的人员

如果事业单位中从事公务的人员未被纳入参公管理的范围,但这类人员在法律法规授权或者受国家机关依法委托,从事公共事务管理,基于公权力行使监督全覆盖原则,这类人员也是监察的范围和对象。这包括两类人员。

其一,法律、法规(不包括规章和其他规范性文件)授权管理公共事务的组织中从事公务的人员。这类人员具有如下的特征:一是某一组织依据法律和法规的授权管理公共事务。需要特别说明的是,这类组织的公共事务管理权是法律和法规的授权,而非其他如规章或者规范性文件的授权。二是某一人员属于这一组织,即形式上其人事关系隶属于该组织。三是该人员在该组织中从事公务。四是该人员未被纳入参公管理的范围。大体而言,这类组织主要是事业单位,且获得法律法规授权进行公共事务管理。如《传染病防治法》第7条规定:"各级疾病预防控制机构承担传染病监测、预测、流行病学调查、疫情报告以及其他预防、控制工作。医疗机构承担与医疗救治有关的传染病防治工作和责任区域内的传染病预防工作。城市社区和农村基层医疗机构在疾病预防控制机构的指导下,承担城市社区、农村基层相应的传染病防治工作。"因此,各级疾病预防控制中心因法律的授权承担疾病预防控制的公共管理职责。在该机构中承担这类公务的工作人员,是监察的对象。基于历史原因,我国存在数量众多从事公共管理的事业单位,其工作人员更是数倍于公务员的数量。对于某一事业单位的某一工作人员是否属于监察范围,应当首先确定该事业单位是否根据法律法规的授权从事公共事务管理,从事哪些方面的公共事务管理,进而确定某一工作人

员是否属于该事业单位,是否在公共事务管理的工作岗位行使公共权力。

其二,受委托管理公共事务的组织中从事公务的人员。基于公共事务管理的需要,国家机关有时会委托一些具有特定专长的组织代为管理公共事务,如委托具有鉴定技术的组织参与特定的安全事项管理。这些组织中事实上从事公共事务管理、行使公权力、具体承担公务管理的工作人员也属于监察的范围。需要明确的是,国家机关的委托应当遵循法定程序,而其委托的事项应当属于其管辖范围,而且仅限于国家机关的委托,其他公共组织的委托不在此列。

根据《国家监察委员会管辖规定(试行)》的规定,银行、保险、证券等监督管理机构,注册会计师协会,医师协会以及法定检验检测检疫鉴定机构工作人员,均是此类监察对象。

二、国有企业管理人员

国有企业管理人员属于监察的范围和对象。在确定这类人员时,应当注意如下几点。

其一,“国有企业”的界定。国有企业是国营企业改革后的产物,目的是实现企业所有者与经营者的分离,实现国家投资企业管理的现代化。随着时间的推移,国有企业的形态多种多样,发展为国家独资企业、控股企业和参股企业等多种形式。《刑法》使用的是“国有公司、企业”的表述方式,在实质内涵上与我国《监察法》的用法并无区别。如何判断一家企业是国有企业,是确定监察范围的前提。

我国并无统一的国有企业的认定规定,但有诸多相关的规定。基于国有资产管理的需要,我国国家权力机关和行政管理部门制定了诸多关于国有企业的法律、法规、规章和规范性文件,如《企业国有资产法》、《企业国有资产监督管理暂行条例》、《企业国有资产交易监督管理办法》、《财政部关于国有企业认定问题有关意见的函》(财企函〔2003〕9 号)、《国家发展改革委办公厅关于印发全国股权投资企业备案管理工作会议纪要和股权投资企业备案文件指引/标准文本的通知》(发改办财金〔2012〕1595 号)、《国家统计局、国家工商行政管理总局关于划分企业登记注册类型的规定调整的通知》

(国统字〔2011〕86 号)、《国务院国有资产监督管理委员会关于施行〈上市公司国有股东标识管理暂行规定〉有关问题的函》(国资厅产权〔2008〕80 号)、《国家统计局关于对国有公司企业认定意见的函》(国统函〔2003〕44 号),等等。这些文件使用了"国有企业""国家出资企业""国有控股企业""国家参股企业""国家独资公司""国有实际控制企业"等不同用语和概念,而各机构也是根据管理的实际需要在狭义、中义和广义上界定国有企业。

狭义的界定,如 2003 年 5 月 27 日中华人民共和国国务院令第 378 号公布、根据 2011 年 1 月 8 日国务院《关于废止和修改部分行政法规的决定》修订的《企业国有资产监督管理暂行条例》,经国务院国有资产监督管理委员会主任办公会议审议通过并报经国务院同意、国有资产监督管理委员会和财政部联合发布的《企业国有资产交易监督管理办法》将国有及国有控股企业、国有实际控制企业三者并列,显然认为国有企业仅指纯国有企业,不包括国家参股并控股或者实际控股的企业。此外,国家统计局以及工商总局在其联合发布的《国家统计局、国家工商行政管理总局关于划分企业登记注册类型的规定调整的通知》(国统字〔2011〕86 号)的附件《关于划分企业登记注册类型的规定》,将国有企业与国有公司作明确区分,并将国有企业限定为纯国有企业。

中义的界定如《财政部关于国有企业认定问题有关意见的函》(财企函〔2003〕9 号)、《国家发展改革委办公厅关于印发全国股权投资企业备案管理工作会议纪要和股权投资企业备案文件指引/标准文本的通知》(发改办财金〔2012〕1595 号)、《国务院国有资产监督管理委员会关于施行〈上市公司国有股东标识管理暂行规定〉有关问题的函》(国资厅产权〔2008〕80 号),三者对国有企业的认定标准表述有别,但基本的立场是将国家作为出资单位并能够由国家绝对或者相对控制的企业作为国有企业,这自然包括国家全资或独资企业以及国有控股或者实际控制企业。

广义的界定,如 2008 年 10 月 28 日第十一届全国人民代表大会常务委员会第五次会议通过《企业国有资产法》、《国家统计局关于对国有公司企业认定意见的函》(国统函〔2003〕44 号),将国有参股公司包括在内。国家统计局将国有企业等同于国家出资企业,采用广义的国有企业概念。

与行政管理语境下国有企业范围的不确定性相比较,《刑法》语境中的"国有公司、企业"指国家独资企业或公司。1979年7月1日第五届全国人民代表大会第二次会议通过、2015年8月29日第十二届全国人民代表大会常务委员会第十六次会议通过的《刑法修正案(九)》修正的《刑法》有28处使用了"国有企业、公司"的表述,如《刑法》第93条规定:"本法所称国家工作人员,是指国家机关中从事公务的人员。国有公司、企业、事业单位、人民团体中从事公务的人员和国家机关、国有公司、企业、事业单位委派到非国有公司、企业、事业单位、社会团体从事公务的人员,以及其他依照法律从事公务的人员,以国家工作人员论。"

对于何为《刑法》中的国有公司、企业,理论上存在争论,主要存在三种观点,即独资说、控股说和参股说,[1]但是,独资说为主流。[2] 如贾宇、舒洪水认为:"所谓国有公司,根据《公司法》的规定,是指公司财产完全属于国家所有的公司,包括由国家授权投资的机构或者国家授权的部门单独投资设立的国有独资的有限责任公司;由2个以上50个以下国有投资主体共同出资设立的有限责任公司;以及国有企业作为发起人单独发起设立的股份有限公司。如果是国有公司、企业与非国有单位共同出资组建的股份有限公司、有限责任公司,则不管国有资产占多少比例,持有多少股份(从实际情况看,'国有资产'也许占99%,也许占1%,比例不一),这种股份有限公司、有限责任公司的财产所有权性质均不能视为国家所有。"[3]这种观点比较有代表性。最高人民法院《关于在国有资本控股、参股的股份有限公司中从事管

---

[1] 参见朱建华:《刑法中的国有公司、企业辨析》,载《现代法学》2004年第4期;徐逸仁:《也谈国有公司、企业的范围——浅议若干犯罪主体存在的问题》,载《上海大学学报》(社会科学版)2007年第3期;赖早兴:《"国有企业"概念辨析——兼谈我国刑法中的"国有公司、企业"》,载《商业研究》2004年第21期。

[2] 参见贾宇、舒洪水:《论刑法中"国有公司"及"受委派从事公务的人员"之认定》,载《法学评论》2002年第3期;赖早兴:《"国有企业"概念辨析——兼谈我国刑法中的"国有公司、企业"》,载《商业研究》2004年第21期;曹红程:《简述刑法上国有公司、企业性质的认定》,载《法制博览》2004年第5期(中);徐逸仁:《也谈国有公司、企业的范围——浅议若干犯罪主体存在的问题》,载《上海大学学报》(社会科学版)2007年第3期。

[3] 贾宇、舒洪水:《论刑法中"国有公司"及"受委派从事公务的人员"之认定》,载《法学评论》2002年第3期。

理工作的人员利用职务便利非法占有本公司财物如何定罪问题的批复》(法释〔2001〕17 号)、最高人民法院印发的《全国法院审理经济犯罪案件工作座谈会纪要》(法〔2003〕167 号)、2010 年 11 月 26 日最高人民法院、最高人民检察院印发的《关于办理国家出资企业中职务犯罪案件具体应用法律若干问题的意见》(法发〔2010〕49 号)将国有公司、企业与“国有控股、参股公司及其分支机构”并列,也同样将后者排除在国有公司、企业范围之外。

审判机关对国有公司、企业采用狭义的立场,在具体的案件判决书中有所体现。福建省漳州市中级人民法院判决的(2013)漳刑初字第 45 号判决书记载:被告人樊某某及其辩护人分别提出辩解理由、辩护意见。被告人樊某某作为项目部负责人,该项目部发放奖金是为了激励员工,辩护人还提出,被告人樊某某作为项目部负责人,该项目部以奖金名义发放的款项不是国有资产,根据公司相关规定,项目部发放奖金属于依规发放,但发放资金的来源是“小金库”,属于违反公司财务制度。因此,被告人樊某某的行为不构成私分国有资产罪。对此辩护意见,法院认为:经查,中国中铁股份有限公司为上市公司且系国有资本控股,中铁大桥局集团有限公司为中国中铁股份有限公司全资子公司,中铁大桥局集团有限公司持有中铁大桥局股份有限公司 98.86% 的股份,中铁大桥局股份有限公司为国有控股公司,不属于国有公司。被告人樊某某所在项目部违反公司规定从账外“小金库”支出资金,该相关款项不属于国有资产,该支出资金违反公司规定,应由该公司依照公司规章处理。因此,该辩解理由和辩护意见,有事实和法律依据,予以采纳。公诉机关指控的被告人樊某某的行为构成私分国有资产罪的罪名不能成立,该指控的犯罪事实不予认定。另在(2016)鄂 1224 刑初字第 294 号判决中,法院认为:“火凤公司的性质为国有公司参股的公司而非国有公司,只是投资者,享有股东权益,而火凤公司享有企业法人财产所有权。湖北电视台不能直接支配、处分火凤公司的财产,由此不认定为我国《刑法》第三百九十六条规定的国有公司所私分的财产,亦不属于该法条定义的国有资产。”这两个案件显示,司法裁判中采纳“独资说”,即国有公司、企业的资本应全部来源于国有投资主体。总体上,在刑法领域,对国有公司、企业的界定,理论和实务上基本持一致的立场,即国有公司、企业指国家独资或全资的公司、企业。

如何理解监察法语境下的“国有企业”，应当考虑法律体系的协调一致性。对于《监察法》中的国有企业，可能存在至少四种解释：一是将国有企业理解为国家全资或独资的企业，不包括国有独资公司，即国家统计局以及工商总局在其联合发布的《国家统计局、国家工商行政管理总局关于划分企业登记注册类型的规定调整的通知》（国统字〔2011〕86 号）的附件《关于划分企业登记注册类型的规定》第 3 条的定义；二是将国有企业定义为国家全资或独资的企业与公司，即采用刑法语境下的界定；三是将国有企业界定为国家全资或独资企业、国家控股企业和国家实际控制企业；四是将国有企业定义为国家出资企业，包括全资、独资、控股和实际控股企业以及参股企业。中共中央纪律检查委员会、中华人民共和国监察委员会法规室编写的《〈中华人民共和国监察法〉释义》采用这一定义，将国有企业理解为五类：(1) 国有独资企业；(2) 国有控股企业（含国有独资金融企业和国有控股金融企业）；(3) 国有独资企业、国有控股企业（含国有独资金融企业和国有控股金融企业）的分支机构；(4) 国有企业所属事业单位；(5) 国有资本参股企业和金融机构。〔1〕 这是对国有企业最宽泛的理解，可能导致监察对象失焦。

第一种理解显然过于狭窄和机械，《公司法》使用了“国有企业”一词，并对国有独资公司作出了专门规定。国有独资公司作为国有企业的类别，并无疑问。同时，这种狭窄的定义也不符合国家监察体制改革所追求的强化反腐败的目的，使监察全覆盖的目标无法实现。第二种理解实现了《监察法》与《刑法》的衔接。但如有的研究者指出的那样：“笼统地说国家参股公司是国有公司不符合现代企业制度有关股权的本义，如果说国家参股公司不是国有公司显然又不利于国有资产的保护。因为《刑法》将第 165 ~ 168 条的犯罪主体限定为国有公司、企业、事业单位的有关人员，那么合乎逻辑的结论是，在国家参股等混合所有制公司、企业，有这些行为就不构成犯罪。对这些单位的有关人员追究刑事责任于法无据。现行刑法只考虑对所有制

---

〔1〕 参见中共中央纪律检查委员会、中华人民共和国国家监察委员会法规室编写：《〈中华人民共和国监察法〉释义》，中国方正出版社 2018 年版，第 111 ~ 112 页。

为纯正国有公司的资产进行法律保护，对国有控股或者参股的股份公司中国有资产的保护在法律上处于空白状态。如果对此类行为不进行惩罚和规制，将导致一系列不利后果：如将造成国有资产的流失，滋生新的腐败土壤，无法保障国有资产保值增值等。这样的法条表述在司法实践中会形成放纵国家参股公司人员实施侵害国有资产行为的局面。”[1]将国有企业限定为国家全资或独资企业，固然贯彻了刑法谦抑主义的传统，但在混合所有制形式极为普遍的情况下，如何有效保护国有资财，也是应当直面回应的问题。第四种理解过于宽泛，必然极大地扩展监察权。

笔者认为，在认定国有企业时，应当保持与《刑法》的一致性。原因在于，监察机关作为调查机关，调查结果的出口可能是经由法院审判追究相关调查对象的刑事责任，如果不能保持认识上的一致，可能与罪刑法定原则相抵触，导致无法追究刑事责任。当然，监察机关如果是追究违纪和违法责任，则可以脱离《刑法》的规定，适度将监察对象的范围扩大到国家控股企业中从事管理的人员。

其二，何为“管理人员”？所谓管理人员，是指管理国有企业和国有资产的人员。国有独资企业及其分支机构的领导班子成员，包括设董事会的企业中由国有股权代表出任的董事长、副董事长、董事，总经理、副总经理，党委书记、副书记、纪委书记，工会主席等，以及未设董事会的企业的总经理（总裁）、副总经理（副总裁），党委书记、副书记、纪委书记，工会主席等，当然属于管理人员，因此是监察对象。此外，对国有资产负有经营管理责任的国有企业中层和基层管理人员，包括部门经理、部门副经理、总监、副总监、车间负责人等，以及在管理、监督国有财产等重要岗位上工作的人员，包括会计、出纳人员等，是国有资产经营管理人员，也是监察对象。

需要特别注意的是，国有企业所属的事业单位的工作人员，如果被列入参公管理的范围，则根据其参公身份来划入监察范围；如果受到法律法规的授权或者国家机关的依法委托行使公权力，则根据授权或者委托关系将其

---

〔1〕 上海社会科学院法学所“公司犯罪研究”课题组：《国有公司犯罪若干疑难问题研究》，载《政治与法律》2008年第11期。

划入监察范围;如果属于公办的教科文卫体单位,其管理人员按公办教科文卫体单位管理人员被纳入监察范围。在这三种情形外,国有企业所属的事业单位的工作人员,包括其领导人员和一般工作人员,应当以是否管理公共事务,行使公权力为标准确定其是否属于监察范围。

国有资本参股企业和金融机构的,若未能实际支配该企业和金融机构,则该企业和金融机构不属于国有企业,其管理人员并非监察的范围和对象;但若受国家机关或者国有企业指派参与国有资本管理的,则对国有资产负有经营管理责任的人员,也属于监察的范围和对象。

三、公办单位中从事管理的人员

公办教科文卫体单位管理人员属于监察范围。这类人员的识别要抓住如下关键点。

一是“公办”。教育、科研、文化、医疗卫生、体育等单位为“公家”举办,即举办人应当为国家机关、国有企业、事业单位、集体经济组织等。在确定公办教育、科研、文化、医疗卫生、体育等单位的性质时,要考察举办历史,查询审批档案和文书。实践中,对一些私人举办的教育、科研、文化、医疗卫生、体育等单位,我国政府通常会给予资助和扶持,这并不能改变这些单位的私人举办性质。

二是“从事管理的人员”。只有公办教科文卫体单位的管理人员才是监察范围和对象。具体包括以下人员:(1)这些单位中属于管理岗位的人员,如领导班子成员,以及分支机构中的领导人员、中基础管理人员;如公办学校的校长、副校长,科研院所的院长、所长,公立医院的院长、副院长等;管理岗六级以上工作人员,从事与职权相联系的管理事务的其他工作人员;在管理、监督国有财产等重要岗位上工作的人员,包括会计、出纳人员,采购、基建部门人员。(2)临时参与职权相联系的管理事务的人员,包括依法组建的评标委员会、竞争性谈判采购中谈判小组、询价采购中询价小组的组成人员等。需要特别说明的是,公办教科文卫体单位中通常存在大批从事专业技术工作的人员,如医生、教师、教练等。这些人员不应当被视为监察对象,除非这些人员同时从事管理岗位,或临时性地参与与职权相关的管理事务。[1]

四、基层群众性自治组织中从事管理的人员

基层群众性自治组织中从事管理的人员,亦是监察的范围和对象。根据我国《宪法》第 111 条的规定,城市和农村按居民居住地区设立的居民委员会或者村民委员会是基层群众性自治组织。居民委员会、村民委员会设人民调解、治安保卫、公共卫生等委员会,办理本居住地区的公共事务和公益事业,调解民间纠纷,协助维护社会治安,并向人民政府反映群众的意见、要求和提出建议。因此,所谓基层群众性自治组织,即是指居民委员会和村民委员会。

根据公权行使监察的原则,“从事管理”并非指“办理本居住地区的公共事务和公益事业”,而是指从事公务管理。根据全国人大常委会的解释,[2]下列情形属于从事公务管理:(1)救灾、抢险、防汛、优抚、扶贫、移民、救济款物的管理;(2)社会捐助公益事业款物的管理;(3)国有土地的经营和管理;(4)土地征用补偿费用的管理;(5)代征、代缴税款;(6)有关计划生育、户籍、征兵工作;(7)协助人民政府等国家机关在基层群众性自治组织中从事的其他管理工作。这些事项主要属于政府公务管理范围,而基层群众性自治组织受委托或者授权协助参与管理。

从事管理的人员,主要指居民委员会和村民委员会中的主任、副主任和委员,均由选举产生。实践中,部分村民、居民或者其他人员实际参与了上述公务管理的,也应属于从事管理的人员的范围。

《国家监察委员会管辖规定(试行)》将从事集体事务管理的居委会、村委会人员和协助人民政府从事行政管理工作的人员列入本类监察对象范围。实践中,一些社区的股份合作公司、居民小组组长等因为在管理处置集体资产时滥用权力、收受礼金等原因,被监察调查处置。这类人员是否属于

---

〔1〕 参见姚文胜:《准确把握监察对象的两个维度》,载《中国纪检监察报》2018 年 8 月 1 日,第 8 版。

〔2〕 参见《关于〈中华人民共和国刑法〉第 93 条第 2 款的解释》。

监察对象的范围,是否属于行使公权力从事公务,需要慎重对待。

五、其他依法履行公职的人员

除前述6类监察对象外,对于其他人员,若根据法律规定行使公权力,便属于监察范围和对象。在确定这类人员是否属于监察范围和对象时,必须注意的实质要件是行使公权力,而形式性要件则是行使公权力是依照法律的规定,具有法律上的根据,二者缺一不可。举例而言,各地政府建立了公安辅助人员制度,由公安机关直接向社会招聘公安辅助人员,辅助执行公安警察方面的公务。这类人员直接根据相关规定的授权从事公务,属于依法履行公职的人员。根据《国家监察委员会管辖规定(试行)》规定,人大代表、政协委员、党代会代表、人民陪审员、人民监督员、仲裁员,以及其他在国家机关、国有公司、企业、事业单位、群团组织中依法从事领导、组织、管理、监督等公务活动的人员,属于此类监察对象范围。这一规定显然失之精准,实践中只能从公权力行使的原则出发,加以具体判断。

第四编

监 察 权 限

本编介绍监察机关依法可以行使的职权及其界限，包括党政合署背景下我国监察机关的权力谱系、预防腐败、监督检查、监察调查、监察处置等具体权限。

第九章　监察权限概述

监察权的法律性质及独立性问题，是监察体制改革过程中备受关注的重要问题之一。其中值得借鉴的参照体系，即为欧美的分权学说及其分权体制。欧美国家的分权学说，最早源自古罗马的"混合政体理论"，在17世纪因英国的宪法实践而衍生出"立法权"与"执行权"二分的理论，到18世纪中期才产生了"权力三分"的观念。[1]"三权分立"学说集大成者当属法国思想家孟德斯鸠。但是，在孟德斯鸠等人的分权学说中，并没有监察权的独立地位。近年来，西方国家也有不少学者在反思和检讨欧美传统的分权学说时，提及"监察权"概念。譬如，美国学者阿克曼明确提出，要"果断地超越孟德斯鸠关于分权问题的思考"。阿克曼特别指出："切实构建一个分立的、廉政的分支，对于现代宪法的起草者来说应是当务之急。这一新的分支应当被赋予权力，并以持续的监督作为刺激。对于这一廉政的分支而言，应当保障其享有高薪，并免于立法机关的削减。对于其职业前景应予以保障，以免日后在他们曾经负责调查过其公正性的官员手下服务。宪法还应当保障将政府全部收入中的固定百分比投入该分支；否则政治人物在面对曝光的威胁时，很可能会以将该机构的拨款削减成名义上的高薪来报复。"[2]

2018年2月党的十九届三中全会审议通过《深化党和国家机构改革方

---

〔1〕 参见[英]M. J. C. 维尔：《宪政与分权》，苏力译，生活·读书·新知三联书店1997年版，第28页。

〔2〕 [美]布鲁斯·阿克曼：《别了，孟德斯鸠：新分权的理论与实践》，聂鑫译，中国政法大学出版社2016年版，第84页、第136～137页。

案》，其中明确规定，国家监察委员会的主要职责是，维护党的章程和其他党内法规，检查党的路线方针政策和决议执行情况，对党员领导干部行使权力进行监督，维护宪法法律，对公职人员依法履职、秉公用权、廉洁从政以及道德操守情况进行监督检查，对涉嫌职务违法和职务犯罪的行为进行调查并作出政务处分决定，对履行职责不力、失职失责的领导人员进行问责，负责组织协调党风廉政建设和反腐败宣传等。国家监察委员会由全国人民代表大会产生，接受全国人民代表大会及其常务委员会的监督。不再保留监察部、国家预防腐败局。

第一节　党政合设合署改革的法理内涵

一、党政合设合署的法理内涵

第一，党政合设。根据中央编办政策法规司《机构编制工作用语释义（试用2014年）》，所谓“党政合设”，应该是党委政府相关部门“撤并机构”或者“机构整合”的简称。相对于“党政合署”来说，这是一种比“党政合署”力度更强的党政机构整合改革。《深化党和国家机构改革方案》在第八部分“深化地方机构改革”中明确提及“党政合设合署”问题：“统筹设置党政群机构，在省市县对职能相近的党政机关探索合并设立或合署办公，市县要加大党政机关合并设立或合署办公力度。借鉴经济发达镇行政管理体制改革试点经验，适应街道、乡镇工作特点和便民服务需要，构建简约高效的基层管理体制。”譬如，经中央编委批准，根据《中央编办关于设立河北雄安新区管理机构有关问题的批复》，同意设立河北雄安新区管理机构。河北省委、省政府印发《关于组建河北雄安新区管理机构的通知》，其中明确规定：“按照‘党政合设’和‘精简、高效、统一’的原则，组建中共河北雄安新区工作委员会、河北雄安新区管理委员会，为河北省委、省政府派出机构，负责组织领导、统筹协调新区开发建设管理全面工作。雄安新区管理委员会，同时接受国务院京津冀协同发展领导小组办公室指导。”[1]由此可见，党政合设的机构实质上是一个机构，接受上级党委、上级政府的共同领导，一般以“一块牌子”开展工作，或者有“两块牌子”，“一个牌子对外”“一块牌子对内”。因此，一般而言，“党政合设机构”的组织融合程度，比“党政合署机构”更高。

第二，党政合署。根据中央编办政策法规司《机构编制工作用语释义（试用2014年）》，“合署办公机构”的基本特征如下：一是实质是两个机构，分别刻印印章，可以共同或各自的名义对外开展工作；二是在党政机构序列中保留各自的名称，机构实体、人员编制及党政领导关系一般列入党委机构，不计入政府机构限额；三是可分别核定领导职数、配备领导班子；四是内设一套办公厅（室）、机关党务、干部人事、行政后勤机构。由此可见，“党政合署”，是“一个机构两块牌子”，可以共同或各自的名义对外开展工作。从这种意义上讲，国家监察体制改革，依然属于“党政合署”而不是“党政合设”，但是，其机构融合的程度比一般的“党政合署机构”更紧密。

二、中国党政体制中的监察权

根据我国《宪法》的规定，监察权是行政权、审判权、检察权之外的另一种独立形态的权力。

第一，监察权与立法权。在我国，狭义上的立法权主体主要是全国人大与全国人大常委会，广义上的立法权主体还包括拥有法规、规章制定权的各级人大及其常委会、各级人民政府或部委机关。因此，除人民代表大会及其常委会外，行政机关、司法机关的广义“立法权”，还可以包括“立法参与权”与“法规制定权”。譬如，我国《立法法》第26条规定：“委员长会议可以向常务委员会提出法律案，由常务委员会会议审议。国务院、中央军事委员会、最高人民法院、最高人民检察院、全国人民代表大会各专门委员会，可以向常务委员会提出法律案，由委员长会议决定列入常务委员会会议议程，或者先交有关的专门委员会审议、提出报告，再决定列入常务委员会会议议

---

〔1〕 沙雪良：《雄安新区党政机构获准组建，陈刚兼任党政一把手》，载搜狐网：http://www.sohu.com/a/151434317_616825，最后访问日期：2018年9月1日。

程。如果委员长会议认为法律案有重大问题需要进一步研究,可以建议提案人修改完善后再向常务委员会提出。"《立法法》和《监察法》均未规定我国各级监察委员会的立法提案权与监察法规制定权。

第二,监察权与司法权。当前,我国的司法权主要是审判权与检察权。审判权与监察权的区分非常清楚。在监察体制改革中,需要明确的是监察权与检察权的区别。检察权,最先体现为刑事案件的检控权或者公诉权。刑事案件与民事案件的区分、公法与私法的区分,导致了公诉与私诉的分流,这是近现代检察权产生的前提条件之一。具体而言,检察体制是一项内在地象征着国家这一公共权力机制通过特定司法程序,介入个人与个人、个人与社会、个人与国家间最严重冲突的制度设计。在社会主义国家,检察权还具有监督地方行政权的重要职能。列宁在《论"双重"领导和法制》中谈到了检察机关领导体制问题:"检察机关以法律监督为专职专责,不执行任何行政职能,受中央垂直领导,行使中央检察权。""检察长的唯一职权和必须做的事情只有一件:监视整个共和国对法制有真正一致的了解,不管任何地方的差别,不受任何地方的影响。"这一理论对中国检察制度的形成和发展也产生了深刻的影响。基于苏联检察长垂直领导制度的历史教训及其他原因,我国的检察制度采取了对本级人民代表大会及常务委员会负责,同时受上级人民检察院指导的双重领导原则。我国监察体制改革后,对国家公职人员职务犯罪的调查权转移到监察机关,检察权的主要职能体现为以公诉权为核心的法律监督权。在某种程度上说,这是检察权向其原初权力形态的回归。

第三,监察权与行政权。自近现代以来,许多行政法学家、行政管理学家都试图对"行政"概念进行界定。概括来说,他们的界定观点大致可以分为三类:第一种观点是从形式上界定"行政"概念,也就是从外观形式上看,行政就是行政机关的一切活动,以此与立法、司法活动相区别;第二种观点是从实质上界定"行政"概念,即提炼出行政的某种本质特征来定义"行政"概念;第三种观点是折中的观点,力图通过综合形式与实质上的特征来界定"行政"概念。我国行政法学者大多数都是从"折中说"角度来界定"行政"概念。譬如,姜明安教授认为:"行政是组织的执行、管理职能,作为行政法学研究对象的行政主要是指国家行政机关执行国家法律、管理国家内政外交事务的职能。”[1]我们认为,行政权是行政机关处理公共事务的权力。在现代国家治理体系中,行政权主要是与立法权、司法权等其他国家权力相对应而存在的。我国监察体制改革后,监察机关从行政机关体系中脱离出来,由人大选举产生独立组建。根据我国2018年《宪法修正案》第52条的规定,我国的监察权主要是“办理职务违法和职务犯罪案件”而非“直接处理公共事务”的权力,与行政权有性质上的重大差异。

第二节 中国监察委员会的权力事项

有学者认为,监察委员会由于与党的纪律检查委员会合署办公,因此,监察权同样是党政合一的,具有双重属性,从而使监察委员会有别于“一府两院”。[2] 实际上,如前所述,监察委员会与党的纪委合署办公而非合并设立,监察权与党纪检查权虽然在实质上由同一个机构来行使,却并非属于完全合一的权力。

一、中共纪律检查委员会的权力

1949年11月中华人民共和国成立后1个月,中共中央发出《关于成立中央及各级党的纪律检查委员会的决定》(以下简称《决定》),决定成立中央和各级党的纪律检查委员会。根据《决定》,纪律检查委员会的任务和职权有:对各部门、各级党委进行一般检查或特定检查,检查各级党组织、党的干部及党员违犯党纪、党章、党的决议的行为;受理、审查并决定中央直属各部门、各级党的组织及党员违犯纪律的处分,受理受处分组织或个人的申诉,对下级纪律检查委员会作出的不当处分进行改变或取消;在党内加强纪律教育,使党员干部严格地遵守党纪,实行党的决议与政府法令,以实现全

---

〔1〕 姜明安主编:《行政法与行政诉讼法》,北京大学出版社、高等教育出版社2007年第3版,第4页。

〔2〕 参见翟志勇:《论监察权的宪法性质》,载《中国法律评论》2018年第1期。

党的统一与集中。[1] 为进一步履行监督职责，查处各种违法乱纪、贪污腐化现象，1955 年 3 月中国共产党全国代表大会通过《关于成立党的中央和地方监察委员会的决议》，成立监察委员会，代替各级党的纪律检查委员会。与中央纪委只能查处违反党纪行为不同，中央监察委员会监督范围扩大，可以查处党组织和党员违犯党纪国法的案件。1982 年 9 月中国共产党第十二次全国代表大会恢复纪委制度。2018 年 10 月 1 日新修订的《中国共产党纪律处分条例》开始施行，说明我国监察体制改革后，党纪检查权不仅没有被削弱或者完全归入监察权，反而得到了加强，党的纪律检查委员会的党纪检查权依然是一种独立形态的权力。

二、监察委员会的权力事项

根据我国 2018 年《宪法修正案》第 52 条与《监察法》第 11 条的规定，监察委员会的权力主要是"国法监察权"，主要表现为对腐败案件的调查权与处分权。具体而言，根据《监察法》的规定，监察委员会履行监督、调查、处置职责，主要行使如下三项权力：第一，廉政教育权，此即"对公职人员开展廉政教育，对其依法履职、秉公用权、廉洁从政从业以及道德操守情况进行监督检查"。第二，对国家公职人员职务违法和职务犯罪的调查权，此即"对涉嫌贪污贿赂、滥用职权、玩忽职守、权力寻租、利益输送、徇私舞弊以及浪费国家资财等职务违法和职务犯罪进行调查"。第三，对于国家公职人员职务违法和职务犯罪的处置权，此即"对违法的公职人员依法作出政务处分决定；对履行职责不力、失职失责的领导人员进行问责；对涉嫌职务犯罪的，将调查结果移送人民检察院依法审查、提起公诉；向监察对象所在单位提出监察建议"，等等。

---

〔1〕 参见李莉：《国家监察体制改革视域下的制度设计变迁——新中国成立以来权力监督的历史梳理》，载《当代世界与社会主义》2018 年第 3 期。

第十章 预防腐败

习近平总书记在党的十九大报告中明确提出:“强化不敢腐的震慑,扎牢不能腐的笼子,增强不想腐的自觉,通过不懈努力换来海晏河清、朗朗乾坤。”《监察法》作为一部反腐败国家立法,立足于国家监察全面覆盖,以监察权的独立行使为保障,对国家监察工作起着统领性和基础性作用。[1] 我国《监察法》第6条规定:“国家监察工作坚持标本兼治、综合治理,强化监督问责,严厉惩治腐败;深化改革、健全法治,有效制约和监督权力;加强法治教育和道德教育,弘扬中华优秀传统文化,构建不敢腐、不能腐、不想腐的长效机制。”据此,国家监察工作在保持惩治腐败的高压态势的同时,应当强化腐败预防力度,“扎牢不能腐的笼子”“构筑不想腐的堤坝”,健全惩治与预防腐败体系。

第一节 域外预防腐败制度

腐败是世界各国面临的共同难题。在长期的反腐败过程中,许多国家和地区意识到仅靠惩治,并不能遏制腐败势头。当前,“标本并治、预防为主”的预防腐败理念已成为国际共识,并且,有许多国家和地区在预防腐败建设上积累了许多有益经验。“他山之石,可以攻玉”,域外预防腐败的成功经验可以作为我国建立预防腐败制度的重要参考。

---

〔1〕 参见谢超:《〈监察法〉对中国特色反腐败工作的法治影响》,载《法学杂志》2018年第5期。

一、《联合国反腐败公约》

2003 年 10 月 31 日第 58 届联合国大会审议通过了《联合国反腐败公约》(以下简称《公约》),这是联合国历史上通过的第一项指导国际反腐败斗争专门的法律文件。对于反腐败问题,《公约》不仅着眼于打击和制裁措施,还致力于从制度、机构等方面构建腐败的预防机制,并在《公约》第二章第 5 条至第 14 条对预防腐败作了相关规定。由此可见,腐败预防构成了《公约》不可或缺的重要组成部分。

第一,预防腐败的政策和措施。《公约》为更高效而有力地预防和打击腐败,规定了各缔约国制定相关政策和措施的原则。首先,各缔约国要立足于本国的法律政策制定反腐败政策,这些政策应体现出"法治、公共事务、公共财产、廉正、透明度和问责制"的原则。其次,各国应制订和评估预防腐败的有效做法和行政措施。最后,各国可增进反腐败国际协作,参与国际方案和项目。

第二,预防腐败的专门机构建设。《公约》规定,各缔约国应当设立专门的反腐败机构,并为其提供必要的物资和专职工作人员,赋予机构独立性,使其能够有效地履行实施预防性反腐败政策,并进行监督和协调;积累和传播预防腐败的知识等职能,免受任何不正当影响。另外,考虑审判机关和检察机关的独立性和在反腐败方面的特殊作用,各缔约国有必要根据本国情况对司法过程进行规制,如制定司法机关人员行为规范和准则,以公正明晰的司法程序推动廉政建设,防止司法腐败。

第三,公职人员培训教育。公职人员作为国家职能的实施者,其选拔任用、教育培养、岗位行为等各方面都影响着反腐败机制的构建,《公约》第二章第 7 条对此进行了专门规定。首先,从制度方面规范公职人员的招聘、雇用、留用、晋升、退休流程,建立公职人员选拔标准。其次,在资金方面,鼓励各缔约国提升候选人经费筹措的透明度和制定公职人员薪资标准。最后,建立公职人员履职过程中的反腐举报和事前利益申报制度,从而在公职人员的规范过程中,建立公平的任用制度、透明的财务政策、高效的工作模式。

此外,《公约》还对完善公共采购、公共财政管理、公共报告等行政制度,加强企事业单位和私营企业的经济监督和管理、洗钱犯罪的预防措施、预防和监测犯罪所得的转移等予以规定。在构建公共部门腐败预防机制的基础上,《公约》进一步强调预防腐败还需加强社会参与,并在第 13 条提出了民间团体、非政府组织和社区组织等公共部门以外的个人和团体参与反腐的具体措施,例如,公共决策过程的公开透明、公众信息获取的渠道畅通、反腐宣传的精准有效。

二、新加坡和中国香港特别行政区的预防腐败制度

(一)新加坡的预防腐败制度

根据国际透明组织关于全球清廉指数的报告,新加坡的清廉指数十几年来都居于排行榜的前列。新加坡成功治理贪污腐败、创建廉洁政府主要得益于其健全的反腐败法律体系。依法治理腐败是新加坡反腐败斗争最为突出的特点。新加坡《预防腐败法》生效于 1960 年 6 月 17 日,替代了原来的殖民地时期的《预防腐败条例》,至今已进行了 10 余次修订。[1] 新加坡《预防腐败法》全文共 37 条,由 6 章组成:第一章总则,对关键术语作了界定;第二章人员任命和人事,对贪污调查局官员的任命及退休职业规划的权益保障作了详尽的规定;第三章犯罪和刑罚,规定了腐败犯罪的类型、构成和惩处;第四章逮捕和调查权,主要内容是规定腐败犯罪调查活动程序;第五章证据,规定了腐败犯罪审理适用的特殊证据制度;第六章附则,涉及内容主要有妨碍腐败犯罪处置的后果、腐败犯罪特殊形态等。总体来说,新加坡《预防腐败法》是一部以实体为主,兼顾反腐败程序的特殊刑事法,它既是反腐败法,又是预防腐败法。

(二)中国香港特别行政区的预防腐败制度

廉政公署(以下简称廉署)是我国香港特别行政区反腐败的重要机关。廉署自成立以来,坚持调查、预防、教育"三管齐下"的反贪策略,廉署内专门负责腐败预防的机构是防止贪污处。香港特别行政区《廉政公署条例》是防止贪污处开展工作时的主要法律依据。根据《廉政公署条例》相关规定,防

---

〔1〕 参见《新加坡预防腐败法》,王君祥译,中国方正出版社 2013 年版。

止贪污处的职责由三方面构成:第一,其审查对象是各政府部门及公共机构,审查的内容是其工作常规及程序,从而实现对公共机构常规工作的监督和规制;第二,经廉政专员审查,认为工作常规或程序需要进行必要修改的,可在符合政府部门或公共机构有效执行职责的原则下,向各政府部门或公共机构首长提出建议;第三,就有关消除贪污的方法给予指导、意见及协助。防止贪污处能够顺利开展工作、履行职责,是因为《廉政公署条例》还赋予了其法定职权。根据《廉政公署条例》的相关规定,廉署人员有以下职权:第一,可进入任何政府楼宇,要求政府工作人员回答相关问题,出示有关文件、制度等;第二,查阅公共机构有关工作制度、程序、常规的文件;第三,任何人抗拒廉署人员履行上述职责、提供虚假资料、作出虚假陈述均会被定罪。

根据《廉政公署条例》相关规定,防止贪污处预防腐败主要通过防贪审查和防贪咨询两种制度实现。

第二节 中国预防腐败制度

一、中国预防腐败的机构

改革开放后,随着经济总量增加、经济模式的多样化,中国开始走出一条事前预防与事后惩治的反腐之路。早在 1989 年,广东省检察院为将预防模式纳入反腐工作,便率先建立了全国第一个预防贪污贿赂犯罪的专门机构——反贪污贿赂局预防处。1992 年 10 月 30 日最高人民检察院颁布《关于加强贪污贿赂犯罪预防工作的通知》,梳理了预防贪污犯罪工作的措施和成效,指出广东省、上海市先后设立了预防犯罪的专门工作机构。为了贯彻中央关于标本兼治、惩防并举的治理腐败方针,加强对全国预防贪污贿赂工作的指导,1992 年最高人民检察院在贪污贿赂检察厅内设预防贪污贿赂犯罪检察处,1995 年变更为反贪污贿赂总局内设的贪污贿赂犯罪预防中心。2000 年 8 月最高人民检察院成立了职务犯罪预防厅。2015 年最高人民检察院整合反贪污贿赂总局、反渎职侵权局和职务犯罪预防厅,组建了新的反贪污贿赂总局,总局分设一局、二局、三局、四局。但这种整合仅在最高人民检察院层面得以实施，各省级检察院并没有进行相应的整合，仍然保持反贪、反渎、预防职务犯罪三个内设机构的独立设置。[1]

党的十六大后，我党进一步深化了对反腐工作的认识，因此，调整了反腐败战略，将惩治和预防结合，致力于建立健全惩治和预防腐败体系，强调从源头防治腐败。2005 年 1 月 1 日中央印发了《建立健全教育、制度、监督并重的惩治和预防腐败体系实施纲要》，总结了党反腐倡廉的基本经验，明确了"标本兼治、综合治理、惩防并举、注重预防"的反腐思想。《联合国反腐败公约》要求，"各缔约国均应当根据本国法律制度的基本原则，确保设有一个或酌情设有多个机构……预防腐败"。为履行公约规定义务并促进预防腐败的国际合作，也为了推进预防腐败工作的开展，2007 年 9 月我国成立国家预防腐败局。它的一项主要职责是开展预防腐败的国际合作与国家援助，分享中国开展预防腐败工作的良好实践，学习借鉴其他国家预防腐败的成功经验和有效做法，推动中国预防腐败的各项工作。

二、中国预防腐败的制度规划

2013 年中共中央印发《建立健全政治和预防腐败体系 2013—2017 年工作规划》，明确提出"全面推进惩治和预防腐败体系建设是全党的重大政治任务和全社会的共同责任。全党必须从思想上警醒起来，坚持惩治和预防腐败两手抓、两手硬，把党风廉政建设和反腐败斗争引向深入"，成为 2013 ~ 2017 年党风廉政建设和反腐败斗争的重要依据。对于如何科学有效地预防腐败，该规划第 4 项提出，"推进预防腐败工作，加强理想信念教育，增强宗旨意识，使领导干部不想腐；加强体制机制创新和制度建设，强化监督管理，严肃纪律，使领导干部不能腐；坚持有腐必惩、有贪必肃，使领导干部不敢腐"。

据此，在国家监察体制改革的基础上，国家监察委员会预防腐败权限的发挥，应当从"不敢腐""不能腐""不想腐"三方面着手，构建具有中国特色

〔1〕 参见洪宇、任建明：《国家监察体制的历史演进与改革方向》，载《理论视野》2017 年第 7 期。

的预防腐败长效机制。从长远角度来看,我国预防腐败制度的建设将是一个长期的过程。我国需要发挥纪检监察部门,尤其是派驻纪检监察机构在公共部门廉政风险防控过程中的重要作用,加强对公共权力配置结构与运行过程的系统性分析,围绕公共资源管理流程,及时查找腐败发生或蔓延的可能性,识别、诊断和消除公共管理过程中潜在的廉政风险。

第一,构建“不敢腐”的长效机制。惩治是最好的预防,制度是最好的保障。为加大对腐败犯罪的惩治力度,我国《监察法》第 11 条规定,监察委员会对涉嫌职务违法和职务犯罪的公职人员享有调查权。在监察体制改革前,纪委和行政监察局自 1993 年起便合署办公,履行党的纪律检查和政府行政监察两项职能,其监督对象限于党员和非党员的行政人员,职能范围限于进行党纪和政纪的监察。根据《中国共产党党内监督条例》和我国《行政监察法》的规定,一旦涉及犯罪,纪律监察机关必须移送司法机关处理。这种反腐败的双元体制存在机构分立、力量不集中的缺陷。监察体制改革后,根据《监察法》第 11 条规定,监察委员会有权“对涉嫌贪污贿赂、滥用职权、玩忽职守、权力寻租、利益输送、徇私舞弊以及浪费国家资财等职务违法和职务犯罪进行调查”,并有权采取谈话、讯问、询问、查询、冻结、调取、查封、扣押、搜查、勘验检查、鉴定、留置 12 项措施。《监察法》所赋予的权限是监察委员会开展廉政建设和反腐败工作的保障,通过直接赋予监察委员会调查权以及 12 项调查措施,突出地体现了监察委员会作为国家反腐败工作机构的定位,能够有效地强化监察委员会的震慑作用,减少和遏制腐败行为的发生,将“不敢腐”落到实处。

为加大对腐败犯罪的惩治力度,《监察法》第 11 条还规定,监察委员会对涉嫌职务违法和职务犯罪的公职人员享有处置权。根据《监察法》的相关规定,监察委员会“对有职务违法行为但情节较轻的公职人员,可以直接或者委托有关机关、人员,进行谈话提醒、批评教育、责令检查,或者予以诫勉;对违法的公职人员,则可以依照法定程序作出警告、记过、记大过、降级、撤职、开除等政务处分决定;对不履行或者不正确履行职责负有责任的领导人员,可以对其直接作出问责决定,或者向有权作出问责决定的机关提出问责建议;对涉嫌职务犯罪的,监察机关经调查认为犯罪事实清楚,证据确实、充分的，移送人民检察院依法审查、提起公诉；对监察对象所在单位也可以针对廉政建设和履行职责存在的问题等提出监察建议”。特别是其中党政领导人员问责制的推行，更是健全权力运行制约和监督机制的重要内容，[1]其贯彻了习近平总书记“有权必有责、有责要担当、失责必追究”的指示精神。而监察体制改革前，根据我国《行政监察法》规定，监察机关只有作出监察决定和提出监察建议的处分权限。扩大监察委员会的处置权限，能够有效惩治公职人员的腐败行为，震慑公职人员廉洁从政。

第二，构建“不能腐”的长效机制。监察体制改革前，我国长期遵循的是“党委统一领导、党政齐抓共管、纪委组织协调、部门各负其责、依靠群众支持和参与”的反腐败领导体制和工作机制。在实践中，反腐败职能机构呈现“三驾马车”结构，国家监察职能分别由中国共产党纪律检查机关、政府监察机关和国家司法机关行使。国家监察体制改革构建了集中统一、权威高效的中国特色国家监察体制。首先，在机构设置上，我国成立了行使国家监察职能的专责机关——监察委员会，把过去分散的行政监察、预防腐败以及检察机关的反贪、反渎力量集中起来，推进反腐败预防和惩治工作在领导体制、职能权限、资源手段等方面全面整合。其次，我国《监察法》第 8 条规定，“国家监察委员会由全国人民代表大会产生，负责全国监察工作。国家监察委员会对全国人民代表大会及其常务委员会负责，并接受其监督”。这一规定强化了人大作为国家权力机关的监督职能，扩展了人民监督权力的途径。最后，为强化党对反腐败工作的集中统一领导，国家监察委员会与中央纪律检查委员会合署办公。因此，监察委员会在党直接领导下，代表党和国家对所有行使公权力的人员加强日常监督，调查职务违法犯罪事实，履行相应的处置职责，开展反腐败思想政治工作，进行理想信念宗旨教育。[2] 由此可见，监察委员会的成立，实现了国家监督、人民监督、党内监督的有机统一，实现了依规治党和依法治国的有机统一，[3]使反腐败决策指挥系统、反腐败职能

---

〔1〕 参见江金权：《建立防止利益冲突制度体系》，载《瞭望》2010 年第 43 期。

〔2〕 参见钟纪言：《赋予监察委员会宪法地位　健全党和国家监督体系》，载《中国人大》2018 年第 5 期。

〔3〕 参见谢超：《〈监察法〉对中国特色反腐败工作的法治影响》，载《法学杂志》2018 年第 5 期。

权限范围、反腐败资源手段紧密结合在一起,也强化了预防腐败机制的效力。

第三,构建"不想腐"的长效机制。"不能腐"和"不敢腐"强调的是外在的约束,"不想腐"则是内在的"自我约束"。要从根本上治理腐败,必须从内心自觉角度解决干部"不想腐"的问题。习近平总书记曾强调要"大力加强反腐败教育和廉政文化建设"。《监察法》第11条第1款便规定监察委员会应当对国家公职人员开展廉政教育。党的十八大以来,以习近平同志为核心的党中央站在新的历史起点上,以前所未有的力度开展党风廉政建设和反腐败斗争,提出一系列新的理念、思路、举措,[1]科学回答了"什么是反腐败、为什么反腐败、怎样反腐败"等问题,进一步丰富和发展了中国特色廉政理论体系。中国特色廉政理论体系是中国特色反腐倡廉实践在理论上的系统阐述:通过运用当代中国特色廉政理论武装广大公职人员的头脑,占据公职人员的思想阵地,从而端正公职人员的精神追求;通过加强对其学习运用,加大正面宣传引导,形成正确的舆论导向和心理导向,进一步筑牢公职人员的思想道德防线,提高拒腐防变的能力。[2]

开展国家监察工作,使公职人员从内心深处"不想腐",需要加强对公职人员的法治教育,大力培养其法治思维、提高法治素养。第一,紧密结合实际,组织公职人员认真学习宪法,国家基本法律,与经济社会发展和人民生产生活密切相关的、与履行岗位职责密切相关的各项法律法规,使国家公职人员牢固树立社会主义法治理念,努力提高法治素养,深入推进法治实践。第二,引导各级领导干部做遵法、学法、守法、用法的模范,带头学习宪法和法律,带头厉行法治、依法办事。党员干部要深入学习党章和党内法规,增强自身党规党纪意识,做党的纪律和国家法律的自觉拥护者、模范遵守者、坚定捍卫者。[3] 第三,积极推进国家工作人员结合岗位需求开展用法活动,严格按照法律规定履行职责,不断提高社会治理法治化水平。

---

〔1〕 参见朱玲玲:《用廉政文化建设构建党员干部"不想腐"的对策建议》,载《传承》2017年第1期。

〔2〕 同上。

〔3〕 参见李霞:《新时代"不敢腐、不能腐、不想腐"机制建构——以法治保障为研究视角》,载《北京工业大学学报》(社会科学版)2018年第4期。

第十一章　监督检查

“重惩治、轻防范”，“重查处、轻监督”，“调查处置权分散而监督权极弱”，以致酿成腐败久攻难下的困局，是改革开放以来腐败治理的教训所在，监督权的“低、散、窄、软、松”乃至衰弱，直接导致腐败犯罪纪录屡被刷新。[1] 国家强力推进监察体制改革，核心在于走出监督权低效软弱的困境。《监察法》第11条明确了监察委员会具有监督、调查、处置三大职责，其中，监督是监察委员会的首要职责。监察委员会代表党和国家，依照宪法、监察法和有关法律法规，监督所有公职人员行使公权力的行为，确保权力不被滥用、确保权力在阳光下运行，把权力关进制度的笼子。[2] 国家监督是对公权力最直接最有效的监督，国家监督的严肃性、实效性，直接关乎党的执政能力和治国理政科学化水平。通过制定《监察法》，成立监察委员会，实现对所有行使公权力的公职人员监督全覆盖，有利于形成严密的法治监督体系，实现依规治党与依法治国、党内监督与国家监察有机统一。

第一节　监察委员会监督检查权的法理内涵

2016年《关于在北京市、山西省、浙江省开展国家监察体制改革试点工

---

〔1〕 参见魏昌东：《国家监察委员会改革方案之辨正：属性、职能与职责定位》，载《法学》2017年第3期。

〔2〕 参见中共中央纪律检查委员会、中华人民共和国国家监察委员会法规室编写：《〈中华人民共和国监察法〉释义》，中国方正出版社2018年版，第88页。

作的决定》第2条规定了试点地区监察机关履行监督检查公职人员依法履职、秉公用权、廉洁从政以及道德操守情况的监督职责。我国《监察法》第11条第1款进一步将监督职责规定为“对公职人员开展廉政教育,对其依法履职、秉公用权、廉洁从政从业以及道德操守情况进行监督检查”。

一、监督检查的性质

监察法上的“监督”有广义和狭义之分。广义上的监督,既包括对国家工作人员的批评教育和组织处理,也包括根据监督、调查、处分的情况及发现的问题,采取发送监察建议、宣传、教育手段,预防违法问题发生。狭义上的监督,仅指“预防性监督”。我国《监察法》第11条规定了监察机构“监督”“调查”“处置”的三大职责权限,“监督”属于事前预防,“调查”属于事中发现,“处置”属于事后惩治。监察法将三者并列,表明监督检查仅指狭义上的监督,即“预防性监督”。“预防性监督”是通过事前合理的制度设计,确保公权力运行的合规性,减少越轨行为的发生概率;“发现性监督”是在权力运行过程中,对权力进行即时监控,对于越轨行为能够及时发现并预警,减少犯罪概率。[1]

从监督主体角度,监督可以分为党内监督、国家机关监督、民主监督、司法监督、群众监督、舆论监督。习近平同志在党的十九大报告中提出,要构建党统一指挥、全面覆盖、权威高效的监督体系,把党内监督同国家机关监督、民主监督、司法监督、群众监督、舆论监督贯通起来,增强监督合力。[2]根据《监察法》第11条,监察委员会是监督权的行使主体。监察体制改革后,行政机关内的监察厅(局)、预防腐败局和人民检察院查处贪污贿赂、失职渎职以及预防职务犯罪等部门的相关职能整合至监察委员会,党的纪律检查委员会、监察委员会合署办公。《监察法》第3条明确规定,各级监察委员会是行使国家监察职能的专责机关。其监督结果具有国家强制力,应当

---

〔1〕 参见钱小平:《监察委员会监督职能激活及其制度构建——兼评监察法的中国特色》,载《华东政法大学学报》2018年第3期。

〔2〕 参见叶青、王小光:《检察机关监督与监察委员会监督比较分析》,载《中共中央党校学报》2017年第3期。

定位为国家机关监督。

二、监督检查的对象

根据我国《监察法》第 11 条第 1 款，监察委员会监督的对象是所有行使公权力的公职人员。《监察法》第 15 条具体规定了公职人员的范围，包括中国共产党的机关、人大及其常委会机关、行政机关、政协机关、监察机关、审判机关、检察机关、民主党派和工商联机关的公务员及参照公务员法管理的人员，法律、法规授权或者受国家机关依法委托管理公共事务的组织中从事公务的人员，国有企业管理人员，公办的教育、科研、文化、医疗卫生、体育等单位中从事管理的人员，基层群众性自治组织中从事集体事务管理的人员以及其他依法履行公职的人员，统一纳入监察范围，确保了监督全覆盖、无死角。而在监察体制改革之前，根据我国《行政监察法》第 2 条规定，行政监察机关的监察范围限于国家行政机关及其公务员和国家行政机关任命的其他人员，无法涉及人大、政协、司法机关和国家企事业单位等非行政性机构的公职人员。[1] 另外，根据党章和《中国共产党党内监督条例》的规定，纪律检查委员会只能对党员进行监督、检查和处理，大量非党员的公职人员不在监督之列，从而形成了大幅的监察空白区域。

三、监督检查的内容

根据我国《监察法》第 11 条，监察委员会主要对公职人员行使公权力的三个方面进行监督检查：一是合法性监督，即监督公职人员的依法履职情况。监督检查公职人员是否严格遵守宪法和法律，是否按照法定权限和程序认真履行职责，是否坚持“法定职责必须为、法无授权不可为”，是否自觉运用法治思维和法治方式推动工作，是否存在超越法律行使权力的违法行为。二是合理性监督，即监督公职人员的秉公用权情况。监督检查公职人员是否按规则按制度行使权力，是否真正做到了权为民所用、利为民所谋，是否真正做到了大公无私、公私分明、先公后私、公而忘私，是否存在搞特

〔1〕 参见陈光中、邵俊：《我国监察体制改革若干问题思考》，载《中国法学》2017 年第 4 期。

权、特殊化、公权异化、以权谋私的行为,是否存在玩忽职守、不作为、慢作为、乱作为的行为。三是廉洁性监督,即监督公职人员的廉洁从政从业情况。监督公职人员是否廉洁从政,自觉保持人民公仆本色,是否廉洁用权,自觉维护人民根本利益,是否廉洁修身,自觉提升思想道德境界,是否存在贪污受贿,权钱交易、权色交易等违法乱纪的情况。[1] 值得注意的是,《监察法》在2016年《关于在北京市、山西省、浙江省开展国家监察体制改革试点工作的决定》"廉洁从政"的基础上增加了"从业"这一规定,体现了党和国家对实现反腐"全覆盖"的决心。

四、监督检查的方式

监察机关履行监督职责的方式包括教育和检查。廉政教育是防止公职人员发生腐败的基础性工作,主要包括如下几个方面的内容:一是加强公职人员理想信念教育,引导广大公职人员树立正确的权力观、地位观、利益观,放下架子、俯下身子,把为人民服务作为价值追求,把为人民谋利益作为根本目的,把为人民做贡献作为人生宗旨,真正做到权为民所用、情为民所系、利为民所谋。二是加强行政道德教育,引导公职人员以对党和人民的事业高度负责的精神,狠抓工作落实,简单做人,务实做事,扎扎实实做好各项工作,不搞劳民伤财的"政绩工程""形象工程""面子工程",这样,党和人民的事业才能更加兴旺发达。三是坚持党纪国法教育,教育所有公职人员切实在宪法和法律的范围内活动,知法、懂法从而带头守法,树立对法律的敬畏意识;明白什么可以为、什么不可为,时刻保持清醒的"法治头脑",认真执行中央提出的各项规定与纪律,从自我做起,从现实做起,从小事做起;自重、自警、自省、自励,带头弘扬新风正气,坚决抵制歪风邪气,切实树立勤奋好学、真情为民、真抓实干、清正廉洁的良好形象,不断增强拒腐防变能力。

根据我国《监察法》第18条规定,作为检查权具体化的检查措施表现为:监察机关有权依法向有关单位和个人了解情况,收集、调取证据;对可能发生职务违法的监察对象,监察机关按照管理权限,可以直接或者委托有关

[1] 参见姜明安:《监察工作理论与实务》,中国法制出版社2018年版,第27页、第28页。

机关、人员进行谈话或者要求说明情况。《监察法》对于监督检查职责的规定比较原则概括，并未列举其他检查措施。当然，在合署办公体制下，纪委的监督与监委的监督是对应的，纪委的执纪监督、派驻监督、信访监督、党风廉政意见回复、谈话提醒和约谈函询制度、审查监督、通报曝光制度等，也都适用于国家监察的监督。这些党内监督方式，对于监察委员会对公职人员行使公权力进行监督，有很好的借鉴意义。

第二节　监察委员会监督检查的具体措施

一、监察监督检查与党纪监督检查的区别

监察监督检查与纪委监督检查主要有以下几点不同。

第一，监督主体的不同。纪委与监察委员会具有不同的机构属性，分别属于党的机关和国家机关两个组织序列。《中国共产党党内监督条例》第26条规定：党的各级纪律检查委员会是党内监督的专责机关，履行监督执纪问责职责。由此可见，纪委是与同级党委平行设置的党的领导机关。《监察法》第3条规定：各级监察委员会是行使国家监察职能的专责机关，依照本法对所有行使公权力的公职人员进行监察。监察委员会由人大产生，对人大负责，受人大监督，是与行政机关、司法机关平行设置的国家机关。纪委属于党的机关序列，监察委员会属于国家机关序列。

第二，监督对象的不同。《中国共产党党内监督条例》第6条规定："党内监督的重点对象是党的领导机关和领导干部特别是主要领导干部。"党内监督只能监督检查具有党员身份的公职人员，而根据监察法相关规定，监察委员会则对所有行使公权力的公职人员进行监督。对于党内监督难以直接进行监督的党外公职人员，监察委员会能够进行监督管理，以弥补这一监督空白。

第三，监督内容的不同。按照《中国共产党党内监督条例》的规定，纪委主要监督检查党组织和党员干部遵守党章党规党纪、贯彻执行党的路线方针政策情况。我国《监察法》第11条规定，监察委员会对公职人员依法履

职、秉公用权、廉洁从政从业以及道德操守情况进行监督检查。据此可知，纪委主要负责党纪监督，监察委员会主要负责政纪监督和执法监督。二者在监督内容上各有分工。

二、监察监督检查与党纪监督检查的联系

在党政合署办公体制下，纪委的检查监督与监察委员会的检查监督既有区别又有一致性。《中国共产党党内监督条例》第37条明确规定，党委应当支持和保证监察机关对国家机关及公职人员依法进行监督。国家监察工作也要在党的领导下展开，在思想、政治和组织方面接受党的领导。在“纪在法前”思想的指导下，纪委与国家监察委员会合署办公，能够将党纪、政纪和法纪结合得更加紧密，能够同时提高纪律检查和国家监察的工作效率，能够同时实现全面从严治党和国家治理现代化的目标。[1]

（一）派驻监督检查

第一，派驻监督检查的基本职责。我国《监察法》第12条、第13条明确规定：“各级监察委员会可以向本级中国共产党机关、国家机关、法律法规授权或者委托管理公共事务的组织和单位以及所管辖的行政区域、国有企业等派驻或者派出监察机构、监察专员。监察机构、监察专员对派驻或者派出它的监察委员会负责。”“派驻或者派出的监察机构、监察专员根据授权，按照管理权限依法对公职人员进行监督，提出监察建议，依法对公职人员进行调查、处置。”但是，派驻监察机构与监察专员如何履行职责？监察法对此没有详细规定。2018年10月经党中央同意，中共中央办公厅印发《关于深化中央纪委国家监委派驻机构改革的意见》，决定进一步深化中央纪委国家监委派驻机构改革，完善派驻监督体制机制，为推动全面从严治党和反腐败斗争向纵深发展提供有力保证。该意见明确，推动驻在部门党组织担负起全面从严治党政治责任，建立定期会商、重要情况通报、线索联合排查、联合监督执纪等机制，为党组（党委）主体作用发挥提供有效载体，形成同向发力、

---

〔1〕 参见王立峰、吕永祥：《纪委与监察委员会合署办公的理论内涵、现实意义与优化路径》，载《河南社会科学》2017年第11期。

协作互动的工作格局。派驻机构要紧紧围绕监督这个第一职责,加强对驻在部门党组织的监督,重点检查遵守党章党规党纪和宪法法律、贯彻落实党的路线方针政策和决议等情况,确保党中央政令畅通。赋予派驻机构监察权,派驻机构既要依照党章和其他党内法规履行监督执纪问责职责,又要依照宪法和监察法履行监督调查处置职责,对行使公权力的公职人员实行监察全覆盖。健全审查调查工作机制,加强问题线索集中统一管理,完善审查调查协调、案件审理协调、重大案件督办机制。由此可见,根据我国纪检监察机构合署办公的组织机制,派驻纪检组同时履行党纪监察权和国法监察权。

《中国共产党党内监督条例(试行)》第 8 条规定:“派驻纪检组按照有关规定对驻在部门的党组织和党员领导干部进行监督。”2006 年《关于中共中央纪委派驻纪检组履行监督职责的意见》中明确规定:“派驻纪检组应当协助驻在部门党组建立健全规范党组及其成员正确履行职责和行使权力、加强自我约束和互相监督的措施和制度。派驻纪检组组长参加驻在部门党组会议和有关行政领导会议,对领导班子执行议事规则的情况进行监督,对有关问题负责任地提出意见或建议。派驻纪检组按照有关规定对驻在部门干部选拔任用工作进行监督。派驻纪检组在驻在部门按规定征求对拟选拔任用干部人选的意见时,应当按时以书面形式反馈意见。”[1]

派驻纪检组应当了解汇总驻在部门党组成员在用车、住房、出国(境)、休假、兼职、配偶子女从业和收受礼品登记等方面执行廉洁自律规定及个人家庭发生重大变化的情况。派驻纪检组了解驻在部门党组成员执行个人重大事项报告制度的情况,并报中央纪委。派驻纪检组通过了解驻在部门党组成员分管范围内的党风廉政建设和反腐败工作情况、参加对驻在部门的党风廉政建设责任制考核等方式,对驻在部门党组及其成员抓党风廉政建设和反腐败工作的情况进行监督。派驻纪检组定期向中央纪委报告驻在部门党组及其成员贯彻落实党风廉政建设责任制的情况。

---

〔1〕 资料摘自《关于深化中央纪委国家监委派驻机构改革的意见》,载《人民日报》2018 年 10 月 31 日,第 1 版。

派驻纪检组应当派员参加驻在部门党组成员述职述廉会议,了解相关的民主评议或民主测评情况。派驻纪检组要将驻在部门党组成员的述职述廉情况向中央纪委作综合报告。派驻纪检组通过参与民主生活会前征集对驻在部门党组及其成员意见的工作、参加党组民主生活会、了解党组及其成员制定和落实整改措施情况等方式,对驻在部门党组民主生活会的情况进行监督。对驻在部门党组成员在民主生活会上所作的检查或说明,需要查明事实的,按照有关程序办理。

派驻纪检组应当严格按照中央纪委的规定,办理涉及驻在部门党组及其成员的信访举报件。派驻纪检组组长要主动与驻在部门党组成员就贯彻执行党风廉政建设责任制、廉洁自律规定等方面的情况交换意见。派驻纪检组根据工作需要,可以查阅驻在部门的有关文件、资料,派员参加有关会议和活动,召开座谈会,与有关人员谈话,组织专项检查或者专项调研等。派驻纪检组需要采取上述方式开展工作,涉及重要事项的,一般应事先与驻在部门党组主要负责人沟通,特殊情况应当事先报经中央纪委批准。在履行监督职责过程中,有下列情况的,派驻纪检组必须及时向中央纪委报告,并根据中央纪委的要求向驻在部门党组主要负责人通报:(1)直接收到反映驻在部门党组及其成员违反党纪问题的信访举报;(2)发现驻在部门党组及其成员严重违反有关制度、涉嫌违反党纪问题及其他非正常情况;(3)派驻纪检组在履行监督职责中提出纠正意见,驻在部门无正当理由不纠正的;(4)中央纪委要求报告的其他事项。

派驻纪检组按规定向中央纪委报告发现的情况和问题时,可以提出以下建议:(1)建议由中央纪委发函请驻在部门党组成员说明有关情况;(2)建议由中央纪委领导同志或者由中央纪委委托驻在部门党组主要负责人与驻在部门党组成员进行谈话;(3)建议对反映驻在部门党组成员违反党纪的问题进行初步核实。派驻纪检组在履行监督职责过程中发现问题,除必须向中央纪委报告的外,应当及时向驻在部门党组提出纠正意见或建议。

第二,派驻监督检查的业务规定。[1] 根据我国监察体制改革的基本精神,《关于对中央纪委监察部派驻机构实行统一管理的实施意见》与《中共中央纪委监察部派驻机构业务工作管理暂行办法》符合《关于深化中央纪委国家监委派驻机构改革的意见》的内容,应该予以继续沿用,只是其中的监察部门由原行政监察机关修改为监察委员会。具体而言,中央纪委国家监察委的派驻机构受中央纪委国家监察委直接领导,业务工作由中央纪委、国家监察委员会统一管理。中央纪委国家监察委领导按照分工分管派驻机构的工作。派驻机构通过参与驻在部门的重要工作,参加有关会议和活动,以及其他有效的方式,履行对驻在部门党组和行政领导班子及其成员监督检查的职责,并向中央纪委国家监察委报告监督检查工作情况。派驻机构协助驻在部门党组和行政领导班子抓好反腐倡廉工作部署和任务分解,健全和完善组织协调机制;督促检查驻在部门及所属系统反腐倡廉各项工作的落实;开展调查研究,提出改进或加强工作的意见和建议;及时总结驻在部门及所属系统党风廉政建设和反腐败工作经验。派驻机构应适时与驻在部门党组和行政领导班子沟通有关工作情况,并向中央纪委国家监察委报告。

中央纪委信访室收到的信访举报,涉及驻在部门党组和行政领导班子及其成员的,报中央纪委国家监察委领导阅批,抄送有关纪检监察室主要负责人,有关情况适时向派驻机构主要负责人通报;涉及驻在部门司局级干部重要问题的信访举报,主送派驻机构主要负责人阅批,抄送有关纪检监察室主要负责人;其他有关的信访举报,转派驻机构处理。派驻机构直接收到反映驻在部门党组和行政领导班子及其成员违反党纪政纪问题的信访举报,或者发现驻在部门党组和行政领导班子及其成员违反党纪政纪的问题及其他重要情况,可直接向中央纪委国家监察委领导报告。

经中央纪委国家监察委领导批准,派驻机构可对反映驻在部门党组和行政领导班子及其成员违反党纪政纪的问题进行初步核实;需要立案调查的,由中央纪委国家监察委有关纪检监察室按规定程序办理,派驻机构可参

---

〔1〕 资料摘自《中共中央纪委监察部派驻机构业务工作管理暂行办法》和《中共中央纪委监察部派驻机构干部工作管理暂行办法》。

与调查。派驻机构负责调查驻在部门司局级干部违反党纪政纪的案件及其他重要案件,可以决定立案,但在决定立案前应征求驻在部门党组主要负责人的意见,意见不一致的,报中央纪委国家监察委决定;调查结束后提出处理建议,其审理及处分的程序和批准权限按有关规定办理。中央纪委国家监察委印发的文件,及时发派驻机构;派驻机构参加中央纪委国家监察委机关有关会议。派驻机构按照有关规定,向中央纪委国家监察委报送年度工作计划、总结、统计报表、工作信息等文件和材料。中央纪委国家监察委机关有关职能部门可以根据本办法,结合实际情况,商派驻机构制定相应的工作联系办法。

第三,派驻监督检查的干部管理。[1] 派驻机构的干部管理工作,主要适用《关于对中央纪委监察部派驻机构实行统一管理的实施意见》《关于深化中央纪委国家监委派驻机构改革的意见》和干部管理工作的有关规定。根据《中共中央纪委监察部派驻机构干部工作管理暂行办法》,纪检组组长由中央纪委商中央组织部提名并进行考察,经中央纪委常委会议研究决定,由中央纪委报中央任免。纪检组副组长、监察局(监察专员办公室)局长(专员)由中央纪委监察委提名并进行考察,经中央纪委书记办公会议研究决定,报中央组织部备案,由中央纪委监察委任免。监察局(监察专员办公室)副局长(副专员)由中央纪委监察委提名并进行考察,经国家监察委员会办公会议讨论决定,报中央组织部备案,由国家监察委员会任免。局级纪律检查员、监察专员和副局级室主任由中央纪委干部室商派驻机构提名并进行考察,派驻机构组局办公会议讨论通过后,经中央纪委干部室报中央纪委国家监察委员会领导审批,由中央纪委任免。处级及以下职务由派驻机构领导班子在规定职数内提名,与中央纪委干部室沟通后组织考察,经派驻机构组局办公会议研究同意,报中央纪委干部室审核并办理任免职手续。派驻机构干部可参加中央纪委国家监察委员会机关和驻在部门组织的竞争上岗;派驻监察局(监察专员办公室)副局长(副专员)职位空缺时,可面向该派

---

〔1〕 资料摘自《中共中央纪委监察部派驻机构业务工作管理暂行办法》和《中共中央纪委监察部派驻机构干部工作管理暂行办法》。

驻机构及其驻在部门、中央纪委国家监察委机关以及其他派驻机构进行竞争上岗，具体工作由中央纪委干部室统一组织。

在干部交流方面，派驻机构干部可在驻在部门及所属系统、中央纪委国家监察委员会机关、其他派驻机构和国有企业事业单位等范围内进行交流。干部交流工作由中央纪委国家监察委商驻在部门实施，驻在部门应予以支持。纪检组组长、监察局（监察专员办公室）局长（专员）的交流由中央纪委国家监察委员会统筹安排。其他局级干部的交流由中央纪委干部室商派驻机构提出建议，报分管该派驻机构的中央纪委国家监察委员会领导和分管干部工作的中央纪委领导同意后，由中央纪委干部室按程序办理。处级及其以下干部的交流由派驻机构领导班子提出建议，经中央纪委干部室审核后，按程序办理。派驻机构干部的挂职锻炼由中央纪委国家监察委统一安排，驻在部门也可在征得中央纪委国家监察委同意后予以安排。派驻机构干部的招考录用由派驻机构领导班子提出用人需求，中央纪委干部室统一组织实施。

在教育培训方面，派驻机构干部的教育培训由中央纪委国家监察委和驻在部门共同负责，培训经费由驻在部门负责。纪检组组长、监察局（监察专员办公室）局长（专员）参加中央党校、国家行政学院进修培训，由中央纪委国家监察委商驻在部门安排；派驻机构干部参加纪检监察业务培训，由中央纪委国家监察委负责。派驻机构干部参加驻在部门的业务培训、党员教育等，由驻在部门负责。驻在部门继续安排派驻机构的干部参加出国（境）培训、考察等活动。

在年度考核和奖惩方面，中组部管干部的年度考核按照中央组织部统一安排和要求，由中央纪委国家监察委员会负责组织。纪检组组长、监察局［（监察专员办公室）局长（专员）按照规定向中央纪委国家监察委述职述廉。派驻机构其他干部的年度考核按照中央纪委国家监察委机关统一部署进行，其年度考核结果由中央纪委干部室向派驻机构及驻在部门通报。派驻机构及其干部在纪检监察工作中取得显著成绩或做出突出贡献的，由中央纪委国家监察委给予表彰奖励；其他方面的表彰、奖励，由驻在部门负责］派驻机构及其干部有违反党纪政纪行为的，由中央纪委国家监察委会同驻在部门进行调查处理。

此外,派驻机构的干部按照规定范围参加中央纪委国家监察委员会机关和驻在部门的后备干部推荐;符合被推荐条件和资格的,列入被推荐范围;符合后备干部条件和资格的,中央纪委国家监察委员会机关和驻在部门均可将其列为后备干部人选。派驻机构干部的工资关系、党(团)组织关系、群团关系仍在驻在部门,由驻在部门负责管理。派驻机构干部享受驻在部门同职级干部待遇,工资外津(补)贴、补助(奖金),以及生活福利、住房、医疗、退休等事宜由驻在部门负责。派驻机构干部(不含中管干部)档案正本由中央纪委国家监察委机关管理,驻在部门建立派驻机构干部档案副本。派驻机构干部持有中央纪委国家监察委机关的工作证件和驻在部门的工作证件。

(二)巡视监督检查

我国《监察法》第 12 条、第 13 条明确规定:“各级监察委员会可以向本级中国共产党机关、国家机关、法律法规授权或者委托管理公共事务的组织和单位以及所管辖的行政区域、国有企业等派驻或者派出监察机构、监察专员。监察机构、监察专员对派驻或者派出它的监察委员会负责。”“派驻或者派出的监察机构、监察专员根据授权,按照管理权限依法对公职人员进行监督,提出监察建议,依法对公职人员进行调查、处置。”但是,派出监察机构与监察专员如何履行职责?监察法对此没有详细规定。根据我国纪检监察巡视制度的惯例,监察委员会的巡视监督工作,应当类推适用 2017 年新修订的《中国共产党巡视工作条例》。具体而言,我国监察委员会的巡视监督检查制度主要包括如下内容:[1]

第一,巡视监督检查的主体。中央和省、自治区、直辖市实行巡视制度,建立专职巡视机构,在一届任期内对所管理的地方、部门、企事业单位全面巡视。中央有关部委、中央国家机关部门党组(党委)可以实行巡视制度,设立巡视机构,对所管理的党组织进行巡视监督。党的市(地、州、盟)和县(市、区、旗)委员会建立巡察制度,设立巡察机构,对所管理的党组织进行巡

---

〔1〕 内容摘自《中国共产党巡视工作条例》。

察监督。开展巡视巡察工作的党组织承担巡视巡察工作的主体责任。

党的中央和省、自治区、直辖市委员会成立巡视工作领导小组,分别向党中央和省、自治区、直辖市党委负责并报告工作。工作领导小组组长由同级党的纪律检查委员会书记担任,副组长一般由同级党委组织部部长担任。巡视工作领导小组组长为组织实施巡视工作的主要责任人。中央巡视工作领导小组应当加强对省、自治区、直辖市党委,中央有关部委,中央国家机关部门党组(党委)巡视工作的领导。巡视工作领导小组下设办公室,为其日常办事机构。中央巡视工作领导小组办公室设在中央纪律检查委员会。省、自治区、直辖市党委巡视工作领导小组办公室为党委工作部门,设在同级党的纪律检查委员会。

第二,巡视监督检查的职责。巡视工作领导小组的职责为:贯彻党的中央委员会和同级党的委员会有关决议、决定;研究提出巡视工作规划、年度计划和阶段任务安排;听取巡视工作汇报;研究巡视成果的运用,分类处置,提出相关意见和建议;向同级党组织报告巡视工作情况;对巡视组进行管理和监督;研究处理巡视工作中的其他重要事项。

巡视工作领导小组办公室的职责为:向巡视工作领导小组报告工作情况,传达贯彻巡视工作领导小组的决策和部署;统筹、协调、指导巡视组开展工作;承担政策研究、制度建设等工作;对派出巡视组的党组织、巡视工作领导小组决定的事项进行督办;配合有关部门对巡视工作人员进行培训、考核、监督和管理;办理巡视工作领导小组交办的其他事项。

第三,巡视工作人员的资格及遴选。党的中央和省、自治区、直辖市委员会设立巡视组,承担巡视任务。巡视组向巡视工作领导小组负责并报告工作。巡视组设组长、副组长、巡视专员和其他职位。巡视组实行组长负责制,副组长协助组长开展工作。巡视组组长根据每次巡视任务确定并授权。巡视工作人员应当具备下列条件:(1)理想信念坚定,在思想上政治上行动上同党中央保持高度一致;(2)坚持原则,敢于担当,依法办事,公道正派,清正廉洁;(3)遵守党的纪律,严守党的秘密;(4)熟悉党务工作和相关政策法规,具有较强的发现问题、沟通协调、文字综合等能力;(5)身体健康,能胜任工作要求。

选配巡视工作人员应当严格标准条件,对不适合从事巡视工作的人员,应当及时予以调整。巡视工作人员应当按照规定进行轮岗交流。巡视工作人员实行任职回避、地域回避、公务回避。

第四,巡视监督检查的范围和内容。此前,中央巡视组的巡视对象和范围为:(1)省、自治区、直辖市党委和人大常委会、政府、政协党组领导班子及其成员,省、自治区、直辖市高级人民法院、人民检察院党组主要负责人,副省级城市党委和人大常委会、政府、政协党组主要负责人;(2)中央部委领导班子及其成员,中央国家机关部委、人民团体党组(党委)领导班子及其成员;(3)中央管理的国有重要骨干企业、金融企业、事业单位党委(党组)领导班子及其成员;(4)中央要求巡视的其他单位的党组织领导班子及其成员。根据我国监察体制改革的精神,巡视监督检查的范围应当扩展到所有领导干部、领导班子及其成员。

省、自治区、直辖市党委巡视组的巡视对象和范围为:(1)市(地、州、盟)、县(市、区、旗)党委和人大常委会、政府、政协党组领导班子及其成员,市(地、州、盟)中级人民法院、人民检察院和县(市、区、旗)人民法院、人民检察院党组主要负责人;(2)省、自治区、直辖市党委工作部门领导班子及其成员,政府部门、人民团体党组(党委、党工委)领导班子及其成员;(3)省、自治区、直辖市管理的国有企业、事业单位党委(党组)领导班子及其成员;(4)省、自治区、直辖市党委要求巡视的其他单位的党组织领导班子及其成员。根据我国监察体制改革的精神,巡视监督检查的范围也应当扩展到所有领导干部、领导班子及其成员。

第五,巡视监督检查的主要职责。巡视组对巡视对象执行党章和其他党内法规,遵守党的纪律,落实全面从严治党主体责任和监督责任等情况进行监督,着力发现党的领导弱化、党的建设缺失、全面从严治党不力,党的观念淡漠、组织涣散、纪律松弛,管党治党宽松软问题。(1)违反政治纪律和政治规矩,存在违背党的路线方针政策的言行,有令不行、有禁不止,阳奉阴违、结党营私、团团伙伙、拉帮结派,以及落实意识形态工作责任制不到位等问题;(2)违反廉洁纪律,以权谋私、贪污贿赂、腐化堕落等问题;(3)违反组织纪律,违规用人、任人唯亲、跑官要官、买官卖官、拉票贿选,以及独断专行、软弱涣散、严重不团结等问题;(4)违反群众纪律、工作纪律、生活纪律,落实中央八项规定精神不力,搞形式主义、官僚主义、享乐主义和奢靡之风等问题;(5)派出巡视组的党组织要求了解的其他问题。根据我国监察体制改革的精神,巡视监督检查的内容应当扩展到宪法和法律、法规的实施情况。

派出巡视组的党组织可以根据工作需要,针对所辖地方、部门、企事业单位的重点人、重点事、重点问题或者巡视整改情况,开展机动灵活的专项巡视。巡视组可以采取以下方式开展工作:听取被巡视党组织的工作汇报和有关部门的专题汇报;与被巡视党组织领导班子成员和其他干部群众进行个别谈话;受理反映被巡视党组织领导班子及其成员和下一级党组织领导班子主要负责人问题的来信、来电、来访等;抽查核实领导干部报告个人有关事项的情况;向有关知情人询问情况;调阅、复制有关文件、档案、会议记录等资料;召开座谈会;列席被巡视地区(单位)的有关会议;进行民主测评、问卷调查;以适当方式到被巡视地区(单位)的下属地方、单位或者部门了解情况;开展专项检查;提请有关单位予以协助;派出巡视组的党组织批准的其他方式。

巡视组依靠被巡视党组织开展工作,不干预被巡视地区(单位)的正常工作,不履行执纪审查的职责。巡视组应当严格执行请示报告制度,对巡视工作中的重要情况和重大问题及时向巡视工作领导小组请示报告。在特殊情况下,中央巡视组可以直接向中央巡视工作领导小组组长报告,省、自治区、直辖市党委巡视组可以直接向省、自治区、直辖市党委书记报告。巡视期间,经巡视工作领导小组批准,巡视组可以将被巡视党组织管理的干部涉嫌违纪违法的具体问题线索,移交有关纪律检查机关或者政法机关处理;对群众反映强烈、明显违反规定并且能够及时解决的问题,向被巡视党组织提出处理建议。

第六,巡视监督检查的工作程序。巡视组开展巡视前,应当向同级纪检监察机关、政法机关和组织、审计、信访等部门和单位了解被巡视党组织领导班子及其成员的有关情况。巡视组进驻被巡视地区(单位)后,应当向被巡视党组织通报巡视任务,按照规定的工作方式和权限,开展巡视了解工作。巡视组对反映被巡视党组织领导班子及其成员的重要问题和线索,可以进行深入了解。巡视了解工作结束后,巡视组应当形成巡视报告,如实报告了解的重要情况和问题,并提出处理建议。对党风廉政建设等方面存在的普遍性、倾向性问题和其他重大问题,应当形成专题报告,分析原因,提出建议。

巡视工作领导小组应当及时听取巡视组的巡视情况汇报,研究提出处理意见,报派出巡视组的党组织决定。派出巡视组的党组织应当及时听取巡视工作领导小组有关情况汇报,研究并决定巡视成果的运用。经派出巡视组的党组织同意后,巡视组应当及时向被巡视党组织领导班子及其主要负责人分别反馈相关巡视情况,指出问题,有针对性地提出整改意见。根据巡视工作领导小组要求,巡视组将巡视的有关情况通报同级党委和政府有关领导及其职能部门。

被巡视党组织收到巡视组反馈意见后,应当认真整改落实,并于 2 个月内将整改情况报告和主要负责人组织落实情况报告,报送巡视工作领导小组办公室。被巡视党组织主要负责人为落实整改工作的第一责任人。对巡视发现的问题和线索,派出巡视组的党组织作出分类处置的决定后,依据干部管理权限和职责分工,按照以下途径进行移交:(1)对领导干部涉嫌违纪的线索和作风方面的突出问题,移交有关纪律检查机关;(2)对执行民主集中制、干部选拔任用等方面存在的问题,移交有关组织部门;(3)其他问题移交相关单位。

有关纪律检查机关、组织部门收到巡视移交的问题或者线索后,应当及时研究提出谈话函询、初核、立案或者组织处理等意见,并于 3 个月内将办理情况反馈巡视工作领导小组办公室。派出巡视组的党组织及其组织部门应当把巡视结果作为干部考核评价、选拔任用的重要依据。巡视工作领导小组办公室应当会同巡视组采取适当方式,了解和督促被巡视地区(单位)整改落实工作并向巡视工作领导小组报告。巡视工作领导小组可以直接听取被巡视党组织有关整改情况的汇报。巡视进驻、反馈、整改等情况,应当以适当方式公开,接受党员、干部和人民群众监督。

第七,巡视监督检查的纪律与责任。派出巡视组的党组织和巡视工作领导小组应当加强对巡视工作的领导。对领导巡视工作不力,发生严重问题的,依据有关规定追究相关责任人员的责任。纪检监察机关、审计机关、政法机关和组织、信访等部门及其他有关单位,应当支持配合巡视工作。对违反规定不支持配合巡视工作,造成严重后果的,依据有关规定追究相关责任人员的责任。

巡视工作人员应当严格遵守巡视工作纪律。巡视工作人员有下列情形之一的,视情节轻重,给予批评教育、组织处理或者纪律处分;涉嫌犯罪的,移送司法机关依法处理:(1)对应当发现的重要问题没有发现的;(2)不如实报告巡视情况,隐瞒、歪曲、捏造事实的;(3)泄露巡视工作秘密的;(4)工作中超越权限,造成不良后果的;(5)利用巡视工作的便利谋取私利或者为他人谋取不正当利益的;(6)有违反巡视工作纪律的其他行为的。

被巡视党组织领导班子及其成员应当自觉接受巡视监督,积极配合巡视组开展工作。党员有义务向巡视组如实反映情况。被巡视地区(单位)及其工作人员有下列情形之一的,视情节轻重,对该地区(单位)领导班子主要负责人或者其他有关责任人员,给予批评教育、组织处理或者纪律处分;涉嫌犯罪的,移送司法机关依法处理:(1)隐瞒不报或者故意向巡视组提供虚假情况的;(2)拒绝或者不按照要求向巡视组提供相关文件材料的;(3)指使、强令有关单位或者人员干扰、阻挠巡视工作,或者诬告、陷害他人的;(4)无正当理由拒不纠正存在的问题或者不按照要求整改的;(5)对反映问题的干部群众进行打击、报复、陷害的;(6)其他干扰巡视工作的情形。被巡视地区(单位)的干部群众发现巡视工作人员有前述所列行为的,可以向巡视工作领导小组或者巡视工作领导小组办公室反映,也可以依照规定直接向有关部门、组织反映。

第十二章　监察调查

2017 年全国人民代表大会常务委员会《关于在全国各地推开国家监察体制改革试点工作的决定》指出：为履行职责，监察委员会可以采取谈话、讯问、询问、查询、冻结、调取、查封、扣押、搜查、勘验检查、鉴定、留置等措施。监察法对调查措施做了进一步扩展和具体的阐释，明确列举了谈话、讯问、询问、留置、查询、冻结、搜查、调取、查封、扣押、勘验检查、鉴定、技术调查等多项调查措施，由监察机关决定和实施。并针对监察过程中可能出现的境内在逃、境外逃匿等情况，规定了通缉、限制出境等调查方式，由监察委员会审批、交由公安机关等其他机关实施。

第一节　谈话、询问与讯问

一、谈话

我国《监察法》第 19 条规定："对可能发生职务违法的监察对象，监察机关按照管理权限，可以直接或者委托有关机关、人员进行谈话或者要求说明情况。"本条是关于监察机关行使谈话措施对可能发生职务违法对象进行处理的规定。本条以法律的形式，确认了纪委办案实践中普遍使用的"谈话""要求说明情况"等措施。纪委对违纪行为进行调查时，采取谈话措施有利于办案并查明事实，具有一定的强制性，被调查的谈话对象没有拒绝谈话的权利。我国《监察法》第 19 条的主要目的在于使监察工作与党内监督执纪工作相适应。其具体内容主要包括以下几点：

第一，谈话的主体和对象。根据我国《监察法》规定，谈话主体一般为监察机关负责人和承办部门负责人，监察机关依照程序报批，在管理权限内进行谈话或要求被谈话人说明情况，其间可由谈话人所在机关组织企业等单位党委或纪委主要负责人在旁陪同。谈话主要针对有相关问题线索反映或有可能发生职务违法行为的监察对象，监察主体要依法执行相关流程，秉承惩戒与教育相结合的原则，切实履行好监察调查、处置的责任，对有职务违法行为的监察对象要尽早进行谈话，避免其进一步坠入违法犯罪的深渊。

第二，谈话的内容与目的。谈话的内容主要围绕违法违纪的四个构成要件展开，其中以违法违纪发生的背景以及问题发生的全过程（包括时间、地点、起因、结果），及谈话对象交代的违法违纪内容为主。谈话的主要目的在于端正调查人的态度，对其进行思想教育工作，使其能够配合监察机关有效开展调查，真正使监察工作与党内监督执纪“四种形态”中的第一种形态相对应，使其成为一种法律手段。

第三，谈话后的相应处置。在谈话结束后，应由承办部门写出情况报告和处置意见，一般分为三种情况：第一种是反映不实或无证据证明发生职务违法行为的，予以了结澄清；第二种是有证据证明可能发生职务违法行为，但情节较轻的，监察机关可按照管理权限直接或者委托有关机关、人员进行批评教育，事后予以检查或诫勉；第三种是反映问题比较具体但被反映人予以否认或存在明显问题的应当再谈话或核实。

第四，谈话的功能。谈话具有监督功能与调查功能。谈话是一种较为灵活的监督手段，是监察机关主动积极防止权力滥用、防止腐败发生、防止违法行为恶化的重要措施之一。谈话还具有调查功能，其在初查核实和正式调查过程中均发挥着重要作用。谈话中查证属实的违纪违法问题，监察部门要依照相应法律法规予以审查定性并给予相应的处理。

二、讯问、询问

第一，讯问。我国《监察法》第20条规定：在调查过程中，对涉嫌职务违法的被调查人，监察机关可以要求其就涉嫌违法行为作出陈述，必要时向被调查人出具书面通知。对涉嫌贪污贿赂、失职渎职等职务犯罪的被调查人，监察机关可以进行讯问，要求其如实供述涉嫌犯罪的情况。本条就监察机关有权要求被调查人陈述和讯问被调查人作出了规定。

该条第1款针对的是涉嫌职务违法行为，但不构成职务犯罪的公职人员；第2款针对的是涉嫌贪污贿赂、失职渎职等职务犯罪的被调查人。讯问作为监察机关调查案件的重要手段之一，其只能由监察机关依法行使，不得委托给其他机关或者个人行使。讯问被调查人应当按照法定程序进行，首先就被调查人是否有违法犯罪行为进行提问，然后由被调查人陈述其有违法犯罪的事实情节或者辩解没有违法犯罪，之后再进行其他提问。

讯问时应当注意以下问题：其一，程序要符合法律规定。监察机关人员应当按照监察法及相关法律规定进行监察讯问，这样才能确保讯问的价值。一般而言，只有在传唤被调查人后才可进行讯问；为保障当事人的权利，讯问地点与时间应当符合法律规定。其二，讯问手段要合法。询问时不得采取殴打等暴力方法，也不得采用以暴力或者严重损害本人及其近亲属合法权益等进行威胁的方法，不得采用非法拘禁等非法限制人身自由的方法收集的被调查人的供述。讯问笔录要完整准确记录，并对整个讯问过程进行全程录像。

第二，询问。根据我国《监察法》第21条的规定，在调查过程中，对于证人等其他人员，监察机关可以采取询问的调查措施。询问措施源自纪检监察机关在实践中运用的执纪手段，目前作为监察机关享有的12项调查措施之一，也是监察机关在调查工作中经常使用的一项措施。询问措施运用规范正确对于获取真实的证人证言，查清案件事实，形成完整证据链，意义重大。

询问措施的对象主要是证人，即监察机关所调查案件真相的当事人以外的第三人。因此，询问活动要符合监察法以及其他法律所规定的程序要件。询问证人所取得的证据在刑事审判中属于证人证言，所以其必须经法庭的质证查实后方可作为审判依据。

我国《监察法》第33条规定，监督机关依照本法规定收集的证据、证人证言、被申请人的供述和解释、视听资料、电子资料和其他证据材料，可以作为刑事诉讼中的证据。因此,即使是在调查阶段,监察机关也必须确保证人证词合法获得并符合刑事审判中的证据要求和标准。为此,询问措施的适用需要注意三个关键问题:首先,具有证人资格是调查措施的先决条件。要有证人资格必须包含两个要素:一方面,身心能力是否正常以及是否能正确表达;另一方面,证人需要客观地了解案件的相关情况。其次,监察机关应当告知证人权利和义务,并予以记录,监督机关应当对证人不理解的部分作出必要的解释。最后,监察机关应当同步录音录像。监察法没有明确规定必须记录和记录整个调查过程。但是,实践中,如果重要证人的询问是同步的,监督当局应告知证人,证明这不仅是证人应享有的权利,而且是有益的。确保证人证词的真实性和稳定性。

根据《浙江省监察业务运行工作规程》的相关规定,监察机关向有关人员或证人了解情况时,可以采取询问的措施。询问前,承办案件主要负责人需要与审查组研究提出询问方案,经领导批准后方可实施。询问地点不仅限于监察机关,可以是证人所在的单位、住处或者证人提出的其他地点,必要时才通知证人到监察机关提供证言。询问证人时,监察人员不得少于两人,并应当出示工作证件和询问通知书。询问证人应当个别进行,询问证人的基本情况,并应当告知证人作证的权利义务,特别是有意作伪证或隐匿证据要负的法律责任。询问重要的证人时,调查部门应当指定人员进行同步录音录像,除采取留置措施外,严禁以任何理由将证人滞留过夜。询问应当制作笔录,并交与被询问人核对签字。

第二节 留 置

习近平总书记在党的十九大报告中明确提出:要制定国家监察法,依法赋予监察委员会职责权限和调查手段,用“留置”取代“两规”措施。“留置”,是指监察机关调查涉嫌贪污贿赂、失职渎职等严重职务违法或者职务犯罪时,已经掌握被调查人部分违法犯罪事实及证据,仍有重要问题需要进一步调查,并且具备法定情形,经依法审批后,将被调查人带至并留在特定场所,使其就案件所涉及的问题配合调查而采取的一项案件调查措施。用留置取代“两规”措施，是国家反腐败法治建设的重要体现。

一、留置的要件

根据我国《监察法》第22条，“留置”的适用需要具备以下四个条件：

第一，适用范围。《监察法》第22条对留置措施的适用范围予以规定，即“被调查人涉嫌贪污贿赂、失职渎职等严重职务违法或者职务犯罪”，留置适用的违法犯罪行为主要是贪污贿赂、失职渎职等行为，而且情节严重。其他的职务犯罪行为或者违法犯罪行为情节轻微的一般不采取留置措施。

第二，证据要件。留置的证据要件，是监察机关在已经掌握部分违法犯罪事实及证据的前提下，仍有进一步调查重要问题的需要。首先，有证据证明发生了违法、犯罪事实，且该事实涉嫌贪污贿赂、失职渎职，属于监察机关依法进行监察的行为；其次，有证据证明该项违法犯罪事实是被调查人所为，并且所涉嫌的情节已经达到严重违法或犯罪的程度。最后，仍有重要问题需要进一步调查。监察机关在调查过程中，基于已掌握的证据，发现被调查人还可能存在其他严重的违法、犯罪事实，但现有证据不足以证明该事实存在，仍须进一步调查，也可采取留置措施。

第三，程序要件。留置权限，在我国《监察法》赋予监察机关的15项权限、手段中，强制性程度最高，对被调查人的权益（特别是人身权）影响最严重。因此，监察措施的实施必须慎重。我国《监察法》第22条规定监察措施的程序要件是“监察机关依法审批”，我国《监察法》第43条明确规定了留置审批的严格程序。根据《监察法》第43条，监察机关采取留置措施，首先，应当由监察机关领导人员根据被调查对象与案件实际情况集体研究是否符合留置适用的法定条件，并决定是否采取留置措施。其次，设区的市级以下监察机关采取留置措施，应当报上一级监察机关批准，即市级监察机关需要上报省级监察机关，县级监察机关需要上报市级监察机关批准，省级监察机关采取留置措施，则需要报国家监察委员会备案。

第四，情节要件。根据我国《监察法》第22条的规定，留置被调查人还需具备下列情形之一：（1）涉及案情重大、复杂的；（2）可能逃跑、自杀的；（3）可能串供或者伪造、隐匿、毁灭证据的；（4）可能有其他妨碍调查行为的。

二、留置的权限

贯彻落实党的十九大精神,用留置取代“两规”措施,有利于解决以往长期存在的法治难题,党和国家全面依法治国的决心和自信得以彰显。留置措施强制性强,涉及对被调查人员人身自由的限制,留置措施必须严格适用。我国《监察法》第43条通过审批权限上提一级,对留置期限予以严格限制,要求留置措施不当时应当及时解除等,防止监察机关滥用职权,强化了监察机关使用留置措施的程序制约。

第一,留置的审批权限。我国《监察法》第43条第1款从两个层面规定了留置的审批权限。一是本级审批。各级监察机关采取留置措施,都应当经本机关领导人员集体研究决定,而不能由调查人员决定,也不能由某一个或某几个领导人员决定,不能以个人意志代替集体决策、以少数人意见代替多数人意见。二是上级审批。市级、县级监察机关决定采取留置措施,还应当报上一级监察机关批准;省级监察机关采取留置措施,应当报国家监察委员会备案。这一报批、报备程序的目的在于保证留置措施慎重,防止草率和滥用。

第二,留置的期限及解除。监察留置的期限设置是国家监察体制改革中非常关键的问题,期限设置太短不能有效地揭露腐败、收集固定证据,但期限设置又不能太长,否则可能侵害被调查人的基本权利。我国《监察法》第43条第2款明确了留置的期限和解除。留置期限通常不得超过3个月。这里的3个月是固定期限,不因案件情况的变化而变化;不能因发现“新罪”(监察机关之前未掌握的被调查人的职务违法犯罪)重新计算留置期限。特殊情况下,可以延长一次,但延长的时间也不得超过3个月。留置延长也必须有严格程序限制,《监察法》第43条对此作出了规定:省级以下监察机关采取留置措施的,延长留置时间应当报上一级监察机关批准。留置的解除,分为两种情况:一是到期解除,留置期限满3个月,特殊情况下满6个月时,无论违法犯罪事实是否调查清楚,应当解除留置;二是不当解除,监察机关发现采取留置措施不当的,应当及时解除。

第三,公安机关的协助义务。当前,监察机关不配备类似检察院、法院

“法警”那样的强制执行队伍,因此监察机关采取留置措施过程中,可以根据工作需要提请公安机关配合,公安机关应当依法予以协助。一般来说,公安机关协助监察机关执行留置主要有两种情况:一是监察机关对被调查人采取留置措施,将其带至留置场所,需要公安机关配合执行,以防止相关单位或个人的阻挠;二是将调查人留置在特定场所后,需要公安机关派警员看护,以保证被留置人员的安全,使得留置期讯问等相关调查工作顺利进行。

三、被留置人员的权利保障

第一,通知义务。留置措施涉及范围广、留置时间长,采取留置措施后,被留置人与外界失去联系,被留置人所在单位和家属可能会误以为被留置人已经失踪或死亡,引起不必要的社会恐慌。所以我国《监察法》第 44 条第 1 款规定,对被调查人采取留置措施后,除非存在有碍调查的情形,应当在 24 小时以内,通知被留置人员所在单位和家属,保障其知情权。“有碍调查”,主要是指通知后可能发生毁灭、伪造证据,干扰证人作证或者串供等情况。比如,被调查人被留置的消息传出去,可能引起其他同案犯逃跑、自杀、毁灭或伪造证据;被留置人的家属与其犯罪有牵连的,通知后可能引起转移、隐匿、销毁罪证。《监察法》突出强调了在 24 小时内通知被调查人家属与单位是留置的常规化程序,以有碍调查情形出现为例外。

第二,保障措施。我国《监察法》第 44 条第 2 款详细规定了对留置人员的保障措施,其主要措施包括:一是被留置人员的饮食、休息和安全应当得到保障,如有必要,监察机关应当提供医疗服务。留置措施是调查过程中较为严厉的一种强制措施,是对被调查人员予以人身限制,将其隔离于社会环境之外,讯问调查相关内容,推进调查进度的一种手段,对被留置对象的身体和精神会造成一定负担,因此,必须保障留置对象的基本身体状态,降低因留置措施对其造成的人身风险。二是讯问被留置人员应当合理安排讯问时间和时长,所谓“合理时间”,主要是指不得在深更半夜讯问;所谓“合理时长”,主要是指不得“疲劳讯问”,一次连续讯问五六个或七八个小时,以确保被讯问人处于正常的身体与精神状态。三是讯问笔录由被讯问人阅看后签名。讯问笔录是言词证据的重要载体,监察法规定讯问笔录必须经被讯问人阅看签字,有利于防止歪曲真实意图或者强加主观臆断于人,甚至捏造事实等情况发生,保证笔录的真实性;有利于规范监察人员的询问工作,查明案件事实。

第三,折抵刑期。根据我国《刑法》第 41 条等条款的规定,判决执行以前先行羁押的,羁押 1 日折抵管制的刑期 2 日,折抵拘役、有期徒刑的刑期 1 日。监察留置虽然不是刑事诉讼法的强制措施,但从人权保障和公平正义的视角,类似于刑事强制措施的对公民人身自由造成同等程度限制的反腐调查措施亦应该受到同等的法治关照和处理。因此,对被留置人的留置期限也适用刑期折抵。根据我国《监察法》第 44 条第 3 款规定,具体的折抵规则是,涉嫌犯罪的被留置人移送司法机关后,被依法判处管制、拘役或者有期徒刑的,留置 1 日折抵管制的刑期 2 日,折抵拘役、有期徒刑的刑期 1 日。

第三节 查询、冻结、调取、查封与扣押

一、查询与冻结

从近年来反腐败斗争实践看,监察机关调查涉嫌贪污贿赂、失职渎职等严重职务违法或者职务犯罪,相当一部分案件涉及涉案单位和个人的存款、汇款、债券、股票、基金份额等财产。为了查清严重职务违法或者职务犯罪事实,收集、保全财产性证据,防止证据流失或者被隐匿,确保在后续工作中对违法犯罪所得予以没收、追缴、返还、责令退赔,《监察法》第 23 条赋予监察机关必要的查询、冻结权限,同时又规定了严格的程序以及对相关人员的权利保障。

第一,查询、冻结措施的适用条件。查询,是指查询电讯、银行、证券、邮政等掌握违法违纪嫌疑人某种电讯联系、银行存款、证券交易、邮政联系等信息的部门,以获取相应信息。冻结,是指冻结银行存款、邮政汇款、证券交易等,以防止违法违纪嫌疑人转移涉案资金、款项。查询、冻结措施都是监

察机关在调查过程中采取的一种强制措施,需要满足以下条件:

首先,查询、冻结的适用,必须基于调查涉嫌贪污贿赂、失职渎职等严重职务违法或者职务犯罪的必要性。通常来说,查询、冻结的存款、汇款、债券、股票、基金份额等财产与被调查案件相关;通过查询、冻结存款、汇款、债券、股票、基金份额等财产,可以查清违法犯罪案件事实,并防止赃款转移以挽回和减少损失。其次,查询、冻结存款、汇款、债券、股票、基金份额等财产,有利于寻找新的线索,扩大调查范围。

第二,监察机关采取查询、冻结措施,必须遵循法律、法规关于查询程序的规定。由于现阶段并未出台监察机关行使财产查询、冻结权的程序性规定,因此在实践中可以参照公安机关及检察机关的相关规定。当监察机关行使查询、冻结权限时,有关机构、单位和个人应当准予查询、冻结,并提供必要协助,而不得以任何理由拒绝、阻挠或者拖延。监察机关查询、冻结存款、汇款、债券、股票、基金份额等财产,既要收集、冻结能够证明被调查人有违法犯罪行为、法律责任重的书证、物证,也要收集、冻结能够证明其没有违法犯罪行为、法律责任轻的书证、物证,以保持证据的完整性与客观性。

第三,解除冻结。监察机关对冻结的财产应当及时进行认真审查,经审查,与案件无关的,应当在查明情况后 3 日内解除冻结,退还原所有人或者合法持有人、保管人。“与案件无关”,是指冻结的财产并非违法犯罪所得,也不具有证明被调查人是否违法犯罪、罪轻、罪重的作用,不能作为证据使用,与违法犯罪行为没有任何牵连。监察法作出这一规定主要是为了保障财产被冻结的当事人的合法权益,防止监察机关过度采取冻结措施给当事人财产造成不应有的损失。因为在以往的实践中,有的监察机关或某些其他执法机关往往在查明被冻结财产与案件无关后,仍然迟迟不解除冻结并予以退还,导致当事人遭受重大财产损失,甚至导致企业破产,正是有鉴于这些教训,监察法作了此项规定。

二、调取、查封、扣押

调取、查封、扣押是监察机关调查职务违法犯罪案件时收集、固定证据的一项重要措施。监察机关在调查过程中,发现的被调查人涉嫌职务违法或职务犯罪的财物、文件和电子数据等信息,需要及时、全面、准确地收集、固定,防止涉嫌违法犯罪的单位或者人员藏匿、毁灭证据,以便及时有效地查清案件。调取、查封、扣押属于限制公民财产的强制性措施,因此监察机关必须严格按照法律的规定进行,遵守法律关于程序和实体的规定。

调取、查封、扣押的适用,需要具备以下条件:需要调取、查封、扣押的财物、文件、电子数据,必须与监察机关调查的职务违法犯罪行为有关联,能够或者有可能证明该违法犯罪行为的真实情况。我国《监察法》第25条所规定的"用以证明被调查人涉嫌违法犯罪的财物、文件和电子数据",是指能够证明被调查人有或者无违法犯罪行为、违法犯罪行为重或者轻的物证、书证、视听资料及电子数据信息等证据。"财物",是指可作为证据使用的财产和物品,包括动产和不动产,如房屋、汽车、人民币、金银首饰、古玩字画,等等。

第一,调取。调取,是监察机关向有关单位和个人收集证据的调查措施。调取实施的主体是监察机关,调取的对象是与案件有关的财产、文件,目的是为了能够快速了解案件情况,掌握关键的书证物证。

监察机关在向有关的单位和个人调取证据时应当出具相应的《调取证据通知书》,要求相关的单位和个人配合监察机关的调查,出示《调取证据通知书》上所需要的相应材料。同时,监察机关在进行调取的过程中不得随意扩大调取的范围,不得随意调取与案件无关的财产、文件。监察机关及其工作人员对监督、调查过程中知悉的国家秘密、商业秘密、个人隐私,应当保密。任何单位和个人有义务配合监察机关调取证据,任何单位和个人不得伪造、隐瞒、毁灭与案件有关的证据材料。

监察机关调取物证应当调取原物。对于调取的原物监察机关应当进行登记,对于原物不便搬运、保存,或者因为保密工作不方便调取原物的,可以将原物封存并进行拍照、录像,对原物的拍照和录像应当足以反映原物的外形和内容。监察机关对于调取的原物应当妥善保管,不得损坏原物,要保证所调取的原物完好无损。在结束相应的调查之后,监察机关应当将原物退还。

监察机关调取书证和视听资料的时候应当调取原件。在调取原件确有困难或者出于保密需要的时候,可以调取副本或者复印件,但应当保证副本或复印件与原件一致,无误。

监察机关调取物证原件时,应当会同持有人或者保管人、见证人,当面逐一拍照、登记、编号,开列清单,由在场人员当面核对、签名,并将清单副本交财物、文件持有人或者保管人。

监察机关调取书证、视听资料副本、复印件和物证的照片、录像的,应当书面记明不能调取原件、原物的原因,以及制作过程和原件、原物的存放地点,由制作人员和原书证、物证持有人签名或者盖章。

监察机关对调取的财物、文件,监察机关应当设立专用账户、专门场所,确定专门人员妥善保管,严格履行交接、调取手续,定期对账核实,不得损毁或者用于其他目的。对于价值不明的物品应当及时进行鉴定,专门封存保管。

第二,查封。查封,是监察机关对证明被调查人有无职务违法犯罪以及情节轻重的各种财物(一般指不动产)、文件、资料进行封存,以待后续监察行为作出之后再进行处理的强制措施,是监察机关调查职务违法和职务犯罪的重要手段。查封实施的主体是监察机关,查封的对象是与案件有关的财物、文件、资料等,不得查封与案件无关的、合法的财物。

查封的目的在于控制赃款赃物藏匿场所,防止重要证据被污染或流失,助力赃款赃物的追缴。通过实施查封,控制赃款赃物藏匿场所,这是突破案件、查明事实的一大关键。如果因为未及时进行查封,导致这些重要文件被转移、藏匿或销毁,就会给案件调查工作造成困难。对财产进行及时查封,还能给财产的名义持有人形成压力,促使其向监察机关如实交代财产的相关情况,对于案件调查提供帮助。

监察机关在调查职务违法和职务犯罪的过程中,可以就对被调查人的职务违法、职务犯罪以及情节轻重有证明作用的各种财物、文件、资料进行查封,经查明确实与案件无关的,应当在 3 日以内解除查封或者予以退还。但由于监察法并未明确规定监察机关的办案期限,因此如何使监察机关对企业、社会组织、公民个人的财产限制保持在适当限度内,符合比例原则、正当程序原则,也需要细化的法律实施细则予以规定。

监察机关采取查封措施,必须经监察机关相关负责人审批,并开具查封文书。查封措施的适用,直接关系被调查人的财产等权利,必须受到严格监督制约,严格遵守程序性规定,不得随意查封被调查人的财产。

监察机关办理查封事项时,应由 2 名以上的调查人员持工作证和查封文书,到有关单位办理。通过要求调查人员必须出示相应的证件和文书,有利于调查人员严格依法行使监察权,防止侵犯当事人合法权利。立法规定采取查封等调查措施应当由 2 名以上调查人员进行,主要是基于实际工作的需要。2 名以上的调查人员,既能保证客观、真实获取和固定证据;又能够在互相配合的同时互相监督,防止徇私舞弊、刑讯逼供、诱供等非法调查行为的产生;还能够防止被调查人诬告调查人员。调查人员对于被查封的物品,应会同在场见证人和被查封物品持有人或者保管人查点清楚,当场开具查封清单,由调查人员、见证人和持有人或者保管人签名,持有人或者保管人拒绝签名的应当记录在案,查封的过程中应当同步进行录音录像。

监察机关对于应当查封的不动产和置于该不动产上不宜移动的设施家具,以及涉案的车辆等财物,必要时可以扣押其权利证书,经拍照或者录像后原地封存,并开具查封清单,由调查人员,见证人和持有人或者保管人签名,持有人或者保管人拒绝签名的应当记录在案。

监察机关应当妥善保管查封物品、文件,不得使用、调换、损毁或者自行处理。监察机关经过调查核实,认定该查封的财物等并非违法所得,也不具有证明被调查人违法犯罪情况,不能作为证据使用,或者与违法犯罪行为无任何牵连的,应当在3 日内解除查封,并退还原持有人或者保管人。

第三,扣押。扣押,是指监察机关在调查过程中,对证明被调查人涉嫌职务违法犯罪以及情节轻重的各种财物、文件、资料进行封存,以待后续监察行为作出之后再进行处理的强制措施,是监察机关调查职务违法和职务犯罪的重要手段。

扣押实施的主体是监察机关,扣押的对象一般是动产,目的是暂时限制被调查人继续对财产进行占有和处分,及时、全面、准确地收集、固定证据,防止涉嫌违法犯罪的单位或者人员藏匿、毁灭证据。监察机关在调查职务违法和职务犯罪的过程中可以对能够证明调查人涉嫌违法犯罪的各种财物、文件、资料进行扣押,但与案件无关的不得扣押。至于关联性存疑的财物和文件,也可以先予扣押,但是要及时审查,查明无关的,应当及时解除或予以退还。

监察机关采取扣押措施,应当填写《扣押决定书》,经监察机关相关负责人批准,由审查人员执行。采取扣押措施必须由 2 名以上审查人员执行,同时在执行的过程中需要出示相应的工作证件和《扣押决定书》。对于扣押的财物和文件,审查人员应当会同在场见证人和扣押物品持有人或者保管人查点清楚,当场填写扣押清单,注明扣押物品的名称、型号、规格等主要特征,由调查人员、见证人和持有人或者保管人在扣押清单上签字或者盖章。如拒绝签字盖章的,应当注明。对扣押在监察机关的物品、文件、邮件、电报应当妥善保管,不得使用、调换、损毁或者自行处理。

第四节　勘验检查、鉴定与技术调查措施

一、勘验检查

勘验检查主要包括提取、采集与案件相关痕迹、物证、生物样本,扣押与犯罪有关的各种物品、文件等。这项调查活动通过运用一定的科学技术和专业知识,能帮助及时发现并固定相关证据,确保现场的完整性、降低评判案件的难度,更为准确、快速地查明案情。在调查过程中,勘验检查必须严格遵守法律关于其实施主体、范围、相关程序等的要求,采取正当的调查措施,保护公民的合法权益不受侵犯。

(一)勘验检查的主体

勘验检查可以由监察机关的工作人员直接进行,必要时亦可指派或聘请具备专业知识与科学方法的人参与勘验检查。第一类为监察机关的工作人员,但是需要邀请见证人在场。按照案件的性质与影响力大小,监察机关派遣相应级别的调查人员主持进行勘验检查。调查人员在整个调查过程中必须严格遵守法律进行调查,必须持有监察机关的证明文件,且不得对案件

实施技术性的干预或胁迫参与勘验检查人员作出不真实的倾向性结论。在必要之时,为了保障调查结果的准确性,可指派或聘请具有专业知识的人参与勘验检查。当然,对于参与勘验检查的专业人员,也需要求其应当与案件无利害关系。通过具备专业素养之人对于知识的客观利用快速、准确把握现场资料,来帮助案件的查明。如果案情比较复杂,则监察机关需要邀请相关专业知识的人员参与勘验检查,以提高调查结论的准确性与可靠性。

(二)勘验检查的具体措施

监察法只是提出了勘验检查这一概念,对于勘验检查的具体措施并未作出详细规定。根据《刑事诉讼法》及相关的法律规定,勘验检查包括现场勘验、物品检验、书证检验、尸体检验和人身检查等具体措施。监察机关的勘验检查,当可类推适用相关规定。

现场勘验是指监察机关的工作人员或指派、聘请的相关人员在监察人员的主持下前往现场对案发场所、相关地点所遗留下的痕迹、物品等进行调查。而为了保护相关现场,确保相关痕迹、物品等的安全性,我国《刑事诉讼法》第129条规定:“任何单位和个人,都有义务保护犯罪现场,并且立即通知公安机关派员勘验。”监察机关亦可根据这一条款,通知公安机关派员勘验。

物品检验与书证检验是指对案发场所与相关地点的物品、书籍资料等进行整理、调查。监察机关工作人员或者参与的具有相关专业知识之人对这些资料进行搜集、整理并鉴定,推断案件事实状况。

尸体检验是监察机关的工作人员或指派、聘请的相关人员在监察人员的主持下对已经死亡的有机体进行解剖并提取、保存适量标本的一种调查方法,其目的是查明死因、推断死亡性质和时间、分析和认定相关的作案工具等,为案件性质的判断、法官的裁决等提供科学的依据。全面系统的法医学尸体检验不仅是一次操作过程,它包括尸检的操作和提取适当检材和标本两大方面,确保检测结果的可靠性与真实性。而这要求尸体检验必须及时进行,保障调查结果的准确可靠。监察机关在保留解剖尸体权利的同时,也需要通知死者家属到场。

人身检查是为了获得案件相关证据或线索,监察机关工作人员或指派、聘请的相关人员，在监察人员的主持下对被调查人或是被害人的某些特征、受伤状况等身体状况进行检查。但对于人身检查，与尸体检查一般，调查人员也有强制检查的权力。参照《刑事诉讼法》第132条第3项的规定，检查妇女的身体，应当由女工作人员或者医师进行。这一条体现了国家对妇女的关注与保护。

(三)勘验检查笔录

参照刑事诉讼法规定，监察机关勘验检查时应当制作笔录，且参加勘验检查的人员和见证人需要签名或者盖章。[1] 监察机关的工作人员或指派、聘请的专业人员，通过利用文字、图形和视听资料等形式记录的事实状况，最终将成为法定的刑事证据。勘验检查笔录包括：现场勘验、检查的笔录，即对现场状况的描述、现场图、现场拍摄的照片、现场录像四种记录形式，以及现场物品、书籍资料等的整理推断；尸体检验笔录，包括对死因、死亡时间、相关工具等的判断及相关证据的记录；人身检查的记录；侦查实验的记录。勘验检查的笔录应真实反映现场、尸体、物品、书籍资料等的相关信息，客观记录，减少主观倾向与色彩。另外，对于法条的另一个要求：参与人员与见证人皆需要签名或盖章，一方面能够使该证据具有证明力，另一方面通过签署姓名或盖章也能督促调查人员与见证人认真履职，加强对勘验检查活动的监督，防止伪造勘验检查结果，以保证正确处理案件。

二、鉴定

鉴定是指监察机关为了查明案件真相，聘请具有专业资格与素质的鉴定人员，针对案件中一些专门性的问题，运用专业的知识与方法，进行鉴定。《监察法》明确规定："监察机关在调查过程中，对于案件中的专门性问题，可以指派、聘请有专门知识的人进行鉴定。鉴定人进行鉴定后，应当出具鉴定意见，并且签名。"

---

[1] 第一，法医类鉴定，其涵盖法医病理鉴定、法医临床鉴定、法医精神病鉴定、法医物证鉴定和法医毒物鉴定内容；第二，物证类鉴定，即对文书、痕迹的鉴定；第三，声像资料鉴定，包括对录音带、录像带、磁盘、光盘、图片等载体上记录的声音、图像信息的真实性、完整性及其所反映的情况过程进行的鉴定和对记录的声音、图像中的语言、人体、物体作出种类或者同一认定。

（一）鉴定目的

鉴定的主要目的在于解决“案件中的专门性问题”，通过运用专业人员的相关知识和技能，对案件事实作出科学可靠的判断，从而推动案件的侦破解决。通过运用法医学鉴定、技术鉴定、文物鉴定、精神病鉴定等方式，帮助判断事实，更好把握案情。而为了实现这一目的，监察机关采取的鉴定措施需要符合可靠、客观等标准，并遵循法定程序。鉴定措施的适用，需要经监察机关相关负责人的审批，并制订委托文书，指派或聘请一位具有鉴定资格的技术人员进行相关鉴定，保障鉴定结果的真实性、有效性。

（二）鉴定问题分类

对于监察法提及的相关性问题，《〈中华人民共和国监察法〉释义》一书将其主要分为三大类：(1)法医类鉴定，包括法医病理鉴定、法医临床鉴定、法医精神病鉴定、法医物证鉴定和法医毒物鉴定；(2)物证类鉴定，包括文书鉴定、痕迹鉴定；(3)声像资料鉴定，包括对录音带、录像带、磁盘、光盘、图片等载体上记录的声音、图像信息的真实性、完整性及其所反映的情况过程进行的鉴定和对记录的声音、图像中的语言、人体、物体作出种类或者同一认定。此外，有的案件还需进行会计鉴定，包括对账目、表册、单据、发票、支票等书面材料进行鉴别判断；技术问题鉴定，包括对涉及工业、交通、建筑等方面的科学技术进行鉴别判断等。[1] 这是鉴定的专门性问题的主要需求方向，为了把握住案情，即必须合理运用相关专业知识，针对这些领域的问题进行甄别、判断，为案件的某些事实作出合理、科学的判断。

（三）鉴定意见

我国《监察法》第27条要求鉴定人员需要给出鉴定意见。“鉴定意见”，是指鉴定人按照法律程序，运用自身专业知识与方法对案件中出现的专门性问题进行判别，给出一些书面的意见。这一条款表明：第一，鉴定人应当写出鉴定意见。在对整个问题进行判断、甄别以后，鉴定人不仅要得出鉴定的结论，还需要从帮助查清案件的角度出发，运用鉴定出的结果，对整个案

[1] 参见中共中央纪律检查委员会、中华人民共和国国家监察委员会法规室编写：《〈中华人民共和国监察法〉释义》，中国方正出版社2018年版，第150～151页。

件给予一定的意见。第二,鉴定意见应当以书面形式作出,为之后作为证据材料奠定基础。第三,鉴定人应当在鉴定意见上签字。这样一方面保障了鉴定意见具有证明力与真实性;另一方面也督促鉴定人认真谨慎鉴定,监督鉴定人进行鉴定,促其客观、公平给出鉴定意见。第四,鉴定人为个人应确立相应的责任。若多名鉴定人有不同意见,则在不同意见下分别签字。鉴定人应为与案件无利害关系的鉴定人员,对于法律适用问题不能提供意见。

(四)鉴定程序

在鉴定程序中,《〈中华人民共和国监察法〉释义》一书认为:“调查人员应对鉴定意见进行审查,必要时,可以提出补充鉴定或者重新鉴定的意见。被调查人对鉴定意见有异议的,可以申请补充鉴定或者重新鉴定。”对于补充鉴定、重新鉴定与申请补充、重新鉴定的程序规定不清,仍有待于进一步的完善。

三、技术调查措施

技术调查措施,是指监察机关出于调查职务犯罪需要,指令公安机关根据国家有关规定,通过电话监听、电子监控、拍照或者录像等通信技术手段对被调查人职务违法犯罪行为进行调查,以求获取某些物证的行为。对于这一措施,法律规定程序较为严格,只有在特定条件下,才可动用这一手段。其有如下特点。

(一)需是涉嫌重大贪污贿赂案件

对于这一手段,动用的首要条件便是“重大”案件。其一般要求是涉及数额巨大、造成损失严重,且严重影响了社会秩序或民生的案件。而对于重大贪污贿赂等犯罪的要求,即为若非重大的贪污贿赂犯罪,也应是相同或相近等级的犯罪。一般性的职务犯罪,则不予考虑这一措施。

(二)坚持审慎原则,根据需要选择

对于技术调查手段,很多案件即使满足重大案件这一条件,也不一定都可以使用这一手段。没有必要,无须动用。因其涉及公民的基本权利等问题,是为最后的保底手段。且为了防止滥用,这一措施的采取还设立了严格的批准程序，来判断是否符合动用条件，一旦存在其他可以解决的调查手段，则优先其他调查手段进行解决。且即使动用，也应该根据需要选择动用哪种调查手段，而非笼统地全部使用、一并用上，应坚持根据需要审慎使用。

第五节　通缉与限制出境

一、通缉

（一）通缉的概念

通缉，是监察机关对应当拘留或逮捕而在逃的犯罪嫌疑人、被告人或者脱逃的罪犯，向下级发布命令要求予以缉捕、向同级发布通报要求予以协作，或在认为有必要时，对外发布通告，请求有关单位和公民予以协助的一项侦查措施。[1] 监察通缉属于通缉的一种特殊形式。

我国《监察法》第29条规定，依法应当留置的被调查人如果在逃，监察机关可以决定在本行政区域内通缉，由公安机关发布通缉令，追捕归案。通缉范围超出本行政区域的，应当报请有权决定的上级监察机关决定。监察法规定的监察通缉措施，其行使需具备的三个条件：(1)被通缉的人必须是涉嫌职务违法犯罪的被调查人；(2)该被调查人依法应当留置；(3)该被调查人因逃避调查而下落不明。具体来说，既包括符合本法规定的留置条件应当依法留置，但下落不明的涉嫌职务违法犯罪的被调查人，也包括已经依法留置，但又逃跑的被调查人。

（二）通缉的主体

监察法明确规定，监察通缉的决定和执行机关是不同的。监察通缉决定主体为监察机关，公安机关则负责发布通缉令、执行通缉。监察机关决定采取通缉措施后，交由公安机关发布通缉令进行追捕。通缉的范围超出所管辖的地区的，监察机关应当报请有决定权的上级监察机关决定，并交由相应的公安机关发布通缉令。监察通缉需要监察机关和公安机关加强协调配

---

〔1〕 参见李绘：《通缉概念的辨析与界定》，载《江西警察学院学报》2011年第3期。

合，公安机关接到监察机关移送的通缉决定的，应当及时发布通缉令，各级公安机关接到通缉令后，应当迅速部署、组织力量，积极进行查缉工作。监察机关自行查获被通缉对象的，应当及时通知公安机关撤销通缉令。

在改革实践中，监察机关与公安机关通过加强协作配合，明确监察机关在审查调查工作中提请公安机关协助的具体事项、提请协助的程序和要求等，将使监察机关与公安机关协作配合更密切，为审查调查提供高效率、高质量的制度保障，必将有力提升反腐合力。例如，监察机关在审查调查工作中，可提请公安机关协助采取信息查询、搜查、现场勘验检查、查找涉案人员、看护留置人员、技术调查、通缉、限制出境等措施，公安机关应根据提请事项在职责范围内依法予以协助配合。

（三）监察通缉的形式

监察法规定，监察机关决定采取通缉措施后，交由公安机关发布通缉令进行追捕。但在实际执法过程中，监察机关可以比照公安机关常采取的五种通缉措施，包括网上追逃、通缉令、协查通报、悬赏通告和边控通知。

1. 网上追逃

网上追逃，是指经公安机关办案部门负责人审批后，将在逃人员信息发布到公安信息网络上，发动各地公安机关发现和缉捕在逃人员的工作机制。网上追逃主要针对三类对象：第一类是已经办理了刑事拘留、逮捕法律手续的犯罪嫌疑人；第二类是从看守所、劳改场所脱逃的犯罪嫌疑人、被告人和罪犯；第三类是涉及案情重大、紧急、情况特殊的嫌疑人。[1] 监察通缉的对象即属于第一类和第三类。

2. 通缉令

通缉令，是指公安机关依法发布的缉捕在逃犯罪嫌疑人的书面命令。按照法律规定，县级以上公安机关在自己管辖的地区内，可以直接发布通缉令；超出自己管辖的地区，应当报请有权决定的上级公安机关发布，发送范围由签发通缉令的公安机关负责人决定。[2]

---

〔1〕 参见李绘：《通缉概念的辨析与界定》，载《江西警察学院学报》2011 年第 3 期。
〔2〕 参见《刑事诉讼法》第 155 条第 2 款。

通缉令一般应当写明被通缉人的姓名、性别、年龄、籍贯等基本情况及衣着、语音、体貌等个性特征和所犯罪名等，并且附照片，加盖发布机关的公章。由于通缉是侦查中追捕在逃犯罪嫌疑人的紧急措施，缉捕归案后，发布通缉令的机关应当通知撤销通缉令。

3. 协查通报

协查通报是侦查机关发布的要求有关地区公安机关协同开展工作的一项侦查措施。公安机关发布通报的依据是1981年11月24日下发的《公安部关于建立刑事犯罪通缉通报制度的通知》。[1] 通缉令只能由公安机关发布，面向全社会，而协查通报各级公安机关都可以发布，其他有行政执法权的政府机关也可以发布，在发布范围上只通行于内部，是上级对下级单位和有关人员发布的。

4. 悬赏通告

悬赏通告并非一项单纯的通缉措施，因为其除了查获犯罪嫌疑人这一目的外，还具有发现重大犯罪线索和追缴涉案财物、证据的功能。发布悬赏通告需经县级以上公安机关负责人批准，悬赏通告中应当写明悬赏对象的基本情况和赏金的具体数额。[2]

5. 边控通知

通缉措施中的边控，是指侦查机关为了缉捕可能出入境的在逃人员，通知出入境边防检查部门在查验工作中发现并予以扣留的一项侦查措施，该项措施一般与限制出境相联系。边控措施发挥作用是基于在逃人员具有通过出入境边防检查站出入国边境的可能性，如果在逃人员非法出入国边境，边控措施便难以见效。

二、限制出境

(一)限制出境的概念

限制出境，是指国家出于保护国家安全、预防和打击犯罪、维护社会管

---

〔1〕 参见李绘：《通缉概念的辨析与界定》，载《江西警察学院学报》2011年第3期。

〔2〕 同上。

理秩序等目的，通过立法对本国公民或居住在本国的外国人的出境权予以限制。我国《监察法》第30条规定，监察机关为防止被调查人及相关人员逃匿境外，经省级以上监察机关批准，可以对被调查人及相关人员采取限制出境措施，由公安机关依法执行。对于不需要继续采取限制出境措施的，应当及时解除。

（二）限制出境的实施条件

赋予监察机关采取限制出境措施的权限，是为了防止被调查人及相关人员逃匿境外，而不能掌握违法犯罪事实及证据，导致调查工作停滞，主要目的是保障调查工作的顺利进行。

我国《监察法》第30条主要规定了四个方面的内容：

第一，适用对象。既包括涉嫌职务违法犯罪的被调查人，也包括涉嫌行贿犯罪或者共同职务犯罪的涉案人员，以及与案件有关的其他相关人员。[1]但在实践中，并不是对所有涉嫌职务违法犯罪的被调查人都采取限制出境措施，而是应当把握必要性原则，根据实际情况，对有可能逃匿境外的被调查人限制出境。

第二，审批程序。限制出境措施的采取必须经特定的审批主体和严格的审批程序，必须由省级以上监察机关批准，体现了“宽打窄用”的原则，防止限制出境措施的随意使用，切实保护公民合法权利。

第三，执行主体。监察机关仅是限制出境的决定主体，执行应当交由公安机关负责。限制出境决定应当对限制出境人员的具体信息、期限作出具体规定。

第四，延长和解除。限制出境措施期限届满后可以延长，但仍须由省级以上监察机关审批。为加强对公民合法权利的保护，在具体执行中，对期限尚未届满但没有必要继续采取限制出境措施的，监察机关应当及时作出解除决定，并通知公安机关予以解除。

同时，我国《监察法》第65条规定了限制条件，列举了9项属于监察机

---

〔1〕 参见中共中央纪律检查委员会、中华人民共和国国家监察委员会法规室编写：《〈中华人民共和国监察法〉释义》，中国方正出版社2018年版，第158页。

关及其工作人员违法行使职权的行为，其中第 8 项规定：对于违反规定限制他人出境，或者不按规定解除出境限制的，应当依法追究相关人员的法律责任。这是关于对监察机关及其工作人员违法行使职权的责任追究的规定。该条的主要目的是强化对监察机关及其工作人员依法行使职权的监督管理，维护监察机关的形象和威信。习近平总书记指出，如果监察委员会不能够认真地履行好职责，甚至出现滥用权力的情况，就会辜负党和人民的信任。各级监察委员会一定要按照习近平总书记的要求，行使权力慎之又慎，在自我约束上严之又严。

（三）限制出境的执行与监督

采取限制出境措施，既能够有效防止因被调查人及相关人员逃匿境外，导致无法掌握其违法犯罪事实及证据，保障调查工作的顺利进行，又为防止外逃工作筑起了“第一道墙”，做好了基础工作。

限制出境的具体措施分为：（1）扣留或要求公安机关协助扣留出入境证件；（2）要求出入境管理机关不予办理出境审批备案手续；（3）要求出入境管理机关在边境、边防检查站阻止出境；（4）被限制出境人员拒不交出出入境证件的，可提请护照签发机关宣布其出入境证件作废。近年来，随着信息网络化的建设和在逃人员数据库的不断完善，失信人不能通过合法途径离境，间接达到了限制出境的目的，这导致限制出境已经很少作为单独措施来实施。

最高人民法院《关于人民法院办理执行异议和复议案件若干问题的规定》（法释〔2015〕10 号）第 9 条规定：“被限制出境的人认为对其限制出境错误的，可以自收到限制出境决定之日起十日内向上一级人民法院申请复议。上一级人民法院应当自收到复议申请之日起十五日内作出决定。复议期间，不停止原决定的执行。”这一文件能否适用于监察过程中，需要最高人民法院和国家监察委员会予以明确规定。

第十三章　监 察 处 置

第一节　政 务 处 分

我国《监察法》第 11 条、第 45 条规定，监察委员会依法履行监督、调查、处置的职责，对违法的公职人员依法作出政务处分决定。2018 年 4 月 16 日中央纪委、国家监察委颁布了《公职人员政务处分暂行规定》，对监察机关的政务处分职权与程序作了明确规定。

一、政务处分的性质

监察体制改革前，对于国家机关工作人员违法违纪责任的查处因涉事人员的身份不同而分别由行政监察机关、党的纪律检查机关和司法机关分别执行。行政监察机关依法对国家行政机关及其公务员进行监督，对违反行政纪律的行为执行行政处分；党的纪律检查机关对党组织和党员实施有效监督，对违犯党的纪律的党组织及其成员执行党纪处分；司法机关对国家机关工作人员违法失职行为构成犯罪的，依法追究刑事责任。由于违法违纪人员往往不只拥有一种身份，需要跨越不同的监督机关处理其违法违纪甚至犯罪行为，如遵循监察体制改革前的监督体系，纪法责任分别由不同的机关追究，容易出现协调机制不畅、信息难以共享等问题，公权力监督的有效性大打折扣。[1] 为了建立权威高效的权力监督与制约机制，2016 年 1 月

〔1〕 参见朱福惠：《国家监察法对公职人员纪律处分体制的重构》，载《行政法学研究》2018 年第 4 期。

习近平总书记在第十八届中央纪委第六次全会上提出："要扩大监察范围，整合监察力量，健全国家监察组织架构，形成全面覆盖国家机关及其公务员的国家监察体系。"《使党的主张成为国家意志》一文提出用"政务处分"替代"政纪处分"，[1]"政纪"是历史形成的，我们党早在陕甘宁边区就开始使用这一概念。改革开放以来，随着依法治国深入推进，我国法律体系不断完善，所有"政纪"均已成为国家立法，由《公务员法》《行政机关公务员处分条例》等法律法规加以规定。[2] 在全面依法治国条件下，党纪与法律之间没有中间地带。[3] 监察机关依据相关法律对违法的公职人员作出政务处分决定，这将进一步推动依法执政，实现纪法分开和纪法衔接。当前，我国《公务员法》《法官法》《检察官法》主要采用了"处分"概念，全国人大常委会 2018 年 4 月修订的《国境卫生检疫法》依然采用了"行政处分"概念。"政务处分"概念是监察法创立的新概念，其范围涵盖了所有监察机关对所有公职人员的"处分措施"，但是不包括党纪处分和刑罚等制裁措施。

《公职人员政务处分暂行规定》第 7 条规定："公职人员中的中共党员严重违犯党纪涉嫌犯罪的，应当由党组织先做出党纪处分决定，并由监察机关依法给予政务处分后，再依法追究其刑事责任。非中共党员的公职人员涉嫌犯罪的，应当先由监察机关依法给予政务处分，再依法追究其刑事责任。公职人员中的中共党员先依法受到行政处罚和刑事责任追究的，党组织、监察机关可以根据生效的行政处罚决定和司法机关的生效判决、裁定、决定及其认定的事实、性质和情节，依纪依法给予党纪、政务处分。"由此可见，公职人员的党纪处分、政务处分和违法犯罪责任追究之间实现了严密对接，集中统一、权威高效的国家监察体系得以构建。

二、政务处分的适用

根据《公职人员政务处分暂行规定》，在国家有关公职人员政务处分的

---

〔1〕 参见朱福惠：《国家监察法对公职人员纪律处分体制的重构》，载《行政法学研究》2018 年第 4 期。

〔2〕 参见张晃榕：《如何作出政务处分决定初探》，载《中国纪检监察》2018 年第 6 期。

〔3〕 参见《深化监察体制改革 推进试点工作之四：使党的主张成为国家意志》，载中央纪委监察部网：http://www.ccdi.gov.cn/special/xsjw/series27/201801/t20180102_160888.html，最后访问日期：2018 年 9 月 10 日。

法律出台前,监察机关可以根据被调查的公职人员的具体身份,依照相关法律、法规、国务院决定和规章对违法行为及其适用处分的规定,给予有违法违规行为的公职人员政务处分。政务处分的期间和适用规则,可以根据被调查的公职人员的具体身份等情况,适用有关法律、法规、国务院决定和规章。作为监察机关实施政务处分的依据。[1]

我国《监察法》与《公职人员政务处分暂行规定》关于政务处分的规定,大致沿用了此前相关立法规定的"处分"或者"行政处分"的种类。我国《监察法》第45条第1款第2项[2]中列举的6种对公职人员进行政务处分的种类,与《行政机关公务员处分条例》规定的行政机关公务员处分种类一致。根据《公职人员政务处分暂行规定》,监察机关对公职人员中的中共党员给予政务处分,一般应当与党纪处分的轻重程度相匹配;政务处分决定的内容和生效日期,参照《行政机关公务员处分条例》有关规定执行。由此可见,《公务员法》《事业单位工作人员处分暂行规定》等文件的纪律处分适用依据虽然没有全部列入监察法,但仍然是监察机关作出政务处分决定和监督公职人员的重要依据。[3] 此外,由于《监察法》将监察机关的监督范围扩至所有行使公权力的公职人员,《公职人员政务处分暂行规定》第9条针对基层群众性自治组织、国有企业等单位中从事管理的人员,或者未列入国家机关人员编制的受国家机关依法委托管理公共事务的组织中从事公务的人员、其他依法履行公职的人员,规定了谈话提醒、批评教育、责令检查、诫勉、警示谈话、通报批评、停职检查、责令辞职等措施。

监察机关政务处分的权力范围仅限于"国家公职人员贪污贿赂、滥用职权、玩忽职守、权力寻租、利益输送、徇私舞弊以及浪费国家资财等职务违法和职务犯罪"行为,还是可以及于所有国家公职人员的违法犯罪行为?对

---

〔1〕 主要包括《监察法》《公务员法》《法官法》《检察官法》《企业国有资产法》《行政机关公务员处分条例》《事业单位人事管理条例》《事业单位工作人员处分暂行规定》《国有企业领导人员廉洁从业若干规定》《农村基层干部廉洁履行职责若干规定(试行)》等。

〔2〕 对违法的公职人员依照法定程序作出警告、记过、记大过、降级、撤职、开除等政务处分决定。

〔3〕 参见朱福惠:《国家监察法对公职人员纪律处分体制的重构》,载《行政法学研究》2018年第4期。

此,监察法和《公职人员政务处分暂行规定》均未有明确规定。《公职人员政务处分暂行规定》第2条规定:“公职人员有违法违规行为应当承担法律责任的,在国家有关公职人员政务处分的法律出台前,监察机关可以根据被调查的公职人员的具体身份,依照相关法律、法规、国务院决定和规章对违法行为及其适用处分的规定,给予政务处分。”在国家有关公职人员政务处分的法律正式制定实施前,监察机关政务处分的职权,宜以“国家公职人员贪污贿赂、滥用职权、玩忽职守、权力寻租、利益输送、徇私舞弊以及浪费国家资财等职务违法和职务犯罪”为限更合适。

三、政务处分的解除

我国《公务员法》第90条规定了公务员的复核与申诉方式,其中第3款规定:“行政机关公务员对处分不服向行政监察机关申诉的,按照《中华人民共和国行政监察法》的规定办理。”我国原《行政监察法》第38条规定监察对象不服处分决定的,可以进行“申诉、复查、复核”:“国家行政机关公务员和国家行政机关任命的其他人员对主管行政机关作出的处分决定不服的,可以自收到处分决定之日起三十日内向监察机关提出申诉,监察机关应当自收到申诉之日起三十日内作出复查决定;对复查决定仍不服的,可以自收到复查决定之日起三十日内向上一级监察机关申请复核,上一级监察机关应当自收到复核申请之日起六十日内作出复核决定。复查、复核期间,不停止原决定的执行。”我国《监察法》第49条对此即有规定。[1] 此外,《公职人员政务处分暂行规定》第16条明确规定,对公职人员不服政务处分决定的复审、复核,按照监察法的规定办理。变更、撤销政务处分的情形和法律后果,根据受处分的公职人员的具体身份,依照或者参照《行政机关公务员处分条例》《事业单位工作人员处分暂行规定》等规定执行。据此,在下列情形之

---

[1] 监察对象对监察机关作出的涉及本人的处理决定不服的,可以在收到处理决定之日起1个月内,向作出决定的监察机关申请复审,复审机关应当在1个月内作出复审决定;监察对象对复审决定仍不服的,可以在收到复审决定之日起1个月内,向上一级监察机关申请复核,复核机关应当在2个月内作出复核决定。复审、复核期间,不停止原处理决定的执行。复核机关经审查,认定处理决定有错误的,原处理机关应当及时予以纠正。

下,受理处分复核、申诉的监察机关应当撤销处分决定,重新作出决定或者责令原处分决定单位重新作出决定:处分所依据的事实不清、证据不足的;违反规定程序,影响案件公正处理的;超越职权或者滥用职权作出处分决定的。有下列情形之一的,受理复核、申诉的监察机关应当变更处分决定或者责令原处分决定单位变更处分决定:适用法律、法规、规章错误的;对违法违纪行为的情节认定有误的;处分不当的;等等。

监察体制改革试点前,依据《公务员法》《行政机关公务员处分条例》《事业单位工作人员处分暂行规定》等规定,开除之外的政纪处分有相应解除程序,对符合解除条件的,应当经批准后解除处分。监察法对冻结、查封、扣押、技术调查、限制出境、留置均作了解除规定,但未规定政务处分的解除情形。根据《公职人员政务处分暂行规定》,公职人员受到开除以外的政务处分,在受处分期间有悔改表现,并且没有再发生违法行为的,处分期满后自动解除。事业单位工作人员在受处分期间有重大立功表现,按照有关规定给予个人记功以上奖励的,经作出处分决定的监察机关批准后,可以提前解除处分。处分解除后,受处分的公职人员不再受原处分影响。受到降级或者撤职处分的,处分解除不视为恢复原级别、原职务。

第二节　问　　责

问责制度源于中国共产党的党内问责制,《监察法》第 6 条、第 11 条、第 45 条作了明确但是并不详细的规定。为此,我们需要依据《中国共产党问责条例》《关于实行党政领导干部问责的暂行规定》《公职人员政务处分暂行规定》等党内法规及其他规范性文件,厘清党内问责与监察问责的内容。

一、党内问责

根据 2016 年起实施的《中国共产党问责条例》规定,“党的问责工作是由党组织按照职责权限,追究在党的建设和党的事业中失职失责党组织和党的领导干部的主体责任、监督责任和领导责任”。[1]

第一,党内问责的主体与对象。党内问责的主体是党中央或者有管理权限的党组织,包括各级党委、纪委(纪检组)、党的工作部门;问责对象是各级党委(党组)、党的工作部门及其领导成员,各级纪委(纪检组)及其领导成员,重点是主要负责人。党组织领导班子在职责范围内负有全面领导责任,领导班子主要负责人和直接主管的班子成员承担主要领导责任,参与决策和工作的班子其他成员承担重要领导责任。[2]

第二,党内问责的机制与方式。党内问责的方式主要分为“对党组织的问责”与“对党的领导干部的问责”等两种机制。[3] 对党的领导干部的问责方式包括四种。[4]

第三,党内问责的内容与范围。党组织和党的领导干部违反党章和其他党内法规,不履行或者不正确履行职责的情形主要有五种。[5]

---

〔1〕《中国共产党问责条例》第4条第1款。

〔2〕 参见《中国共产党问责条例》第4条第2款、第5条。

〔3〕 对党组织的问责方式包括:(1)检查。对履行职责不力、情节较轻的,应当责令其作出书面检查并切实整改。(2)通报。对履行职责不力、情节较重的,应当责令整改,并在一定范围内通报。(3)改组。对失职失责,严重违反党的纪律、本身又不能纠正的,应当予以改组。

〔4〕 参见《中国共产党问责条例》第7条规定:(1)通报。对履行职责不力的,应当严肃批评,依规整改,并在一定范围内通报。(2)诫勉。对失职失责、情节较轻的,应当以谈话或者书面方式进行诫勉。(3)组织调整或者组织处理。对失职失责、情节较重,不适宜担任现职的,应当根据情况采取停职检查、调整职务、责令辞职、降职、免职等措施。(4)纪律处分。对失职失责应当给予纪律处分的,依照《中国共产党纪律处分条例》追究纪律责任。上述问责方式,可以单独使用,也可以合并使用。其中对党的领导干部,纪委(纪检组)、党的工作部门有权采取通报、诫勉方式进行问责,提出组织调整或者组织处理的建议;采取纪律处分方式问责,按照党章和有关党内法规规定的权限和程序执行。

〔5〕《中国共产党问责条例》第6条规定:(1)党的领导弱化,党的理论和路线方针政策、党中央的决策部署没有得到有效贯彻落实,在推进经济建设、政治建设、文化建设、社会建设、生态文明建设中,或者在处置本地区本部门本单位发生的重大问题中领导不力,出现重大失误,给党的事业和人民利益造成严重损失,产生恶劣影响的;(2)党的建设缺失,党内政治生活不正常,组织生活不健全,党组织软弱涣散,党性教育特别是理想信念宗旨教育薄弱,中央八项规定精神不落实,作风建设流于形式,干部选拔任用工作中问题突出,党内和群众反映强烈,损害党的形象,削弱党执政的政治基础的;(3)全面从严治党不力,主体责任、监督责任落实不到位,管党治党失之于宽松软,好人主义盛行、搞一团和气,不负责、不担当,党内监督乏力,该发现的问题没有发现,发现问题不报告不处置、不整改不问责,造成严重后果的;(4)维护党的政治纪律、组织纪律、廉洁纪律、群众纪律、工作纪律、生活纪律不力,导致违规违纪行为多发,特别是维护政治纪律和政治规矩失职,管辖范围内有令不行、有禁不止,拉帮结派问题严重,造成恶劣影响的;(5)推进党风廉政建设和反腐败工作不坚决、不扎实,管辖范围内腐败蔓延势头没有得到有效遏制,损害群众利益的不正之风和腐败问题突出的;(6)其他应当问责的失职失责情形。

第四，党内问责的效力与期限。[1] 问责决定作出后，应当及时向被问责党组织或者党的领导干部及其所在党组织宣布并督促执行。有关问责情况应当向组织部门通报，组织部门应当将问责决定材料归入被问责领导干部个人档案，并报上一级组织部门备案；涉及组织调整或者组织处理的，应当在1个月内办理完毕相应手续。受到问责的党的领导干部应当向问责决定机关写书面检讨，并在民主生活会或者其他党的会议上作出深刻检查。[2] 建立健全问责典型问题通报曝光制度，采取组织调整或者组织处理、纪律处分方式问责的，一般应当向社会公开。党内问责实行终身问责制，对失职失责性质恶劣、后果严重的，无论其责任人是否调离转岗、提拔或者退休，都应当严肃问责。[3]

二、监察问责

第一，监察问责的主体与对象。[4] 监察问责的主体是各级党委、政府及工作部门，检察机关。根据《关于实行党政领导干部问责的暂行规定》，中共中央、国务院的工作部门及其内设机构的领导成员；县级以上地方各级党委、政府及其工作部门的领导成员，上列工作部门内设机构的领导成员，均属于党政干部问责的对象。[5]

第二，监察问责的机制与方式。根据《关于实行党政领导干部问责的暂行规定》，对党政领导干部实行问责的方式分为：责令公开道歉、停职检查、引咎辞职、责令辞职、免职。但是按照《公职人员政务处分暂行规定》，监察机关可以依据或参照相关法律法规，对不履行或者不正确履行职责的领导干部作出通报批评、诫勉、停职检查、责令辞职等问责决定，提出降职、免职等问责建议。对比可以看出，监察机关对于领导人员的问责基本沿用了对党的领导干部的问责方式，但是增加了“通报批评”“诫勉”“建议降职”等问

---

〔1〕 参见《中国共产党问责条例》第9条、第10条。

〔2〕 参见《〈中国共产党问责条例〉逐条解读》，载《中国纪检监察报》2016年7月20日，第4版。

〔3〕 同上。

〔4〕 参见《关于实行党政领导干部问责的暂行规定》第2条。

〔5〕 参见骆正言：《行政问责归责原则新论——从〈中国共产党问责条例〉说起》，载《行政法论丛》2017年第2期。

责方式。

第三,监察问责的内容与范围。根据《关于实行党政领导干部问责的暂行规定》规定的情形,对党政领导干部实行问责。[1]

第四,监察问责的效力与期限。《中国共产党问责条例》明确规定:“实行终身问责,对失职失责性质恶劣、后果严重的,不论其责任人是否调离转岗、提拔或者退休,都应当严肃问责。”与党内问责不同的是,监察问责的期限略有不同,《公职人员政务处分暂行规定》第18条提出,“有违法行为应当受到政务处分的公职人员,在监察机关作出处分决定前已经退休的,不再给予处分;监察机关可以对其立案调查,依法应当给予降级、撤职、开除处分的,应当按照规定降低或者取消其享受的待遇”。

第三节　移送依法审查提起公诉与监察建议

一、移送依法审查提起公诉

第一,移送起诉的建议权。依据我国《监察法》第11条的规定,监察委员会履行监督、调查、处置职责,对涉嫌职务犯罪的,将调查结果移送人民检察院依法审查、提起公诉。在案件移送的过程中,监察机关拥有“从宽处罚”的建议权:涉嫌职务犯罪的被调查人主动认罪认罚,有下列情形之一的,监察机关经领导人员集体研究,并报上一级监察机关批准,可以在移送人民检

---

[1] 《关于实行党政领导干部问责的暂行规定》第5条规定:(1)决策严重失误,造成重大损失或者恶劣影响的;(2)因工作失职,致使本地区、本部门、本系统或者本单位发生特别重大事故、事件、案件,或者在较短时间内连续发生重大事故、事件、案件,造成重大损失或者恶劣影响的;(3)政府职能部门管理、监督不力,在其职责范围内发生特别重大事故、事件、案件,或者在较短时间内连续发生重大事故、事件、案件,造成重大损失或者恶劣影响的;(4)在行政活动中滥用职权,强令、授意实施违法行政行为,或者不作为,引发群体性事件或者其他重大事件的;(5)对群体性、突发性事件处置失当,导致事态恶化,造成恶劣影响的;(6)违反干部选拔任用工作有关规定,导致用人失察、失误,造成恶劣影响的;(7)其他给国家利益、人民生命财产、公共财产造成重大损失或者恶劣影响等失职行为的。

察院时提出从宽处罚的建议。[1]

第二,移送起诉的法律效力。依据监察法的规定,即产生案件处置权转移的法律效力。监察机关经调查,对违法取得的财物,依法予以没收、追缴或者责令退赔;对涉嫌犯罪取得的财物,应当随案移送人民检察院。人民检察院对监察机关移送的案件,要依照刑事诉讼法视情况对被调查人采取强制措施。当前,我国刑事诉讼法的强制措施包括拘传、取保候审、监视居住、拘留、逮捕五种。对监察机关已经采取留置措施的案件,检察机关应当在监察机关移送案件之前对是否采取和采取何种强制措施进行审查,在移送之日作出决定并执行。人民检察院经审查,认为犯罪事实已经查清,证据确实、充分,依法应当追究刑事责任的,应当作出起诉决定。人民检察院经审查,认为需要补充核实的,应当退回监察机关补充调查,必要时可以自行补充侦查。对于补充调查的案件,应当在1个月内补充调查完毕。补充调查以二次为限。需要注意的是,"退回补充调查"与"自行补充侦查"是有先后顺序的,考虑到监察机关移送的案件政治性强、比较敏感,检察机关公诉部门审查后认为有补充证据需要的,应当先退回监察机关进行补充调查;只有在必要时,才由检察机关自行补充侦查。一般而言,检察机关认为监察机关移送的案件定罪量刑的基本犯罪事实已经查清,但具有下列情形之一的,可以自行补充侦查:一是证人证言、犯罪嫌疑人供述和辩解、被害人陈述的内容中主要情节一致,个别情节不一致且不影响定罪量刑的;二是书证、物证等证据材料需要补充鉴定的;三是其他由检察机关查证更为便利、更有效率、更有利于查清案件事实的情形。[2]

---

〔1〕 具体情形包括:(1)自动投案,真诚悔罪悔过的;(2)积极配合调查工作,如实供述监察机关还未掌握的违法犯罪行为的;(3)积极退赃,减少损失的;(4)具有重大立功表现或者案件涉及国家重大利益等情形的。此外,职务违法犯罪的涉案人员揭发有关被调查人职务违法犯罪行为,查证属实的,或者提供重要线索,有助于调查其他案件的,监察机关经领导人员集体研究,并报上一级监察机关批准,可以在移送人民检察院时提出从宽处罚的建议。

〔2〕 参见中共中央纪律检查委员会、中华人民共和国国家监察委员会法规室编写:《〈中华人民共和国监察法〉释义》,中国方正出版社2018年版,第214~215页。

二、监察建议

第一，监察建议的主体。根据我国《监察法》的规定，监察建议的主体是各级监委及其派驻或派出的监察机构、监察专员。监察委员会依法履行监督、调查、处置职责，向监察对象所在单位提出监察建议；派驻或者派出的监察机构、监察专员根据授权，按照管理权限依法对公职人员进行监督，提出监察建议。

第二，监察建议的内容。监察机关根据监督、调查结果，对监察对象所在单位廉政建设和履行职责存在的问题等提出监察建议。参照我国原《行政监察法》的规定，监察机关根据检查、调查结果，遇有下列情形时，可以提出监察建议：拒不执行法律、法规或者违反法律、法规，应当予以纠正的；有关单位作出的决定、命令、指示违反法律、法规或者国家政策，应当予以纠正或者撤销的；给国家利益、集体利益和公民合法权益造成损害，需要采取补救措施的；录用、任免、奖惩决定明显不适当，应当予以纠正的；依照有关法律、法规的规定，应当给予处罚的；需要完善廉政建设制度的；等等。

第三，监察建议的效力。监察建议不同于一般的工作建议，它具有法律效力，被提出建议的有关单位必须履行监察建议要求其履行的义务，除非其有正当理由，否则，就要承担相应的法律责任。我国《监察法》第 62 条明确规定："有关单位拒不执行监察机关作出的处理决定，或者无正当理由拒不采纳监察建议的，由其主管部门、上级机关责令改正，对单位给予通报批评；对负有责任的领导人员和直接责任人员依法给予处理。"监察机关主要针对监察对象所在单位廉政建设和履行职责存在的问题提出监察建议，其目的是帮助有关单位查找不足、完善管理、健全制度。接受建议的单位如无正当理由，应采纳建议，自查自纠，整改落实。

第五编

监 察 程 序

本编集中探讨监察机关行使各项职权的具体程序,包括概述、监督程序、问题线索管理和处置程序、立案程序、调查程序、处置程序等基本问题。

第十四章　监察程序概述

第一节　监察程序概况

根据《现代汉语词典》的释义,“程序”一词是指事情进行的先后次序。[1] 而从法学的角度来分析,程序是指从事法律行为、作出某种决定的过程、方式和关系。[2] 在此种意义上而言,监察程序便是监察机关行使监察职权的过程和次序。我国《监察法》在第五章以专章的形式对监察程序作出了规定。监察机关作为行使国家监察职能的专责机关,享有监督、调查、处置等相当广泛的权力。而程序之治乃是法治的一般要求,监察机关职权的行使须以特定的程序为遵循。鉴于此,我国《监察法》第五章共 15 个条款就监察机关行使职权的程序进行了规定,同时,监察程序并不限于我国《监察法》第五章的规定,其他章节也有关于监察机关行使职权的程序性规定。

根据我国《监察法》第五章的有关规定,监察程序大体包括:问题线索管理和处置程序、监察立案程序、调查程序、处置程序等。上述程序在监察机关行使职权的具体过程中,其实形成了前后融贯的关系。因为监察机关通常是在对问题线索进行管理和处置的过程中,认为需要追究法律责任的,则会进行相应的立案。而在立案之后,监察机关为了查明案件事实,则需要进

〔1〕 参见中国社会科学院语言研究所词典编辑室编:《现代汉语词典》,商务印书馆 2012 年版,第 170 页。

〔2〕 参见孙笑侠:《程序的法理》,商务印书馆 2010 年版,第 15 页。

行相应的调查。待到调查之后，监察机关则会根据调查的结果，采取相应的处置措施。

第二节 监察程序的基本原则

监察程序的构建需要遵循一定的原则，以此类原则为遵循设置的程序始得认为是具有正当性的原则。同时，通过对既已设置好的监察程序加以考察和分析，亦可从中概括抽象出若干基本原则。概言之，监察程序的基本原则主要有三：一是分工协作、相互制约的原则；二是保障监察对象基本权利的原则；三是监察程序与司法程序协调衔接的原则。

一、分工协作、相互制约的原则

孟德斯鸠在《论法的精神》一书中写道："一切有权力的人都容易滥用权力，这是万古不易的一条经验。有权力的人们使用权力一直到遇有界限的地方才休止。从事物的性质来说，要防止滥用权力，就必须以权力约束权力。"[1]与此同时，在实现权力与权力之间互相约束和制约的同时，亦需注重权力彼此之间的分工和协作。因为"分工是专业化的需要，协作则是实现管理目标的需要"。[2] 因此，在设置监察机关行使监察职权的程序之时，同样有必要遵循分工协作、相互制约的原则。对此，我国《监察法》第 36 条第 1 款明确规定："监察机关应当严格按照程序开展工作，建立问题线索处置、调查、审理各部门相互协调、相互制约的工作机制。"因为按照监察职权行使的一般流程，首先是对问题线索进行收集和处置，继而对案件进行相应的调查，最后根据调查取得的证据材料对案件进行审理。因此，就有必要在线索处置、调查、审理等部门之间实现分工协作和制约监督。从监督部门或调查部门，到审理部门，每一环节既相对独立又相互衔接，后一环节与上一环节

---

〔1〕［法］孟德斯鸠：《论法的精神》（上册），张雁深译，商务印书馆 1961 年版，第 154 页。

〔2〕陈德顺：《在有限与有为之间——西方立宪政府的理论与现实》，四川大学出版社 2007 年版，第 45 页。

是工作衔接,又是监督。[1] 该规定的目的在于强化监察机关的内部控制和制约机制,有利于防止因权力过于集中而引发的问题。这也是加强监察机关内部监督的必然要求。[2]

二、保障监察对象基本权利的原则

“国家尊重和保障人权”业已写入宪法,即便是在惩治犯罪人员和犯罪活动的过程中,对人权予以有效保障同样是尤为重要的。例如,在我们国家刑事诉讼法律制度完善的过程中,便有“根据这一宪法原则,我们贯彻中央司法体制改革精神,修改刑事诉讼法,正确处理惩治犯罪与保障人权的关系”的决定。[3] 监察法作为反腐败国家立法,其同样尤为注重保障相关主体的基本权利。例如,《监察法》第5条便明确规定“保障当事人的合法权益”。同时,根据时任全国人大法律委员会副主任委员李适时的介绍,全国人大常委会法工委根据全国人大常委会委员、部门、地方和公众意见,在《监察法(草案)》中建议增加关于保障被调查人合法权利的规定。[4] 如上所述,监察机关行使职权的过程,乃是体现在监察程序中的,而相关主体的权利也正是容易在此过程中受到侵害。因此,自然有必要遵循保障监察对象基本权利的原则,来对监察程序进行相应的设计。

具体来说,保障监察对象基本权利主要有以下几个方面的体现:其一,为监察机关职权的行使设置严格的程序。例如,根据《监察法》第41条的规定,调查人员采取讯问、询问、留置、搜查、调取、查封、扣押、勘验检查等调查措施,均应当依照规定出示证件,出具书面通知,由两人以上进行,形成笔录、报告等书面材料,并由相关人员签名、盖章。同时,调查人员进行讯问以

---

〔1〕 参见章志强:《严格遵循内部制约和监督制度》,载《中国纪检监察报》2018年8月8日,第8版。

〔2〕 参见中共中央纪律检查委员会、中华人民共和国国家监察委员会法规室编写:《〈中华人民共和国监察法〉释义》,中国方正出版社2018年版,第177~178页。

〔3〕 吴邦国:《全国人民代表大会常务委员会工作报告(二〇一三年三月八日)》,载中共中央文献研究室编:《十八大以来重要文献选编》(上),中央文献出版社2014年版,第209页。

〔4〕 参见孙懿:《监察法草案二审:规范监察权力依法保障人权》,载《人民日报》(海外版)2017年12月23日,第2版。

及搜查、查封、扣押等重要取证工作,应当对全过程进行录音录像,留存备查。其二,监察机关采取的留置措施有严格的期限要求。比如,《监察法》第43条第2款规定,留置时间不得超过3个月。在特殊情况下,可以延长一次,延长时间不得超过3个月。其三,监察对象在受到留置之后,应当享有基本的权利保障。例如,根据《监察法》第44条第2款的规定,监察机关应当保障被留置人员的饮食、休息和安全,提供医疗服务。当然,我国《监察法》中对监察对象基本权利保障的规定,并不限于"监察程序"一章中的条款。曾有研究者统计,我国《监察法》中共有20余个条款用以保障被调查人的合法权益,超过整部法律条文总数的1/3。[1]

三、监察程序与司法程序协调衔接的原则

监察机关在行使监察职权时需要审判机关、检察机关等的制约、配合和协作,我国《宪法》第127条第2款也明确规定:"监察机关办理职务违法和职务犯罪案件,应当与审判机关、检察机关、执法部门互相配合,互相制约。"如此一来,便需要实现监察程序与司法程序的协调和衔接。因为查办职务违法犯罪案件的活动,乃是具有系统性和关联性的,[2]同时监察机关行使监察职权的活动也需要其他机关的有效制衡和监督,才能够避免监察职权的滥用。具体来说,监察程序与司法程序的协调衔接需要注意以下几方面的问题。

其一,监察机关管辖的案件原则上为职务违法和职务犯罪案件,但根据我国《监察法》第34条第2款的规定,对于被调查人既涉嫌严重职务违法或者职务犯罪,又涉嫌其他违法犯罪的,一般应当由监察机关为主调查,其他机关予以协助。其二,证据裁判是刑事诉讼的基石,在证据适用方面,监察与司法亦须有效衔接。[3] 对此,《监察法》第33条第2款规定:"监察机关

---

〔1〕 参见王明星、倪庆富:《如何保障被调查人的合法权益——20多个条文保障其人身权和财产权》,载《中国纪检监察》2018年第9期。

〔2〕 参见吴建雄、王友武:《监察与司法衔接的价值基础、核心要素与规则构建》,载《国家行政学院学报》2018年第4期。

〔3〕 参见龙宗智:《监察与司法协调衔接的法规范分析》,载《政治与法律》2018年第1期。

在收集、固定、审查、运用证据时，应当与刑事审判关于证据的要求和标准相一致。”其三，司法机关对监察机关行使职权的活动依法予以协助。比如，我国《监察法》第 43 条第 3 款规定：“监察机关采取留置措施，可以根据工作需要提请公安机关配合。公安机关应当依法予以协助。”[1]其四，留置期限的刑期折抵。根据我国《刑法》第 41 条和第 44 条的规定，判决执行以前先行羁押的，羁押 1 日可折抵管制刑期 2 日、折抵拘役刑期 1 日、折抵有期徒刑 1 日。监察机关采取的留置措施作为一项带有限制人身自由特点的调查措施，[2]同样有必要进行相应的刑期折抵。故而，我国《监察法》第 44 条第 3 款规定：“被留置人员涉嫌犯罪移送司法机关后，被依法判处管制、拘役和有期徒刑的，留置一日折抵管制二日，折抵拘役、有期徒刑一日。”其五，监察机关强制措施与司法机关强制措施的衔接，即在监察机关的调查阶段，被调查人乃是由监察机关采取留置这一强制措施，而待到将案件移送检察机关审查起诉阶段，强制措施则需相应地变更为拘留或逮捕。对此，我国《监察法》第 47 条第 1 款规定：“对监察机关移送的案件，人民检察院依照《中华人民共和国刑事诉讼法》对被调查人采取强制措施。”

第三节　规范监察程序的重要性

美国著名大法官威廉·道格拉斯曾经说过：“权利法案的大多数规定都是程序性条款，这一事实决不是无意义的。正是程序决定了法治与恣意的人治之间的基本区别。”[3]腐败虽然是尤为严重的违法犯罪活动，但反腐行动和腐败治理同样需要注重法治的方式，尤其是注重通过程序的方式来促成腐败治理法治化的实现。不能片面强调腐败案件的特殊性而忽略程序法

---

〔1〕 例如，2018 年 5 月 11 日，经云南省监察委员会决定，云南省公安厅发布 A 级通缉令，西南林业大学党委副书记、校长蒋兆岗潜逃被通缉。5 月 30 日，蒋兆岗被抓获归案。参见杨慧中：《聚焦国家监察体制改革以来的 N 个“第一”》，载《中国纪检监察》2018 年第 13 期。

〔2〕 参见李少文：《留置措施法定化是法治的重大进步》，载《学习时报》2018 年 7 月 9 日，第 3 版。

〔3〕 季卫东：《法治秩序的构建》，商务印书馆 2014 年版，第 3 页。

治，查处反腐案件也要遵循程序法治的要求。[1] 习近平总书记在谈及法治与程序的关系时也曾表明："要守法律、重程序，这是法治的第一位要求。"[2] 在这个意义上来说，我国《监察法》中设置"监察程序"一章，对监察机关行使监察职权的程序进行相对系统的规定，无疑具有相当的重要性和重大意义。总体来说，规范监察程序的重要性有三个方面：一是有利于监察职权的有效行使；二是有利于防范监察职权的滥用；三是有利于保障公民的合法权益。

一、有利于监察职权的有效行使

为了实现腐败的有效治理和反腐的法治化，中央决定开展国家监察体制改革，制定监察法将监察职权赋予各级监察委员会。因而，唯有监察职权有效行使，才能在腐败治理方面发挥预期的功能。我国《监察法》第 2 条明确提出要"构建集中统一、权威高效的中国特色国家监察体制"；我国《监察法》第 6 条同样指明国家监察工作要有效制约和监督权力。那么，规范监察程序自然有利于监察职权的有效行使。具体来说有二：其一，通过构建监察机关内部权力行使的有序通道，促使监察职权高效率地行使。例如，根据我国《监察法》第 36 条的规定，监察机关行使职权需要建立问题线索处置、调查、审理各部门相互协调、相互制约的工作机制。通过内部各部门之间的分工，显然是有助于提高效率的。其二，通过构建监察机关与其他国家机关的协助机制，以利于监察机关有效行使职权。例如，根据《监察法》第 43 条第 3 款的规定，监察机关在采取留置措施的时候，可以根据工作需要提请公安机关配合，公安机关在此时应当依法予以协助。显然，如果缺失这些内外部的程序制度设计，监察机关在行使监察职权时无疑会面临诸多滞碍。譬如，监察机关欲留置在逃的监察对象时，因为监察机关不配备类似于检察院、法院

[1] 参见陈光中、兰哲：《监察制度改革的重大成就与完善期待》，载《行政法学研究》2018 年第 4 期。

[2] 习近平：《在省部级主要领导干部学习贯彻党的十八届四中全会精神全面推进依法治国专题研讨班上的讲话》，载中共中央文献研究室编：《习近平关于全面依法治国论述摘编》，中央文献出版社 2015 年版，第 125 页。

"法警"那样的强制执行队伍，[1]因此，在采取留置措施的过程中，如果缺乏公安机关的协助，监察机关显然是难以有效采取留置措施的。

二、有利于防范监察职权的滥用

对监察委员会自身的监督制约力度须足以防止监察体制改革过犹不及。[2] 通过国家监察体制改革，我们国家建立起了集中统一、权威高效的中国特色国家监察体制。行政监察机关、政府预防腐败部门和人民检察院查处贪污贿赂、失职渎职以及预防职务犯罪等部门的相关职能整合至监察委员会，加之监察机关与党的纪律检查机关合署办公，从而使监察机关拥有相当强大的职权。如此强大的监督职权自然有利于治理腐败，但若这些权力在实践中被滥用，后果也是可想而知的。正因如此，中共中央办公厅印发的《关于在北京市、山西省、浙江省开展国家监察体制改革试点方案》就明确提出，要强化对监察委员会自身的监督制约。而在诸多防范权力滥用的方式当中，通过程序来"驯化"权力其实是较优的方案之一。正是基于此种考量，第十二届全国人大常委会副委员长李建国在就《监察法（草案）》向全国人大作说明时同样指明："为保证监察机关正确行使权力，草案在监察程序一章中，对监督、调查、处置工作程序作出严格规定。"[3]概言之，通过程序来防范监察职权滥用的路径有二：一是外部制约，即实现监察机关与审判机关、检察机关、执法部门在行使职权方面的制约；二是内部制约，即要求监察机关在内部设立相互分工、既相互协调又相互制约的工作部门，在各部门间建立相互协调、相互制约的工作机制。[4] 试举一例，根据我国《监察法》第43条第1款的规定，监察机关采取留置措施，须由监察机关领导人员集体研究决定。且设区的市级以下监察机关采取留置措施，还须报上一级监察机关

---

〔1〕 参见吴建雄主编：《监督、调查、处置法律规范研究》，人民出版社2018年版，第210页。

〔2〕 参见童之伟：《对监察委员会自身的监督制约何以强化》，载《法学评论》2017年第1期。

〔3〕 李建国：《关于〈中华人民共和国监察法（草案）〉的说明——2018年3月13日在第十三届全国人民代表大会第一次会议上》，载《中华人民共和国全国人民代表大会常务委员会公报》2018年第2期。

〔4〕 参见姜明安：《论监察法的立法目的与基本原则》，载《行政法学研究》2018年第4期。

批准。这样的程序设计将极大地防范监察职权的滥用。[1] 这便是一种通过监察机关的内部制约来防范监察职权滥用的方式。

三、有利于保障公民的合法权益

我国《监察法》第5条明确规定,国家监察工作应当保障当事人的合法权益。这指的是监察机关必须"严格遵循相关法律规定,不得违法侵犯公民、法人和其他组织的合法权益"。[2] 而法律程序一般被认为是实现权利的手段和方法,法律程序与权利保障关系紧密。[3] 因为一般来说,根据权利的内容不同,可以将权利区分为程序性权利和实体性权利。其中,对于程序性权利而言,自然与法律程序有着相当密切的关联。而对于实体性权利来说,法律程序同样可以为其提供相当程度的保障。在此意义上而言,在《监察法》中规定监察程序,无疑有利于保障公民的合法权益。具体来说有以下两方面的体现:其一,通过规范监察职权的行使,间接保障公民权利。例如,根据《监察法》第39条的规定,监察机关在对监察对象进行调查之时,调查方案的确定需要召开专题会议来研究。这其实是促使调查方案的确定过程更加严谨,更加符合有关法律的规定,而不至于随意为之有害公民合法权益。其二,明确规定监察职权行使过程中公民享有的权利,亦即通过监察程序直接保障公民合法权益。例如,根据《监察法》第44条第2款的规定,被留置人员享有饮食、休息和安全保障的权利;根据《监察法》第49条的规定,监察对象对监察机关的处理决定不服,享有申请复审和申请复核的权利。

---

〔1〕 例如,吉林省某地级市下辖区的监察委员会,报请该地级市监察委员会批准留置措施,但该地级市监察委员会相关负责人认为"工作方案不周密、证据定性不准确",故而对该下辖区监察委员会的报批不予通过,予以退回。参见王卉、王春晖、何琳娣:《履职有标准用权有规范——吉林市纪委市监委加强制度建设确保工作高效运转》,载《吉林日报》2018年8月15日,第1版。

〔2〕 中共中央纪律检查委员会、中华人民共和国国家监察委员会法规室编写:《〈中华人民共和国监察法〉学习问答》,中国方正出版社2018年版,第16页。

〔3〕 参见孙笑侠:《程序的法理》,商务印书馆2010年版,第211页。

第十五章　监 督 程 序

第一节　监督职责与监督程序

诚如上述，监察程序是监察机关行使监察职权的过程和次序，故而欲正确认识监察程序，势必对监察职权有深刻的了解。那么，在讨论监督程序之前，有必要简要地介绍一下监察机关的监督职责。我国《监察法》第 11 条明确规定："监察委员会依照本法和有关法律规定履行监督、调查、处置职责……"据此规定，监督职责乃是监察机关的重要职责之一。甚至在某种程度上来说，相较于调查和处置这两项职责而言，监督职责乃是监察机关的首要职责。[1] 不过，关于什么是监察机关的监督职责，在理论上则是存在不同认识的。例如，有观点认为，监察机关履行监督职责的方式呈现出多元化之特征，诸如谈话提醒、批评教育、责令检查、查封、扣押、勘验检查，乃至讯问、留置、技术调查等都属于监督职责的履行方式。[2] 我们认为，监督职责是一个内涵非常丰富的概念，但是，在理解监察机关监督职责指向为何时，无疑须以监察法的具体规定作为认知依据。"尽管从广义上讲，监察机关开展调查以及根据调查的结论予以处置的行为也是一种监督"，[3] 不过，监察法中

---

〔1〕 参见徐怀顺：《聚焦监察法草案①监察委首要职责是监督》，载《中国纪检监察报》2018 年 3 月 7 日，第 2 版。

〔2〕 参见徐汉明、张乐：《监察委员会职务犯罪调查与刑事诉讼衔接之探讨——兼论法律监督权的性质》，载《法学杂志》2018 年第 6 期。

〔3〕 吴建雄主编：《监督、调查、处置法律规范研究》，人民出版社 2018 年版，第 63 页。

对监察机关监督职责的规定，其实只是在狭义层面使用“监督”的概念。换言之，监察法所规定的监督职责并非宽泛意义上的监督，其有着特定的内涵。

根据我国《监察法》第11条第1项的规定，监察机关对公职人员开展廉政教育，对其依法履职、秉公用权、廉洁从政从业以及道德操守情况进行监督检查。该规定是监察法对监察机关监督职责的法律描述。根据这一规定，监察机关履行监督职责的方式有二：一是廉政教育，二是监督检查。其中，廉政教育是为了防止公职人员发生腐败的基础性工作，而监督检查的方式则包括列席或者召集会议、听取工作汇报、实施检查或者调阅、审查文件和资料等。[1] 因此，我们对监督程序的介绍，将具体展开为对廉政教育程序的介绍，以及对监督检查程序的介绍。另外还需要说明的是，虽然认为监督职责是监察机关的首要职责，但监察法中有关监督职责的规定其实不多。因而，我们将借由实践中监察机关履行监督职责的实例，来描述和讨论监督职责。再者，由于监察机关与党的纪律检查机关合署办公，党内监督和国家监察一体两面，具有高度内在一致性。[2] 在这个意义上来说，党内监督的内容、方式和要求，也都适用于国家监察的监督。[3] 鉴于此，我们对监察机关履行监督职责程序（监督程序）的介绍，还将注重党内法规中对纪律检查机关监督职责的规定。

至于监察法中关于监督程序的规定为何较少，我们认为，有以下两方面的原因：其一，法律程序之目的在于规范权力的运行，从而保障公民权利。依此逻辑，若某一权力对公民权利威胁越大，则规范该权力的程序越复杂。比如，监察法中有相当多的条款是关于留置措施的，这是因为留置措施是一种对公民权利有着相当大威胁的监察措施。反观监察机关履行监督职责的方式，尤其是其中的廉政教育，其对公民权利的威胁是相对较小的。因而，监察法中对监督程序的规定自然较少。其二，监察机关履行监督职责的方

---

〔1〕 参见中共中央纪律检查委员会、中华人民共和国国家监察委员会法规室编写：《〈中华人民共和国监察法〉学习问答》，中国方正出版社2018年版，第29页。

〔2〕 同上书，第88页。

〔3〕 同上书，第91页。

式,在实践中乃是有着相当多样化的表现形式的。比如,其中的廉政教育便可借助谈话、廉政讲座、观看廉政纪录片、组织学习廉政读本等方式;其中的监督检查包括列席会议、查阅文件等方式。如此多样化的方式显然是难以通过统一的法律加以规定的,正因如此,监察法只对监督程序作出概括的规定。至于更为细化的具体规定,则可留待国家监察委员会及地方各级监察委员会在实践中探索。

第二节　廉政教育程序

反腐倡廉建设必须从教育抓起。[1] 中国共产党和中国政府尤为注重教育在腐败治理中的功用和效能。国务院新闻办公室于2010年12月发布的《中国的反腐败和廉政建设》白皮书也指明:"教育是反腐败和廉政建设的一项基础性工作。多年来,中国坚持不懈地在国家工作人员中开展廉洁从政教育,并将其作为一项经常性工作"。[2] 廉政教育缘何能够在腐败治理中有着相当的功能,原因概括起来有二:一是因为贪污腐败作为表现于外的行为,通常是由人的内心所引起的,如我们常说的"贪念""贪欲""利欲"等。因而,便可通过教育感化人心,从而实现预防腐败的目的。明朝著名思想家、陆王心学的集大成者王阳明有言道:"破山中贼易,破心中贼难"。[3] 这也说明惩治表现于外的腐败行为或许容易,但若欲根治人内心贪污腐败的"念头"却是相当困难的。二是因为实践中存在不少公职人员,并不明确知悉国家法律和党内法规的规定,以至于误以为某些违法违规的行为是合法合规的。因而,可以通过廉政教育促使其知晓法律法规的相关规定,从而能够判断自身行为的合法与否。

正是鉴于廉政教育在腐败治理中的功用,我国监察法尤为注重发挥廉

---

〔1〕 参见胡锦涛:《加强反腐倡廉制度建设,提高制度执行力》,载胡锦涛:《胡锦涛文选》(第3卷),人民出版社2016年版,第299页。

〔2〕 中华人民共和国国务院新闻办公室:《中国的反腐败和廉政建设(2010年12月)》,人民出版社2010年版,第33页。

〔3〕 (明)王守仁:《王阳明全集》(上),中央编译出版社2014年版,第156页。

政教育的作用。例如,我国《监察法》第 5 条明确规定,国家监察工作要坚持惩戒与教育相结合,宽严相济。第 6 条规定,国家监察工作要加强法治教育和道德教育。其实,中共中央纪委与国家监察部早在 1994 年 4 月便制定了《中共中央纪委、监察部党风廉政教育工作纲要》。[1] 中共中央于 2005 年 1 月 3 日印发的《建立健全教育、制度、监督并重的惩治和预防腐败体系实施纲要》便明确指出:“把反腐倡廉教育纳入党校、行政学院和其他干部培训机构的教学计划,编写教材,保证课时。对新任职领导干部进行廉政培训。党政主要负责人定期讲廉政党课。”以此建立健全廉政教育的制度体系,以便更好地发挥廉政教育在腐败治理中的作用。与此同时,廉政教育在实践中也有相当多样的表现形式。例如,某地通过党员领导干部大会、办公移动短信、微信、廉洁三水网站等媒介平台,密集、持续地通报曝光违纪违规典型案件,宣传廉洁教育内容,开展廉政教育巡回宣讲等活动,把党风廉洁和警示常态教育延伸到各类移动终端。[2] 毫无疑问,这些制度设计和实践做法皆表明,我们相当重视廉政教育在腐败治理中的作用。

不过,廉政教育虽为监察机关履行监督职责的重要方式之一,但我国《监察法》中有关廉政教育的规定却并不多。其只在第 11 条第 1 项规定,监察委员会依照本法和有关法律规定对公职人员开展廉政教育。据此可以知道,作为履行监督职责方式的廉政教育,其主体应当是监察机关。监察机关之外的主体,如高等学校、社会团体、行业协会等开展的廉政教育,则不能认为是监察法所规定的廉政教育。再者,根据上述规定,廉政教育的对象乃是公职人员。因而,监察机关对公职人员之外的人员,如公职人员的亲属、社会公众等开展的廉政教育,同样不能认为是监察法所规定的廉政教育。此外,我们还应当注意的是,作为监察机关履行监督职责的教育,要区别于作为履行处置职责的教育。因为根据我国《监察法》第 45 条第 1 款第 1 项的规定,对于有职务违法行为但情节较轻的公职人员,监察机关可以对其进行

---

[1] 参见《中共中央纪委、监察部党风廉政教育工作纲要》,载中央纪委纪检监察研究所编:《中国共产党反腐倡廉文献选编》,中央文献出版社 2002 年版,第 340 页。

[2] 参见吴昱萱、三纪宣:《培育新风正气正风反腐见成效》,载《佛山日报》2018 年 8 月 23 日,A7 版。

谈话提醒和批评教育。但此处的“批评教育”其实是一种处置方式，而非履行监督职责的方式。概言之，作为履行监督职责方式的廉政教育目的是预防腐败，而作为履行处置职责方式的教育，则是对存在职务违法行为的一种否定评价。

第三节　监督检查程序

根据我国《监察法》第 11 条第 1 项的规定，监察机关对公职人员依法履职、秉公用权、廉洁从政从业以及道德操守情况进行监督检查。这是监察法对监察机关监督检查职责的规定。诚如上述，纪委的纪律检查权与监察机关的监察权具有高度的一致性，这一点在监督检查职能上便可发现：《中国共产党党内监督条例》第 26 条在规定党的纪律检查机关的监督权时明确规定，纪委对所辖范围内党组织和领导干部遵守党章党规党纪、贯彻执行党的路线方针政策情况的监督检查。与监察机关履行监督职责中的廉政教育类似，监察法中关于监督检查的规定同样较少。不过，由于监察监督乃是监察机关行使监察职权的重要方式之一，因而不少地方在实践中制定了较多的规范性文件，用以规范和指引监察机关开展监督检查工作。例如，深圳市纪委和深圳市监察委员会便出台了《日常监督十种方式工作指引》，为监督检查部门开展工作提供了指南。就如何进行廉政舆情收集、开展专项监督、参加重要会议等日常监督方式的内容和程序作了详细规定。[1]

一、监察机关开展监督检查工作的方式

恰如监察机关履行监督职责的方式众多一般，监察机关开展监督检查工作的方式同样不少。例如，在国家监察体制改革之后，浙江省纪委和浙江省监察委员会共设置了 13 个纪检监察室，其中，第一至第七纪检监察室被确定为监督检查部门，其通过实地调研、个别谈话、查阅有关文件资料、召开

---

〔1〕 参见任琦、深纪宣：《市纪委监委出台日常监督十种方式工作指引以“主动防”破解监督难题》，载《深圳特区报》2018 年 8 月 8 日，A3 版。

座谈会等方式开展监督检查工作。[1] 参加党委(党组)会议、专项检查、专项治理、开展问责、参加问题线索排查、督促巡视巡察反馈意见整改、参加民主生活会、谈话函询等方式,同样被视为监察机关开展监督检查工作的主要方式。[2] 北京市监察委员会还制定了监督工作的相关办法,明确了参加会议、专项检查、督促巡视整改、职能部门监督成果利用、谈话函询、调查问题线索、抽查核实、党风廉政意见回复、检查考核、通报监督情况等监督检查方式。[3]

我们认为,监察法对监督检查的方式其实是有所规定的,但直接的规定仅限于《监察法》第 18 条和第 19 条的规定。即监察机关行使监督职权,有权依法向有关单位和个人了解情况,收集、调取证据,这被一些学者认为是监察监督的具体措施,[4]以及对于可能发生职务违法的监察对象,监察机关可以直接或者委托有关机关、人员进行谈话或者要求说明情况。但上述既已规定的"了解情况""收集、调取证据""谈话""要求说明情况"之外,实践中监察机关开展监督检查的方式更多,这些监督检查的方式主要有:列席或者召集会议,听取工作汇报,实施检查,调阅、审查文件和资料等。[5] 显然,我们不可能罗列所有的监督检查方式,实践中的监督检查方式更是层出不穷,因而,我们仅在此介绍主要监督检查方式的主要开展程序。

二、通过列席会议进行监督检查的程序

监察人员列席会议,对于监察机关及时了解情况,扩大信息来源,快速

---

〔1〕 参见颜新文、吕玥、朱诗意、黄也倩:《浙江省纪委监委履行好监督这一首要职责——精准发现问题精确对症施治》,载《中国纪检监察报》2018 年 7 月 15 日,第 2 版。

〔2〕 参见牛书军:《找准问题精准发力——关于如何做实做细监督工作的调研》,载《中国纪检监察报》2018 年 8 月 23 日,第 7 版。

〔3〕 参见李兵:《北京完善监督范围、创新监督方式、提升监督实效——履行好监督这个首要职责》,载《中国纪检监察报》2018 年 5 月 30 日,第 5 版。

〔4〕 参见钱小平:《监察委员会监督职能激活及其制度构建——兼评〈监察法〉的中国特色》,载《华东政法大学学报》2018 年第 3 期。

〔5〕 参见中共中央纪律检查委员会、中华人民共和国国家监察委员会法规室编写:《〈中华人民共和国监察法〉学习问答》,中国方正出版社 2018 年版,第 29 页。

发现问题有着重要的作用。[1] 不过，由于当前缺乏有关监察人员列席会议的制度安排，从而致使实践中的做法差异较大。我们认为，通过列席会议进行监督检查的程序有以下几个问题需要注意：其一，应当明确监察机关列席会议的范围，因为监察机关虽然是代表党和国家行使监督权，但监察机关的监督绝非没有边界的，尤其是监督检查不能涉入一些行业部门的具体业务中，特别是不能代替行业主管部门行使职权。[2] 因而，监察机关可列席的会议应当是廉政风险较高的、权力滥用情况较为集中等监察机关必须进行监督检查的会议，如讨论干部人事任免、大额资金使用等事项的会议。其二，应当明确对于应当有监察人员列席的会议，相关机关应当及时告知并邀请监察机关派员参加。如在浙江省慈溪市，党委（党组）在讨论“三重一大”事项时应当邀请派驻纪检监察组负责人列席。[3] 其三，应当明确监察人员列席会议时的职权和义务，如应当及时记录会议情况，与会人员的争论情况等。不过，对于监察人员列席会议时可否现场提出监督建议，实践中存在迥异的做法。比如，在有的地方，列席人员有权当场提出监督建议；[4] 而在其他地方，列席人员却是全程旁观，一言未发。[5] 其四，应当明确列席会议后的反馈程序，主要是对列席会议所获得的信息进行分析、整理和处置。

三、通过谈话进行监督检查的程序

在纪检监察机关进行谈话工作的具体实践中，可以发现存在诸如任职谈话、廉政谈话、谈心谈话、调查谈话、审查谈话、审理谈话、诫勉谈话等颇多

---

〔1〕 参见本书编写组编：《〈中华人民共和国行政监察法〉问答》，中国方正出版社 1998 年版，第 43 页。

〔2〕 参见姜宏伟：《聚焦第一职责提高监督效能》，载《中国纪检监察报》2018 年 7 月 26 日，第 8 版。

〔3〕 参见浙江省纪委监委：《浙江慈溪：梳理规范各类制度增强监督实效》，载中央纪委国家监委网：http://www.ccdi.gov.cn/gzdt/pzjd/201808/t20180814_177648.html，最后访问日期：2018 年 8 月 26 日。

〔4〕 参见李贝妮、周玲芬：《打通壁垒发现问题跟进整改》，载《台州晚报》2017 年 12 月 28 日，第 1 版。

〔5〕 参见何清平：《精准发力让监督强起来》，载《中国纪检监察报》2018 年 6 月 12 日，第 3 版。

形式的谈话。[1] 这其实表明监察机关的谈话措施有相当丰富的制度功能，对此，有学者认为谈话兼具监督、调查和处置的功能。[2] 在现行《监察法》中，共有两处使用“谈话”一词的条款：一是在我国《监察法》第19条，规定监察机关对可能发生职务违法的监察对象，监察机关按照管理权限，可以直接或者委托有关机关、人员进行谈话或者要求说明情况；二是在《监察法》第45条第1款第1项，规定监察机关对有职务违法行为但情节较轻的公职人员，按照管理权限，直接或者委托有关机关、人员，进行谈话提醒。此二条款皆使用了“谈话”一词，但二者的指向却是存在区别的，具体来说：我国《监察法》第19条使用的“谈话”兼具监督和调查的功能，即此处的“谈话”是监察机关履行监督职责和调查职责的方式之一；而我国《监察法》第45条使用的“谈话”则是监察机关履行处置职责的方式之一，其是监察机关对公职人员轻微职务违法行为的一种否定评价。

由于我国《监察法》只是对作为监督检查方式的谈话进行了非常粗略的规定，因此监察机关在实践中如何规范有效地开展谈话工作，则需要借助于更为具体细致的规则。例如，厦门市思明区纪委监委印制了《思明区谈话函询文书范本》，其内容包括谈话函询审批表、谈话笔录等常用文书格式，对开展谈话函询工作中应办理哪些手续、怎么制订谈话工作方案、怎么做好谈话笔录等方面都作出详细规范。[3] 海南省也制定了《海南省纪委省监委机关谈话工作管理暂行规定》，明确谈话适用的情形和流程，谈话场所的分类和设置，以及谈话的安全保障和责任等。[4] 除此之外，由于党的纪律检查机关与监察机关实行合署办公的体制，纪检机关的监督和监察机关的监督在指导思想、基本原则上是高度一致的。所以，党内监督的内容、方式和要求，也

---

〔1〕 参见王景喜、谭永丰、党小锋：《规范开展谈话函询工作》，载《中国纪检监察报》2017年5月3日，第8版。

〔2〕 参见金成波、张航：《“谈话”制度的三个监察功能》，载《学习时报》2018年8月20日，第3版。

〔3〕 参见张威、王从峰：《厦门用好谈话函询拧紧监督发条》，载《中国纪检监察报》2018年8月16日，第3版。

〔4〕 参见王中胜：《谈话、讯问、询问三项措施有何不同》，载《中国纪检监察》2018年第12期。

都适用于国家监察的监督。[1] 在此种意义上，监察机关开展谈话活动的程序，其实是可以借鉴乃至参照纪检机关谈话程序进行的。对此，在《中国共产党纪律检查机关监督执纪工作规则》中，第五章以专章的形式对纪检机关的谈话函询问题进行了规定。概言之，有关监察机关谈话程序的规定大致有以下三个方面：

一是在谈话之前，监察机关需要拟定谈话方案，且监察机关按照管理权限进行谈话，要按程序报批，[2] 即谈话方案需要经由监察机关有关领导人员批准后才能够实施。比如，在云南省德宏傣族景颇族自治州，纪检监察监督室、纪检监察审查室根据谈话对象制订谈话方案和谈话提纲，经纪委分管常委或副书记同意后，实施谈话函询。[3] 二是在谈话过程中，同样有相当多的程序规定。例如，谈话的期限应当是有所限制的，而不得无时间限制地进行谈话。在《新疆维吾尔自治区监察委员会证据收集指引》的规定中，监察机关连续谈话的时间是不得超过 6 小时的。[4] 进行谈话的方式不能够限制被谈话人的人身自由，且应当保障被谈话人在医疗、饮食等方面的合理要求。在谈话的过程中，参加谈话的监察人员应当进行相应的记录，且该记录需要被谈话人签字确认。三是在谈话结束之后，参加谈话的监察人员和案件承办部门应当及时形成情况报告，并根据不同情形作出相应的处理。例如，对于反映不实，或者没有证据证明存在问题的，应当予以了结澄清；对于反映问题比较具体，但被反映人予以否认，或者说明存在明显问题的，则应当再次谈话函询或者进行初步核实。[5]

---

〔1〕 参见中共中央纪律检查委员会、中华人民共和国国家监察委员会法规室编写：《〈中华人民共和国监察法〉学习问答》，中国方正出版社 2018 年版，第 28 页。

〔2〕 参见中共中央纪律检查委员会、中华人民共和国国家监察委员会法规室编写：《〈中华人民共和国监察法〉释义》，中国方正出版社 2018 年版，第 127 页。

〔3〕 参见李艳：《云南宏德把监督摆在首位谈话函询覆盖六类监察对象》，载《中国纪检监察报》2018 年 5 月 9 日，第 6 版。

〔4〕 参见邹太平、李娜娜：《以刑事审判为标准收集证据》，载《中国纪检监察报》2018 年 6 月 19 日，第 1 版。

〔5〕 参见《中国共产党纪律检查机关监督执纪工作规则》第 30 条之规定，以及中共中央纪律检查委员会、中华人民共和国国家监察委员会法规室编写：《〈中华人民共和国监察法〉释义》，中国方正出版社 2018 年版，第 127 页。

四、通过开展专项检查活动进行监督检查的程序

所谓专项检查，是指监察机关针对特定地区、系统、行业或者某一领域的工作开展的监督检查活动，是监察机关加强日常监督的重要方式之一。[1]一般来说，专项检查活动乃是聚焦于特定领域的，且在选取检查对象之前通常有着相对充分的准备工作，因而专项检查活动更容易发现平时难以发现的问题。例如，贵州省监察机关便组织开展了危改补助、学生资助、微企补助、水保项目、信贷扶贫资金、精准扶贫、雨露计划等领域的专项监察监督工作。[2] 在2018年3月《深化党和国家机构改革方案》全文公布之后的第二天，中央纪委和国家监察委员会即下发通知，要求各级纪检监察机关“加强对深化党和国家机构改革实施情况的监督检查”，[3]这同样是专项检查活动的重要表现形式。通常而言，开展专项检查活动的程序可分为以下三阶段：一是专项检查之前的计划，即选取一些重大事项设计专项检查方案，同时，该检查方案还需要经过监察机关相关领导人员或者监察机关领导人员集体研究决定。此外，通常还需要在监察机关内部选择相关的人员，以组成专项检查小组，具体承担专项检查工作。二是专项检查活动的进行阶段。在此阶段往往会采用谈话、听取工作汇报、列席会议等方式，因而在采取此类方式时还需要参照相应的程序。三是专项检查之后的阶段，即在完成专项检查之后，专项检查小组应当及时形成专项检查情况汇报，并向相应的监察机关汇报，监察机关根据具体情形作出相应的处理决定。

第四节　监督程序与调查、处置程序的衔接

诚如上述，监察程序指的是监察机关行使监察职权的过程和次序。根

---

〔1〕 参见李兵、任丽红：《开展专项检查：聚焦才能更有力量》，载《中国纪检监察》2018年第9期。

〔2〕 参见胡定钦：《以“五步工作法”为引领推动纪检监察工作》，载《贵州日报》2018年6月12日，第12版。

〔3〕 黄武：《监督是纪委监委的首要职责基本职责》，载《中国纪检监察》2018年第9期。

据国家监察体制改革的制度设计，以及监察法的具体规定，监察机关乃是享有监督、调查和处置3项职权的，因而监察程序其实相应地可区分为监督程序、调查程序和处置程序，且该三程序之间亦是具有一定次序关联的。因此，在介绍和讨论完监督程序之后，还有必要对监督程序与调查程序、处置程序的衔接问题进行简要的描述和分析。在此前已讨论了监察机关的监督职权，即根据《监察法》第11条第1项的规定，监察机关的监督职权一是开展廉政教育，二是进行监督检查。因为监督检查是针对公职人员依法履职、秉公用权、廉洁从政从业以及道德操守情况进行的，因而通常容易在监督检查过程中发现不少问题线索。也正因如此，有人指出日常监督已经成为问责线索重要来源，〔1〕可以说监察机关监督职权的行使，在很大程度上为调查职权和处置职权的顺利实施提供基础和前提。〔2〕那么，在监察实践中自然有必要实现监督程序与调查、处置程序的有效衔接。实现案件管理、监督检查、监察调查、案件审理等各环节的相互配合和相互制约。〔3〕

我国现行《监察法》中有关监督程序与调查、处置程序衔接的规定同样较少，具体来说有以下几个条款与此相涉及：一是根据《监察法》第36条第2款的规定，监察机关内部应当设立工作部门，用以协调线索管理、监督检查、督促办理、统计分析等职能。因为在监察机关内部，如线索管理、监督检查、监察调查、案件审理等职能乃是由不同部门行使的，但监察程序乃是一体化的，故而有必要由特定的主体在上述不同部门之间扮演“管理协调者”的角色。在实践中，一般是由案件监督管理部门来扮演这一角色。〔4〕同样地，监察机关虽有监督、调查和处置3项职能，但因此3项职能由不同部门行使，所以自然有必要由相应的部门在相互间协调，以便更好地实现监督程序、调查程序和处置程序相互之间的衔接。二是根据我国《监察法》第45条的规定，

---

〔1〕参见张弛：《日常监督成为问责线索重要来源——“用好问责利器”系列观察之五》，载《中国纪检监察报》2018年8月9日，第1版。

〔2〕参见张云霄：《国家监察体制改革法治化进程初探》，载《法学杂志》2018年第5期。

〔3〕参见本报记者：《积极探索实践　形成宝贵经验　国家监察体制改革试点取得实效——国家监察体制改革试点工作综述》，载《人民日报》2017年11月6日，第1版。

〔4〕参见中共中央纪律检查委员会、中华人民共和国国家监察委员会法规室编写：《〈中华人民共和国监察法〉释义》，中国方正出版社2018年版，第179页。

监察机关根据监督、调查结果,依法作出批评教育、政务处分、问责、移送审查起诉等处置措施。据此规定,监督程序和调查程序皆是处置程序的“上游环节”,例如,监察机关在监督检查过程中,发现公职人员存在轻微的违法行为,便可根据该规定及其他相关规定,作出诸如批评教育、责令检查等处置措施。

此外,根据《中国共产党纪律检查机关监督执纪工作规则》第 11 条的规定,市地级以上纪委可以探索执纪监督和执纪审查部门分设,执纪监督部门负责联系地区和部门的日常监督,执纪审查部门负责对违纪行为进行初步核实和立案审查。由于监察机关与党的纪委实行合署办公的体制,因而监察机关内部履行监督职责的部门,与履行调查及处置职能的部门通常亦是分开设置的。因此,监督程序与调查、处置程序的衔接,在很大程度上也是实现监察机关内部不同部门之间的协作,建立健全执纪监督部门与纪委监委其他部门内部协作机制。[1] 例如,浙江省监察委员会对该省机场集团有限公司开展专项执纪监督,这是监察机关履行监督职责的重要方式。在专项监督检查过程中,监督部门发现该公司原党委委员、副总经理存在违纪违法行为,于是按照相关程序将案件移送给审查调查部门。[2]

---

〔1〕 参见黄亚雄:《创新方式方法高效履行监督职责》,载《中国纪检监察报》2018 年 7 月 12 日,第 8 版。

〔2〕 参见丁谨之、颜新文、汪殿霞:《国企来了监督组》,载《浙江日报》2018 年 4 月 28 日,第 9 版。

第十六章　问题线索管理和处置程序

第一节　问题线索的管理程序

一、问题线索及其重要性

所谓问题线索，是指公民、法人和其他组织提出的，应当由监察机关受理的，反映公职人员可能存在职务违法和职务犯罪的各类材料。不过，在纪检监察实践的相当长一段时期内，"问题线索是被称之为案件线索的。案件线索改称反映领导干部问题线索，都不仅仅是称谓的变化，而是内涵的深化，体现了职能的转变"。[1] 问题线索构成监察机关行使职权的前提，因为监察机关欲使其职权行使得以有的放矢，那么必须以一定的问题线索作为参考和指引。通俗而言，若失却了问题线索，监察机关难以有效地开展监督和调查等各项工作。正是考虑到问题线索之于监察工作的重要性，监察法使用较多的条款对问题线索的管理和处置问题进行了规定。中央纪委亦曾印发《加强和规范反映领导干部问题线索管理工作的通知》等文件，要求各级纪检监察机关对问题线索全面清理，执行分类处置标准。[2] 与此同时，在纪检监察工作实践中，不少地方的监察机关亦结合实际情况制定了相应的

---

〔1〕 王岐山：《全面从严治党把纪律挺在前面忠诚履行党章赋予的神圣职责——在中国共产党第十八届中央纪律检查委员会第六次全体会议上的工作报告》，载《中国纪检监察》2016 年第 2 期。

〔2〕 参见王岐山：《聚焦中心任务，创新体制机制，深入推进党风廉政建设和反腐败斗争》，载中共中央文献研究室编：《十八大以来重要文献选编》（上），人民出版社 2014 年版，第 728 页。

办法，如安徽省宁国市纪委和监察委员会便制定了《宁国市纪委监委机关问题线索管理和处置办法（试行）》。[1] 此外，《中国共产党纪律检查机关监督执纪工作规则》在第四章以专章的形式规定了纪检机关的线索处置问题。因为纪检机关与监察机关合署办公，此二机关的职权行使具有很大程度的共通性，故而《中国共产党纪律检查机关监督执纪工作规则》第四章的规定，其实亦可作为理解和认识监察机关问题线索管理和处置程序的参照。

二、问题线索的受理

既然问题线索之于监察机关的职权行使尤为重要，那么监察职权行使过程中的问题线索从何处而来呢？这便是问题线索的受理问题。不过，我国现行《监察法》对问题线索的受理并无多少直接的规定，仅在该法第 34 条第 1 款规定："人民法院、人民检察院、公安机关、审计机关等国家机关在工作中发现公职人员涉嫌贪污贿赂、失职渎职等职务违法或者职务犯罪的问题线索，应当移送监察机关，由监察机关依法调查处置。"据此规定，其他国家机关在日常工作中若发现属于监察机关职权范围内的问题线索，则应当依照法律规定将问题线索移送给相应的监察机关。例如，湖南省常宁市检察院与该市监察委员会联合制定《关于建立职务违法、职务犯罪和公益诉讼案件线索双向移送机制的意见》，该意见明确检察机关在办理公益诉讼案件时，发现职务犯罪案件线索，应及时移送监察机关；监察机关在办理职务犯罪案件中，发现公益诉讼线索时，应及时移送检察机关。[2]

除其他国家机关向监察机关移送问题线索之外，问题线索的主要受理还有信访举报。我国《监察法》第 35 条明确规定，监察机关对于报案或者举报，应当接受并按照有关规定处理。信访举报甚至被称为是问题线索的主

〔1〕 参见宣城市纪委监委：《宁国：研究出台〈纪委监委机关问题线索管理和处置办法（试行）〉》，载安徽纪检监察网：http://www.ahjjjc.gov.cn/jlsc/p/57062.html，最后访问日期：2018 年 8 月 28 日。

〔2〕 参见张吟丰、谢衡兰、王瑞丹：《与监委建立线索双向移送机制》，载《检察日报》2018 年 5 月 10 日，第 2 版。

要来源和“主渠道”。[1] 根据《中国共产党纪律检查机关监督执纪工作规则》第20条第1款的规定，纪检机关信访部门归口受理同级党委管理的党组织和党员干部违反党纪的信访举报，统一接收下一级纪委和派驻纪检组报送的相关信访举报。因纪检机关与监察机关合署办公，所以监察职权范围内的信访举报亦是由纪检监察机关内部的信访部门来受理。需要注意的是，在信访接待受理阶段，对受理的信访举报，要准确分析是否属于纪检监察机关的受理范围，按照规定准确甄别后移送案件监督管理室，不能把太多的精力花费在业务范围外的信访举报问题上。[2]

此外，监察机关还可以主动发现问题线索，尤其是监察机关在履行监督职责，开展日常监督工作的过程中，若发现公职人员可能存在职务违法和职务犯罪的情况，同样可以在此期间发现并保留相应的问题线索。再者，无论是移送受理、信访举报，还是主动发现的问题线索，监察机关亦需根据监察法中关于监察管辖的规定，将问题线索移送给有管辖权的监察机关来管理和处置。此外，如果监察机关受理其他国家机关移送的问题线索之后，发现该问题线索并不属于本级监察机关的管辖事项，亦可将问题线索退回，并请移送问题线索的国家机关将该问题线索移送至有管辖权的监察机关。例如，纪检监察机关对于审计机关移送的，不属于本级纪检监察机关管辖的涉嫌违纪违法的问题线索，可以报经纪检监察机关领导同意之后，退回审计机关并说明理由，请其转有管辖权的纪检监察机关办理。[3]

三、问题线索的管理

根据我国《监察法》第36条第2款的规定，监察机关应当设立工作部门履行线索管理职能。在现有的实践中，监察机关内部一般是由案件监督管

---

〔1〕 参见杨晓超：《适应深化国家监察体制改革要求推动新时代纪检监察信访举报工作高质量发展》，载《中国纪检监察》2018年第10期。

〔2〕 参见杨君辉：《把好“五个关口”提高问题线索处置效率》，载《中国纪检监察报》2018年8月22日，第8版。

〔3〕 参见本书编写组编：《监督执纪问责实务问答》，中国方正出版社2016年版，第84～85页。

理部门来履行线索管理职能的。[1] 据此规定，监察机关内部的其他部门并不具有对问题线索进行管理的职能。监察法之所以作出此般规定，其实是对纪检机关线索管理有益经验的承继。因为在很长一段时期内，几乎纪检机关内部的所有业务部门均具有线索发现或受理的职能，例如，执纪监督室在日常监督的过程中发现问题线索，信访室、巡视组最重要任务是通过信访接待、巡视督查获取问题线索，派驻机构主要发现驻在单位的问题线索，执纪审查调查室、案件审理室在审查调查审理案件的过程中可以发现新线索，纪检监察干部监督室主要获取监察委员会工作人员的问题线索。[2] 但是，面对极为广泛的线索来源，如果实行多头管理，难免造成底数不清、易于流失、处置混乱等问题，也给泄露线索、抹案销案以可乘之机。只有变“分散”为“集中”，将信访受理、上级交办、各方移交和办案中发现的线索交由案件监督管理部门统管，才能保证线索不流失。[3] 基于上述因素的考虑，党的纪律检查体制在完善的过程中，实现了由案件监督管理部门统一履行问题线索管理职能的体制。在纪检机关与监察机关合署办公的背景之下，属于监察职权范围内的问题线索，亦是由案件监督管理部门统一管理的。

那么，案件监督管理部门是如何实现对问题线索的统一管理呢？具体来说有以下几个方面的内容：其一，属于纪检监察职权范围内的问题线索，原则上由案件监督管理部门统一受理。根据《中国共产党纪律检查机关监督执纪工作规则》第20条的规定，案件监督管理部门统一受理纪检机关信访部门、巡视工作机构和审计机关、行政执法机关、司法机关等单位移交的问题线索。执纪监督部门、执纪审查部门、干部监督部门发现的相关问题线索，若属于本部门受理范围，则须送案件监督管理部门备案；若不属本部门受理范围，则应在审批之后移送至案件监督管理部门，由案件监督管理部门按程序转交给相关监督执纪部门。其二，案件监督管理部门应当确定专人

---

〔1〕 参见中共中央纪律检查委员会、中华人民共和国国家监察委员会法规室编写：《〈中华人民共和国监察法〉释义》，中国方正出版社2018年版，第179页。

〔2〕 参见杜倩博：《监察委员会内部机构设置与运行机制：流程导向的组织变革》，载《中共中央党校学报》2018年第4期。

〔3〕 参见湖北省纪委监委案件监督管理室：《问题线索如何规范管理高效处置——落实监察法对案件监督管理工作的新要求》（五），载《中国纪检监察报》2018年5月2日，第8版。

负责线索管理,对问题线索逐件登记,建立档案,并严格执行保密规定,从严控制知情范围。[1] 例如,根据湖北省纪委和监察委员会制定的《问题线索受理和处置工作办法》的有关规定,省纪委监委案件监督管理室内设线索管理处,明确由线索专管员,对问题线索统一受理登记、统一编号录入、统一处置分流、统一交办督办、统一反馈归档,实现了"多头移交、一口统管"。[2] 新疆维吾尔自治区纪委监察委员会也明确要求,指定专人负责将每一条问题线索逐件登记,填写问题线索承办单。在承办单中,收到时间、线索来源、内容摘要、登记人、登记时间、接收人等信息一应俱全。[3] 其三,案件监督管理部门在将问题线索交由具体承办部门进行线索处置之后,承办部门应向案件监督管理部门及时通报问题线索处置情况。

第二节　问题线索的处置程序

一、问题线索处置的含义与流程

问题线索的处置是指监察机关根据问题线索的内容等情况,在综合分析的基础上,依照一定的标准和程序对问题线索作出处理结论的过程。诚如上述,问题线索是监察工作得以有效开展的前提和基础,因此,问题线索不能"止步于"案件监督管理部门的统一管理阶段,还需要由监察机关内部相应的工作部门来使用这些问题线索。在此种意义上来说,监察机关对问题线索的使用过程即为问题线索的处置程序。根据《中国共产党纪律检查机关监督执纪工作规则》第四章的有关规定,并结合实践中问题线索的处理实例,可以发现问题线索的处置一般是按照以下流程展开的:首先,由案件监督管理部门提出分办意见,报纪检监察机关主要负责人批准之后,将相应

---

〔1〕 参见中央纪委办公厅、中央纪委研究室编著:《聚焦中心任务创新体制机制深入推进党风廉政建设和反腐败斗争——中国共产党第十八届中央纪律检查委员会第三次全体会议专辑》,中国方正出版社2014年版,第180页。

〔2〕 湖北省纪委监委案件监督管理室:《问题线索如何规范管理高效处置——落实监察法对案件监督管理工作的新要求》(五),载《中国纪检监察报》2018年5月2日,第8版。

〔3〕 参见代光辉:《新疆强化依规依纪依法履职意识集体研判规范线索处置》,载《中国纪检监察报》2018年6月13日,第1版。

的问题线索移送至具体的承办部门。一般来说,如果问题线索比较严重,案件监督管理部门认为可能需要初步核实或者立案调查的,通常会将问题线索分派给负责审查调查的部门。[1] 其次,承办部门应当结合问题线索所涉及地区、部门、单位总体情况,综合分析,按照谈话函询、初步核实、暂存待查、予以了结四类方式进行处置。同时,承办部门在接收到案件监督管理部门移送的问题线索之后,还须指定专人负责管理问题线索,逐件编号登记、建立管理台账。线索管理处置各环节均须由经手人员签名,全程登记备查。

此外,根据《中国共产党纪律检查机关监督执纪工作规则》第 10 条第 3 款的规定,对于问题线索处置中的重要问题,还应当由集体研究决定,并报纪检监察机关主要负责人、相关负责人审批。此般举措有利于保证科学决策、提高线索处置工作质量,也有利于防止违规违纪问题发生、有效地管控风险点。[2] 例如,在浙江省丽水市纪委和监察委员会,一般先由案件监督管理部门提出线索初步分办、处置建议,提交由纪委书记(监察委员会主任)、副书记(监察委员会副主任)、分管常委(监察委员会委员)、案件监督管理部门负责人等参加的问题线索集体审议会议研究决定处置方式,对流向执纪监督和执纪审查部门的问题线索进行会审把关、科学分流。[3] 再者,根据《中国共产党纪律检查机关监督执纪工作规则》第 3 条第 2 项的规定,问题线索的处置还应当向同级党委和上级纪检监察机关报告。

二、问题线索的处置方式及其程序要求

如果说问题线索是监察机关开展工作的前提,那么问题线索的处置则是监察职权行使的重要环节,因为诸如立案、调查等工作皆是以问题线索处置为基础,并围绕着问题线索的处置而展开的。《中国共产党纪律检查机关监督执纪工作规则》作为党内法规,规范和调整的是纪检机关的监督执纪行

---

〔1〕 参见龙在宇、黄孝光:《执纪监督防微杜渐》,载《廉政瞭望》2018 年第 5 期。

〔2〕 参见本书编写组编写:《〈中国共产党纪律检查机关监督执纪工作规则(试行)〉学习问答》,中国方正出版社 2018 年版,第 33 页。

〔3〕 参见浙江省丽水市纪委监委调研组:《以坚韧劲头抓好日常监督——关于执纪监督和执纪审查部门分设后更好开展执纪监督工作的调研》,载《中国纪检监察报》2018 年 4 月 26 日,第 7 版。

为,其在第21条第1款规定了纪检机关对问题线索的处置方式,分别为谈话函询、初步核实、暂存待查、予以了结。在此之前,除这四类线索处置方式之外,立案也是纪检机关处置问题线索的方式之一。但由于日渐意识到初步核实是立案的前提,且初步核实是线索处置的一种方式,而立案只是初步核实之后的一种方式。因而,在制定《中国共产党纪律检查机关监督执纪工作规则(试行)》之时,纠正了上述逻辑上的错误,不再将立案作为线索处置的一种方式。[1] 在纪检机关与监察机关合署办公的背景之下,监察机关对问题线索的处置方式同样主要有“谈话函询”“初步核实”“暂存待查”“予以了结”四种。[2] 接下来,我们将对这四种问题线索处置方式及其程序要求进行介绍和讨论。

(一)谈话函询

谈话函询是监察机关处理问题线索的一种方式,其实它包括谈话和函询两种具体的方式。其中,谈话是被反映人当面向谈话人进行说明,而函询则是由被反映人向函询机关作出书面说明。[3] 适用谈话函询的问题线索有两类:一类是反映的问题具有一般性,查清了只能给予轻处分或批评教育,或者反映问题不实而应予以澄清的线索;另一类是反映的问题笼统,多为道听途说或主观臆测,难以查证核实的线索。将谈话函询作为问题线索的处置方式之一,在某种意义上而言乃是为了坚持惩前毖后、治病救人这个一贯方针。[4] 不过,如果同一问题线索既反映一般性违纪,又反映有具体指向的严重违纪问题,宜分流到审查调查部门核查,不宜谈话函询了之。[5]

根据《中国共产党纪律检查机关监督执纪工作规则》的相关规定,采取谈话函询方式处置问题线索,应当拟订谈话函询方案和相关工作预案,按程

---

〔1〕 参见本书编写组编写:《〈中国共产党纪律检查机关监督执纪工作规则(试行)〉学习问答》,中国方正出版社2018年版,第35~36页。

〔2〕 参见中共中央纪律检查委员会、中华人民共和国国家监察委员会法规室编写:《〈中华人民共和国监察法〉学习问答》,中国方正出版社2018年版,第120页。

〔3〕 参见黄娟:《关于谈话函询的几点思考》,载《中国纪检监察报》2017年9月13日,第8版。

〔4〕 参见王岐山:《关于〈中国共产党纪律检查机关监督执纪工作规则〉的说明》,载《人民日报》2017年1月21日,第3版。

〔5〕 参见湖北省纪委监委案件监督管理室:《问题线索如何规范管理高效处置——落实监察法对案件监督管理工作的新要求》(五),载《中国纪检监察报》2018年5月2日,第8版。

序报批。一般来说,谈话函询方案应当列明谈话函询对象的基本情况、反映的主要问题、谈话函询的时间及地点、参加谈话函询工作的人员以及有关工作要求等。[1] 对需要谈话函询的下一级党委(党组)主要负责人,应当报纪检监察机关主要负责人批准,必要时向同级党委主要负责人报告。谈话应当由纪检机关相关负责人或者承办部门主要负责人进行,可以由被谈话人所在党委(党组)或者纪委(纪检组)主要负责人陪同;经批准也可以委托被谈话人所在党委(党组)主要负责人进行。函询应当以纪检机关办公厅(室)名义发函给被反映人,并抄送其所在党委(党组)主要负责人。被函询人应当在收到函件后15个工作日内写出说明材料,由其所在党委(党组)主要负责人签署意见后发函回复。谈话函询工作应当在谈话结束或者收到函询回复后30日内办结,由承办部门写出情况报告和处置意见后报批。根据不同情形作出相应处理:一是反映不实,或者没有证据证明存在问题的,予以了结澄清;二是问题轻微,不需要追究党纪责任的,采取谈话提醒、批评教育、责令检查、诫勉谈话等方式处理;三是反映问题比较具体,但被反映人予以否认,或者说明存在明显问题的,应当再次谈话函询或者进行初步核实。此外,谈话函询材料应当存入个人廉政档案。

(二)初步核实

初步核实是指监察机关对受理和发现的反映监察对象涉嫌职务违法及职务犯罪的问题线索,进行初步了解、核实的活动。[2] 初步核实的主要任务是了解核实所反映的问题是否存在,为立案与否提供依据。[3] 根据《中国共产党纪律检查机关监督执纪工作规则》第34条的规定,在对问题线索进行初步核实之时,经批准可采取必要措施收集证据,与相关人员谈话了解情况,要求相关组织作出说明,调取个人有关事项报告,查阅复制文件、账目、档案等资料,查核资产情况和有关信息,进行鉴定勘验。同时,经过严格的审批手续,在初步核实过程中甚至还可以采取技术调查或者限制出境等措

[1] 参见沈叶:《谈话函询怎么开展》,载《中国纪检监察》2017年第6期。

[2] 参见中共中央纪律检查委员会、中华人民共和国国家监察委员会法规室编写:《〈中华人民共和国监察法〉学习问答》,中国方正出版社2018年版,第122页。

[3] 参见吴建雄主编:《监督、调查、处置法律规范研究》,人民出版社2018年版,第193页。

施。由此使初步核实与立案之后的调查具有相当程度的相似性。但应当明确的是,初步核实是在立案之前进行的了解和核对,而不是立案之后的调查。二者在工作任务、工作程序、方式措施等方面有很大的不同。[1] 接下来,我们从初步核实的程序、初步核实的任务和方法、初步核实结果的处理三个方面,对初步核实的相关问题进行介绍。[2]

其一,初步核实的程序。根据《监察法》第 38 条的规定,监察机关采取初步核实方式处置问题线索,应当履行审批程序,一般应当报监察机关相关负责人审批。经批准后,承办部门应当制定工作方案,成立核查组。初步核实方案一般包括初步核实的依据,核查组人员组成,需要核实的问题,初步核实的方法、步骤、时间、范围和程序等,以及应当注意的事项。核查组的人数可根据所反映主要问题的范围和性质来确定,最少不少于 2 人,对案情复杂、性质严重、工作量大的,可以适当增配人员。初步核实方案应当报承办部门主要负责人和监察机关分管负责人审批。

其二,初步核实的任务和方法。初步核实阶段的主要任务是了解核实所反映的主要问题是否存在,以及是否需要给予所涉及的监察对象政务处分。在初步核实工作中,核查组要突出重点,抓住主要问题收集证据、查清事实,也要注意保密,尽量缩小影响。根据《中国共产党纪律检查机关监督执纪工作规则》第 34 条的规定,核查组经批准可采取必要措施收集证据,如与相关人员谈话了解情况,要求相关组织作出说明,调取个人有关事项报告,查阅复制文件、账目、档案等资料,查核资产情况和有关信息,进行鉴定勘验等。如需要采取技术调查或者限制出境等措施,监察机关应当严格履行审批手续,交有关机关执行。

其三,初步核实结果处理。初步核实工作结束后,核查组应当撰写初步核实情况报告,列明被核查人基本情况、反映的主要问题、办理依据及初步核实结果、存在疑点、处理建议,由核查组全体人员签名备查。承办部门应

---

〔1〕 参见本书编委会编:《监督执纪问责实务问答》,中国方正出版社 2016 年版,第 95 ~96 页。

〔2〕 参见中共中央纪律检查委员会、中华人民共和国国家监察委员会法规室编写:《〈中华人民共和国监察法〉释义》,中国方正出版社 2018 年版,第 183 ~184 页。

当综合分析初步核实情况，按照拟立案审查、予以了结、谈话提醒、暂存待查，或者移送有关机关处理等方式提出分类处理建议。初步核实情况报告和分类处理建议报监察机关主要负责人审批，必要时向同级党委（党组）主要负责人报告。

（三）暂存待查

暂存待查，是指线索反映的问题虽然具有一定的可查性，但是由于时机、现有条件、涉案人员一时难以找到等各种原因，暂时不具备核查的条件而存放备查的。[1] 在国家监察体制改革之前，检察机关承担职务犯罪侦查职能的时候，也存在类似的制度安排。例如，检察机关职务犯罪侦查部门在对举报线索进行审查之后，认为暂时不具备初查条件或者没有初查价值的，可以在登记之后暂存待查。[2] 具体来说，纪检监察机关采取"暂存待查"的方式处理问题线索的情形主要如下：一是线索具体、有可查性，但因为涉案人员、涉案人员所在部门、时机等因素，不便于马上开展核查的；二是相关重要的涉案人员一时难以找到的；三是经过初步核查或者是谈话函询之后，尚不能完全排除问题存在的可能性，但是在现有的条件之下却又难以进一步开展工作的。[3]

需要注意的是，暂存待查不同于予以了结。运用暂存待查的方式处理问题线索，只是代表暂时不对问题线索作进一步的处置，但待到相关条件具备、时机成熟之后，仍须开展进一步的工作。然而在实践中，尚有将大量的问题线索以"暂存待查"的形式"搁浅"的情形，这致使有价值的问题线索未能发挥应有的作用，不利于及时追究违法违纪公职人员的责任。正是缘于此，第十八届中央纪委第六次全体会议明确提出："清理暂存线索，坚决把存量减下来。"[4] 具体来说，欲解决此类问题的可能方案包括：可以明确规定暂存待查的最长期限，若超出此期限，承办部门或是重新启动线索处置及调查工作，或是以

---

〔1〕 参见中共中央纪律检查委员会、中华人民共和国国家监察委员会法规室编写：《〈中华人民共和国监察法〉学习问答》，中国方正出版社2018年版，第120页。

〔2〕 参见詹复亮：《新刑事诉讼法与职务犯罪侦查适用》，中国检察出版社2012年版，第74页。

〔3〕 参见本书编写组编写：《〈中国共产党纪律检查机关监督执纪工作规则（试行）〉学习问答》，中国方正出版社2018年版，第37页。

〔4〕 中央纪委案件审理室：《准确理解和把握监督执纪"四种形态"》，载《中国纪检监察》2015年第24期。

“予以了结”的方式处置问题线索。例如，中央国家机关工作委员会对党的十八大以来未办结问题线索进行“大起底”，经过逐件排查、重点督办，全面清理467件线索。其中，对不应暂存待查的51件要求尽快处置。[1]

(四)予以了结

予以了结是指线索反映的问题失实，或者是不具备开展核查工作的可能性。包括虽然有职务违法事实，但是情节轻微不需要追究法律责任，已经建议相关单位作出恰当处理的，以及被反映人已经去世的等情况。[2] 问题线索的处置方式在很大程度上决定监察工作的运行方向，通过“予以了结”的方式处理问题线索，其实是意味着围绕着该问题线索开展的监察工作将告一段落，甚至可以说是“具有程序终结的效力”。[3] 因此，对于以“予以了结”的方式处置问题线索应当是相当慎重的，例如，有的地方出台了问题线索非立案了结审批办法，对直接了结或经谈话函询、初步核实后予以非立案了结的问题线索，实行三级联审，杜绝问题线索私自处置、擅自了结。[4] 再如，湖北省纪检监察机关也建立了“了结审核制度”，即对执纪监督、审查调查部门呈报拟“予以了结”的问题线索，由案件监督管理部门进行初审，提出同意或不同意了结的意见，呈报纪委监察委员会主要领导。案件监督管理部门和纪委监察委员会主要领导都同意予以了结的，问题线索直接了结，程序办理终结；如果案件监督管理部门或纪委监察委员会主要领导不同意了结的，由案件审理部门进行复审后，再报纪委监察委员会主要领导审批定案。[5]

---

〔1〕 参见戴南、唐晓丽：《中央国家机关纪工委开展问题线索“清仓行动”》，载《中国纪检监察报》2018年1月25日，第1版。

〔2〕 参见中共中央纪律检查委员会、中华人民共和国国家监察委员会法规室编写：《〈中华人民共和国监察法〉释义》，中国方正出版社2018年版，第120页。

〔3〕 参见湖北省纪委监委案件监督管理室：《问题线索了结要过审核关——落实监察法对案件监督管理工作的新要求》(三)，载《中国纪检监察报》2018年4月11日，第8版。

〔4〕 参见颜新文：《内部运转高效外部衔接顺畅》，载《中国纪检监察报》2018年8月29日，第5版。

〔5〕 参见湖北省纪委监委案件监督管理室：《问题线索了解要过审核关——落实监察法对案件监督管理工作的新要求》(三)，载《中国纪检监察报》2018年4月11日，第8版。

第十七章　立案程序

监察立案，是指监察机关经过初步核实以后，初步查明存在职务违法或者职务犯罪的事实、需要追究法律责任，通过立案手续正式启动对监察对象的调查工作。立案程序是调查程序的前置程序，是监察机关调查职务违法、职务犯罪的重要环节，必须严格依法进行。《监察法》第39条规定："经过初步核实，对监察对象涉嫌职务违法犯罪，需要追究法律责任的，监察机关应当按照规定的权限和程序办理立案手续。监察机关主要负责人依法批准立案后，应当主持召开专题会议，研究确定调查方案，决定需要采取的调查措施。立案调查决定应当向被调查人宣布，并通报相关组织。涉嫌严重职务违法或者职务犯罪的，应当通知被调查人家属，并向社会公开发布。"上述条款，是关于监察机关立案的条件和程序，以及立案后处理的规定。规定上述内容的主要目的，是"规范监察机关的立案工作，保证其准确、及时地立案，保障被调查人及其家属的知情权"。[1] 对于监察立案程序，需要从立案条件、立案权限和立案程序三个方面来把握。

第一节　立案条件

监察机关办理立案手续，必须满足两个条件。

---

〔1〕 中共中央纪律检查委员会、中华人民共和国国家监察委员会法规室编写：《〈中华人民共和国国家监察法〉释义》，中国方正出版社2018年版，第186页。

第一,经过初步核实,初步查明存在职务违法或者职务犯罪。首先,初步核实是立案的前置程序,也是立案的必经程序。这是因为,只有经过初步核实,才有可能初步确认是否存在立案所需的职务违法或者职务犯罪的事实。初步核实是“监察机关调查工作的重要环节,初查核实过程中所查明的有无违法犯罪事实情况,以及所收集到的证据材料,是是否立案调查的重要依据”。[1] 其次,初步核实并不要求已经查清全部职务违法或者职务犯罪的事实。这是因为,初步核实的定位和方法并不足以查明全部事实,这有待于“到调查阶段结束之后才能得以查清,而且还要经过审理之后才能认定”。[2] 最后,还要注意,根据本款“涉嫌职务违法犯罪”的表述,必须存在职务违法或者职务犯罪的事实,才符合立案的条件;如果初步核实的结果只涉及职务违纪的事实和证据,就不符合立案的条件。

第二,根据法律法规,需要追究法律责任。并非所有职务违法或者职务犯罪的事实,都符合立案的条件;只有当根据法律规定,还需要追究法律责任的时候,才符合立案的条件。例如,初步核实的结果涉及职务违法的事实,但是情节显著轻微不需要追究法律责任的时候,就不需要立案。需要注意两点:一是不得随意扩大追究法律责任的范围;二是也不得随意限缩追究法律责任的范围。总之,是否需要追究法律责任,必须严格依照法律法规的规定。

有的观点提出,立案条件应该区分实体性条件和程序性条件。其认为,上述两个条件只是实体性条件,监察立案还必须满足第三个条件(程序性条件),即“按照规定的权限和程序办理立案手续”。例如,按照《中国共产党纪律检查机关监督执纪工作规定》第38条的规定,对符合立案条件的,由承办部门起草立案调查呈批报告,经纪检监察机关主要负责人审批后,报同级党委(党组)主要负责人批准,予以立案审查。该观点还专门强调,“立案应当

---

〔1〕 中共中央纪律检查委员会、中华人民共和国国家监察委员会法规室编写:《〈中华人民共和国国家监察法〉释义》,中国方正出版社2018年版,第186页。

〔2〕 同上,第186页。

同时具备以上三个条件”。[1] 这个观点有其合理性,但是,严格来讲,立案条件应当仅指立案的实体性条件,因为只有将立案条件视为立案程序的前置条件,才有对其专门区分的价值;从立案程序本身来看,立案的程序性条件就是其自身。因此,下面拟对监察立案的权限和程序作专门研究。

此外,根据《中国共产党纪律检查机关监督执纪工作规则》第 37 条规定,经过初步核实,对党员干部以及监察对象涉嫌违纪或职务违法、职务犯罪,需要追究纪律或者法律责任的,应当立案审查。凡报请批准立案的,应当已经掌握部分违纪或者职务违法、职务犯罪事实和证据,具备进行审查调查的条件。可见立案的条件,一是存在特定情形需要追究党纪责任;二是已经掌握部分事实和证据。

第二节 立案权限和程序

一、立案主体

监察立案的主体包括各级监察委员会及其派驻监察机构、派出监察专员。根据我国《监察法》第 11 条和第 13 条的规定,监察委员会和派驻监察机构、派出监察专员履行调查职责,二者都是行使调查权的主体,也都可以办理立案手续。

但是,有两个问题值得注意。第一,监察委员会和派驻监察机构、派出监察专员之间的立案权限,需要按照各自的管理权限进行划分,尤其是后者的具体职责权限,必须根据授权来确定。第二,尽管派驻监察机构、派出监察专员根据授权、按照管理权限,可以对监察对象进行调查和处置。但是,我国《监察法》第 39 条(监察机关主要负责人批准立案后,应当主持召开专题会议)只规定了派驻监察机构、派出监察专员的立案程序必须经过监察机关主要负责人依法批准立案,却未指明“监察机关”仅指各级监察委员会,还是也包括派驻监察机构、派出监察专员。如果仅指各级监察委员会主要负

[1] 中共中央纪律检查委员会、中华人民共和国国家监察委员会法规室编写:《〈中华人民共和国国家监察法〉释义》,中国方正出版社 2018 年版,第 187 ~188 页。

责人，即说明，虽然派驻监察机构、派出监察专员可以作为立案、调查主体，但从立案手续来看，还需经过其派出主体主要负责人依法批准。

二、立案手续和立案后的处理

（一）依法批准立案

一旦监察机关正式立案，将对被调查人产生重大的影响，故《监察法》对立案的启动设置了门槛并且严格把关。监察机关主要负责人依法审查批准立案手续，存在三种情况：第一，认为符合立案条件的，批准立案；第二，认为不符合立案条件的，不批准立案，并由监察机关作出其他处理；第三，认为需要对某些问题作进一步了解的，退回立案报告，由承办部门作进一步了解。

（二）召开专题会议，确定调查方案

监察机关主要负责人依法批准立案后，应当主持召开专题会议，根据被调查人情况、案件性质和复杂程度等，集体研究确定调查方案。这种办案模式与党内纪检的办案模式相似，如《中国共产党纪律检查机关监督执纪工作规则》第 39 条第 1 款规定，纪检监察机关主要负责人应当主持召开由纪检监察机关相关负责人参加的专题会议，研究批准审查调查方案。尽管监察案件的办案模式与一般的刑事案件侦办模式存在较大的差异，但是，监察机关即使在批准立案之后，对后续调查措施的选择也十分慎重，以防止轻易开启调查，或者选择不适宜的调查措施，造成不该有的负面影响。对于一般的刑事案件，刑事诉讼的立案审查主要是对立案标准的把握，既注重规范侦查权的合理行使，又不过多地干涉侦查活动的正常开展。在刑事诉讼中完成立案程序之后，一般不会对如何制定侦查方案，到底采取何种侦查措施作出决定，而是要求在遵循刑事诉讼基本程序的前提下，让侦查人员根据犯罪线索和证据情况自行开展侦查活动，并根据案件侦查的实际情况采取对应措施，赋予侦查人员在侦查过程中一定程度的自由，这体现了刑事诉讼侦查阶段的专业性和技术性。例如，我国《刑事诉讼法》第 115 条规定：“公安机关对已经立案的刑事案件，应当进行侦查，收集、调取犯罪嫌疑人有罪或者无罪、罪轻或者罪重的证据材料。对现行犯或者重大嫌疑分子可以依法先行拘留，对符合逮捕条件的犯罪嫌疑人，应当依法逮捕。”我国《监察法》规定，

必须通过召开专题会议，来研究确定调查方案并决定需要采取的调查措施，这体现了反腐败案件的特殊性，毕竟查处职务违法、职务犯罪与侦查一般刑事犯罪相比有较大区别，其调查事项的确定需要集中集体智慧，如此才能够制定更加恰宜的调查方案。

（三）立案后的宣布、通报、通知和公布程序

首先，立案调查决定应当向被调查人本人宣布，同时通报被调查人所在单位等相关组织。上述宣布和通报，应当尽可能确保其准确和及时，保障被调查人的知情权，同时寻求被调查人及其所在单位等相关组织的积极配合。例如，根据《中国共产党纪律检查机关监督执纪工作规则》第38条规定，立案审查决定应当向被审查人所在党委（党组）主要负责人通报。其次，对于被调查人涉嫌严重违法或者职务犯罪的，考虑到有关被调查人很可能已经被采取留置措施，有必要及时通知被调查人的家属，保障被调查人家属的知情权。通知被调查人家属，必须确定一定的期限，确保通知的准确和及时。最后，对于被调查人涉嫌严重违法或者职务犯罪的，为了及时接受社会监督，必须一定期限内向社会予以公开。

第十八章　调查程序

监察委员会按照管理权限，履行监督、调查、处置职责，可以采取谈话、讯问、询问、查询、冻结、调取、查封、扣押、搜查、勘验检查、鉴定、留置12项调查措施。结合监察法有关规定，可以通过研究各项调查措施的适用对象和条件，决定和执行主体，还有批准、执行和解除程序等问题，一方面深化对上述调查措施的理解和运用，另一方面通过正当法律程序切实保障公民实际基本权利。此外，我国《监察法》第18条、第33条和第40条规定了监察机关调查取证有关职权及其程序，第28～30条规定了技术调查措施、通缉和限制出境措施有关职权及其程序，对此同样需要深入研究理解。在监察委员会有权采取的诸项调查措施中，冻结、查封和扣押限制财产权利，留置限制人身权利，搜查同时涉及这两种权利，对于这些涉及限制公民实际基本权利的调查措施，更有必要单独对其正当法律程序进行专门研究。

第一节　调查程序的整体要求

第一，调查程序应当严格执行调查方案。调查方案具有确定性，一经确定即应严格遵照执行，不得擅自更改方案内容，包括调查范围、调查对象、事项和措施等。如需更改，当“遇有重大突发情况需要更改”时，经“批准该方案的监察机关主要负责人批准”可以应急更改。但是，这并不是随意更改，其中部分重要事项，仍须经集体研究后按程序请示报告。

第二,调查程序的内容是收集被调查人有无违法犯罪以及情节轻重的证据,目的是查明违法犯罪事实,形成相互印证、完整稳定的证据链。我国《监察法》第40条第1款规定:"监察机关对职务违法和职务犯罪案件,应当进行调查,收集被调查人有无违法犯罪以及情节轻重的证据,查明违法犯罪事实,形成相互印证、完成稳定的证据链。"在监察机关对职务违法和职务犯罪案件的调查过程中,对案件事实的认定是调查的主要任务之一,正确认定案件事实是合理适用法律以及后续做出处置的前提和基础。监察机关的调查过程在某种程度上,就是收集、审查、甄别、采信证据的过程。无论是在民事诉讼还是刑事诉讼中,证据都被认为是案件审理裁判的关键,享有"诉讼之王"的地位,在三大诉讼法中都有专门的章节规定证据制度。在诉讼程序中一般从证据"三性"即真实性、合法性和关联性着手,对其做出形式或者实质判断,去伪存真以便正确审查判断,形成相互印证逻辑缜密的证据链。

第三,调查程序应当秉持正当法律程序原则。只要构成实际基本权利的限制,都应接受正当法律程序规制。正当法律程序(due process of law)在历史和现实中一直扮演重要角色,该原则可作程序性和实质性之二分。[1]程序性正当法律程序在不同时期有许多经典表述;[2]我国《宪法》虽未明确提出该原则,但多次表达了类似意思,表述方式主要有直接规定(如第37条第2款)、授权(如"依法律规定")或宣告(如"禁止非法剥夺或限制")等。有一种说法认为,社会主义人权理论体系将人权的存在形态划分为应有人权、法定人权和实有人权,"法定人权是应有人权的法律化,也就是说,用宪法和法律将人理应享有的权利明确规定下来",实有人权则是"人们实际能

---

〔1〕 正当法律程序作为英美法上重要的宪政和法治原则,起源于英国大宪章运动有关"国家的法律"的措辞,发迹于汉密尔顿在美国1787年纽约州批准宪法会议。这一原则后来从程序性正当法律程序发展到实质性正当法律程序。参见魏琼:《从实质宪政到程序宪政》,载《法学论坛》2004年第4期。

〔2〕 比如,1354年爱德华三世第28号法令第三章说:"未经法律的正当程序进行答辩,对任何财产和身份的拥有者一律不得剥夺其土地或住所,不得逮捕或监禁,不得剥夺其继承权或生命"。美国1791年第五修正案规定:"未经法律的正当程序,不得剥夺任何人的生命、自由和财产"。丹宁勋爵表述为"促使审判和调查公正地进行,逮捕和搜查适当地采用,法律援助顺利地取得,以及消除不必要的延误等等"。参见[英]丹宁勋爵:《法律的正当程序》,李克强、杨百揆、刘庸安译,法律出版社1999年版,前言第1页、第2页。

够享受得到的权利”。[1] “实有人权”之提出或因即便有“权利救济权”[2]仍难确保凡宪法规定之基本权利均得以实现;此外,除宪法之外,我国有多部法律法规和司法解释保障公民人身和财产权利。总之,至少在限制“实际基本权利”时,必须接受正当法律程序规制,这是“尊重和保障人权”的最基本要求。

第四,监察机关在调查程序中,应当与审判机关、检察机关、执法部门互相配合,互相制约。监察委员会应不应该加入“办理刑事案件分工负责,互相配合,互相制约”机制之中?一种观点认为,宪法对此之表述所针对的审判权、检察权和侦查权对应的是审判机关、检察机关和公安机关,核心价值是“互相制约”,重在控制“侦查权”,对行政权的监督制约主要就是对侦查权的监督制约;监察机关是反腐败工作机构,不行使审判权、检察权,对职务犯罪等部分侦查权也并不作为主体行使,监察机关侦查权有限且不进入刑事诉讼程序,且对职务犯罪提起公诉权仍由检察机关行使,因此性质和功能不符合宪法规范的要求。[3] 可是,改革前检察机关同时行使职务犯罪侦查、监督职能,同体监督本即此轮改革欲解决之困境,否则我国《宪法》第140条“互相制约”的意旨在办理职务类刑事案件时很难实现。我国《宪法》第140条规定中加入国家监察委员会,在办理职务犯罪的刑事案件方面有一定意义。陈光中教授即认为,监察体制改革后监察委员会经转隶具备职务犯罪刑事侦查职能,应当加入该制约机制。[4] 因此监察委员会在办理职务类刑事案件时应与有关司法机关分工负责、互相配合、互相制约。根据本次我国《宪法修正案》的规定,我国《宪法》新增第127条第2款:“监察机关办理职务违法和职务犯罪案件,应当与审判机关、检察机关、执法部门互相配合,互

---

〔1〕 参见广州大学人权理论研究课题组:《中国特色社会主义人权理论体系论纲》,载《法学研究》2015年第2期。

〔2〕 基于裁判请求权、提起申诉和控告权以及取得国家赔偿或补偿权,公民在宪法权利受到损害或侵犯时,有“权利救济权”。参见林来梵:《从宪法规范到规范宪法》,法律出版社2001年,第229~231页。

〔3〕 参见韩大元:《论国家监察体制改革中的若干宪法问题》,载《法学评论》2017年第3期。

〔4〕 参见陈光中:《监察体制改革需启动系统修法工程》,载财新网:http://china.caixin.com/2017-01-17/101044638.html,最后访问日期:2018年4月14日。

相制约。”我国《监察法》第4条第2款也明确规定:“监察机关办理职务违法和职务犯罪案件,应当与审判机关、检察机关、执法部门互相配合,互相制约。”具体而言,在监察程序中,这项原则主要表现为有关机关和单位有依法予以协助的义务。监察机关在行使职权,履行职责的过程中,凡是要取得其协助的机关和单位,都应当根据监察机关的要求依法予以协助。有关机关和单位的这项法定义务,可能表现为监督程序中的协助义务、调查程序中的协助义务、监察决定中的协助义务和监察建议中的协助义务等。值得注意的是,这种协助,并不单纯是对调查程序的配合,同时也是一种制约,实践中需从其性质着手,既避免完全不予配合、耽误调查正常工作,也要避免过度配合、影响实体或程序公正。

第五,调查程序应当充分保障被调查人合法权益。我国《宪法》规定“中华人民共和国公民在法律面前一律平等”,《刑事诉讼法》规定未经法院判决不得认定有罪和疑罪从无原则,并以整章规定“辩护与代理”事项。《公民权利和政治权利国际公约》亦有类似表述。[1] “未经人民法院依法判决,对任何人都不得确定有罪”的原则,在侦查活动中表现如下:其一,自1996年第八届全国人大四次会议修改刑事诉讼法后,受到刑事追诉者,在侦查和审查起诉阶段一律称为“犯罪嫌疑人”而非“被告人”;其二,对补充侦查的案件,认为证据不足、不符合起诉条件的,公诉机关有权作出不起诉决定。《中国共产党纪律检查机关监督执纪工作规则》第44条也规定了审查期间对被审查人不妨碍称其为“同志”。这说明,在办理职务类刑事案件中,司法审判乃人民法院之职权;这也是人民法院依法独立行使审判权的表现和审判权对调查(侦查)权的制约。因此,监察委员会对被调查人采取调查措施,并不意味着宣判被调查人有罪;即便接受特定强制措施,也不等于限制其他基本权利。总之,接受调查后、判决生效前,被调查人即使接受了调查或涉嫌违法犯罪,仍应被“平等”对待;同时,调查程序期间的强制措施不得超越规定的

---

〔1〕 第14条规定“在未依法证实有罪之前,应有权被视为无罪”,还规定“有相当时间和便利准备他的辩护并与它自己选择的律师联络”是人人完全平等地享有的一种最低限度的保证。《公民权利和政治权利国际公约》,联合国大会第2200A(XXI)号决议。

限制程度,更不能突破规定的权利类别。[1] 此外,监察机关的调查程序在某种程度上与刑事侦查程序一样具有很强的秘密性;监察机关的调查程序毕竟不同于刑事诉讼程序,因此,在监察机关的调查过程中,严格贯彻非法证据排除原则,对于保障被调查人合法权利及言词证据收集的真实性、合法性和关联性十分关键。

第二节　调查措施的执行程序

一、严格规范执行程序的法治意义

严格规范监察机关采取调查措施的有关程序,是监察领域正当法律程序原则的重要体现。从监察机关的职责权限来看,监察机关的各项调查措施的结果是公权充分运用、私权受到限制。必须承认,这些措施是监察机关查办职务违法和职务犯罪案件所必备的,若无这些强有力的调查措施,反腐效果恐难彰显;也要注意,从程序方面对调查行为进行必要的规制,这是保证调查活动顺利开展的前提,更是人权保障的客观需要。

习近平总书记强调,在赋予监察委员会必要权限的同时,也要加强监督制约、防止权力滥用。我国《监察法》第 41 条规定:"调查人员采取讯问、询问、留置、搜查、调取、查封、扣押、勘验检查等调查措施,均应当依照规定出示证件,出具书面通知,由二人以上进行,形成笔录、报告等书面材料,并由相关人员签名、盖章。调查人员进行讯问以及搜查、查封、扣押等重要取证工作,应当对全过程进行录音录像,留存备查。"这对监察机关采取调查措施作了程序性规定。此外,我国《监察法》第 19 ~ 27 条和第 28 ~ 30 条,一方面规定了有关调查措施的职责权限,另一方面同时规定了相关的执行程序。上述规定的主要目的,是对监察机关采取调查措施的程序提出明确要求,规范取证工作,防止权力滥用,保护被调查人和涉案人员的合法权益。

---

〔1〕 参见秦前红、石泽华:《目的、原则与规则:监察委员会调查活动法律规制体系初构》,载《求是学刊》2017 年第 5 期。

二、调查措施的一般执行操作

我国《监察法》第41条第1款规定："调查人员采取讯问、询问、留置、搜查、调取、查封、扣押、勘验检查等调查措施，均应当依照规定出示证件，出具书面通知，由二人以上进行，形成笔录、报告等书面材料，并由相关人员签名、盖章。"这规定了监察机关采取调查措施的一般执行操作，包括出示证件、出具书面通知、执行人员二人以上和形成书面材料等。

第一，调查人员采取调查措施时，应当出示有效证件。有效的证件可以证明调查人员的调查身份。例如，在询问证人时，即应当出示工作证件，一方面可以证明调查人员的真实身份，另一方面也有利于取得相关单位和人员的积极有效配合。

第二，调查人员采取调查措施时，应当出具书面通知。一是因为就监察措施的拘束力而言，一般认为，对于监察机关，有关文书一经作出即对自身产生约束；但对于被调查人，有关文书被送达才意味着对其产生约束；二是从实践效果来看，监察机关制作书面通知并交由调查人员向相关单位或个人在现场出示，能够证明调查人员的行为经过监察机关合法授权，还可以使相关单位和人员更为积极地进行配合。反之，如果调查人员不出具书面通知，相关单位和个人就有权不予配合。

第三，调查措施应当由2人以上进行。作此规定，一是从调查措施的操作来看，2人共同实施更有利于客观、真实获取和固定证据；二是从调查措施的监督来看，这有利于互相配合、互相监督，防止个人徇私舞弊或发生刑讯逼供、诱供等非法调查行为；三是从公民权利的保障来看，这有利于维护被调查人的人身、财产安全。

第四，采取调查措施应当形成笔录、报告等书面材料，并由相关人员签名、盖章。从证据种类的区分及不同证据的证明力来看，笔录、报告等书面材料是证据的重要载体，有利于保证证据的客观和真实。要求由相关人员签名、盖章，是对笔录、报告等书面材料的核对与认可，以防止歪曲被调查人、证人的真实意图，或者出现强加于人的主观臆断甚至捏造事实等情况。

三、调查措施的特别执行操作

我国《监察法》第40条第2款规定:“调查人员进行讯问以及搜查、查封、扣押等重要取证工作,应当对全过程进行录音录像,留存备查。”这规定了监察机关对于重要取证工作有特殊的执行程序,即应当全程录音录像,同时留存备案。

录音录像是视听资料,属于证据的一种。为准确惩罚犯罪,切实保障人权,规范强制措施,促进公平公正,当前各项取证工作都越来越重视对取证过程进行录音录像。如《中国共产党纪律检查机关监督执纪工作规则》第48条规定:“对涉嫌严重违纪或者职务违法、职务犯罪问题的审查调查谈话、搜查、查封、扣押(暂扣、封存)涉案财物等重要取证工作应当全过程进行录音录像,并妥善保管,及时归档,案件监督管理部门定期核查。”最高人民法院、最高人民检察院、公安部、国家安全部和司法部于2017年6月联合发布了《关于办理刑事案件严格排除非法证据若干问题的规定》,其中第10条第1款规定:“侦查人员在讯问犯罪嫌疑人的时候,可以对讯问过程进行录音录像;对于可能判处无期徒刑、死刑的案件或者其他重大犯罪案件,应当对讯问过程进行录音录像。”第11条规定:“对讯问过程录音录像,应当不间断进行,保持完整性,不得选择性地录制,不得剪接、删改。”一般而言,在刑事诉讼中推动建立对所有讯问活动、重要取证活动全程同步录音或录像制度,能够加强对刑讯逼供和非法取证的源头预防。同样,在监察机关调查过程中进行录音录像,也能够规范调查活动,减少调查人员不当使用调查措施的可能性。

调查人员进行讯问以及搜查、查封、扣押等重要取证工作,应当全程录音录像,其目的在于留存备查,这既是对重要取证工作的规范,也是对调查人员的保护。[1] 录音录像应当符合全程的要求,如果不能保证全程录音录像,录制设备的开启和关闭时间完全由调查人员自由掌握,录音录像就不能

---

〔1〕 参见中共中央纪律检查委员会、中华人民共和国国家监察委员会法规室编写:《〈中华人民共和国国家监察法〉释义》,中国方正出版社2018年版,第193页。

发挥证明取证工作合法性的作用。需要注意的是，根据相关要求，监察机关对调查过程的录音录像不随案移送检察机关。检察机关认为需要调取与指控犯罪有关并且需要对证据合法性进行审查的录音录像，可以同监察机关沟通协商后予以调取。此外，需要注意一点，所有因案件需要接触录音录像的人员，应当对录音录像的内容严格保密。[1]

四、调查措施的协助执行程序

习近平总书记在谈到反腐败法规制度建设时指出，要系统完备、衔接配套，立治有体、施治有序，把制度的笼子扎细、扎密、扎牢，做到前后衔接、左右联动、上下配套、系统集成。[2] 这一论述，为加强我国《监察法》与相关法律的衔接指明了方向。根据我国《宪法》第127条第2款规定，监察机关办理职务违法和职务犯罪案件，应当与审判机关、检察机关、执法部门互相配合，互相制约。我国《监察法》除了在第4条第2款重述上述我国《宪法》规定以外，还在第3款中强调了有关单位的协助义务。这一规定，“揭示了查办职务违法犯罪案件的系统性、关联性和法定性”。[3] 这种协助机制，既是国家监察体制改革背景下法法衔接的重要体现，也是将反腐败立法优势转化为反腐败治理效能的必然选择。实践中，部分调查措施的执行程序，有赖于司法执法机关，尤其是执法部门的配合与协助。

（一）公安机关的协助执行

公安机关与监察程序的对接，主要表现在查办案件中与监察委员会的协作配合。这里涉及三个问题：第一，首先必须澄清的一点是，公安机关在刑事诉讼中的侦查活动很大程度上可以被认为是司法活动，但严格来说，不能因此把负责侦查任务的公安机关及其他专门机关升格为司法机关，“这不仅与国际惯例相左，而且不符合我国宪法规定的中国特色政治体制与司法

[1] 参见中共中央纪律检查委员会、中华人民共和国国家监察委员会法规室编写：《〈中华人民共和国国家监察法〉释义》，中国方正出版社2018年版，第193～194页。

[2] 参见《习近平：不以权势大而破规不以违者众而放任》，载新华网：http://www.xinhuanet.com/politics/2015-06/29/c_127962002.htm，最后访问日期：2018年8月20日。

[3] 吴建雄、王友武：《监察与司法衔接的价值基础、核心要素与规则构建》，载《国家行政学院学报》2018年第4期。

体制的内涵”。[1] 但值得注意的是，公安机关并未分享职务犯罪的调查（侦查）权，公安机关协助监察委员会执行监察措施并非司法活动，不意味着监察权独立行使的例外。[2] 第二，从协助执行的整体要求来看，一方面，公安机关内部要明确归口管理的部门，由其牵头负责对监察机关查办案件予以配合，同时实现与监察机关有关部门的协调与对接，并在此基础上，按照公安机关内部职能的划分，对监察机关提出的协助执行的请求进行合理分派并有序完成；[3] 另一方面，就具体分派有关协助执行任务的公安内设机构而言，应当在坚持以事实为依据、以法律为准绳这一原则的基础上，同时还要积极配合、依法依规、高效有序，对于监察机关提出的协助要求依法予以协助。第三，具体而言，调查措施中需要公安机关具体协助的主要有四项：一是配合做好留置工作。我国《监察法》第43条第3款规定：“监察机关采取留置措施，可以根据工作需要提请公安机关配合。公安机关应当依法予以协助。”根据监察委员会查办案件工作的具体需要，公安机关需要研究制定相关工作办法，在实践中积极探索和配合监察委员会设置留置场所、建立看护队伍、看护留置人员有关工作。二是协助执行技术调查措施。我国《监察法》第28条第1款规定：“监察机关调查涉嫌重大贪污贿赂等职务犯罪，根据需要，经过严格的批准手续，可以采取技术调查措施，按照规定交有关机关执行。”从我国目前掌握技术调查能力的执法机构来看，这主要是指公安机关。三是监察委员会在采取查封、扣押、搜查、上网追逃、通缉、限制出境等措施的过程中，需要公安机关依法予以协助的，公安机关应当配合。四是配合采取刑事侦查或者强制手段，对象主要是监察委员会办案中发现的被调查人的非职务犯罪问题，以及职务犯罪案件中涉及的非公职人员的问题。

（二）司法行政机关的协助执行

监察委员会采取调查措施的过程中，司法行政机关需要协助的有关措

[1] 陈光中：《刑事诉讼中公安机关定位问题之探讨——对〈刑事诉讼法修正案（草案）〉中“司法机关”规定之商榷》，载《法学》2011年第11期。

[2] 参见秦前红、石泽华：《论监察权的独立行使及其外部衔接》，载《法治现代化研究》2017年第6期。

[3] 参见吴建雄、王友武：《监察与司法衔接的价值基础、核心要素与规则构建》，载《国家行政学院学报》2018年第4期。

施,主要是以下几个方面:第一,就司法鉴定支持配合监察委员会的工作。我国《监察法》第27条规定:“监察机关在调查过程中,对于案件中的专门性问题,可以指派、聘请有专门知识的人进行鉴定。鉴定人进行鉴定后,应当出具鉴定意见,并且签名。”司法行政机关应明确司法鉴定相关部门归口受理反腐败违法犯罪案件,严格按照有关规定做好监察委员会委托的司法鉴定工作。第二,配合监察委员会工作人员到监狱部门调查取证,如调查询问(讯问)在押罪犯以及做好相关安保防范措施等。第三,关于律师参与的衔接配合。监察法并未规定监察机关调查程序期间的律师介入问题,因此司法行政机关需要确保监察委员会调查完毕、案件移送检察机关审查起诉之后,根据法律、法规等相关规定保障律师会见、阅卷等工作的有序进行。

第三节　严格按照调查方案进行调查

一、调查方案的决定程序

确定调查方案和调查措施,必须召开专题会议,经过集体研究后确定。因此,监察机关主要负责人等不得未经专题会议径行决定,也不得以个人意志代替集体意志。这需要区分两种情况:一是在一般情况下,调查方案虽经集体研究,但仍有“批准该方案的监察机关主要负责人”,[1]此时该调查方案系由“集体研究内容、主要负责人决定”;二是在特殊情况下,如调查方案中的重要事项,应当集体研究后按程序请示申报,尤其是当调查方案中包含留置措施时,必须由监察机关领导人员集体研究决定,还要报批上级监察机关批准或备案,此时该调查方案系由“集体研究内容、集体共同决定、上级报批或备案”。

此外,调查方案的内容要根据被调查人情况、案件性质和复杂程度等进而确定,具体主要包括以下内容:一是应当查明哪些问题;二是调查的步骤和方法;三是调查过程中需要采取哪些措施;四是预计完成任务的时间;五

[1] 参见中共中央纪律检查委员会、中华人民共和国国家监察委员会法规室编写:《〈中华人民共和国国家监察法〉释义》,中国方正出版社2018年版,第188页。

是应当注意的事项,以及其他内容。

二、调查方案具有确定性

我国《监察法》第 42 条第 1 款规定:“调查人员应当严格执行调查方案,不得随意扩大调查范围、变更调查对象和事项。”这一规定与《中国共产党纪律检查机关监督执纪工作规则》第 45 条相似:“外查工作必须严格按照外查方案执行,不得随意扩大调查范围、变更审查调查对象和事项,重要事项应当及时请示报告。”调查人员应当严格执行调查方案,并规定了禁止性行为,来约束调查人员的调查行为。

结合我国《监察法》第 39 条规定,“监察机关主要负责人依法批准立案后,应当主持召开专题会议,研究确定调查方案,决定需要采取的调查措施。”可见,调查方案是由监察机关主要负责人主持召开专题会议之后,才最终确定,调查方案的确定过程显示出了较高的权威性和严谨性,是集体会议决议的结果,体现了监察机关对调查方案的集体认可。监察机关的定位为政治机关,监察机关工作人员更应该带头遵守政治纪律,注重忠诚和服从,在实际的执行中,调查人员理应严格执行这一方案,且不得随意扩大调查范围、变更调查对象和事项。

另外,监察机关能够行使的各项调查权限,不仅包含对财产权利的限制,还包括对人身权利的限制,故必须明确各项调查措施的行使条件。如果调查人员在实际执行中扩大了调查范围,变更了调查对象或者事项,则偏离了原调查方案的预期设想,既有可能影响职务犯罪的调查进度,又将导致被调查人的某些权利受到限制。该规定实际上是从内部制度约束的角度,进一步规范调查人员依法行使调查权。

三、调查过程中的重要事项请示报告制度

对调查过程中的重要事项,在集体研究后按程序请示报告,符合合理规范监察权,保障被调查人基本权利的精神,监察法理应突出法治进步,彰显人权保障。第一,在实际执行过程中,应该首先明确,哪些属于重要事项,只有明确了重要事项的范围,才能在研究后请示报告。一般而言,对被调查人

实体性权利有重大影响的事项,肯定属于重要事项的范围。我国《监察法》第 43 条“采取留置措施应当由监察机关领导人员集体研究决定”,正验证了这一制度安排。第二,集体研究中的集体包含哪些人员,第 31 条、第 32 条、第 42 条和第 43 条都包含集体研究的表述,本条款中的集体研究是否指某一案件中的所有调查人员,在实践中应该有更明确的说明。另外,对于集体研究的程序和时间要求,也应具体化,否则,集体研究如果久拖不决,将延缓案件调查的进度。第三,按程序请示报告的对象,是监察机关的主要负责人,还是该案件的分管领导,也需要在实践中进一步明确。另外,如果监察机关主要负责人否决了请示报告的内容,下一步调查活动如何开展也需要有更明确的操作指南,如是否需要重新研究后再作请示报告等。

第四节　调查取证工作

一、调查取证的标准

监察机关在调查程序中,尤其需要注意以下两个标准:

一是法律标准,即能否形成本条规定的“相互印证、完整稳定的证据链”。具体而言,就是全案证据之间必须形成一个不相矛盾、能够相互印证且能够证明违法或者犯罪案件事实的证据链条。在我国刑事司法实践中,证据互相印证乃是侦控机关审查起诉、法官据以断案的司法传统,甚至可以认为,全案证据相互印证是“事实清楚,证据确实、充分”要求中的最低限度标准。虽然监察机关的调查程序有别于传统的刑事侦查程序,但是根据我国《监察法》第 33 条关于“监察机关在收集、固定、审查、运用证据时,应当与刑事审判关于证据的要求和标准相一致”的规定,调查程序和侦查程序在收集、固定、审查、运用证据时,对于证据的要求和标准,都应当是一致的。

二是政治标准,即能否经得起公诉机关和审判机关的审查、经得起历史和人民的考验。“如果证据不扎实、不合法,轻则检察机关会退回补充侦查,影响惩治腐败的效率;重则会被司法机关作为非法证据予以排除,影响案件的定罪量刑；对于侵害当事人权益、造成严重问题的，还要予以国家赔偿。”[1]正因如此，我国《监察法》第 33 条第 2 款才专门规定：“监察机关在收集、固定、审查、运用证据时，应当与刑事审判关于证据的要求和标准相一致。”这要求以法治思维和法治方式，在法治轨道上推进反腐败个案调查取证工作。具体而言，如欲保证监察机关依法、全面收集证据，查清犯罪事实，一个最直接、最基本的要求就是，监察机关工作人员采取调查措施时，必须严格依法、严格按标准收集证据，不得到临近移送司法，或者已经进入司法程序后，再去解决证据合法性的问题。为此，监察机关调查取证工作需要牢固树立和有效落实关于依法全面收集证据和严禁以非法方式收集证据的两个原则。

二、调查取证的原则

（一）依法全面收集证据的原则

监察机关工作人员必须严格依规定程序，收集能够证实被调查人有无违法犯罪情节以及情节轻重的各种证据。具体而言，有两个要求：一是收集证据必须要客观、全面，不能只收集一方面的证据。这意味着，调查取证并不只是为了取得被调查人“有”违法犯罪和情节“重”的证据，监察机关还要主动调查、收集被调查人“无违法犯罪”和情节“轻”的证据。我国《监察法》第 45 条第 2 款规定：“监察机关经调查，对没有证据证明被调查人存在违法犯罪行为的，应当撤销案件，并通知被调查人所在单位。”这进一步贯彻了我国宪法规定的平等原则和刑事诉讼法规定的“未经人民法院依法判决，对任何人都不得确定有罪”所蕴含的精神。二是监察机关不仅要收集证据，还要对收集到的证据进行分析研究、鉴别真伪，以此一方面确保有关证据的真实性、合法性和关联性，另一方面还有利于形成相互印证、完整稳定的证据链。

（二）严禁以非法方式收集证据的原则

从各国立法经验来看，美国宪法第五修正案规定了不得强迫自证其罪，

---

〔1〕 中共中央纪律检查委员会、中华人民共和国国家监察委员会法规室编写：《〈中华人民共和国国家监察法〉释义》，中国方正出版社 2018 年版，第 189 页。

其宪法判例据此推定出排除规则；日本等国的宪法中既规定了不得强迫自证其罪，也规定了排除规则；德国基本法从公权力的限制性规定中推定出排除规则。[1] 为充分保证所有人都免受酷刑，世界各国一直致力于制定普遍适用的准则。对此，《世界人权宣言》《公民权利和政治权利国际公约》《禁止酷刑和其他残忍、不人道或有辱人格的待遇或处罚公约》等都作出了明确规定。此外，《保护人人不受酷刑和其他残忍、不人道或有辱人格待遇或处罚宣言》第 12 条规定："如经证实是因为受酷刑或其他残忍、不人道或有辱人格和待遇处罚而作的供词，不得在任何诉讼中援引为指控有关的人或其他人的证据。"监察法秉承了这些国际公约的精神，对证据收集的方式作出了否定性规定，排除了非法证据的收集，这一条文融合了刑事诉讼法和《中国共产党纪律检查机关监督执纪工作规则》的相关规定。如我国《刑事诉讼法》第 52 条规定："……严禁刑讯逼供和以威胁、引诱、欺骗以及其他非法方法收集证据，不得强迫任何人证实自己有罪……"《中国共产党纪律检查机关监督执纪工作规则》第 43 条规定，严格禁止使用违反党章党规党纪和国家法律的手段，严禁逼供、诱供、侮辱、打骂、虐待、体罚或者变相体罚。该条文与《监察法》第 33 条第 3 款"以非法方法收集的证据应当依法予以排除，不得作为案件处置的依据"，共同铸就了监察领域的非法证据排除规则，既顺应了当前的国际潮流，又符合宪法人权保障的规定，是我国《宪法》第 33 条"国家尊重和保障人权"在监察法中的具体体现。

我国《监察法》第 40 条第 2 款规定："严禁以威胁、引诱、欺骗及其他非法方式收集证据，严禁侮辱、打骂、虐待、体罚或者变相体罚被调查人和涉案人员。"对于"非法方式"的外延，应作以下理解：一是"刑讯逼供"，即以肉刑或者变相肉刑的方式，第 40 条中表述为"侮辱、打骂、虐待、体罚或者变相体罚"；二是其他使被调查人或涉案人员在肉体上遭受剧烈疼痛或者痛苦的方法，如以较长时间冻、饿、晒、烤等方式，《〈中华人民共和国监察法〉释义》中

---

〔1〕 参见汪进元：《非法证据排除规则的宪法思考——兼评我国刑事诉讼法的修改》，载《北方法学》2012 年第 1 期。

列举了“长时间不让睡眠等方式”,[1]可见,非法方式并不仅限于对被调查人和涉案人员采取暴力殴打等“有痕”方式,还包括长时间不让其睡眠等“无痕”方式;三是其他使被调查人或涉案人员在精神上遭受剧烈疼痛或者痛苦的方法,如对其进行精神折磨,或者让其服用药物;四是本条列举的“威胁、引诱、欺骗”等方法。根据《〈中华人民共和国监察法〉释义》的说明,监察法作此规定是因为,“特别是以刑讯逼供,或者威胁、引诱、欺骗方式取得的被调查人和涉案人员的口供,是其在迫于压力或被欺骗的情况下提供的,虚假的可能性非常之大,仅凭此就作为定案根据,极易造成错案”。[2]

除了上述列举的两个原则外,对于以非法方式收集证据,还要注意几个问题:第一,通过思想政治工作使其主动交代,不属于以非法方式收集证据,也不属于强迫被调查人自证其罪;不仅如此,按照监察法的规定,调查程序期间有满足第31条、第32条规定的有关情形的,监察机关经特定程序,可在移送人民检察院依法审查起诉时提出从宽处罚的建议。第二,需要澄清的一个问题是所有以非法方式取得的证据,都应当予以排除且不得作为案件处置的依据吗?对此应当区分对待:对不符合法定程序收集的证据,不能一概视为非法证据而予以排除;对可能严重影响处置结果合法公正的,应当要求相关调查人员予以补正或者作出解释,如果作出补正或者合理解释后,认为不影响证据使用的,该证据可以继续适用。当然,对于如何确定“可能严重影响处置结果合法公正”,实践中或许很难产生比较统一的认识。对此问题,有学者指出,我国证据排除规定包括非法证据排除规则、不可靠证据排除规则和瑕疵证据排除规则三类,它们分别基于不同的立法规范目的,故而在实践中也有不同的排除思路、排除程序、补正或合理解释的方式。[3] 例如,非法证据排除规则所关注的主要是证据的合法性问题,而瑕疵证据排除规则更加关注证据的可靠性问题,二者便不可混为一谈。对于瑕疵证据,可以通过有关办案人员予以补正或者作出合理解释后,依法予以采用。但是,

---

〔1〕 参见中共中央纪律检查委员会、中华人民共和国国家监察委员会法规室编写:《〈中华人民共和国国家监察法〉释义》,中国方正出版社2018年版,第191页。

〔2〕 同上书,第190~191页。

〔3〕 参见董坤:《证据排除规则的中国化范式与反思》,载《政法论坛》2018年第2期。

根据我国《监察法》第40条所列举的具体方式和两个"严禁"的严厉程度来看,一方面,只要出现本条所列举的"以威胁、引诱、欺骗及其他非法方式"收集证据的情形,有关证据就应当依法予以排除、不得作为案件处置的依据;另一方面,当"侮辱、打骂、虐待、体罚或者变相体罚"达到一定程度标准的时候,即应认定为"非法方式",有关证据也应当依法予以排除、不得作为案件处置的依据。第三,经查证,不能排除存在以非法方法收集证据情形的,对有关证据同样应当予以排除、不得作为案件处置的依据。

三、调查取证的长期远景

证据的收集、审查和排除既是办理职务类刑事案件的关键一步,通常也是冤假错案发生的导火索。长期来看,实体审查之路径乃不可避免之抉择:其一,延续以口供为中心的主观性证据审查模式;其二,强化以客观性证据为主的客观性证据审查模式。有学者将证据分为上述主观性证据和客观性证据的同时,提出前一模式无法有效审查核实案件事实,后一模式可有效防止和纠正冤假错案。[1] 借鉴这些观点,本书提出"变更取证思路""优化审查模式""严格证据排除"三轨并进的思路:一是调查取证需重视对客观性证据的收集;二是实体审查则需更加注重审核客观性证据,落实完善客观性证据审查模式;三是辅之以无罪推定原则、疑罪从无原则和有效的非法证据排除规定。[2]

---

〔1〕 这一划分是根据证据内容的稳定性与可靠性程度之差异。参见樊崇义:《论客观性证据审查模式》,载《中国刑事杂志》2014年第1期。

〔2〕 有关监察机关调查取证长期远景的具体阐述,参见秦前红、石泽华:《目的、原则与规则:监察委员会调查活动法律规制体系初构》,载《求是学刊》2017年第5期。

第十九章　留 置 程 序

我国《监察法》第 22 条第 1 款规定，符合该款所列四种情况之一的，被调查人“经监察机关依法审批，可以将其留置在特定场所”。该法第 43 条第 1 款规定：“监察机关采取留置措施，应当由监察机关领导人员集体研究决定。设区的市级以下监察机关采取留置措施的，应当报上一级监察机关批准。省级监察机关采取留置措施，应当报国家监察委员会备案。”根据上述条款，可以分析留置措施的决定程序、审批程序、执行程序和监督程序。第 43 条第 2 款和第 44 条第 3 款规定了留置的一般期限、最长期限、延长程序和刑期折抵等问题，第 43 条第 2 款和第 3 款、第 44 条第 1 款规定了留置措施的解除、协助执行、通知程序和权益保障等问题。同时，根据宪法、监察法及代表法等有关规定，对人大代表等特殊监察对象的特别程序需要尤其注意。

第一节　留置措施的启动和监督

一、留置措施的决定、审批和备案

（一）留置措施的决定程序

根据我国《监察法》第 22 条第 1 款“经监察机关依法审批”的表述，以及第 43 条第 1 款“监察机关采取留置措施，应当由监察机关领导人员集体研究决定”的规定，有权决定留置措施的是“监察机关”。所谓“监察机关”，是指县级及以上监察委员会,这包括四类:国家监察委员会、省级监察委员会、地区级监察委员会和县区级监察委员会;不包括监察委员会的派驻监察机构和派出监察专员。

(二)留置措施的审批程序

留置措施的审批程序,需要分为两种情况:(1)初次采取留置措施的审批程序。根据我国《监察法》第43条第1款的规定,设区以下监察机关采取留置措施的,应当报上一级监察机关批准;省级监察委员会采取留置措施的,应当报国家监察委员会备案。因此,县区级监察委员会初次采取留置措施的,应当报上一级即地区级监察委员会批准;地区级监察委员会初次采取留置措施的,应当报上一级即省级监察委员会批准;省级监察委员会初次采取留置措施的,可以自行决定和批准;国家监察委员会采取留置措施的,也可自行决定和批准。(2)延长留置实践的审批程序。根据我国《监察法》第43条第2款的规定,省级以下监察机关采取留置措施的,延长留置时间应当报上一级监察机关批准。上述规定,与初次采取留置措施的审批程序基本一致。作此规定,是因为延长留置时间和初次留置时间都是“不得超过三个月”,二者对被留置对象的人身自由限制程序并无本质区别,因此需要采取相同程度的正当法律程序规制。

(三)留置措施的备案程序

我国《监察法》第43条规定,省级监察机关采取留置措施,应当报国家监察委员会备案。但从该款其他表述来看,省级监察委员会应当有权自主决定和审批留置措施。因此,国家监察委员会对省级监察机关采取留置措施所要求的备案程序,其实只是一种存档流程。这从实际操作上,是可行的;单从理论来看,其实还有讨论的空间。

“备案”在《现代汉语词典》的解释是“向主管机关报告事由,存案以备查考”,有学者归纳指出备案有许可、监督、立法、登记、告知、审批和行政行为7种理论探讨。[1] 留置备案制度的争议在于:备案仅作存档之用,抑或备案必然伴随审查?单纯的备案可能使其价值限缩于“使其知晓”,而难发挥

〔1〕 参见朱最新、曹延亮:《行政备案的法理界说》,载《法学杂志》2010年第4期。

监督实效。从法律正当程序出发,留置措施涉及限制公民实际基本权利,单纯备案是不够的(至少就留置而言);对报送的留置案件进行实体且程序性的审查,对不符合留置条件或违反留置程序性规定的案件及时补救,应有必要。从这个意义上讲,备案制度有"潜力"成为留置措施的最后关卡,为可能的失误提供最后补救机会。[1]

二、关于"集体研究"的解读

各级监察机关决定采取留置措施,都应当经本级领导人员集体研究决定,不能以个人意志代替集体决策、以少数人意见代替多数人意见。[2] 不过,从具体操作来看,"集体研究"的表述稍显模糊,有必要作进一步解读。第一,"集体"指向的范围问题。从语义来看,集体当然不限于少数领导,因此至少应该是主任会议,当然委员会议则更加有利于发挥集体智慧。第二,从监察程序的法治化目标出发,"集体"应当具有固定性,即并非达成人数即可研究能否采取留置措施,而是在一定范围内确定集体人选。第三,关于集体研究的最低人数、到场人数和投票规则等问题,由于过于细致,不宜在监察法中具体规定,但仍须在未来工作规程予以统一。

三、留置措施的特别程序

人大代表的人身特别保护,是人大代表依法履职的重要保障。我国人大代表不仅是国家公职人员,其中很大比例还兼任其他公职,因此不少也属于监察对象。留置措施在限制人身自由方面的程度上,与拘留、逮捕等强制措施非常相似,极有可能对人大代表履职产生影响。因此,有必要对我国《代表法》第32条进行修改,在其中增加关于对人大代表采取留置措施的特别规定,从而与监察改革实现具体衔接。[3] 有一点值得注意,这种保护需要

---

〔1〕 参见秦前红、石泽华:《监察委员会留置措施研究》,载《苏州大学学报》(法学版)2017年第4期。

〔2〕 参见中共中央纪律检查委员会、中华人民共和国国家监察委员会法规室编写:《〈中华人民共和国国家监察法〉释义》,中国方正出版社2018年版,第197~198页。

〔3〕 参见秦前红、石泽华:《监察委员会留置措施研究》,载《苏州大学学报》(法学版)2017年第4期。

一个具体的评判标准，简单的“是否担任人大代表”显然不宜作为标准，应当以“是否影响人大代表履行代表职务”作为衡量依据。因此，从审查程度上来看，这不只是“形式上的一种同意程序”，更大程度上还要基于“对逮捕理由依据等进行实质性审查”。[1]

第二节 留置措施的期限和权限

一、留置措施的一般期限和延长期限

我国《监察法》第43条第2款规定：“留置时间不得超过三个月。在特殊情况下，可以延长一次，延长时间不得超过三个月……”所谓3个月，是留置措施的一般期限。对此需注意两个问题：一是3个月是初次留置的最长期限，并不是所有留置措施都需要3个月，具体要根据案件实际情况，由监察机关领导人员集体研究决定；二是3个月是固定期限，不因案件变化而变化，因此不得因为掌握了新的犯罪证据而重新计算留置期限。根据案件的具体情况，在特殊情况下，经过法定程序审批，可以延长一次留置时间，延长期限同样不得超过3个月。

二、留置措施的刑期折抵

对于刑期折抵问题，监察体制改革之前，党的纪检机关对党员采取“双规”措施无法折抵刑期；就“双指”而言，根据我国此前《行政监察法》第20条规定，合法“双指”措施不包括“拘禁或者变相拘禁”，自然也不折抵刑期。但是，根据刑法有关规定，判决执行以前先行羁押的，羁押1日折抵管制的刑期2日，折抵拘役、有期徒刑的刑期1日。从对公民的人身限制程度来看，“双规”“双指”等措施与刑事羁押有很大相似之处。根据“留置取代‘双规’”的改革精神，我国《监察法》参照吸收了刑法有关规定的精神，在该法第44条第3款规定，“被留置人员涉嫌犯罪移送司法机关后，被依法判处管制、

[1] 参见李莉：《对我国人大代表不受逮捕权的几个问题的探讨》，载《政治与法律》2011年第3期。

拘役和有期徒刑的,留置一日折抵管制二日,折抵拘役、有期徒刑一日”。这是本次监察体制改革一个引人注目的重要法治进步。

三、留置措施的执行操作

(一)留置措施的执行主体

留置措施是自行执行还是协助执行?改革初期学界曾就此问题有过争议,多数学者支持留置措施应由公安机关协助执行。实际上,无论是自行执行还是协助执行,毋庸置疑的一点是,留置措施的执行主体只可能是监察机关;即便由公安机关协助执行,也只是履行配合和协助任务。《监察法》吸收了学界有关建议,在第43条第3款规定“监察机关采取留置措施,可以根据工作需要提请公安机关配合”。但是,在具体哪些方面由公安机关协助执行,上述条款并未作出细致规定。一般来说,将被调查人带回留置场所,需要公安机关配合执行,这一方面是因为从人员配合和技术设备而言,由公安机关执行可以防止相关单位或个人的阻挠;另一方面是因为由监察机关和公安机关互相配合、互相制约,更有利于消除社会对留置措施执行操作的疑虑。此外,被调查人被留置在特定场所以后,也需要公安机关配合帮助看护等,以保证被留置人员的安全,保障留置期间讯问等相关调查工作的顺利开展。

(二)留置措施的通知程序

我国《监察法》第44条第1款规定,“对被调查人采取留置措施后,应当在二十四小时以内,通知被留置人员所在单位和家属,但有可能毁灭、伪造证据,干扰证人作证或者串供等有碍调查情形的除外。有碍调查的情形消失后,应当立即通知被留置人员所在单位和家属。”这是对《监察法》第39条第3款关于调查措施通知程序的进一步规定。监察法草案曾规定“通知被留置人员所在单位或家属”,并引起社会极大争议,最后正式通过施行时将“或”改为“和”。被调查人被采取留置措施后,与外界将失去联系,因此需要通知其所在单位和家属,确保其必要的知情权,避免引起不必要的猜测。但是,不排除一种情况,即有关单位工作人员或其家属中存在涉案人员或知情人员,因此,当存在可能毁灭、伪造证据,干扰证人作证或者串供等有碍调查的情形时,经法定程序可暂时不履行通知程序。需要注意一点,即"通知"是原则,"不通知"是例外,因此有关情形消失后,监察机关必须立即通知被留置人所在单位和家属。

（三）留置措施的执行场所

《中国共产党纪律检查机关监督执纪工作规则》第49条规定未经批准并办理相关手续,不得将被审查人或者其他谈话调查对象带离规定的谈话场所,保留了"规定的谈话场所"的表述。监察法虽然规定了留置措施,但并未明确留置的执行场所。根据各地实践,存在监察委员会另外设立专门场所进行留置和在公安机关看守所进行留置两种情况,其中后者较为普遍。将公安机关看守所设为留置措施的执行场所,主要是从节约改革成本、当事人权益保障和权力制约监督等角度出发来考虑的。当然,实践中难免有的监察机关为了规避承担保障被留置人安全责任等有关职责才作此选择,对此需要考虑如何协调解决。

（四）留置期间的权益保障

保障公民基本权利始终应是政治体制改革的主要价值和目标。留置措施限制公民人身权利的程度可谓十分严厉,因此在保障生命健康及人道主义待遇的基础上,必要的程序性权利也应当引起我们的重视。这要从两个方面来理解:其一,采取留置措施必须严格遵照法律正当程序;其二,对于包括被留置人在内的当事人的程序性权利,应当作特殊考虑。为达致此目标,可重点考虑以下三个方面:

第一,要贯彻平等原则、保障程序权利。童之伟教授曾指出,我国宪法保护公民人身自由的程序性条款较多缺失,是引发若干冤假错案的重要原因。[1] 尽管我国刑事诉讼法历经多次修改完善,上述问题已经在很大程度上得到改善,但显然接下来的路还很漫长。

第二,要注意留置期间的权利保障。对此,我国《监察法》一方面在第41条中规定了有关调查取证工作的程序性要求,另一方面还在第44条中就留置措施进一步作出比较详细的规定。一是通知程序。该法第44条第1款规

〔1〕 参见童之伟:《从若干起冤案看人身自由的宪法保护》,载《现代法学》2004年第5期。

定,对被调查人采取留置措施应当履行通知程序,通知的对象是被留置人员所在单位和家属,通知期限是24小时以内;与此同时,还规定了通知程序的例外情况,具体通过开放式列举的方式,规定了如果有可能存在“毁灭、伪造证据”“干扰证人作证”“串供”等有碍调查的情形,在有碍调查情形存在时可以暂时不履行通知程序,但是一旦有关情形消失,就必须“立即通知被留置人员所在单位和家属”。二是全程同步录音录像。值得注意的是,与刑事诉讼法有关规定不同,监察法对于同步录音录像的规范要求是“应当”,而不是“可以”。三是充分保障饮食、休息和安全,提供医疗服务,合理安排讯问时间和时长,讯问笔录阅看后签名等保障措施。

第三,要保障留置措施的事后救济。虽然我国《监察法》规定了留置措施的刑期折抵问题和国家赔偿问题,但此外还需注意三个问题:(1)该法第44条第3款仅规定了“涉嫌犯罪移送司法机关后,被依法判处管制、拘役和有期徒刑”的情况,实践中需要考虑监察机关经调查,没有证据证明被调查人存在违法犯罪行为,应当撤销案件的情形,还需要考虑监察机关移送审查起诉后,检察机关作出不起诉决定的情形,以及检察机关提起公诉后,审判机关判决无罪的情形。它们的共性是,被留置人最终没有“被依法判处管制、拘役和有期徒刑”,因此不符合上述刑期折抵标准。(2)由此需考虑第二个问题:监察赔偿在国家赔偿中处于何种地位,以及监察赔偿的内容、程序等问题。目前这些问题还缺乏相应规定。(3)考虑到国家赔偿的赔偿对象,一般限于针对人身自由的限制,至于赔偿方式则主要是物质性,与此不同,在留置案件中,相较国家赔偿的数额等问题,职级恢复、财产归还等问题对于被调查人而言可能更加重要。

第三节 留置措施与司法程序的衔接

监察委员会职务犯罪调查活动不可避免涉及外部衔接问题,这主要是留置和以逮捕为主的刑事强制措施之间的程序衔接设计。既然监察程序不存在监察机关提请人民检察院批准逮捕,显然监察程序与司法程序严格拆分便是监察立法的重要原则。从留置措施来看,这主要是拆分和衔接两个层次的问题。

一、留置措施与司法程序的严格拆分

第一，司法程序期间不涉及任何监察措施且不受监察机关影响。其一，从监察程序到司法程序，应当存在一个显著程序作为“衔接转换标志”，该标志一旦发生，案件立即转入司法程序。那么，这个衔接转换标志是什么呢？显然，如果以监察委员会“移送司法机关”作为标志，由于从“移送司法机关”到被调查人和案卷材料均移送至司法机关之间必然存在时间差，实践中将导致一系列关于责任划分的问题，因此被调查人和案卷材料正式被移送至司法机关，才意味着案件从监察程序转入司法程序。实践中，不少地方的实践经验是留置期限即将届满之时，允许检察机关提前介入，并以检察机关的逮捕等刑事强制措施作为衔接转换标志。其二，司法程序不受监察程序之影响。一方面，无论人民检察院采取何种强制措施，甚至不采取强制措施，既然案件已移送司法机关，则除非人民检察院“退回补充调查”或“决定不起诉”，否则案件仍处于司法程序；另一方面，只要在司法程序期间，案件就与监察委员会无直接关联。[1]

第二，监察程序期间不涉及任何司法程序，并且不受法律监督机关、司法审判机关影响。首先，只要在监察程序期间，案件与人民检察院、人民法院无直接关联，二者均无权干涉监察措施之决定与执行。其次，根据《监察法》第43条第3款规定，“监察机关采取留置措施，可以根据工作需要提请公安机关配合。公安机关应当依法予以协助”，可见许多情况下留置措施之执行难以由监察机关自行独立完成，有必要提请公安机关协助配合执行。最后，只要在监察程序期间，都无关逮捕等刑事强制措施，同时一旦人民检察院采取逮捕等刑事强制措施，案件立即转入司法程序。

二、留置措施与司法程序的衔接办法

留置措施和司法程序的具体衔接，主要表现于留置和刑事强制措施的

---

〔1〕 参见秦前红、石泽华：《论监察权的独立行使及其外部衔接》，载《法治现代化研究》2017年第6期。

衔接,这至少涉及三个问题:

第一,逮捕等刑事强制措施标志着正式进入司法程序。诚如前述,监察程序和司法程序的衔接转换标志应该是检察院作出有关逮捕等刑事强制措施的决定,而不是监察委员会作出移送司法机关的决定,由此实现二者时间上的无缝衔接。另外,人民检察院采取其他刑事强制措施亦标志着转入司法程序。实际上,人民检察院不仅可以“决定逮捕”,也可以选择不逮捕而采取其他强制措施;甚至未逮捕,直接退回补充调查或不起诉决定,都是可能的。[1]

第二,进入司法程序后“留置”自动解除。假如人民检察院不决定逮捕而采取其他强制措施,“留置”是否自动解除?假如人民检察院不采取任何强制措施,“留置”是否仍自动解除?尽管监察法对此并未明确规定,但是从监察程序与司法程序的严格拆分来看,只要人民检察院作出某一决定,程序则自动转入司法程序,“留置”当然地也应当自动解除。这是因为,“以人民检察院采取强制措施为衔接转换标志”并不考虑人民检察院采取的是逮捕还是其他强制措施;同时,即便人民检察院未采取任何强制措施,仍不妨碍案件材料已移送司法机关并且案件程序已走入司法程序,因此后续事项一应由人民检察院决定,与监察委员会无直接关联;最后,从严格保障被调查人的实际基本权利角度出发,也能够得出相同的结论。[2]

第三,逮捕措施由人民检察院决定、公安机关执行。我国《宪法》第37条第2款规定:“任何公民,非经人民检察院批准或者决定或者人民法院决定,并由公安机关执行,不受逮捕。”可见,一旦职务案件进入司法程序,即已经与监察委员会无直接关联,逮捕措施的决定权属于人民检察院,而执行权则属于公安机关。

---

〔1〕 参见秦前红、石泽华:《论监察权的独立行使及其外部衔接》,载《法治现代化研究》2017年第6期。

〔2〕 同上。

第二十章 处置程序

我国《监察法》第45条规定："监察机关根据监督、调查结果，依法作出如下处置：(一)对有职务违法行为但情节较轻的公职人员，按照管理权限，直接或者委托有关机关、人员，进行谈话提醒、批评教育、责令检查，或者予以诫勉；(二)对违法的公职人员依照法定程序作出警告、记过、记大过、降级、撤职、开除等政务处分决定；(三)对不履行或者不正确履行职责负有责任的领导人员，按照管理权限对其直接作出问责决定，或者向有权作出问责决定的机关提出问责建议；(四)对涉嫌职务犯罪的，监察机关经调查认为犯罪事实清楚，证据确实、充分的，制作起诉意见书，连同案卷材料、证据一并移送人民检察院依法审查、提起公诉；(五)对监察对象所在单位廉政建设和履行职责存在的问题等提出监察建议。监察机关经调查，对没有证据证明被调查人存在违法犯罪行为的，应当撤销案件，并通知被调查人所在单位。"

第一节 监察处置的结果与分流

一、通报澄清

监察机关经调查，对没有证据证明被调查人存在违法犯罪行为的，应当撤销案件，并通知被调查人所在单位。这主要指的是，对于已经立案的被调查人，"根据调查结果"，经过各项调查措施最终没有充分证据证明有违法犯罪行为的。此时，除了依法撤销案件以外，还必须通知被调查人所在单位，依法予以通报澄清。

实践中，除了上述情况外，对于尚未立案的被核查人，“根据监督结果”，发现反映不实，或者没有证据证明存在问题的，也应当予以了结澄清。此时，除了应当予以了结以外，因反映问题不实受到不良影响、需要在一定范围内澄清的，应当及时予以反馈，依法依纪保障被反映人的合法权益，最大限度鼓励干部担当作为、大胆工作。

二、依法处置

监察机关经调查，对有充分证据证明被调查人存在违法犯罪行为的，应当根据有关事实证据和法律依据，作出相应处置内容。根据我国《监察法》第45条的规定，根据监督、调查结果，监察机关根据具体情形和对象差异，可以作出五种不同的处置方式：第一种是针对“有职务违法行为但情节较轻的公职人员”的处置方式，包括谈话提醒、批评教育、责令检查和予以诫勉四类；第二种是针对“违法的公职人员”的处置方式，主要指警告、记过、记大过、降级、撤职、开除等政务处分决定；第三种是针对“不履行或者不正确履行职责负有责任的领导人员”的处置方式，主要指问责决定和问责建议两种；第四种是针对“涉嫌职务犯罪的”的处置方式，可以制作起诉意见书，连同案卷材料、证据一并移送人民检察院依法审查、提起公诉，但是必须以“监察机关经调查认为犯罪事实清楚，证据确实、充分的”为前提；第五种是针对“监察对象所在单位”的处置方式，主要指提出监察建议。上述处置措施既可以合并使用，也可以单独使用。

第二节　进行谈话提醒、批评教育、责令检查或者予以诫勉

对于有“职务违法行为但情节较轻的公职人员”，监察机关根据监督、调查结果，并按照管理权限，有权直接或者委托有关机关、人员，进行谈话提醒、批评教育、责令检查，或者予以诫勉。

一、处置性质

从处置轻重程度来看，这种处置方式对应的是当前党纪监督处理中的“四种形态”中的“第一种形态”，旨在针对具有苗头性、倾向性的问题，可以尽早发现、尽早纠正。因此，这种处置在一定程度上也可以视作一种“免予处分”，同时代之以相对更轻的处理方式。值得注意的是，尽管从处理轻重程度来看这种处置方式比较缓和，但是仍然属于一种处置结果。以提醒谈话为例，与我国《监察法》第19条规定的预防性质的提醒谈话相比，作为处置方式的提醒谈话属于调查之后的处置结果。[1]

二、处置依据

从处置的依据来看，这种处置方式可以实现党纪和国法的有序衔接。一方面，从党纪严于国法的原则出发，党内监督必须始终把纪律挺在前面，因此实践中，有时虽然被调查人的情节比较轻、不构成违反国家法律，但是由于违反了党内纪律，有职务违法犯罪的苗头和倾向，这时候就需要“红红脸、出出汗”，对他们敲响警钟；另一方面，如果有充分证据证明被调查人存在职务违法行为，但是考虑到情节比较轻，经综合判断后也可以采取此种处置方式。值得注意的是，无论哪种情况，都必须严格根据监督、调查结果进行。

三、处置主体

从处置的主体来看，由谁作出该处置，需要根据“管理权限”进行区分。具体而言，一是要根据管辖权来确定究竟由哪一级机关来作出有关处置；二是有管辖权的监察机关在作出处置之后，既可以直接予以执行，也可以委托公职人员所在单位、上级主管部门或者上述单位负责人代为执行。

---

〔1〕 参见中共中央纪律检查委员会、中华人民共和国国家监察委员会法规室编写：《〈中华人民共和国国家监察法〉释义》，中国方正出版社2018年版，第207页。

四、处置对象

从处置的对象来看，这种处置方式存在两种情况：一种是正式立案之前，在接到反映之后，根据不同情形作出相应处理，对于“问题轻微，不需要追究纪律责任”的被核查人，“采取谈话提醒、批评教育、责令检查、诫勉谈话等方式处理”；[1]另一种是经初核发现存在职务违法行为并作正式立案处理以后，根据调查结果，对于符合本款条件的被调查人，即作出本款规定的处置内容。

五、处置内容

从处置的内容来看，这种处置方式主要有四种内容，分别是谈话提醒、批评教育、责令检查或者予以诫勉。究竟采取这四种中的哪一种方式，监察机关应当结合公职人员的一贯表现、职务违法行为性质和情节轻重，经综合判断后作出决定。

第三节　作出政务处分决定

对于“违法的公职人员”，监察机关根据监督、调查结果，并依照法定程序，有权作出警告、记过、记大过、降级、撤职、开除等政务处分决定。

一、政务处分的性质

从处置的性质来看，与谈话提醒、批评教育、责令检查和予以诫勉不同的是，这种处置方式属于真正意义上的处分，针对的违法情节相对较重、需要给予政务处分的人员。至于具体作出何种政务处分决定，还需根据被调查人违法性质和情节轻重来确定。

有两点值得注意：第一，作出政务处分决定必须坚持“比例原则”，即监察机关作出任何处分决定，都应当使公职人员所受的政务处分与其职务违

---

〔1〕《中国共产党纪律检查机关监督执纪工作规则》第30条。

法行为的性质、情节、危害程度相适合，做到定性准确、处理恰当，以此坚持实事求是和惩前毖后、治病救人的原则。[1] 第二，政务处分的轻重程度还需要与党纪处分程度相匹配。对此，《公职人员政务处分暂行规定》第 8 条明确规定："监察机关对公职人员中的中共党员给予政务处分，一般应当与党纪处分的轻重程度相匹配。其中，受到撤销党内职务、留党察看处分的，如果担任公职，应当依法给予其撤职等政务处分。严重违犯党纪、严重触犯刑律的公职人员必须依法开除公职。"

二、政务处分的依据

从处置的依据来看，政务处分决定必须以事实为依据、以法律为准绳。换言之，具体采取何种处分，应当具有完整的事实依据和法律依据，做到事实清楚、证据确凿。对此，《公职人员政务处分暂行规定》第 3 条明确了监察机关实施政务处分的依据，即《监察法》《公务员法》《法官法》《检察官法》《企业国有资产法》《行政机关公务员处分条例》《事业单位人事管理条例》《事业单位工作人员处分暂行规定》《国有企业领导人员廉洁从业若干规定》《农村基层干部廉洁履行职责若干规定（试行）》等，均可以作为政务处分的依据。这意味着，《公职人员政务处分暂行规定》施行后，《行政机关公务员处分条例》《事业单位工作人员处分暂行规定》等规定继续有效，前者并不取代后者。[2] 此外，根据"第十三届全国人大常委会立法规划"，制定"政务处分法"已被纳入立法议程。[3]

三、政务处分的主体

从处置的主体来看，尽管我国《监察法》第 45 条第 1 款第 2 项只规定了监察机关作出政务处分决定的情形，但是结合实践经验和《公职人员政务处

〔1〕 参见中共中央纪律检查委员会、中华人民共和国国家监察委员会法规室编写：《〈中华人民共和国国家监察法〉释义》，中国方正出版社 2018 年版，第 206 页。

〔2〕 同上书，第 205 ~206 页。

〔3〕 关于制定一部良善的"政务处分法"的过程中需要考虑的问题的进一步分析。参见秦前江、刘怡达：《制定〈政务处分法〉应处理好的七对关系》，载《法治现代化研究》2019 年第 1 期。

分暂行规定》有关规定，主要存在三种情况，即除了第一种情形"监察机关直接作出政务处分决定"以外，还有两种情形。

第二种情形是"有关单位先履行前置程序，监察机关再作出政务处分决定"。这种情形的依据是《公职人员政务处分暂行规定》第11条第1项和第2项关于对"经各级人民代表大会及其常务委员会选举或者决定任命的公职人员"和"经中国人民政治协商会议各级委员会全体会议及其常务委员会选举或者决定任命的公职人员"作出政务重处分（撤职、开除处分）的规定。所谓"前置程序"，是指对前者"先由人民代表大会及其常务委员会依法罢免、撤销或者免去其职务"和对后者"先由政协全体会议及其常务委员会免去其职务"。

第三种情形是"监察对象所在单位已经作出的处分内容明显失当，监察机关作出监察建议纠正其处分内容"。这种情形的依据是《公职人员政务处分暂行规定》第19条关于监察机关政务处分决定和任免机关、单位处分决定二者关系的规定。[1] 尽管此条指出两种处分并不合并处罚，但是结合我国《监察法》第45条关于监察建议内容的表述（"监察对象所在单位廉政建设和履行职责存在的问题"），如果任免机关、单位有关处分内容存在问题，监察机关可以提出监察建议纠正该错误。这也是监察建议发挥制度功效的重要方式之一。

四、政务处分的内容和对象

从处置的内容来看，这种处置方式的内容主要有6种，即警告、记过、记大过、降级、撤职、开除等政务处分决定，各自适用于不同的公职人员。根据公务员法及其他有关规定，所谓"警告"，乃是通过对违法行为主体提出告诫，使之认识应负之责任，便于其加以警惕，同时改正错误、避免再犯，其对象是违法行为比较轻微者；所谓"记过"，是指通过一定形式记载或者登记有

---

〔1〕《公职人员政务处分暂行规定》第19条规定："公职人员有违法行为的，任免机关、单位可以履行主体责任，依照《中华人民共和国公务员法》等规定，对公职人员给予处分。对公职人员的同一违法行为，监察机关已经给予政务处分的，任免机关、单位不再给予处分；任免机关、单位已经给予处分的，监察机关不再给予政务处分。"

关违法行为，以示惩处，同样适用于违法行为比较轻微的对象；所谓“记大过”，是指通过一定形式对于较大或者比较严重的过错予以记载或者登记，以示严重惩处，其对象是违法行为比较严重，给国家和人民造成一定损失的人员；所谓“降级”，即降低被处置者的工资及等级，其适用对象是存在违法行为，对国家和人民的利益造成了一定损失，仍可继续担任公职人员，但必须降级任用的情形；所谓“撤职”，是指撤销现任职务，其适用对象是违法行为严重，已经不适合担任现任职务的人员；所谓“开除”，是指取消公职人员身份，其对象是违法行为严重，丧失作为公职人员基本条件的人员。[1]

此外，有两点值得注意：

第一，已经退休、辞去公职或者死亡的公职人员，一般来说不属于政务处分的对象。根据《行政机关公务员处分条例》第 52 条的规定，有违法违纪行为应当受到处分的行政机关公务员，在处分决定机关作出处分决定前已经退休的，不再给予处分；《事业单位工作人员处分暂行规定》第 44 条也规定，已经退休的事业单位工作人员有违法违纪行为应当受到处分的，不再作出处分决定。但是，值得注意的是，监察机关仍然可以对他们立案调查。其中，对于依法应当给予降级、撤职、开除处分的，应当按照规定相应降低或者取消其享受的待遇；对于他们违法取得的财物和用于违法的财物，也应当根据具体情形依法进行没收、追缴、责令退赔、予以退还或上缴国库。[2]

第二，在上述六种处分形式中，警告、记过、记大过、降级四种属于政务轻处分，撤职和开除等两种属于政务重处分。对此区分的意义在于，对于特殊公职人员必须先行履行前置程序，否则不得作出政务重处分决定。对此，《公职人员政务处分暂行规定》继承《行政机关公务员处分条例》第 35 ~ 37 条的有关精神，在第 11 条第 1 项、第 2 项中规定，对人大选举或者任命的公职人员的政务重处分（撤职或者开除公职处分），须先履行罢免、撤销或者免

---

〔1〕 参见吴建雄主编：《监督、调查、处置法律规范研究》，人民出版社 2018 年版，第 224 条、第 225 页。

〔2〕 参见《公职人员政务处分暂行规定》第 18 条和第 21 条。

去其职务程序；对政协全体会议及其常务委员会选举或者决定任命的公职人员政务重处分，也需要政协全体会议及其常务委员会先行免去其职务。此外，对人大、政协选举或者任命的公职人员轻处分，则不需要履行此程序，不过仍有通报手续。

五、政务处分的程序

从处置的程序来看，必须强调的是，作出任何处分决定，都必须遵循正当法律程序原则，做到程序合法、手续完备。这包括决定审批、执行操作和权利救济三个方面。

1. 从决定审批来看，除了监察机关自行决定和审批以外，部分政务处分决定还存在前置程序和通报程序。(1)自行决定审批。值得注意的是，作出政务处分决定应当坚持民主集中制，经过监察机关集体讨论决定。(2)前置程序。对人大、政协选举或者任命的公职人员的政务重处分（撤职或者开除公职处分），须先履行罢免、撤销或者免去其职务程序。(3)通报程序。对人大代表、政协委员的政务轻处分、重处分，均需要履行通报手续。

2. 从执行操作来看，《公职人员政务处分暂行规定》通过第13～15条共3个条款作了细致规定：(1)执行程序和手续。根据《公职人员政务处分暂行规定》第13条的规定，给予政务处分决定的执行程序和手续主要有七项：一是告知程序，二是听取陈述申辩并复核记录程序，三是审批并正式决定程序，四是印发决定程序，五是送达及宣告程序，六是办理变更手续，七是存入档案手续。[1] (2)函告程序。根据《公职人员政务处分暂行规定》第14条的规定，给予政务处分以后，除了向有关单位送达执行外，还应当履行函告

---

〔1〕《公职人员政务处分暂行规定》第13条规定："监察机关经过调查、审理，决定给予公职人员政务处分或者免予处分的，按照下列程序办理：(一)将调查认定的事实及拟给予政务处分的依据告知被调查的公职人员，听取其陈述和申辩，并对其陈述的事实、理由和证据进行复核，记录在案。被调查的公职人员提出的事实、理由和证据成立的，应予采信；(二)按照处分决定权限，履行审批手续后，作出对该公职人员给予处分或者免予处分的决定；(三)印发政务处分决定；(四)将政务处分决定送达受处分人和所在单位，并在一定范围内宣布；(五)对于受到降级以上政务处分的，应当在一个月内办理职务、工资及其他有关待遇等相应变更手续；(六)将政务处分决定存入受处分公职人员的档案。政务处分决定的内容和生效日期，参照《行政机关公务员处分条例》有关规定执行。给予开除以外政务处分的，应当在处分决定中写明处分期间。"

程序,即根据受处分人的具体身份函告相应的机关或者群团组织等单位,或者函告本级党委统战部以及相应的民主党派机关或者相关单位。[1] (3)档案转递管理程序。根据《公职人员政务处分暂行规定》第15条的规定,对于受到开除处分的公职人员,需要按照国家有关规定对其本人档案进行转递管理。

此外,政务处分决定中还需要写明处分期间。《公职人员政务处分暂行规定》第13条第2款明确作出规定,给予开除意外的政务处分的,应当在处分决定中写明处分的影响期间。

3. 从权利救济来看,还规定了不服政务处分决定的救济程序。我国《监察法》第49条规定了监察对象的复审和复核权利及其期限。[2] 对此,《公职人员政务处分暂行规定》第16条除了规定按照《监察法》的规定作出细化以外,同时还规定,变更、撤销政务处分的情形和法律后果,根据受处分的公职人员的具体身份,依照或者参照《行政机关公务员处分条例》《事业单位工作人员处分暂行规定》等规定执行。

第四节 作出问责决定或者提出问责建议

对不履行或者不正确履行职责负有责任的领导人员,监察机关根据监督、调查结果,并按照管理权限,有权对其直接作出问责决定,或者向有权作出问责决定的机关提出问责建议。

---

〔1〕《公职人员政务处分暂行规定》第14条规定:"监察机关对本级党委管理的公职人员依法作出政务处分决定后,除依照本规定第十三条送达受处分人所在单位执行外,还应当根据受处分人的具体身份函告相应的机关或者群团组织等单位。受处分人系民主党派和无党派人士的,同时函告本级党委统战部以及相应的民主党派机关或者相关单位。"

〔2〕《监察法》第49条规定:"监察对象对监察机关作出的涉及本人的处理决定不服的,可以在收到处理决定之日起一个月内,向作出决定的监察机关申请复审,复审机关应当在一个月内作出复审决定;监察对象对复审决定仍不服的,可以在收到复审决定之日起一个月内,向上一级监察机关申请复核,复核机关应当在二个月内作出复核决定。复审、复核期间,不停止原处理决定的执行。复核机关经审查,认定处理决定有错误的,原处理机关应当及时予以纠正。"

一、问责的性质

所谓“问责”，即追究负有责任的领导人员的责任。这种处置方式与前面两种处置方式的本质区别表现在，被问责的领导人员本身没有职务违法违纪行为，但是由于他们对所领导的单位负有廉政建设和反腐败的主体责任，因此当该单位的公职人员存在职务违纪违法行为，并且他们本身也存在失职失责的情形时，就需要为这些公职人员的违法违纪行为承担相应的领导责任，以此督促领导人员从严治政。

二、问责的依据

监察机关作出问责决定或问责建议的前提是领导人员不履行职责或不正确履行职责。当满足这一条件时，领导人员即可能被问责。例如，当管理失之于宽松软，该发现问题没有发现，发现问题不报告不处置，造成严重后果的；推进廉政建设和反腐败工作不坚决、不扎实，管辖范围内腐败蔓延势头没有得到遏制、损害群众利益的不正之风和腐败问题突出等。[1]

这种处置方式有其法理和规范依据。从法理依据来看，这可以追溯至权责对等、权责一致的法治原则。“有权必有责、有责有担当、失责必追究”，监察机关开展廉政建设和反腐败斗争时，要牢牢抓住落实主体责任这个“牛鼻子”，把问责作为从严治政的利器，对在党和国家视野中失职失责的领导人员进行问责。[2] 从规范依据来看，监察机关可以依据或者参照《中国共产党问责条例》《关于实行党政领导干部问责的暂行规定》等规定对有关领导人员进行问责。

三、问责的主体

作出问责决定的主体有两种：一种是监察机关，另一种是有权作出监察

〔1〕 参见中共中央纪律检查委员会、中华人民共和国国家监察委员会法规室编写：《〈中华人民共和国国家监察法〉释义》，中国方正出版社2018年版，第206页、第207页。

〔2〕 同上书，第206页。

决定的机关。一般情况下，监察机关可以直接对有关领导人员作出问责决定，但是，对于部分单位的领导人员，监察机关可能无权作出问责决定，此时即需向有权作出问责决定的机关提出问责建议并由其作出问责决定。例如，“对基层群众性自治组织中从事管理的人员给予责令辞职等处理的，由县级监察机关向其所在的基层群众性自治组织及上级管理单位（机构）提出建议”，[1]此时，监察机关向基层群众性自治组织提出责令辞职的问责建议，并由后者向其中从事管理的人员作出责令辞职的问责决定。

四、问责的对象

接受问责的对象是负有责任的领导人员。其一，问责的对象并不是一般的工作人员，而是对该单位的廉政建设和反腐败工作担负着主体责任的领导人员，以此突出领导干部这个“关键少数”。当他们所领导的一般工作人员或者较低级别的领导人员存在职务违纪违法行为时，即说明他们在党和国家事业中存在失职失责。其二，问责的对象也不是有关单位，因为监察对象是行使公权力的公职人员，而不是他们所在的单位。

五、问责的内容

根据《公职人员政务处分暂行规定》第 17 条的规定，对公职人员不履行或者不正确履行职责负有管理责任的领导人员，监察机关可以依据或者参照《中国共产党问责条例》《关于实行党政领导干部问责的暂行规定》等规定，按照管理权限对其作出通报批评、诫勉、停职检查、责令辞职等问责决定，或者向有权作出问责决定的机关提出降职、免职等问责建议。

第五节　移送人民检察院依法审查起诉

我国《监察法》第 45 条第 1 款第 4 项规定，对涉嫌职务犯罪的，监察机关经调查并根据调查结果，认为犯罪事实清楚，证据确实、充分的，制作起诉

---

〔1〕《公职人员政务处分暂行规定》第 11 条第 4 项。

意见书，连同案卷材料、证据一并移送人民检察院依法审查、提起公诉。

一、移送审查起诉的性质

移送审查起诉针对的是监察机关监督、调查之后认定的最严重的情形，即被调查人涉嫌职务犯罪、可能被追究刑事责任。作为处置方式之一的移送审查起诉，是指对于符合特定条件的被调查人，监察机关制作起诉意见书，并将其与案卷材料和证据一并移送人民检察院。值得注意的是，监察机关一旦将案件正式转交人民检察院，便意味着案件脱离监察程序并进入司法程序，根据检察机关依照法律独立行使检察权的宪法原则，对于后续阶段的审查起诉等事务，监察机关不得随意干涉。

二、移送审查起诉的主体、对象和内容

首先，移送审查起诉中的移送主体是有管辖权的监察机关。所谓“有管辖权”，不仅包括监察机关对监察对象本身有管辖权，还包括接受指定管辖的监察机关。[1] 其次，移送审查起诉中的受移送主体是有管辖权的检察机关。值得注意的是，监察机关管辖权之划分标准是“监察对象管辖权限”，这种管辖原则与监察对象的身份级别相适应，与检察院以地域管辖为主的管辖原则之间有存在一定的衔接需要。具体而言，当有管辖权的监察机关和有管辖权的检察机关同属一地时，前者可以直接向后者移送案件审查起诉；但是，如果二者地域和层级有所差异时，在程序上需要进行一定的衔接。再次，移送审查起诉中的对象是涉嫌刑事犯罪、可能被追究刑事责任的被调查人。最后，移送审查起诉中的内容包括四项：一是涉嫌职务犯罪的被调查人；二是监察机关制作的起诉意见书；三是案卷材料；四是用以证明有关案件事实的证据材料。

---

〔1〕 参见中共中央纪律检查委员会、中华人民共和国国家监察委员会法规室编写：《〈中华人民共和国国家监察法〉释义》，中国方正出版社 2018 年版，第 207 页。

第六节　提出监察建议

一、监察建议的性质

目前比较被认可的观点认为，根据我国《监察法》第45条第1款第5项的规定，监察建议是指监察机关依法根据监督、调查结果，针对监察对象所在单位廉政建设和履行职责存在的问题等，向相关单位和人员就其职责范围内的事项提出的具有一定法律效力的建议。[1] 这种观点对监察建议作为一种处置方式的认知是较为合理的，不过对于监察建议的性质和定位还不够精确，需要从更高的层面来解读监察建议。

实际上，监察建议首先是一种建议性的处置措施，但它的最终定位并不局限于普通的工作建议，而是实现“标本兼治、综合治理”的主要措施。我们看到，我国《监察法》第62条明确规定了“无正当理由拒不采纳监察建议”的法律责任，并将之与“拒不执行监察机关作出的处理决定”并列规定。如此规定，可以看出《监察法》对其的定位并不是普通的建议性处置措施，而是寄希望于其可以实现“综合治理、标本兼治”的反腐败法治愿景。具体而言，监察机关通过分析案件发生的原因、特点、规律，找出监察对象所在单位制度和管理等方面存在的问题和漏洞，提出监察建议，促使有关单位增强全面从严治党主体责任意识，有效加强监督管理、完善制度、健全机制，预防职务违法和职务犯罪行为的发生。[2] 另外，从直接功能来看，监察建议还可以通过督促监察对象所在单位作出惩戒措施，或者纠正其已经作出的处分，从而达致监察全面覆盖与自主惩戒权之联结的重要目标。

二、监察建议的主体

监察建议的作出主体是各级监察委员会及其派驻监察机构、派出监察

---

〔1〕 参见中共中央纪律检查委员会、中华人民共和国国家监察委员会法规室编写：《〈中华人民共和国国家监察法〉释义》，中国方正出版社2018年版，第207页。

〔2〕 参见高伟：《监察建议运用研究》，载《中国纪检监察报》2018年5月23日，第8版。

专员。根据我国《监察法》第 11 条第 3 项的规定,监察委员会依照本法和有关法律规定履行监督、调查、处置职责,有权向监察对象所在单位提出监察建议;根据第 13 条的规定,派驻或者派出的监察机构、监察专员根据授权,按照管理权限依法对公职人员进行监督,提出监察建议。不过,从名义上看,各省份具体实践中存在两种操作方式:一种是各个派驻机构、派出专员根据授权以自己名义直接制发监察建议,其派出主体每隔一定时间即对这些监察建议进行梳理。一方面,"回头看",检查监察建议的落实情况;另一方面,同时清理其中不符合要求的监察建议。另一种是各个派驻机构、派出专员并不以自己名义制发监察建议,而是经过其派出主体审批后,以后者的名义来制发监察建议。上述两种操作各有优劣,而且从中亦可知,各界对于监察法有关条款具体适用,其实还存在一定程度上的理解分歧。

三、监察建议的对象

监察建议的接受对象是监察对象所在单位。有的观点认为监察建议的对象包括有关单位和人员两种,这种理解与监察法的规定并不完全符合。从我国《监察法》第 62 条的表述中"无正当理由拒不采纳监察建议"的主语是"有关单位"这一点,就可以看出监察建议的对象只能是有关单位,并不包括有关人员。

四、监察建议的内容

不少观点认为,对于监察建议之内容的理解,需要围绕我国《监察法》第 45 条第 1 款第 5 项列举的"所在单位廉政建设和履行职责存在的问题等"进行解释。这种理解有一定道理,但是,值得注意的一点是,此处表述上采取了"等"字,属于非封闭式列举,故而很容易被误解为对监察机关不仅可以对廉政建设和履行职责中存在的问题提出监察建议,还可以对其他问题提出建议。这种理解,显然是不合适的。结合《监察法》关于监察建议之法律责任的规定,此种处置方式属于监察机关的法定职权,从"法无明文规定不可为"和职权法定原则出发进而推导,立法对于监察建议的内容不宜采取开放式列举,因此,该条款必须作限缩解释,由此将其理解为"就职责范围内的事项”。

鉴于此,由于此前我国《行政监察法》第 23 条、第 24 条所规定的监察建议,与《监察法》规定的监察建议存在主体、对象、性质和效力等全方位的差异,故而前者之内容已经不再适用于后者。进一步讲,结合监察法有关条款及《公职人员政务处分暂行规定》有关规定,监察建议的内容应当包括以下几种:

第一种,内部惩戒建议:由监察对象的所在单位对其作出内部惩戒措施。监察机关提出内部惩戒建议的规范依据,目前主要是《公职人员政务处分暂行规定》第 9 条第 2 款。该款规定,“对前款人员,监察机关可以依法向有关机关、单位提出下列监察建议:(一)取消当选资格或者担任相应职务资格;(二)调离岗位、降职、免职、罢免。”尚需说明的是,此处所称“内部惩戒建议”取狭义,仅指监察机关建议被监察单位作出除政纪处分之外的其他惩戒措施——作此限定,是为了与“自主惩戒权”相适应。根据《监察法》第 45 条第 1 款第 2 项和《公职人员政务处分暂行规定》第 19 条的规定,结合公务员法“第九章　惩戒”第 56 条,监察机关的政务处分决定和被监察单位的政纪处分决定,都指的是警告、记过、记大过、降级、撤职、开除 6 种处分形式。但是,除了内部政纪处分以外,被监察单位还有权作出其他内部惩戒措施。可见,被监察单位的惩戒权,分为两个层面;一是公务员法和《公职人员政务处分暂行规定》明确规定的 6 种形式的内部政纪处分;二是除内部政纪处分之外的其他内部惩戒措施。其中,根据监察法的规定,前一种已由监察机关和被监察单位共享,后一种才是严格意义的自主惩戒权。对于这部分内容,监察机关需要通过内部惩戒建议间接实现其意志。例如,对于人大代表惩戒委员会、法官惩戒委员会、高等院校及科研机构学术委员会及学位委员会等的自主惩戒权,其中相当比例内容监察机关便不得直接作出监察决定。

第二种,纠正建议:对单位履行内部监察职责有关问题要求其纠正错误。此种监察建议,乃是“就职责范围内的事项”之限制与我国《监察法》第 45 条第 1 款第 5 项“履行职责存在的问题”相结合的产物。其特殊之处在于,监察建议只能就有关单位内部监察有关职责之问题提出纠错建议,不得超越此种职责范围。

上述两种监察建议，共同实现监察机关监察处置权与有关单位自主惩戒权之衔接。具体而言，其一，监察机关通过提出"惩戒建议"，当其无权直接作出政务处分决定时，督促有权作出处分决定的机关作出有关处分；其二，通过提出"纠正建议"，当有权作出处分决定的机关已经作出的决定存在明显失当时，督促作出该决定的机关纠正有关错误。

为何没有"政纪处分建议"和"违法财产处置建议"呢？回溯此前我国《行政监察法》第 24 条的规定，不难发现规定了这两种情形下，行政监察机关也可以提出行政监察或者行政监察建议，由此这两类提出行政监察建议之情形，与第 23 条规定的 8 种情形共同构成我们所熟知的"提出（行政）监察建议的十种情形"。但是，我国《监察法》与我国《行政监察法》之间其实并无本质上的承继关系，而且"监察机关"不是"行政监察机关"，"监察建议"也不是"行政监察建议"，故而在讨论提出监察建议之情形时，行政监察建议有关规定仅具有参考价值，不得直接照搬。进一步讲，根据我国《监察法》第 45 条第 1 款第 2 项和第 46 条的规定，同时结合"监察全面覆盖"的改革目标和立法目标，监察机关一则有权对任何行使公权力的公职人员依法直接作出政务处分决定，二则有权对违法取得的财产依法直接予以没收、追缴或者责令退赔。因此，并无规定这两种监察建议的现实必要性。

第三种，整改建议：对单位内部廉政建设有关问题要求其整改优化。监察建议的此项内容，使其得以在履行监察职能过程中，根据监督、调查结果，向监察对象所在单位提出完善管理、健全制约和监督权力制度等的建议，由此使监察建议成为推进廉政建设、构建预防和惩治腐败体系、有效制约和监督权力、实现"标本兼治、综合治理"，乃至构建不敢腐、不能腐、不想腐的长效机制的一道重要保障。[1]

此外，问责建议就其本质是否属于监察建议的一种，也是值得讨论的。我国《监察法》第 11 条第 3 项规定，监察委员会"对履行职责不力、失职失责的领导人员进行问责"；该法第 45 条第 1 款第 3 项规定，监察机关"对不履

〔1〕 参见高伟：《监察建议运用研究》，载《中国纪检监察报》2018 年 5 月 23 日，第 8 版。

行或者不正确履行职责负有责任的领导人员,按照管理权限对其直接作出问责决定,或者向有权作出问责决定的机关提出问责建议”;《公职人员政务处分暂行规定》第11条第4项规定,监察机关对“基层群众性自治组织中从事管理的人员”,如果要给予责令辞职等处理,应当“由县级监察机关向其所在的基层群众性自治组织及上级管理单位(机构)提出建议”,即由后者作出责令辞职决定。可见,上述问责建议尽管未冠以“监察建议”之名,但是从主体、对象、性质和效力上看,与“监察建议”并无明显差别。

第七节 对违法所得的处置

我国《监察法》第46条规定:“监察机关经调查,对违法取得的财物,依法予以没收、追缴或者责令退赔;对涉嫌犯罪取得的财物,应当随案移送人民检察院。”这是关于涉案财物如何处置的规定,用以规范监察机关针对涉案财物的处理工作。《公职人员政务处分暂行条例》第21条在此基础上,作出了进一步规定:“公职人员违法取得的财物和用于违法的财物,除依法应当由其他机关没收、追缴或者责令退赔的,由监察机关没收、追缴或者责令退赔。违法取得的财物应当退还原所有人或者原持有人的,予以退还;属于国家财产以及不应当退还或者无法退还原所有人或者原持有人的,上缴国库。”

所谓“违法所得”,既包括公职人员涉案的违法取得的财物,也包括用于违法的财物。监察机关查办腐败案件,不仅要依法追究相关监察对象的法律责任,还要处理好涉案财物有关工作,挽回腐败分子对党和国家事业以及其他组织或个人之财产权造成的损失。

根据我国《监察法》第23条、第25条的规定,对于涉案财物,监察机关有权依法查询、冻结、调取、查封、扣押等。具体而言,监察机关在针对涉嫌贪污贿赂、失职渎职等严重职务违法或者职务犯罪的调查过程中,根据工作需要,可以依照规定查询、冻结涉案单位和个人的存款、汇款、债券、股票、基金份额等财产;在调查过程中,可以调取、查封、扣押用以证明被调查人涉嫌违法犯罪的财物、文件和电子数据等信息。有必要强调的一点是,上述两个条款还规定了退还程序。具体而言,对于冻结的财产,经查明与案件无关的,3 日内应当解除冻结并予以退还;对于查封、扣押的财物、文件,经查明与案件无关的,3 日内应当解除查封、扣押并予以退还。

违法所得之处置方式,需要区分以下两种情况:

第一种是针对通过职务违纪违法行为取得财物的情况,此时需由有权机关或者监察机关将涉案财物"没收、追缴或者责令退赔",其目的是挽回公职人员违纪违法行为对国家财产、集体财产和公民个人合法财产造成的损失。所谓"没收",是指将违法取得的财物和用于违法的财物强制收归国有,所没收的财物上缴国库;所谓"追缴",是指将违法取得财物予以追回,包括违反规定侵占的公共财产等,其中,应当退回的财物,退回给原所有人或者原持有人,属于国家财产的、不应当退还的或者无法退还的,则上缴国库;所谓"责令退赔",包括"退"和"赔"两个行为,前者指责令违法公职人员将违法取得财物予以归还,后者则指如果违法所得财物已经被消耗、毁损的,还需予以等价赔偿。[1]

第二种是针对涉嫌犯罪取得财物的情况,此时需由监察机关在调查程序终结并移送人民检察院依法审查起诉时将涉案财物"随案移送",以确保人民检察院顺利开展审查起诉工作。我国《监察法》专门规定"随案移送"程序的原因是,尽管我国《刑事诉讼法》第 245 条已经针对执法司法程序中犯罪嫌疑人、被告人的财物及其孳息明确规定了"应当妥善保管,以供核查,并制作清单,随案移送。任何单位和个人不得挪用或者自行处理。对被害人的合法财产,应当及时返还",但是,我国执法司法实践现状却是,执法司法工作人员对于涉案财物处置工作的随意性较大,存在"保管不规范、移送不顺畅、信息不透明、处置不及时、救济不到位等问题",[2]不仅严重损害了当事人的合法权益和司法程序的公正价值,而且阻碍了刑事诉讼程序顺利进行。鉴于此,我国《监察法》专门规定"随案移送"程序,避免监察机关调查程

---

〔1〕 参见中共中央纪律检查委员会、中华人民共和国国家监察委员会法规室编写:《〈中华人民共和国国家监察法〉释义》,中国方正出版社 2018 年版,第 209 页、第 210 页。

〔2〕 吴建雄主编:《监督、调查、处置法律规范研究》,人民出版社 2018 年版,第 230 页。

序期间发生违反规定处置涉案财产的情形。值得注意的是,我国《监察法》第65条第5项还规定了,监察机关及其工作人员“违反规定处置查封、扣押、冻结的财物的”,将构成该条规定的法律责任,即“对负有责任的领导人员和直接责任人员依法给予处理”。

此外,涉案财物随案被移送以后,由于案件已经进入司法程序,后续阶段之处置与监察机关无关。不过,在人民法院依法作出判决后,对于未认定的涉案财产,人民检察院仍应退还监察机关,由监察机关视情况作出相应处理。

第八节 移送审查起诉

我国《监察法》第47条规定,对监察机关移送的案件,人民检察院依法审查起诉:其一,依照刑事诉讼法对被调查人采取强制措施。其二,经审查,认为犯罪事实已经查清,证据确实、充分,依法应当追究刑事责任的,应当作出起诉决定。其三,经审查,认为需要补充核实的,应当退回监察机关补充调查,必要时可以自行补充侦查。对于补充调查的案件,应当在1个月内补充调查完毕。补充调查以二次为限。其四,对于有刑事诉讼法规定的不起诉的情形的,经上一级人民检察院批准,依法作出不起诉的决定。监察机关认为不起诉的决定有错误的,可以向上一级人民检察院提请复议。

一、移送审查起诉的程序性规定

(一)案件移送检察机关

1. 移送审查起诉的前提。监察机关将案件移送检察机关依法审查起诉,必须满足以下三个前提:(1)已经正式立案并完成调查程序。相较于其他处置方式,作为处置方式之一的移送审查起诉有一个极为特殊的要素,即必须经立案并完成调查程序。这一方面是考虑到证据收集的需求,因为凡是需要移送人民检察院依法审查起诉的案件,都涉及公职人员职务犯罪行为,如果不经过正式立案并采取相关调查措施,很难取得充分的证据用以证明犯罪事实,同时所取得的证据缺少程序性规制,也难以适用非法证据排除规则;另一方面还因为尚处于监督阶段的案件,由于没有经过正式立案、调查和结案,在程序上与移送审查也很难实现直接衔接。(2)是否移送审查起诉必须严格按照调查结果并依法进行。作为处置方式之一的移送审查起诉之本质,便在于被调查人涉嫌职务犯罪、可能被追究刑事责任。因此,只有被调查人涉嫌职务犯罪时,才有可能被移送人民检察院;仅存在职务违纪违法、不涉嫌犯罪的被调查人,即不符合移送审查起诉的条件。(3)监察机关认为犯罪事实清楚,证据确实、充分。值得注意的是,由"认为"可知,犯罪事实是否清楚,证据是否确实、充分,其评判标准由监察机关掌握。因此,只要监察机关经过调查和审理并认为符合上述条件,便可以将案件移送人民检察院。与此同时,人民检察院在提起公诉之前必须履行审查职责,故而其是否认为犯罪事实清楚,证据确实、充分,属于人民检察院公诉权范畴,并不受监察机关之移送的影响;进一步讲,人民法院作为司法审判机关依照法律独立行使审判权,故而被调查人究竟是否会被判处刑事处罚,还需由人民法院最终裁决。

2. 移送审查起诉的内容。移送审查起诉中的内容包括四项:一是涉嫌职务犯罪的被调查人;二是监察机关制作的起诉意见书;三是案卷材料;四是用以证明有关案件事实的证据材料。必须强调的是,监察机关一旦将案件正式转交人民检察院,便意味着案件脱离监察程序并进入司法程序,后续一应事务属于检察机关公诉权范畴。以"起诉意见书"为例,这里监察机关制作的起诉意见书,是指监察机关调查终结后认为被调查人构成犯罪,故而依法向人民检察院提出追究被调查人刑事责任的意见书,其与人民检察院审查提起公诉时向人民法院提出的"公诉意见书"有着本质差异。

3. 进入司法程序的标志。我国《监察法》第 47 条第 1 款规定:"对监察机关移送的案件,人民检察院依照《中华人民共和国刑事诉讼法》对被调查人采取强制措施。"因此,人民检察院采取刑事强制措施,是从监察程序进入司法程序的正式标志。有两点值得注意:一是是否采取强制措施,应当由人民检察院严格根据我国刑事诉讼法的规定依法决定,监察机关不得随意干涉;二是鉴于我国刑事诉讼法针对强制措施均已规定严格的限制条件,我国《宪法》第 37 条更是规定,任何公民非经人民检察院批准或者决定或者人民法院决定并由公安机关执行,不受逮捕,因此,对监察机关移送的案件,如果不符合宪法和刑事诉讼法有关规定,人民检察院也有可能不采取强制措施。与此同时,对于监察机关已经采取留置措施的案件,检察机关"应当在监察机关移送案件之前对是否采取和采取何种强制措施进行审查,在移送之日作出决定并执行"。[1] 总之,只要人民检察院通过正式程序接收了检察机关移送的案件,案件便已经从监察程序进入司法程序。

(二)检察机关全面审查职责

根据我国《刑事诉讼法》第169条规定,凡需要提起公诉的案件,一律由人民检察院审查决定。这是我国宪法规定的人民检察院依照法律独立行使检察权原则的当然要求。对于监察机关移送的案件,人民检察院应当针对案卷材料和有关证据材料,同时结合起诉意见书等,进行全面审查。

根据我国《刑事诉讼法》第171条的规定,检察机关的全面审查必须查明以下问题:一是犯罪事实是否清楚,证据是否确实、充分,犯罪性质和罪名的认定是否正确;二是有无遗漏罪行和其他应当追究刑事责任的人;三是是否属于不应追究刑事责任的情况;四是有无附带民事诉讼;五是侦查活动是否合法。

此外,根据《人民检察院刑事诉讼规则(试行)》第363条的细化规定,除以上问题外,人民检察院对监察机关移送的案件,还需要审查以下问题:犯罪嫌疑人的身份状况是否清楚,有无法定的从重、从轻、减轻或者免除处罚的情节或者酌定的从重、从轻的情节,共同犯罪案件中的责任认定是否恰当,证据材料是否随案移送,是否依法收集证据以及有无应当排除非法证据的情形,侦查手续和诉讼文书是否完备,采取的强制措施是否适当,已经逮捕的犯罪嫌疑人有无必要继续羁押,涉案款物是否查封、扣押、冻结并妥善保管,有关清单是否齐备,有关财产返还及保存等处理是否妥当,证明文件是否完备,等等。

---

〔1〕 中共中央纪律检查委员会、中华人民共和国国家监察委员会法规室编写:《〈中华人民共和国国家监察法〉释义》,中国方正出版社2018年版,第212页。

（三）退回补充侦查和自行补充侦查

对监察机关移送的案件，检察机关经审查后认为犯罪事实不清、证据不足，需要补充核实的，应当退还监察机关补充侦查，必要时可以自行补充侦查。这是检察机关履行审查起诉职能和对监察机关进行监督制约的重要体现和制度安排。

以下几个问题值得关注：第一，退回补充侦查和自行补充侦查之间存在适用顺序。这是因为，监察机关移送的案件一般具有政治性强、比较敏感等特点，如果没有特殊情况，一般应当先退回监察机关进行补充调查，必要时才由检察机关自行补充侦查。第二，当存在以下情形之一，并且检察机关认为监察机关移送的案件定罪量刑的基本犯罪事实已经查清时，可以自行补充侦查：一是证人证言、犯罪嫌疑人供述和辩解、被害人陈述的内容中主要情节一致，个别情节不一致且不影响定罪量刑的；二是书证、物证等证据材料需要补充鉴定的；三是其他由检察机关查证更为便利、更有效率、更利于查清案件事实的情况。[1] 第三，监察机关补充调查有期限和次数限制。根据我国《监察法》第 47 条第 3 款的规定，对于补充调查的案件，应当在一个月内补充调查完毕，并且补充调查以二次为限。

（四）检察机关提起公诉

我国《监察法》第 47 条第 2 款针对检察机关作出起诉决定作了规定。根据本款规定，检察机关针对监察机关移送审查起诉的案件，经审查并符合"犯罪事实已经查清""证据确实、充分""依法应当追究刑事责任"3 个条件的，应当作出起诉决定。

1. 所谓"犯罪事实已经查清"，是指犯罪的主要事实已经查清。换言之，如果主要事实已经查清，一些个别细节无法查清或者没有必要查清，并且对于定罪量刑没有影响的，应当视为犯罪事实已经查清。

2. 所谓"证据确实、充分"，是指用以证明案件事实的证据真实可靠，取得的证据足以充分证实调查认定的犯罪事实和情节。根据我国《刑事诉讼

---

[1] 参见中共中央纪律检查委员会、中华人民共和国国家监察委员会法规室编写：《〈中华人民共和国国家监察法〉释义》，中国方正出版社 2018 年版，第 214～215 页。

法》第 55 条第 2 款的规定，这是指同时符合以下 3 个条件：一是定罪量刑的事实都有证据证明，二是据以定案的证据均经法定程序查证属实，三是综合全案证据，对所认定事实已排除合理怀疑。

3. 所谓“依法应当追究刑事责任”，一是指根据刑法规定，犯罪嫌疑人具备刑事责任能力，应当对犯罪嫌疑人判处刑罚；二是指不存在我国《刑事诉讼法》第 16 条规定的 6 种不追究刑事责任的情形。[1] 考虑到监察机关移送的案件最终是否提起公诉，乃是由人民检察院依照法律独立决定，实践中，监察机关在移送案件之前，有必要参考人民检察院提起公诉的 3 个条件进行查漏补缺，以免因为案件不符合提起公诉的条件而被退回补充调查。

值得提醒的一点是，人民检察院退还监察机关补充侦查，乃是严格根据刑事诉讼法有关规定进行全面审查后，认为需要补充核实，并经综合判断以后所作出的决定，其出发点是践行刑事诉讼法规定的惩罚犯罪与保障人权相统一的立法目的。因此，监察机关对于退回补充调查的案件，应当严格根据检察机关的要求进行补充调查，更要摒弃将起诉率、退回补充调查率等作为内部考核依据的做法。

（五）不起诉决定及其复议程序

人民检察院对于有刑事诉讼法规定的不起诉的情形的，经上一级人民检察院批准，依法作出不起诉的决定。监察机关认为不起诉的决定有错误的，可以向上一级人民检察院提请复议。监察法关于“不起诉决定”的规定，是检察机关对监察机关进行监督制约的重要制度措施。

刑事诉讼法针对不起诉的情形主要规定了 3 类。第一类是法定不起诉，主要指犯罪嫌疑人没有犯罪事实或者具有《刑事诉讼法》第 16 条规定的不追究刑事责任的 6 种情形。第二类是酌定不起诉，只要指犯罪情节轻微，依照刑法规定不需要判处刑罚或者免除刑罚的。所谓“不需要判处刑罚”，是指《刑法》第 37 条规定的对于犯罪情节轻微不需要判处刑罚的，可以免于

---

〔1〕《刑事诉讼法》第 16 条规定：“有下列情形之一的，不追究刑事责任，已经追究的，应当撤销案件，或者不起诉，或者终止审理，或者宣告无罪：（一）情节显著轻微、危害不大，不认为是犯罪的；（二）犯罪已过追诉时效期限的；（三）经特赦令免除刑罚的；（四）依照刑法告诉才处理的犯罪，没有告诉或者撤回告诉的；（五）犯罪嫌疑人、被告人死亡的；（六）其他法律规定免予追究刑事责任的。”

刑事处罚；所谓“免除刑罚”，是指刑法对自首、立功、未成年人犯罪、中止犯、正当防卫、紧急避险等规定的特殊处理措施。第三类是存疑不起诉，是指《刑事诉讼法》第175条第4款规定的，“对于二次补充侦查的案件，人民检察院仍然认为证据不足，不符合起诉条件的，应当作出不起诉的决定”。我国《监察法》虽然没有关于存疑不起诉的明确表述，但其第47条第3款“补充调查以二次为限”的规定也表达了类似的意思。

与此同时，考虑到反腐败案件公诉的特殊性，我国《监察法》通过两个方面对人民检察院“不起诉决定”作出限制：一是规定了不起诉决定的批准程序，即作出不起诉的决定必须“经上一级人民检察院批准”；二是规定了不起诉决定的复议程序，即监察机关如果认为不起诉决定有错误的，“可以向上一级人民检察院提请复议”。

二、从宽处罚的建议

根据我国《监察法》第31条、第32条的规定，监察机关向人民检察院移送案件时，可以一并提出从宽处罚的建议。《中共中央关于全面推进依法治国若干重大问题的决定》中指出，要完善刑事诉讼中认罪认罚从宽制度。《监察法》第31条、第32条的规定，是认罪认罚从宽制度在反腐败案件中的具体运用。作此规定，一是为了鼓励被调查人和涉案人员积极配合监察机关的调查工作，将功折罪、改过自新，争取宽大处理；二是为了方便监察机关顺利查清案件提供有利条件，节省人力、物力，提高反腐败工作的效率，争取实现公平与正义的和谐统一。[1]

（一）从宽处罚建议的对象

从宽处罚建议的对象有两种：一种是对涉嫌职务犯罪的被调查人的从宽处罚建议；另一种是对职务违法犯罪的涉案人员的从宽处罚建议。这两种从宽处罚建议各自有其不同的适用条件。(1)对被调查人的从宽处罚建议，需要具备的条件是被调查人主动认罪认罚，并且存在我国《监察法》第31条规定的4种情形之一：第一种是“自动投案，真诚悔罪悔过的”；第二种是

---

〔1〕 参见江国华主编：《中国监察法学》，中国政法大学出版社2018年版，第245页。

“积极配合调查工作,如实供述监察机关还未掌握的违法犯罪行为的”;第三种是“积极退赃,减少损失的”;第四种是“具有重大立功表现或者案件涉及国家重大利益等情形的”。(2)对涉案人员的从宽处罚建议,需要具备以下两个条件之一:一是涉案人员揭发有关被调查人职务违法犯罪行为,经查证属实的;二是涉案人员提供重要线索,有助于调查其他案件的。上述条件及表述,主要是参考了刑法和刑事诉讼法关于自首、准自首、坦白、立功、检举揭发等的规定。

(二)从宽处罚建议的内容

从宽处罚建议的内容,主要是从轻处罚、减轻处罚和免除处罚三种。所谓“从轻处罚”,是指在法定刑的幅度内适用相对较轻的刑种或者处以较短的刑期;所谓“减轻处罚”,是指在法定最低刑以下判处刑罚;所谓“免除处罚”,是指虽然已经构成了犯罪,但是由于符合某些条件,故而不对其判处刑罚。

(三)从宽处罚建议的程序

根据我国《监察法》第31条、第32条的规定,无论是对涉嫌职务犯罪的被调查人提出从宽处罚建议,还是对职务违法犯罪的涉案人员提出的从宽处罚建议,都必须经过相同的决定和审批程序,即一要“经领导人员集体研究”,二要“报上一级监察机关批准”,三要“在移送人民检察院时提出”。

(四)从宽处罚建议的效力

必须注意的是,从宽处罚的建议并不等于监察建议,也不会产生我国《监察法》第62条所规定的法律责任。这是因为,如果从宽处罚的建议产生上述法律责任,即意味着人民检察院无正当理由拒不采纳从宽处罚的建议,将面临“由其主管部门、上级机关责令改正,对单位给予通报批评;对负有责任的领导人员和直接责任人员依法给予处理”的法律责任。其一,人民检察院在向人民法院提起公诉时,是否一并提出(检察机关)从宽处罚建议,应当由人民检察院自行决定,故而作此规定将有碍人民检察院依照法律独立行使检察院之宪法原则的实现;[1]其二,由于人民法院才是司法审判机关,犯罪嫌疑人最终是否能够受到从轻处罚、减轻处罚或者免除处罚,仍然需要接受人民法院司法审查的最终认定,[2]故而人民检察院是否接受监察机关的从宽处罚建议,对于最终人民法院的审判结果并不会产生直接影响;其三,只要犯罪嫌疑人确实符合从轻处罚、减轻处罚或者免除处罚的有关情节,人民检察院依法审查起诉及人民法院依法审判时,本身便会予以适当考虑。总之,监察机关的从宽处罚建议作为认罪认罚从宽制度适用于反腐败工作的制度性安排,有其存在的重要价值和现实意义,但并不产生与监察建议相同的法律责任。

---

〔1〕 监察机关依法独立行使监察权隐含着一个必要要求,即不得阻碍检察机关依法独立行使检察权。参见秦前红、石泽华:《论监察权的独立行使及其外部衔接》,载《法治现代化研究》2017 年第 6 期。

〔2〕 参见陈卫东:《认罪认罚从宽制度研究》,载《中国法学》2016 年第 2 期。

第六编

监察监督、救济与法律责任

本编重点介绍监察监督的基本理论、原则、机制,监察救济的机制和监察法律责任的基本内容。

第二十一章　监 察 监 督

2018 年《宪法修正案》的通过以及《监察法》的颁行,为构建集中统一、权威高效的中国特色国家监察体制提供了宪法和法律依据。设立各级监察委员会,依法赋予其职责权限和调查手段,有助于加强对所有行使公权力的公职人员的监察,实现国家监察“全覆盖、零容忍、无死角”的目标。由此,我国人大之下的“一府两院”转变为“一府一委两院”。监察委员会由同级人大产生,对它负责,受它监督,拓宽了人民监督权力的途径,丰富和发展了人大制度的内涵,对推进国家治理体系和治理能力现代化具有深远的意义。然而,任何权力都天然具有膨胀性,一旦权力被滥用,不仅容易侵害公民权利,还会使宪法设定的国家权力格局失去平衡。从监察权的属性来说,国家监察权既不是传统意义上的行政权,也不属于通常意义上所指的司法权,而是一种新型的国家权力。在中国特色国家监察体制中,监察权力所担负的责任很重,开展廉政建设和反腐败工作,维护宪法和法律的尊严,更要受到严格的监督。习近平总书记反复强调,信任不能代替监督,监督是为了支撑信任,必须以高标准、严纪律来要求自己,努力建设忠诚干净担当的监察队伍,防止出现“灯下黑”。由此可见,如何通过相应的制度建设进而实现对监察委员会的有效监督和约束,是国家监察体制改革的题中应有之义。

第一节 监察监督的理论基础

一、对监察委员会进行监督制约的依据

（一）权力必须受到监督制约原理

任何权力都应当受到监督和约束，这是民主法治社会的必然要求。古典自然法学认为，正是由于人类对权力具有天然的追逐欲望，才能推动人类从自然状态迈向政治社会，政治权力伴随着国家的出现而得以发展。但是，权力是根植于人性的欲望需求，天然具有巨大的潜在危险性和破坏性。“一切有权力的人都容易滥用权力，这是亘古不易的一条经验。”[1]这也就意味着，作为一种新型国家权力的监察权，当然具有传统权力本身的弊端。所以，必须对监察权进行有效的监督和约束，行使国家监察权扮演监督者角色的监察委员会理应受到监督。

有权必有责，用权受监督。任何权力都需要监督，而监督者更应当被监督。监察机关调查职务违法和职务犯罪，开展廉政建设和反腐败工作，需要具备与之相匹配的职权和手段，尤其要有较强的调查职务违法和职务犯罪的能力，这就必然要求宪法和法律赋予监察委员会非常强大的调查权力，由此也会带来权力易于滥用的担忧。在国家监察体制改革中，监察机关整合了行政机关和检察机关中的反贪、反渎、预防职务犯罪等诸多职能，形成了强有力的行使国家监察职能的专责机关。因此，加强对监察委员会权力行使的监督和制约就必然成为赋权的同时必须考虑的事情，防止监督者因失去监督而形成新的腐败。国家监察立法不仅授予了监察机关监督、调查和处置权力，而且明确了对监察委员会的监督机制，通过相应的制度设计对监察委员会进行约束，其目的“不是为了控制公权力本身，而是为了控制和规范公权力怎么行使，按照什么样的步骤和什么样的方式去行使”。[2]

权力之间相互制约和配合，旨在使国家权力之间处于动态平衡，防止某

---

〔1〕［法］孟德斯鸠：《论法的精神》，张雁深译，商务印书馆1963年版，第154页。

〔2〕姜明安：《论法治反腐》，载《行政法学研究》2016年第2期。

一权力过度倾斜、过犹不及。“权力与权力之间的功能秩序以功能最适当原则为检验标准，功能最适当原则意味着权力与权力之间以最佳模式出现，从而能够发挥权力运行的合力，以避免权力异化或无效。”[1]监察权作为一种新型国家权力，意味着监察机关将与审判机关、检察机关和执法部门形成有机衔接、相互制衡的关系。童之伟教授认为，监察委员会具有如下两个突出特点：一是监察委员会地位极高。在宪法拟制的国家权力配置模式下，监察委员会与法院、检察院都是由同级人大产生，对它负责，受其监督。而现实情况则是，国家监察和党内监督的结合，监察委员会与纪检委的组合，在政治生活中监察委员会的实际地位明显会高于同级法院和检察院。二是监察委的权力厚重。在落实监察委员会与执政党纪检委合署办公之后，监察委的权力吸收了纪检委的权力、行政监察权以及检察院反贪局的侦查贪腐犯罪的权力，集合了反腐资源，统一了原本分散的反腐权力。面对如此具有威慑力的新型国家权力，更应秉持权力制约和配合的理念，强化对监察委员会自身的监督制约。如果监察权失去有效的监督制约，国家权力运行架构可能会偏离宪法预设的轨道。因此，监察权力的行使必须辅之以必要的监督制约机制予以控制，“愈是位高权重者愈须予以监督制约，而且监督制约的强度应该同制约对象的权力体量及其强度相适应”。[2]

（二）有限且有效的国家监察原理

宪法是国家法律秩序和价值秩序的根基和根本，它不仅禁止任何破坏根本规范的行为，更要求形成具体的国家制度落实国家根本规范，从而形成现实的法秩序。从这个意义上说，宪法是国家全面深化改革的根本遵循。国家监察体制改革正是谋求建立一种更为合理的国家监察制度，无论是健全国家监察组织架构，还是集合国家反腐资源，都必须落实宪法的精神，实现宪法设定的价值秩序。我国宪法的根本规范是建设现代化的国家。而公权力的受限性应是现代化的内容之一。这就意味着，国家监察权作为公权力，定然具备受限之特征。“‘有限’意指权限和监督。在权限的维度上，监

[1] 姜涛：《检察机关行政法律监督制度研究》，载《东方法学》2016年第6期。
[2] 童之伟：《对监察委员会自身的监督制约何以强化》，载《法学评论》2017年第1期。

察权力必须是有限权力，而非无限权力”。[1] 这就要求，监察委员会的一切权力必须来自宪法以及法律的授权。对于公权力而言，法无授权不可为，监察权也不例外。同时，过于宽泛的授权意味着权力边界的模糊不清。因此，权力事项的授权规定也应当是清晰、具体和明确的。概言之，在权限的维度，防止监察权过于宽泛的关键是建立监察组织法、监察行为法和监察基准法的有机体系，分别明确监察权力的范围、行使的程序和处置的标准。

作为监督公职人员行使公权力的制度，国家监察必须是“有效”监察，方才符合宪法根本规范的要求。一般而言，“有效”意旨高效和实效。“高效要求监察权限配置适当、相对集中，监察组织构架完整，内部组织结构合理，监察程序设定清晰，监察标准明确，权力行使流程化，实效则要求监察委员会以维护法制的权威为首要目标，将规范层面的法秩序转化为实践中的权力受监察状态。”[2] 在监督的维度上，必须建立具有实效性的对监察权的监督机制。对监察委员会的监督是如何监督监督者的问题，我国现行法律确立了多元监督机制，如人大的权力机关监督、政协的民主监督、检察机关的公诉监督、人民法院的司法监督以及社会媒体、组织和公民的社会监督，这是对监察委员会进行有效监督的制度基础。只要切实地将有效的国家监察体制深深嵌入现行法律设定的监督体系之中，就可以形成各种监督机制的合力，从而实现宪法和法律所规定的权力间监督配合的良性运作模式。

（三）基本人权保障原理

我国2004年的《宪法修正案》，首次将人权写入宪法。这意味着，人权保障作为当代社会基本的价值取向被我国赋予了宪法地位。党的十九大报告更加明确地指出要“维护国家法制统一、尊严、权威，加强人权法治保障，保证人民依法享有广泛权利和自由”。国家监察制度的建立完善，其要旨在于惩治腐败，规范权力。然而，法治国家的国家权力运作是以保障人民权利为基本价值导向，人权保障应该是监察权行使不可忘却的一个价值原点。

---

〔1〕 叶海波：《国家监察体制改革的宪法约束》，载《武汉大学学报》（哲学社会科学版）2017年第3期。

〔2〕 同上。

国家监察制度的建立,其实质内涵在于通过遏制各类权力行使过程中的腐败来实现国家有效治理,最终的落脚点仍然是公民基本权利的保障。所以说,当今任何法律制度的建立,基本人权的保障性规定与相应配套措施的制定是该制度民主正当性的核心要求。正如秦前红教授所言:"监察机关要在人权保护和反腐败的目标之间达成一个平衡,所以解决纪委反腐体制中存在的一系列问题和难题,正是此次改革的重要目标。"[1]

依纪依法,保障人权,不仅是基于我国宪法的要求,而且是保障监察权本身正当性的需要。根据权力运行的一般规律和历史经验,经过驯化的权力往往更容易实现其最初的目的。权力一旦偏离设定初衷而肆意运作,不仅会打破国家权力的既定均衡状态,更会使人权保障束之高阁。监察权的依法行使,不仅关乎国家监察体制改革的成效,更涉及被监察者甚至是普通公民的基本人权。基于此,"被监察者权利的保障与监察者权力的运用具有同等重要性,两者在实践上应当协调实现,不应片面强调其中一方而牺牲另一方。在这一对关系中,被监察者处于绝对的弱势,监察者处于绝对的强势"。[2] 为了平衡监察法律关系的双方法律地位,回归于监察制度建立的初衷,就需要从制度设计上来回应。对处于绝对优势地位的监察者,应予以必要的法律限制;对处于绝对弱势地位的被监察者,应予以配套的权利保障。其要义有二:一是强调,无论何人,其合法权利都应当受到保障;二是监督者必须严格依照法定的权限和程序办事。只有建立起一套全方位对监察权予以监督制约的制度,才能保证监察权在法治轨道内高效运作,以保障基本人权不受侵犯。

无论何种权力,都要受到监督,监察委员会作为权力的监督者而更应该被监督。所以,一套现实可行的监督机制,应从多方面去落实权力制约制衡的现实需求,这不仅是以法治思维和法治方式惩治腐败的需要,更是实现监察权本身法治化的保证。

---

〔1〕 秦前红:《国家监察体制改革宪法设计中的若干问题思考》,载《探索》2017 年第 6 期。
〔2〕 童之伟:《对监察委员会自身的监督制约何以强化》,载《法学评论》2017 年第 1 期。

二、对监察委员会开展监督制约的作用

国家监察体制改革是一项事关全局的重大政治体制改革。“谁来监督监察委员会”,引起全社会的广泛关注。为了回应人民群众的关切,党中央极为重视对监察委员会监督制约的问题,习近平总书记强调指出:“监督别人的人首先要监管好自己,执纪者要做遵守纪律的标杆。”概括来说,加强对监察委员会的监督制约,对于防止监察机关滥用权力,确保其依法履行监察职能,保障监察对象和有关人员合法权益不受侵犯,维护社会公平正义具有重要的作用。

(一)监察监督是监察机关依法行使监察职能的重要保障

监察委员会作为中国特色监察体系的创制之举,实质上是反腐败工作机构,代表党和国家行使监察权。因此,对其自身的监督制约必须予以足够重视,这既是监察机关依法履职的重要保障,也是全面从严治党的必然要求。

随着监察体制改革的推进,监察机关享有较之此前行政监察机关更大的监督权,且监察委员会与各级纪检委合署办公,如何相应保证监察机关的权力得到正确行使,换句话说,也就是如何监督制约如此“位高权重”的监察机关,就成为一个必须解决的难题。从历史上看,在古代中国,监察体制建立之初,常常实现监察权与行政权的分离,“监察地方的官吏与地方行政、司法和军事长官各为系统,互不统属,这样既使地方官不敢妄为,又能使其发挥正常作用”,[1]但由于监察权的不断扩大,仍然难以避免监察权的地方化和行政化。例如,汉朝设置的司职地方监察的刺史,在东汉后期愈加干预军事和行政,地方监察区演变为地方行政区,监察长官也异化为行政长官。

中国特色社会主义的基本原则是党的领导、人民当家作主和依法治国的有机统一。党的十九大报告指出,“全面从严治党永远在路上”,“增强党自我净化能力,根本靠强化党的自我监督和群众监督”,“构建党统一指挥、

---

〔1〕 李孔怀、陈永明:《汉唐明三代行政监察体制比较》,载《复旦学报》(社会科学版)1994年第4期。

全面覆盖、权威高效的监督体系，把党内监督同国家机关监督、民主监督、司法监督、群众监督、舆论监督贯通起来，增强监督合力”。对此，我国《监察法》特别以第七章共9个条文规定了对监察机关和监察人员的监督，为如何强化对监察委员会的监督制约架构了一套全方位且立体的体系，回应了人民群众的关切。通过强化对监察权的监督制约，使监察权得以处于有效规制的良性轨道之内，保障与之相关的反腐行动能够有效得以实施，从而建立起权威高效的国家监察体制。

（二）监察监督是监察机关发挥监察权持续公信力的基本途径

监察权作为一个新型的权力类型，拥有从监督、调查到处置等全方位的权力，所以对于监察权力的监督制约要进行更为慎重的设计。习近平总书记在多次会议讲话中都特别强调，“信任不能代替监督，监督无禁区，任何权力都要受到监督”，“努力建设忠诚干净担当的监察队伍，防止出现‘灯下黑’”。防止“灯下黑”既是这项新的国家权力正常行使的需要，也是国家监察权发挥持续公信力的保证。

阳光是最好的防腐剂。监察权力的行使具有一定的秘密属性，监察机关可能以案件复杂涉及国家秘密为由，无形之中排斥外在监督，而权力行使的非公开性往往是产生权力滥用和权力寻租的温床。因此，监察权力行使的公开性是十分必要的。监察机关在阳光下行使权力，在阳光下办案，可以防止和杜绝“暗箱操作”，使监察权行使的轨迹有迹可循、有据可查，避免权力寻租、利益输送、徇私舞弊和贪赃枉法等腐败行为。

让监察权力在阳光下运行，目的是让广大人民监督权力。我国《监察法》第54条规定：“监察机关应当依法公开监察工作信息，接受民主监督、社会监督、舆论监督。”信息公开制度的实质在于利用监察信息公开倒逼监察公平，用监察信息公开推进法治反腐建设。通过监察公开，使监察工作保持一定的透明度，不仅可以打消社会公众对监察委员会工作神秘的担忧，而且可为公众参与监察工作创造一定的条件。这也是监察机关开展群众监督、媒体监督、社会舆论监督的前提和基础。把监察权力关进制度的笼子，方法有多种，但都离不开监察信息公开。监察工作虽然更多地需要依靠专业技术，依靠专门机关的工作，但不能神秘化，必须同时依靠人民群众的参与。

社会公众参与到实际的监督活动中来，不仅扩充了监督的方式种类，而且在一定程度上加强了监察权力的社会公信力。由此可见，无论是确保监察权的公正行使，还是保证监察权力的社会公信力，监察信息公开都是不可缺少的。

（三）监察监督是保障被监察对象权利和当事人合法权益的根本措施

人权保障状况是衡量一个国家或地区法治水平的重要标志。我国宪法规定，国家尊重和保障人权。由此可见，尊重和保障人权是国家权力的义务和责任，如果没有人权保障的约束，公民在国家权力行使中的弱势地位很容易被放大，国家权力就会失去枷锁、自我膨胀乃至突破正义的底线。因此，作为国家权力之一的监察权亦应当尊重和保障人权。换言之，保障公民基本权利始终应当是国家监察体制改革的价值基准和终极目标。

监察委员会所实现的“全覆盖”，表明监察权力所涉对象的广阔，既包括所有的中共党员，又包括所有的公职人员，乃至企事业单位成员，其监察对象人数巨大。从监察委员会所享有的监督、调查和处置三大基本职权来看，多半是一种具有直接强制力的权力，直接涉及当事人的人身权利、财产权利和其他合法权益。尤其是采取留置等调查措施的权力，更是直接关乎宪法所保障的公民人身自由。监察对象范围的扩大，监察职权行使的集中，调查措施手段的严厉，在当前反腐形势依然严峻的政治环境下，有其存在的必要性和正当性，它有利于重构国家监察的权威性，增强监察机关反腐效能，形成对行使公权力的公职人员的制度威慑力。但法律制定和实施的出发点和落脚点始终应落在保护人民的合法权益上，国家权力运行越规范，公民权利就越有保障。从这个意义上说，强化对监察权力的监督制约，其实质就是强化对当事人的基本权利的保障。

从我国的历史渊源来看，凡是设立监察制度，也会同时制定相应的救济措施。如我国《刑事诉讼法》就有大量的关于侦查阶段犯罪嫌疑人人权保障的规定，已被废止的《行政监察法》规定了监察对象对监察机关做出的复查决定有权申请复核，在党内法规中也赋予了被监察党员的申辩、申诉等相关权利。监察法也不例外，与上述党规国法一脉相承，其立法目的体现了保障人权、保护人民的价值理念。我国《监察法》第5条规定：“国家监察工作严格遵循宪法和法律，以事实为根据，以法律为准绳；在适用法律上一律平等，保障当事人的合法权益；权责对等，严格监督；惩戒与教育相结合，宽严相济。"《监察法》还通过建立登记备案、回避、申诉等制度来实现对被监察对象和当事人的权利保障，例如，该法第 60 条规定："监察机关及其工作人员有下列行为之一的，被调查人及其近亲属有权向该机关申诉：（一）留置法定期限届满，不予以解除的；（二）查封、扣押、冻结与案件无关的财物的；（三）应当解除查封、扣押、冻结措施而不解除的；（四）贪污、挪用、私分、调换以及违反规定使用查封、扣押、冻结的财物的；（五）其他违反法律法规、侵害被调查人合法权益的行为。受理申诉的监察机关应当在受理申诉之日起一个月内作出处理决定。申诉人对处理决定不服的，可以在收到处理决定之日起一个月内向上一级监察机关申请复查，上一级监察机关应当在收到复查申请之日起二个月内作出处理决定，情况属实的，及时予以纠正。"因此，监察机关在行使权力的过程中必须以人权保障为其基本宗旨，自觉接受宪法和法律的约束，为当事人提供相应的救济措施。

第二节　监察监督的原则与类型

一、监察监督的含义与特征

根据《辞海》的定义，监督有两重意思：一是监察督促；二是旧时官名。在政治学上，我们所强调的监督是着眼于对拥有国家公权力的特定机关进行监督，简言之，即权力监督。以监督的主体权能范围为分界点，可以将权力监督划分为享有法定监督权的监督和普遍意义上涵盖所有主体的监督。而且，"监督是一个综合的动态过程，是一种特殊的管理活动，是在社会分工和共同劳动条件下产生的一种管理职能，是人们为达到某种目标而对社会运行过程——体现为各种具体活动——实行的检查审核，监察督导和防患促进活动。"[1]

---

〔1〕 马怀平、项俊波、赵耿、刘家义主编：《监督学概论》，中国财政经济出版社 1990 年版，第 25 页。

特定主体对监察委员会开展的监督，本书简称为“监察监督”。它一般在两层含义上使用：一层意义是指特定国家机关依据法律授权性规定，按照法定程序，对各级监察委员会所实施的反腐监督行为实施检查、调查、督促、纠正、处理的一系列权力行为；另一层意义是指公民及社会组织依据法律规定，通过相应的程序，对监察委员会所实施的反腐监督行为实施批评、建议、申诉、控告、检举、揭发的一系列权利行为。监察监督具有如下的特征：

（一）监察监督的主体具有广泛性

具体而言，监察监督的主体可以归纳为两类：其一是依法享有监督权力的国家机关；其二是依法享有民主监督权利的公民及社会组织。监督者更要接受监督。根据宪法和法律的规定，为保障监察权得以正确行使，监察委员会应当自觉接受来自不同主体的监督，具体可细分为党的监督、人大监督、司法监督、民主监督、社会监督及舆论监督。首先，随着国家监察体制的改革不断深化，建立党统一领导下的国家反腐败工作机构是改革的重要目标。毋庸置疑，监察委员会应当接受中国共产党的领导和监督。其次，从监察委员会的产生方式来看，各级监察委员会是由本级人大选举产生的，这意味着监察委员会应对本级人大负责并自觉接受其监督。再次，我国《监察法》第 4 条第 2 款规定：“监察机关办理职务违法和职务犯罪案件，应当与审判机关、检察机关、执法部门互相配合，互相制约。”据此，各级人民法院、人民检察院对本级监察委员会办理职务违法和职务犯罪案件具有监督权。最后，我国《宪法》第 27 条第 2 款规定：“一切国家机关和国家工作人员必须依靠人民的支持，经常保持同人民的密切联系，倾听人民的意见和建议，接受人民的监督，努力为人民服务。”监察机关接受人民群众的监督、新闻舆论的监督，能够增强监察权的民主性。所以，从监督的主体涵盖范围来看，依法能对监察委员会实施监督的主体具有广泛性。

（二）监察监督的对象是各级监察委员会

监察委员会在进行惩治腐败行为过程中，享有监督权的相应主体可以有针对性地对监察委员会是否依据法律授予的权限和相应程序实施监察的一系列行为活动进行监督。由此可见，监察监督是将各级监察委员会作为具体监督对象，同时，以各级监察委员会是否遵守法律规定的权限和程序等情况作为具体监督内容。不以此为对象和内容的监督或者检查行为不能看作监察监督。监察监督这一特征,使其不同于其他类型的监督模式。

(三)监察监督行为属性具有差异性

如前所述,监察监督的主体是具有广泛性的,具体包括党的监督、人大监督、司法监督、民主监督、群众监督和舆论监督。虽然就根本意义而言,所有不同主体的监察监督行为都是具有宪法和法律属性,但以监督主体所对应的行为属性来划分,不同主体间的监督行为是存在差异性的。例如,党委监督可以认为是政治监督,人大监督可以看作权力监督,群众监督可以看作民主权利监督之类等。国家监察体制改革将原本分散于不同部门机构的相关反腐职能集中配置于监察委员会,其中涉及的部门机构有中国共产党的纪律检查委员会、行政监察机关、人民检察院及预防腐败局。所以,监察委员会的监察行为具有综合性、混合性和独立性。既然监察行为本身具有属性上的差异,那么,不同主体所实施的监察监督行为在属性上当然具有一定的差异性,这也就成为监督形式划分的主要依据之一。

二、监察监督的原则

法律原则作为“法律基本真理性表达”的原理性阐述,是法之所以为法的根本依据,是贯穿于法的制定、执行、适用和遵守等全过程的指针。监察监督作为监察法学体系中不可或缺的核心一环,也应从基本原则入手,从根本上揭示监察监督法律关系的基本价值取向,并解决“监察与监督的关系”这一基本问题,从而为监察法律制度如何规范监察监督这一问题提供基础性的原理、准则以及精神。

(一)监察权相对独立原则

监察权的属性事关监察监督等监察体制改革的价值取向和功能定位。从国家监察体制改革的实践来看,监察权虽然具有行政权和司法权的某些特征,但从本质上讲,监察权并不属于行政权或者司法权,而是具有自身独立的权力属性。监察权成为一种独立的国家权力类型,有其历史必然性和现实合理性,它既符合近代以来的权力分离趋势,又是全面从严治党背景下强化反腐倡廉的重要手段。在人大下设立监察机关,独立于行政机关和司法机关,拓展了人民当家作主的途径和方式,丰富和发展了人大制度的内涵。

我国《监察法》第 4 条第 1 款规定:“监察委员会依照法律规定独立行使监察权,不受行政机关、社会团体和个人的干涉。”首先,独立意味着监察机关必须依法独立行使监察权,且在相关法律划定的权限范围内按程序独立开展监察活动。实施监察活动的依据有党内法规和国家法律,后者包括但不限于监察法、刑法、公务员法等。监察机关可以拒绝没有法律依据的任何干涉。其次,监察委员会是行使国家监察职能的专责机关。作为专门行使监察权的国家机关,其专门性决定了它的独立性,能够独立地对行使公权的公务人员进行全面的监察。然而,作为监督、调查和处置对象的公务人员一般无权对监察机关活动加以干涉。为了确保监察权得以正确行使,监察法赋予了诸多主体对监察机关的监察活动进行监督的权利,但是,所有针对监察委员会而开展的监督活动,其宗旨都是为了促进和保障监察机关依法正确行使监察权,这在根本上不同于干涉监察机关的行为。最后,监察机关是依据宪法和法律产生的,已经成为国家机构体系中的特定部分,是国家监察体制深化改革之后党集中统一领导下的反腐败机构。所以,监察机关必须遵守民主集中制原则,自觉接受党的领导和监督,接受本级人大及其常委会的权力监督,接受上级监察机关的领导,接受人民的监督。正因如此,我们说监察委员会行使监察权并非是绝对意义上的独立,而是应具有相对独立的性质,领导监察工作不能包办代替,监督监察机关不能搞非法干涉。

(二)依法监督原则

监察机关行使国家监察权必须处于现有的法律制度约束的轨道内,不能逾越,也不能僭越,这是法治反腐建设的实质追求。如何加强对监察机关的监督制约,同样需要在法治的框架内来贯彻落实,这也是依法监督原则的基础性要求。所谓依法监督原则,是指享有监督权的主体必须在法定权限内通过合法程序达成有效的监督,它所强调的是监察监督的整个流程设计应在法治的轨道内运作。

第一,监察监督权力来源于法。一切的监督行为应以监督权为基础,无法定监督权的主体不能够随意监督监察,倘若监察监督成为一种随意性的常态，定然会破坏监察机关的独立性和权威性，监督主体的监督权应由法律明文规定予以授予。我国《监察法》第七章已经较为详尽地规定了对监察委员会享有监督权的主体范围，如人大、司法机关、民主监督、社会监督和舆论监督等。

第二，监察监督行为受制于法。仅仅拥有对监察委员会的监督权力尚且不够，监督主体还必须在宪法和法律所明确规定的监督范围内，严格地按照法定程序并通过合法的途径来对受监督事项进行法律监督。监督主体的监督行为只有在法定的依据、权限、范围、方式和程序内行使监督活动，才能认为是合法的。监察法不单是就监督权限进行实体上的划定限制，在程序上为监督主体行使监督权规定了具体的方式。监督主体的监督权限划定来自法律的明文规定，其具体行使亦必须遵循相应的程序性规定，这是依法监督原则的核心。

（三）公正监督原则

公正监督原则应是依法监督原则视阈下衍生出的重要原则，是保证依法监督活动能够有效进行的基本保障。依法监督原则更多是着眼于实定法上的权限确定以及程序的规定，从而保证监督活动能够在法治轨道内良好运作，而公正监督原则是强调从制度设计上怎样才能保证监督活动得以公正有效开展。

公正监督原则可以细分为两个子原则。

第一是正确监督原则。这是要求监督活动必须保证监督的过程和结果的正确性。公正监督是保证监督质量的必然要求，也是监督合法的保证。监察监督公正，要求监督过程中坚持实事求是，以事实为依据，以法律为准绳，重证据、重调查研究，给予当事方同等的表达意见和申辩机会，在适用法律和党纪面前一律平等，保证处理结果公正，不偏私，不枉法，不滥用权力。一次正确的监察监督，胜过十次不公正的监督。它时时刻刻提醒监督者和受监督者“有权不可任性”。“公生明，廉生威”，公正而有效的监督约束，也是维护监督工作权威性和公信力的根本保障。

第二是效率监督原则。监察监督整个过程中的时效性要求，是确保监督有效开展的前提条件。效率监督原则强调怎么从制度上来确保监督活动的高效运作。加快合法监察监督活动进程,不仅是保障监督权能够顺利实现的基本要素,也是推动监察机关完善工作的动力。例如,将每一件监察监督事件线索统一编号、登记备案、进行动态管理,以问题线索“受理、转办、处置、问责、立案、结案、了结”时间为节点,一一对应具体标准和方式,根据进展情况进行实时更新,及时掌控监督动态进展。

(四)公开监督原则

公开监督原则,是指要把监察机关的监察活动置于人民群众的民主监督之下,必须不断提高监察活动的公开程度,以“公开为常态、不公开为例外”为基本导向,做到只要不涉及国家安全、国家机密、商业秘密以及个人隐私等需要保密的信息,都应当予以公开。公开监督,有利于人民群众进行民主监督,也有利于防止暗箱操作、徇私舞弊。简言之,监察活动信息的公开,在很大程度上保证了监察监督活动的顺利开展。

对于公开监督原则,应该从两方面来把握。一是强调监察机关积极主动将监察活动信息公布于众,以使监督主体能够知悉并能有效开展监察监督活动。监察公开是法治反腐建设过程中的题中应有之义,其目的在于保障公民的知情权,实现公民对监察活动的监督,以达到强化民主政治、防止监察腐败之功效。二是强调监察监督活动应适当公开,以确保监督能够阳光运作,避免暗箱操作。监督活动相关内容的公示,在于通过增加透明度以保障监督目的能够实现。监督内容以及过程的公开,所涉及的范围十分广泛,但是涉及国家秘密或个人隐私等内容,不得任意公开。

概言之,公开的内容应包括:第一,制度公开。积极主动地公开国家制定的相关监察监督的制度以及法律法规,使公众得以充分了解制度的设定和法律的规定,实现人民群众对监察工作的知情权、参与权和监督权。第二,内容公开。监察机关应主动及时公开其相关监察行为,使其置于社会舆论以及人民群众的监督之下,便于存在利害关系的相关人可以及时了解监察活动信息,进而准确判断。第三,过程和结果公开。监督主体进行监察监督的整个流程原则上应予以公开,避免“暗箱操作”。结果公开对全社会具有极大的警示和教育作用,能够促进监察活动不断地朝向公正廉明的方向发展。

三、监察监督的种类划分

监察监督的主体和监督行为属性具有差异性，因此，依据不同的标准，可以对监察监督的内容进行分类。这种分类，一方面有助于我们认识不同类型监察监督的特征、作用以及目的所存在的差异性；另一方面有助于我们进一步研究监察监督的规律，进一步丰富和完善监察监督的方式，增强对监察机关监督制约的实效性。

（一）内部监督和外部监督

以监督主体与监督对象的关系为标准进行分类，监察监督可以划分为内部监督和外部监督。

内部监督，又称为"自我监督"，是指监察委员会自身通过规范权力内部运作以及内部控制模式的建立和完善，促进监察机关实现自我监督。监察机关在其机构内部设立专门的监督机构，俗称"纪委中的纪委""监察委中的监察委"，其目的是实现机关本身对监察权行使的自我监督。依法在监察机关内部设置专门的监督机构，是体现反腐工作的各个环节既相互衔接又相互制约理念的实质要求，同时也是加强制约监督和避免权力滥用的重要方式。习近平总书记在会议上多次强调，"纪者必先守纪，律人者必先律己，要求纪检监察干部做到忠诚坚定、担当尽责、遵纪守法、清正廉洁"。忠诚干净担当是打铁必须自身硬的具体化，是每一位监察人员的基本标准。监察人员必须从严要求自己，做到政治忠诚、本人干净、敢于担当。基于此，我国《监察法》第55条规定，通过建立内部专门的监督机构等方式，来实现监察机关的自我净化。内部监督的主要内容是监察人员执行职务和遵守法律的情况。在程序正义的基本理念下，监察机关须严格依据法定程序的要求来开展反腐败工作，通过设立相应的工作部门和完善相应的监督调查处置流程，旨在建立常态的问题线索处置、调查、审理各部门相互协调且相互制约的工作机制。需要指出的是，设立相应的工作部门也是极其必要的，这是因为监察权力是需要合理细化配置的，尤其是关系到监察机关自我监督权力的配置。设立与线索管理、监督检查、督促办理、统计分析等职能相对应的工作部门，能够有效促进各部门协调配合、相互制约，并形成内设机构之间相互制衡的权力运行机制。同时,监察法对强化监察委员会的自我监督作了一系列制度规定。例如,监察法针对打听案情、过问案件、说情干预等情况,规定须进行报告和登记备案。同时,在回避制度、脱敏期管理、辞职、退休后从业限制等方面,监察法也都有明确规定。

外部监督,通常是指来自监察委员会之外的特定主体所实施的监督,具体而言,这种类型的监督主体主要是监察委员会之外的各级党委组织、人大、公民以及社会组织,涵盖执政党、人大、人民群众等多种方式的监督。首先,党的纪检机构和监察委员会合署办公,但"合署"并不是"合并"。所以,合署办公模式并未对各级党组织对本级监察机关开展监督活动产生实质上的影响。更进一步,监察机关应主动将重大问题、存疑案件等事项提交党组织以请示,而且,监察机关也应定期向党组织汇报工作,这些都体现了党委监督的必要性。其次,第十三届全国人大一次会议表决通过的《宪法修正案》中明确规定,国家监察委员会的组成人员是经由全国人大选举产生的,应对其负责,受其监督,同时,全国人大有权罢免国家监察委员会主任。据此,基于对监察工作开展的特殊性及人大监督的必要性的考量,监察法明确规定,各级监察机关应自觉接受本级人大及其常委会的监督,主要体现在:一方面,各级监察机关应制作相关的专项工作报告,以便于本级人大常委会听取和审议以及开展执法检查活动;另一方面,人大代表或者常委会组成人员可以就监察工作中的有关问题向监察机关提出询问或质询。最后,因监察机关及其工作人员的违法行为而使被调查人合法权益受到损害的,被调查人可以依法通过检举控告、申诉等方式进行监督从而获得权利救济。

(二)政治监督、社会监督和国家机关监督

以监督主体为划分标准,我们可以把监察监督划分为政治监督、社会监督和国家机关监督。政治监督,是指政治组织基于民主原理和政治体制而实施的监督,是政党组织、人民团体、人民政协等政治组织对监察机关的职权活动进行的监督。政党是主要的政治组织,政党监督包括执政党的监督和民主党派的监督。人民政协是以政党、人民团体等为主体的政治组织,是各政党、民主党派等履行民主监督职能的组织形式。除政治组织监督外,社会团体、企事业单位之类的社会组织以及个人对监察机关的监督可以归属于社会监督的范畴。国家机关监督是指国家权力机关、审判机关、检察机关等对监察机关的监察活动开展的监督。

（三）纵向监督和横向监督

以监督主体和被监督者的地位和相互关系为标准划分，我们可以将监察监督分为纵向监督和横向监督。纵向监督，是指监督者与被监督的监察机关以及监察人员具有领导或者隶属关系，由此而实施的监督，如执政党的监督，上级监察委员会基于领导而对下级监察委员会开展的监督。这种纵向监督是上级对下级实施的全方位监督。横向监督，是指监督者与被监督的监察机关具有平行的分工制衡关系，由此而实施的监督。这种监督模式是双向的、互相的监督，监督者与被监督者的职权具有明确的划分，彼此不能互相代替。由此决定了这种监督往往是一种程序性监督。例如，监察委员会将调查的案件移送检察机关后，由人民检察院依法采取强制措施，对于犯罪事实清楚，证据确实、充分且依法应当追究刑事责任的，人民检察院应当作出起诉决定；检察机关经审查后认为需要补充核实的，应当退回监察机关补充调查，必要时可以自行补充侦查；对于证据不足、犯罪情节轻微，或者没有犯罪事实的，检察机关可以依法作出不起诉决定。由此，形成了从监察委员会调查、人民检察院依法审查起诉到人民法院审判的这一相互衔接且相互制衡的办案流程，这一套工作机制充分地体现了司法机关对监察机关的横向监督。

（四）事前监督、事中监督和事后监督

以实施监察监督过程的不同时间节点作为标准，我们可以把监察监督划分为事前监督、事中监督和事后监督。事前监督，是指监察机关以及监察人员在作出某一具体监察措施之前，需接受监督主体的相应的监督检查，其目的在于保障监察措施作出的正确性，避免作出违法或不当的监察行为。例如，我国《监察法》第 28 条第 1 款规定："监察机关调查涉嫌重大贪污贿赂等职务犯罪，根据需要，经过严格的批准手续，可以采取技术调查措施，按照规定交有关机关执行"；该法第 30 条规定："监察机关为防止被调查人及相关人员逃匿境外，经省级以上监察机关批准，可以对被调查人及相关人员采取限制出境措施，由公安机关依法执行……"；第 43 条第 1 款规定："监察机关采取留置措施,应当由监察机关领导人员集体研究决定。设区的市级以下监察机关采取留置措施,应当报上一级监察机关批准。省级监察机关采取留置措施,应当报国家监察委员会备案”。诸如此类的批准和备案制度,均体现出在监察调查权限设置上,我们应遵循“宽打窄用”的精神,以达到防止权力滥用和避免权力寻租的作用,这也使监察对象的合法权利能够得到更有力地保障。事中监督,是指监察机关在实行监察职务活动过程中,相应监督主体就特定事项开展监督,旨在保障监察活动顺利实施。例如,我国《监察法》第58条规定了监察人员应当回避的法定情形。在开展监察工作中,一旦出现规定中的法定情形,办理监察事项的监察人员应当自行回避,同时,监察对象、检举人以及其他相关人员也有权要求其回避。事后监督,则是指监察机关的监察职务活动结束之后,相应监督主体可以就存在的疑义进行全面检查,以判断监察活动的预期目的是否达到,过程中是否存在违法或者不当之处,并追究相应的法律责任。例如,《监察法》第61条规定:“对调查工作结束后发现立案依据不充分或者失实,案件处置出现重大失误,监察人员严重违法的,应当追究负有责任的领导人员和直接责任人员的责任。”

第三节 监察监督的类型和方式

关于如何实现对监察机关及其工作人员监督,《监察法》第七章共用9个条文对监督的类型和方式进行了专门的规定。其中,监督的类型主要包括执政党监督、人大监督、司法监督及监察机关自我监督等,在不同的监督类型中,根据情况依法采取听取报告、执法检查、信息公开、登记备案、回避、重大失误责任追究等具体方式。上述监督类型的确定和具体方式的选择,都彰显出内部监督和外部监督应充分结合的指导思想。由此可见,在如何落实对监察委员会的监督问题方面,现行的监察监督体系已经提供了相对完备且有效的监督类型和方式。

一、执政党的监督

在监察委员会与党的纪律检查委员会合署办公体制下,第一位的是党的领导和监督。党的十九大指出:“党政军民学,东西南北中,党是领导一切的。”所以,在坚持党的统一领导下,监察机关作为集中行使反腐败职能的国家机关,自然应当接受来自党的领导和监督。《监察法》第2条明确规定:“坚持中国共产党对国家监察工作的领导,以马克思列宁主义、毛泽东思想、邓小平理论、‘三个代表’重要思想、科学发展观、习近平新时代中国特色社会主义思想为指导,构建集中统一、权威高效的中国特色国家监察体制。”毋庸置疑,执政党对监察机关的监督具有重要的现实意义。首先,执政党监督是确保国家监察体制深化改革沿着正确政治方向推进的重要保证。其次,执政党监督是党对监察工作领导的重要组成部分。最后,执政党监督是保证国家监察权正确规范行使的重要措施。党对监察委员会的监督主要体现在上级党委和上级纪委通过垂直领导体制进行的监督。同级党委的监督主要在纪委监委合署办公体制中得以体现。目前的实践中,各省市县(区)监察委员会主任一般由作为省委常委、市委常委、县委常委的纪委书记兼任。

具体而言,执政党开展对监察委员会的监督可以通过如下措施得以实现,例如,在国家和地方各级监察委员内部设立党组、纪检组,是党中央、中纪委及地方党委、纪委进行监察监督的重要途径,这也充分体现了党在各级国家监察机关中的政治核心和监督作用;国家监察委员会要依据中央纪委的工作部署,统筹各级监察委员会的工作;在确保监察委员会反腐工作开展的独立性、统一性和权威性的基础上,各级监察委员会及其工作人员应自觉地学习和遵守党章党规,各级党委和纪委可以依法对监察委员会进行纪律检查,均旨在保障党的反腐方针政策能够有效落实到监察反腐治理工作的每个环节中去。[1]

二、人大监督

人大监督是监察监督机制中最主要、最核心的环节。各级监察委员会

---

〔1〕 参见周智博:《模式创新:如何监督制约监察委员会——基于传统和新型监督模式对比的视角》,载《廉政文化研究》2018年第1期。

是由相应本级人大产生的，也就意味着，各级监察委员会必须对本级人大负责，并接受来自本级人大的监督。监察委员会与人大的这一逻辑关系体现了监督制度中的“人民性”这一本质要求。

我国《监察法》第53条规定，各级监察委员会应当接受本级人大及其常务委员会的监督。各级人大常务委员会听取和审议本级监察委员会的专项工作报告，组织执法检查。县级以上各级人大及其常务委员会举行会议时，人大代表或者常务委员会组成人员可以依照法律规定的程序，就监察工作中的有关问题提出询问或者质询。可以说，这一条文规定为人大对监察委员会的监督提供了直接的法律依据。具体而言，该条的规定分为3款。其中，第1款规定各级监察委员会应当接受本级人大及其常委会的监督。我国的根本政治制度是人大制度，强调国家的一切权力归属于全体人民，由人大来统一行使国家权力。在我国，对国家权力进行划分配置的前提是须遵从“国家权力归属全体人民、人大统一行使国家权力”这一基本政治原则，基于此，当前我国已经形成了人民主权之下的立法权、行政权、监察权及司法权的“四权配置”格局。我国《宪法》第3条第3款规定，国家行政机关、监察机关、审判机关、检察机关都由人大产生，对它负责，受它监督。根据民主集中制原则，其他国家机关是由人大产生的，这意味着，这些国家机关应对人大负责，并接受其监督。因此，人大对监察委员会进行监督且监察委员会应自觉接受人大监督，是我国权力监督的应有之义。不过，人大和其他国家机关之间的关系，既有监督、又有支持；人大既要依法监督，又不代替行使行政、监察、审判、检察职能。

根据我国《监察法》第53条第2款的规定，人大进行监督的方式主要有两种，即人大常委会听取和审议监察委员会的专项工作报告、组织执法检查。一是听取和审议专项工作报告。对于关系改革发展和与群众利益密切相关的重大问题，各级人大常委会就此应有计划地安排听取和审议本级监察委员会的专项工作报告。同时，监察委员会也可以向本级人大常委会主动报告专项工作。监察委员会负责人应对专项工作进行报告，以便于人大常委会组成人员在听取专项报告后提出相关的审议意见。人大常委会应将审议意见传达至监察委员会，交由其研究处理。经过严谨的研究处理，监察委员会中相关的办事机构应及时将研究处理的情况报告至人大有关的专门委员会，或者向人大常委会相关机构征求意见，之后，监察委员需要制作相关的书面报告并送交至本级人大常委会。必要时，人大常委会可以对提交的专项工作报告进行决议；监察委员会应将作出的决议予以执行，并在决议规定的期限内向本级人大常委会汇报决议执行的具体情况。二是组织执法检查。对于关系改革发展和与群众利益密切相关的重大问题，各级人大常委会可以有计划地对监察反腐工作中涉及法律法规实施情况进行组织执法检查。在组织执法检查完成后，执法检查组应当及时提出执法检查报告，提请人大常委会审议。[1]

我国《监察法》第 53 条第 3 款规定了人大代表或者人大常委会组成人员提出询问、质询两种监督方式：一是询问，是指各级人大常委会会议审议议案和有关报告时，本级监察委员会应当派有关负责人员到会，听取意见，回答询问。二是质询，是指县级以上的人大常委会成员在达到一定的数量要求后，可以联名以书面的形式向本级人大常委会提出对本级监察委员会的质询案，由委员长会议或者主任会议决定交由受质询的监察委员会答复。质询案应当写明质询的问题和内容。委员长会议或者主任会议可以决定由受质询的监察委员会在本级人大常委会会议上或者有关专门委员会会议上口头答复，或者由受质询的监察委员会书面答复。质询案以口头答复的，由受质询的监察委员会负责人到会答复；质询案以书面答复的，由受到质询的监察委员会负责人签署。

一般而言，人大监督主要有三种，即人事监督、工作监督和法律监督。我国《监察法》第 53 条规定的主要是人大对监察委员会的工作监督方式。根据《宪法》《各级人民代表大会常务委员会监督法》《全国人民代表大会组织法》的相关规定，且由于“人大及其常委会监督权的权威性，在于它与人事任免权相结合，并以人事任免权为基础”，[2] 全国人大有权选举和罢免国家

---

〔1〕 参见中共中央纪律检查委员会、中华人民共和国国家监察委员会法规室编写：《〈中华人民共和国监察法〉释义》，中国方正出版社 2018 年版，第 238 页。

〔2〕 杜力夫：《权力监督与制约研究》，吉林人民出版社 2004 年版，第 276 页。

监察委员会主任,国家监察委员会的副主任、委员是由国家监察委员会主任提请全国人大常委会任免。除此,为提高监察机关的反腐工作的法治程度,全国人大可以根据现实情况对监察法及相关法律法规进行适当修订,以确保监察权是在法定权限内依法定程序而运作的。总之,“要从科学立法、人事任免、听取汇报、询问质询等多重维度加强人大对监察委员会的监督功能,未来的一大趋势是通过有效行使全国人大及其常委会的违宪审查职能,进一步强化权力机关对监察机关的监督”。[1]

三、司法监督

司法机关依法进行监督是我国监察监督制度建设所不可或缺的环节。在国家监察体制深化改革的诸多目标中,其中之一就是要促使监察机关与司法机关之间形成相互协作且监督制约的常态机制。对此,我国《监察法》第4条第2款规定:“监察机关办理职务违法和职务犯罪案件,应当与审判机关、检察机关、执法部门互相配合,互相制约。”

人民检察院主要通过行使检察职能对监察委员会进行监督。在贪腐渎职犯罪案件中,监察委员会负责对涉嫌职务犯罪的案件开展调查,但无权批捕和起诉。经过调查犯罪事实属实的,一律移送检察院审查提起公诉。在行使公诉权的过程中,对监察委员会反腐调查活动的合法性进行司法审查是人民检察院实施法律监督的重要方式。所以,我国《监察法》第47条第3款规定:“人民检察院经审查,认为需要补充核实的,应当退回监察机关补充调查,必要时可以自行补充侦查。对于补充调查的案件,应当在一个月内补充调查完毕。补充调查以二次为限。”首先,退回补充调查或者自行补充侦查适用的前提条件是,检察机关经审查后认为监察机关移送的案件犯罪事实不清、证据不足,需要补充核实。其次,监察机关进行补充调查的期限是一个月,补充调查最多两次。这是检察机关对监察机关进行监督的重要体现和制度措施。最后,“退回补充调查”与“自行补充侦查”的适用是有先后

---

〔1〕 秦前红:《我国监察体系的宪制思考:从“三驾马车”到国家监察》,载《中国法律评论》2017年第1期。

顺序的。由于移送的案件本身具有政治特殊性，人民检察院公诉部门经审查认为证据不充分且需要补充的，应优先选择退回监察机关进行补充调查；必要时，人民检察院才可决定自行补充侦查。

人民法院主要通过审判活动对监察委员会进行监督。在审理贪腐渎职犯罪案件中，人民法院应主动对监察机关反腐调查活动的过程及结果的合法性进行司法审查。人民法院经审理发现犯罪事实不存在或犯罪事实不清，据此裁判被告罪名不成立。一旦出现这种情形，如果被告的人身或财产受到了损害，人民法院应依法裁判监察机关承担相应的国家赔偿责任；如果监察机关的工作人员在办理腐败案件过程中存在违法行为，人民法院也应依法追究相关人员的法律责任。

四、民主监督、社会监督、舆论监督

监察权的民主性决定了社会多元主体应积极参与到对监察机关的监督活动中来，无论是从法治反腐的视角，还是基于多元监督的角度，民主监督、社会监督、舆论监督都应看作推进监察监督民主化建设中不可或缺的重要力量。而且，从实践来看，网络和媒体的迅猛发展促使民主监督、社会监督、舆论监督日益成为监察监督的主要方式。

我国《监察法》第 54 条规定："监察机关应当依法公开监察工作信息，接受民主监督、社会监督、舆论监督。"可见，"人民监督是反腐败的重要力量，也是形成不能腐制度的关键。"[1]党的十九大报告指出"增强党自我净化能力，根本靠强化党的自我监督和群众监督"，进一步强调"构建党统一指挥、全面覆盖、权威高效的监督体系，把党内监督同国家机关监督、民主监督、司法监督、群众监督、舆论监督贯通起来，增强监督合力"，形成及时发现问题并予以纠正的常态机制，促使监察监督体系日臻完善，将监察机关的权力置于法律监督下运作。

民主监督一般是指人民政协或者各民主党派等主体对监察机关及其工作人员的工作进行的监督。党的十九大报告指出："人民政协是具有中国特

---

〔1〕 马怀德：《再论国家监察立法的主要问题》，载《行政法学研究》2018 年第 1 期。

色的制度安排,是社会主义协商民主的重要渠道和专门协商机构。”所以,该报告中着重强调:“加强人民政协民主监督,重点监督党和国家重大方针政策和重要决策部署的贯彻落实。”

社会监督一般是指公民、法人或其他组织对监察机关及其工作人员的工作进行的监督。党的十九大报告指出,要保证人民依法实行民主选举、民主协商、民主决策、民主管理、民主监督。对监察委员会的社会监督,就是保障人民知情权、参与权、表达权和监督权的制度途径之一。2018 年 8 月 24 日中央纪委国家监委印发并实施《国家监察委员会特约监察员工作办法》(以下简称《办法》)。国家监察委员会根据工作的现实需要,通过法定程序优先聘请特约监察员。其中,《办法》第 2 条第 2 款规定:“特约监察员主要从全国人大代表中优选聘请,也可以从全国政协委员,中央和国家机关有关部门工作人员,各民主党派成员、无党派人士,企业、事业单位和社会团体代表,专家学者,媒体和文艺工作者,以及一线代表和基层群众中优选聘请。”《办法》也对特约监察员的监督方式进行了明确规定,例如,《办法》第 9 条规定:“特约监察员履行下列职责:(一)对纪检监察机关及其工作人员履行职责情况进行监督,提出加强和改进纪检监察工作的意见、建议;(二)对制定纪检监察法律法规、出台重大政策、起草重要文件、提出监察建议等提供咨询意见;(三)参加国家监察委员会组织的调查研究、监督检查、专项工作……”同时,《办法》第 10 条规定:“特约监察员履行职责享有下列权利:(一)了解国家监察委员会和各省、自治区、直辖市监察委员会开展监察工作、履行监察职责情况,提出意见、建议和批评;(二)根据履职需要并按程序报批后,查阅、获得有关文件和资料……”总而言之,特约监察员能够了解国家监察机关及其工作人员履行监察职责的情况,并依法进行监督,承担参谋建议、桥梁纽带和舆论引导等职责。

舆论监督一般是指社会各界通过广播、影视、报纸、杂志、网络等传播媒介,发表自己的意见和看法,形成舆论,对监察机关及其工作人员的工作进行的监督。舆论监督对于曝光和披露监察机关及其工作人员违法及其不当行为,促进其依法依纪履职具有重要作用。

五、监察机关自我监督

自我监督被看作监督监察的最基本方式，是监察机关自我免疫和自我净化的主要方式。监察法设计了一系列监察委员会进行自我监督的制度，如调查人员在采取调查措施之前应出示工作证件，决定采取措施应出具书面通知且调查措施应由2人以上实施，重要取证工作应全过程录音录像，留存备查；如果出现打听案情、过问案件、说情干预的情形，监察人员要及时报告并登记备案；以及办案过程中出现法定的回避情形，监察人员应自行回避等。

（一）登记备案制监督

我国《监察法》第57条通过两款的条文规定，以达到完善过程管控制度，避免出现跑风漏气、以案谋私、办人情案等问题。第1款是关于监察人员干预案件的处理规定，在线索处置、日常监督、调查、审理和处置等各个环节中，一旦出现打听案情、过问案件、说情干预等行为的情形，办理监察事项的监察人员应当及时报告，并将有关情况予以备案。关于监察人员违规接触涉案相关人员，第2款也作出了明确规定，"发现办理监察事项的监察人员未经批准接触被调查人、涉案人员及其特定关系人，或者存在交往情形的，知情人应当及时报告。有关情况应当登记备案"。在一定程度上，备案登记制度可以看作内部监督制度设计的相应一环，以处处留痕迹的模式来避免监察人员徇私舞弊，确保办案过程中的公正性。

（二）回避制度

为了保障监察工作公正、客观、合法，树立监察机关公正执法的良好形象，建立起相应的回避制度是极有必要的。《监察法》第58条详细规定了回避的类型以及应当回避的情形。

首先，从传统学理来看，对监察人员实行回避的类型主要有如下两类：一是自行回避，即监察人员知道自己具有应当回避情形的，主动向所在机关提出回避的申请。二是申请回避，主要是指监察人员明知自己应当回避而不自行回避或者不知道、不认为自己具有应当回避的情形，因而没有自行回避的。在这种情况下，监察对象、检举人及其他有关人员有权要求提出申请,要求他们回避。对于监察人员应当回避而拒不回避的,监察机关要对其进行提醒教育,情节严重的,要依照法律法规处理。

其次,第 58 条明确规定了回避的四种情形,不仅适用于自行回避,而且适用于申请回避,具体情形如下:(1)监察对象或者检举人的近亲属。这种情形是指监察人员是监察对象或者检举人的夫、妻、父、母、子、女、同胞兄弟姊妹。(2)担任过本案的证人的。担任过本案的证人的人,既不能同时,也不能参与以后的调查处置环节,以避免出现不公正办案的情况。(3)本人或者其近亲属与办理的监察事项有利害关系的。即监察人员或者他的夫、妻、父、母、子、女、同胞兄弟姊妹虽不是本案相关人,但本案的处理涉及他们的重大利益,或者存在可能影响案件公正处理的其他关系。(4)有可能影响监察事项公正处理的其他情形。这种情形主要包括以下几种:监察对象、检举人及其他有关人员的朋友、亲戚;与监察对象有过恩怨;与监察对象有借贷关系等。上述情形只有在可能影响公正处理案件的情况下适用回避。比如,监察人员是监察对象的近亲属,应当无条件回避,但如果监察人员与监察对象是一种远亲的关系,则要看其是否可能影响公正处理案件才能决定回避与否。[1]

(三)脱敏和从业限制

监察工作往往会涉及相应的国家机密,同时,监察工作可能存在利益冲突。我国《监察法》第 59 条通过规定监察人员的脱敏期限以及相应的从业限制,进而避免国家机密的失泄,同时,也防止了在监察人员退休、辞职之后,可能产生的利益勾结的局面。

该法第 59 条主要用两款来分别细化规定了脱敏期限以及从业限制。一是关于监察人员脱敏期限管理的相应规定,监察工作涉及大量国家秘密和工作机密,要严格防范监察人员在工作中接触的秘密因为人员流动而流失,让保密责任与离岗离职的监察人员如影随形。相关人员要严格遵守保密法律和纪律,在脱密期内自觉遵守就业、出境等方面的限制性要求,有关

---

〔1〕 参见中共中央纪律检查委员会、中华人民共和国国家监察委员会法规室编写:《〈中华人民共和国监察法〉释义》,中国方正出版社 2018 年版,第 255 ~256 页。

部门和单位也要切实负起责任,加强对离岗离职后涉密人员的教育、管理和监督。二是关于监察人员辞职、退休后从业限制的规定,对监察人员辞职、退休后的行为作出一定限制,避免监察人员在职期间利用手中权力为他人谋取利益换取辞职、退休后的回报,或在辞职、退休后利用自己在原单位的影响力为自己谋取不当利益。关于何为"与监察和司法工作相关联且可能发生利益冲突的职业",监察人员应当履行谨慎注意的义务。在辞职、退休3年内,如果打算从事的职业与监察和司法工作有关,且可能引致他人怀疑与原工作内容产生利益冲突的,应当事先征求原单位意见。[1] 同时,需要注意的是,如果是监察人员被辞退、被开除而离职,并非主动离职或者自然退休,那么,不适用第2款的相应规定,但是依旧应当遵守第1款关于脱敏期限的规定。

总之,信任不能代替监督,权力越大,风险也就越大,越要受到严格监督。各级监察委员会不仅需要通过内部监督来防止"灯下黑",还必须接受来自外部的监督以提高监察活动的廉洁性,以建设一支让党放心、人民信赖的纪检监察干部队伍。

---

〔1〕 参见中共中央纪律检查委员会、中华人民共和国国家监察委员会法规室编写:《〈中华人民共和国监察法〉释义》,中国方正出版社2018年版,第258页。

第二十二章 监察救济

监察救济是指监察权行使对公民、法人或者其他组织的合法权益造成损害的,依法给予救济的制度和机制,主要包括复核、申诉和赔偿。

第一节 概 述

一、权利救济的演变

从历史的发展看,权利救济经历了从私力救济到公力救济为主的变化。在自然法学派的理论中,这一变化的原因是个人的私力救济面临并导致一系列的问题:"第一,在自然状态中,缺少一种确定的、规定了的、众所周知的法律,为共同的同意接受和承认为是非的标准和裁判他们之间一切纠纷的共同尺度……第二,在自然状态中,缺少一个有权依照既定的法律来裁判一切争执的知名的和公正的裁判者……第三,在自然状态中,往往缺少权力来支持正确的判决,使它得到应有的执行"。[1] 质言之,权利受侵害的判断权个人化导致判断上的争议,权利救济执行权的个人化导致执行困境,自然法解释权的个人化导致自然法规则统一性的破坏,最终使自然状态下的权利私力救济随着公共权利的产生而走向权利公力救济。

从这种历史变化中我们可以发现权利公力救济制度赖以为基础的两个

〔1〕 [英]洛克:《政府论》(下篇),叶启芳、瞿菊农译,商务印书馆1964年版,第78页。

前提:一是承认人或者公民的基本权利。申言之,承认人或者公民的某些主张和诉求具有正当性。在法治国家,这种正当性源于宪法对基本权利的宣告和保障。这种权利正当性当然延伸到私力救济的正当性。“权利或权利救济的主体性原则不仅是权利主体意识到权利的存在,也使权利主体在权利遭到否定时有自我决定和自我救济的权利。在这个意义上,权利救济只不过是自我救济的外在形式。换句话说,权利救济在本质上属于权利主体自我救济的自由。权利既然属于人或公民,救济权也应当属于相应的人或公民,两者的内在统一性使救济成为权利不可剥离的属性。”[1]二是公权的有限性。权利私力救济权本质上是一种以暴力为内容的强制权,在私力救济的时期,这种救济模式中出现的救济判断错误和暴力失控导致这一模式被公力救济模式所替代,而公力救济模式主要是这种私力救济权的国家化和公共化。源于私力救济权的有限性,这种国家的公力救济权当然也是有限的。与此同时,在权利公力救济权基础上发展出来的全部公权力,都存在不能逾越的边界。超越权力边界而侵害基本权利,便必须予以纠正并尽可能地恢复到合法状态。

虽然权利救济方式发生历史性变化,但现代社会的权利救济模式是多元并存的,其中国家的公力救济模式是主导性的。历史上的私力救济以两种制度得以残存,即“正当防卫”和“紧急避险”。但现代国家仍将是否成立这两类的私力救济的判断权置于国家之手,以防止私力救济中的暴力因素溢出制度设计的初始范围。公助救济是一种社会救济形式,是私力救济和公力救济的中间形态,源于国家之外的社会的存在和成熟,主要指权利冲突的双方借助于平等主体的第三方机制,如调停、斡旋或者仲裁等方式。公力救济是权利救济的主角,是指国家建立救济制度和机构来维护公民的基本权利,恢复被破坏的法律秩序。在现代国家,司法被视为最主要的权利救济形式。

私力救济、公助救济和公力救济,其适用场景并不相同。私力救济既可

---

〔1〕 贺仁海:《从私力救济到公力救济——权利救济的现代性话语》,载《法商研究》2004年第1期。

以适用于私人间权利侵犯的场景，也可以用于公权侵害私权的场景。不过，在后一种场景下，服从身份得以明示的公职人员的指令是每个公民的守法义务的一部分，因此，个人的反抗很多时候为妨碍公务责任追究制度所抑制，除非公权行为过度不当。在前一种情景下，也只限于紧急且明显的权利侵害和危险，而个人的救济则必须适度，过当则必须承担法律责任。所以，虽然“救济的第一种方法是自助。自助无需诉诸法院便可实施。但它仅被限制于在少数种类的案件中使用”，[1]即法律是抑制私力救济的。公助救济则显然主要适用于私人间的争议，实质是国家将裁判权适度归还于社会，但国家仍享有裁决的执行权和审查权。公助救济的具体形式，如调解和仲裁等，同时也丰富了国家的纠纷调解机制。[2] 公力救济作为权利救济的核心方式，既适用于私人间的争议，也适用于公权的侵权行为。特别是，对于公权的侵犯，公力救济是最重要甚至是唯一有效的方式。这是因为公权侵权行为的主体一方通常是强势的公权行使者，手握重要的权力资源，进而导致对这种非法行为的否定更为困难。公力救济大体上可以根据救济渠道区分为内部救济和外部救济。内部救济包括举报、复核等，外部救济包括监察、复议和诉讼。在公力救济中，“更重要的，同时也是更为普遍的救济方法，是法院判决所给予的救济”。[3]

二、监察救济的基本方式

我国《监察法》第 5 条规定：国家监察工作严格遵照宪法和法律，以事实为根据，以法律为准绳；在适用法律上一律平等，保障当事人的合法权益；权责对等，严格监督；惩戒与教育相结合，宽严相济。这一规定确立了监察工作的合法权益保障和救济原则。“没有救济可依的权利是虚假的，犹如花朵戴在人的发端是虚饰。花朵可为人添美，但虚假的权利只能是伪善。”[4]根

---

〔1〕《牛津法律大辞典》，光明日报出版社 1988 年版，第 746 页。

〔2〕参见范愉：《权利救济与多元化纠纷解决机制简议》，载《广东行政学院学报》2008 年第 1 期。

〔3〕《牛津法律大辞典》，光明日报出版社 1988 年版，第 746 页。

〔4〕程燎原、王人博：《权利及其救济》，山东人民出版社 1998 年版，第 368 页。

据无救济则无权利的原理和经验，唯有建立监察救济制度，才能落实合法权益保护原则。以权利救济一般理论审视监察救济，不难发现，监察救济以监察权行使合法性的否定为前提，是一种对公权力滥用或者不当行使的制约，旨在保障受到这项权力行使侵害的公民权利。监察救济主要依靠公力救济方式。

我国《宪法》第 41 条规定："中华人民共和国公民对于任何国家机关和国家工作人员，有提出批评和建议的权利；对于任何国家机关和国家工作人员的违法失职行为，有向有关国家机关提出申诉、控告或者检举的权利，但是不得捏造或者歪曲事实进行诬告陷害。对于公民的申诉、控告或者检举，有关国家机关必须查清事实，负责处理。任何人不得压制和打击报复。由于国家机关和国家工作人员侵犯公民权利而受到损失的人，有依照法律规定取得赔偿的权利。"这条规定既是公民监督权的宪法依据，也是公民权利救济权的依据，同时总体上建立了公民权利救济的具体方式。我国《监察法》在此基础上作了进一步具体化规定。总体上，对于监察权滥用或者不当行使，可以采取复核、申诉和赔偿的方式。

第二节　监察救济机制

如上所述，监察救济机制包括 3 种：复核、申诉和国家赔偿。

一、监察复核

复核是指对已经作出的监察决定是否合法进行复查核实。根据《监察法》第 49 条规定，监察对象对监察机关作出的涉及本人的处理决定不服的，可以申请复核。这里明确规定了申请复核的主体是监察对象。根据《监察法》第 15 条的规定，监察对象包括中国共产党机关、人大及其常务委员会机关、人民政府、监察委员会、人民法院、人民检察院、中国人民政治协商会议各级委员会机关、民主党派机关和工商业联合会机关的公务员，以及参照公务员法管理的人员；法律、法规授权或者受国家机关依法委托管理公共事务的组织中从事公务的人员；国有企业管理人员；公办的教育、科研、文化、医疗卫生、体育等单位中从事管理的人员；基层群众性自治组织中从事管理的人员；其他依法履行公职的人员。

除了监察对象外，监察机关在行使监察权时，相关个人或者机关要给予配合，提供方便和协助。我国《监察法》第八章明确规定了相关人员或者单位违反法律所承担的法律责任。这些人员包括：(1)《监察法》第 62 条规定的拒不执行监察机关作出的处理决定，或者无正当理由拒不采纳监察建议的单位及其负有责任的领导人员、直接责任人员。(2)《监察法》第 63 条规定的不按要求提供有关材料，拒绝、阻碍调查措施实施等拒不配合监察机关调查的；提供虚假情况，掩盖事实真相的；串供或者伪造、隐匿、毁灭证据的；阻止他人揭发检举、提供证据的；其他违反本法规定的行为，情节严重的有关人员。(3)《监察法》第 64 条规定的捏造事实诬告陷害监察对象的控告人、检举人、证人。(4)《监察法》第 65 条规定的存在未经批准、授权处置问题线索，发现重大案情隐瞒不报，或者私自留存、处理涉案材料的；利用职权或者职务上的影响干预调查工作、以案谋私的；违法窃取、泄露调查工作信息，或者泄露举报事项、举报受理情况以及举报人信息的；对被调查人或者涉案人员逼供、诱供，或者侮辱、打骂、虐待、体罚或者变相体罚的；违反规定处置查封、扣押、冻结的财物的；违反规定发生办案安全事故，或者发生安全事故后隐瞒不报、报告失实、处置不当的；违反规定采取留置措施的；违反规定限制他人出境，或者不按规定解除出境限制的；其他滥用职权、玩忽职守、徇私舞弊的行为的监察机关领导人员和直接责任人员。这些人员是否可以对监察法律责任决定提出复核，监察法未作规定。但基于合法权益保护原则，这些人员应当同样享有监察复核申请权。

复核主体应当在收到处理决定之日起 1 个月内，向作出决定的监察机关申请复审，复审机关应当在 1 个月内作出复审决定；监察对象对复审决定仍不服的，可以在收到复审决定之日起 1 个月内，向上一级监察机关申请复核，复核机关应当在 2 个月内作出复核决定。复审、复核期间，不停止原处理决定的执行。复核机关经审查，认定处理决定有错误的，原处理机关应当及时予以纠正。

二、监察申诉

监察申诉是指对于监察权滥用或者不当行使的,向监察机关申述情由,诉说请求。监察机关应当在收到申诉后依法作出调查和处理。

(一)申诉主体

所谓申诉的主体,即哪些个人或者组织可以提出申诉。在理论上,所有合法权益受到监察权行使影响的个人或者组织均有权提出申诉。虽然我国《宪法》第41条只是规定"中华人民共和国公民"对于任何国家机关和国家工作人员的违法失职行为,有向有关国家机关提出申诉、控告或者检举的权利,但这里的"公民"显然不仅仅是指自然人,而当然包括公民结社而形成的各种各类组织和团体。公民结社形成的组织和团体既是公民宪法权利行使的结果,也是宪法上权利的主体,倘若这些组织或者团体的权利得不到保障,宪法上的基本权利保障便会事实上存在重大缺失。所以,公民个人或者团体组织均享有申诉的权利。

《监察法》第60条规定:"监察机关及其工作人员有下列行为之一的,被调查人及其近亲属有权向该机关申诉……"这一规定将申诉的主体限定为被调查人及其近亲属,但这一规定应当理解为对申诉主体中特定类别的强调,而非排除其他的有权申诉主体。根据监察法的规定,在法律上,可以申诉的主体至少包括如下类别:

1. 监察对象

《监察法》第15条规定了监察范围,这些范围内的相关人员均是监察对象,包括:中国共产党机关、人大及其常务委员会机关、人民政府、监察委员会、人民法院、人民检察院、中国人民政治协商会议各级委员会机关、民主党派机关和工商业联合会机关的公务员,以及参照公务员法管理的人员;法律、法规授权或者受国家机关依法委托管理公共事务的组织中从事公务的人员;国有企业管理人员;公办的教育、科研、文化、医疗卫生、体育等单位中从事管理的人员;基层群众性自治组织中从事管理的人员;其他依法履行公职的人员。显然,凡是落入监察范围的人员,均是监察对象,如果认为监察机关及其工作人员有违反法律法规行使监察权并侵害其合法权益的,当然有权利向监察机关申诉。

2. 被调查对象

监察对象当然是理论上的调查对象，但监察机关为了监察属于监察范围内的人员，还可以采用调查措施，对监察对象之外的相关单位和人员进行调查，收集相关证据，这些人员也属于调查对象。当监察权的行使违反法律法规的规定时，调查对象可以申诉，调查对象具体包括：

（1）证人。《监察法》第18条第1款规定“监察机关行使监督、调查职权，有权依法向有关单位和个人了解情况，收集、调取证据”中的“有关单位”和“个人”；第21条规定“在调查过程中，监察机关可以询问证人等人员”中的证人。

（2）涉案人员。《监察法》第22条第2款规定“对涉嫌行贿犯罪或者共同职务犯罪的涉案人员，监察机关可以依照前款规定采取留置措施”中的“涉案人员”。

（3）财产受限制的个人或者单位。《监察法》第23条第1款规定“监察机关调查涉嫌贪污贿赂、失职渎职等严重职务违法或者职务犯罪，根据工作需要，可以依照规定查询、冻结涉案单位和个人的存款、汇款、债券、股票、基金份额等财产。有关单位和个人应当配合”中财产被冻结的单位和个人。

（4）被搜查人员。《监察法》第24条第1款规定“监察机关可以对涉嫌职务犯罪的被调查人以及可能隐藏被调查人或者犯罪证据的人的身体、物品、住处和其他有关地方进行搜查。在搜查时，应当出示搜查证，并有被搜查人或者其家属等见证人在场”中的被搜查人。

（5）被查封、扣押的财物、文件的权利人。《监察法》第25条第1款规定“监察机关在调查过程中，可以调取、查封、扣押用以证明被调查人涉嫌违法犯罪的财物、文件和电子数据等信息。采取调取、查封、扣押措施，应当收集原物原件，会同持有人或者保管人、见证人，当面逐一拍照、登记、编号，开列清单，由在场人员当场核对、签名，并将清单副本交财物、文件的持有人或者保管人”中的被查封、扣押的财物、文件的权利人。

（6）被技术调查人员。《监察法》第28条第1款规定“监察机关调查涉嫌重大贪污贿赂等职务犯罪，根据需要，经过严格的批准手续，可以采取技术调查措施,按照规定交有关机关执行”中的被技术调查人员。

(7)被通缉人员。《监察法》第29条规定“依法应当留置的被调查人如果在逃,监察机关可以决定在本行政区域内通缉,由公安机关发布通缉令,追捕归案。通缉范围超出本行政区域的,应当报请有权决定的上级监察机关决定”中的被通缉人员。

(8)被限制出境人员。《监察法》第30条规定“监察机关为防止被调查人及相关人员逃匿境外,经省级以上监察机关批准,可以对被调查人及相关人员采取限制出境措施,由公安机关依法执行。对于不需要继续采取限制出境措施的,应当及时解除”中的被限制出境人员。

3. 其他被侵权人员或者单位

《监察法》第18条第2款规定“监察机关及其工作人员对监督、调查过程中知悉的国家秘密、商业秘密、个人隐私,应当保密”中监察机关及其工作人员违反法律法规泄露商业秘密和个人隐私的相关人员或者单位。

总体来说,受到监察权行使影响而认为其合法权益受到侵害的个人和单位,均有权申诉。

(二)申诉内容

从理论上讲,只要是任何监察机关和工作人员存在违法失职行为,便可以向有关监察机关提出申诉。因此,申诉的唯一条件是认为监察机关及其工作人员存在不合法的行为。从申诉人的角度而言,申诉的唯一条件是监察权行使违反法律的规定并侵害其合法权益。合法权益受到监察权不当行使的侵害,便是申诉的核心内容。

《监察法》第60条规定:“监察机关及其工作人员有下列行为之一的,被调查人及其近亲属有权向该机关申诉:(一)留置法定期限届满,不予以解除的;(二)查封、扣押、冻结与案件无关的财物的;(三)应当解除查封、扣押、冻结措施而不解除的;(四)贪污、挪用、私分、调换以及违反规定使用查封、扣押、冻结的财物的;(五)其他违反法律法规、侵害被调查人合法权益的行为……”这里列举了可以申诉的四种具体情形,既然申诉人具有宪法规定的权利救济权,这种列举便不能理解为列举其一排除其他,而是重点强调这些情形。列举四项情形之外的情形,落入该条规定的“其他违反法律法规、侵害被调查人合法权益的行为”之中。当然，申诉必须建立在事实的基础上，即“不得捏造或者歪曲事实进行诬告陷害”。

（三）申诉处理

对于相关个人或者单位提出的申诉，监察机关应当依法作出处理。受理申诉的机关是行使监察权的监察机关。监察机关工作人员的监察行为是执行监察机关的决定，因此，申诉既包括对工作人员监察行为的申诉，也包括对监察机关监察决定的申诉。对于前者，根据该工作人员的工作隶属关系，向其所在监察机关申诉。对于后者，则要具体分析。

一般情况下，对由监察机关独立作出的监察决定不服的，直接向该监察机关申诉。若经上级审批后作出监察决定的，从权利保障的角度而言，宜向批准的监察机关提出申诉。如《监察法》第 43 条规定：“监察机关采取留置措施，应当由监察机关领导人员集体研究决定。设区的市级以下监察机关采取留置措施，应当报上一级监察机关批准。省级监察机关采取留置措施，应当报国家监察委员会备案。留置时间不得超过三个月。在特殊情况下，可以延长一次，延长时间不得超过三个月。省级以下监察机关采取留置措施的，延长留置时间应当报上一级监察机关批准。监察机关发现采取留置措施不当的，应当及时解除……”对于留置措施不服的，经上一级监察机关批准的，向该机关申诉；对省级监察机关作出留置措施不服的，向省级监察机关申诉。

根据《监察法》第 60 条第 2 款的规定，受理申诉的监察机关应当在受理申诉之日起 1 个月内作出处理决定。申诉人对处理决定不服的，可以在收到处理决定之日起 1 个月内向上一级监察机关申请复查，上一级监察机关应当在收到复查申请之日起 2 个月内作出处理决定，情况属实的，及时予以纠正。

三、监察赔偿

《监察法》第 67 条规定：“监察机关及其工作人员行使职权，侵犯公民、法人和其他组织的合法权益造成损害的，依法给予国家赔偿。”这一条较概括地规定了监察国家赔偿的范围、申请主体等问题，除了监察法的该条规定外,尚未有具体的其他监察赔偿规定。修订国家赔偿法,将监察国家赔偿制度具体化,是当务之急。在法律修订完善之前,可以参照国家赔偿法处理监察国家赔偿问题。

(一)监察赔偿的范围

监察赔偿范围是指哪些情形应当给予国家赔偿。根据《监察法》第67条的规定,监察机关及其工作人员行使职权,侵犯公民、法人和其他组织的合法权益造成损害的,便应当给予赔偿。监察机关的监察权包括监督、调查和处置权,为行使监察权,监察机关可以行使监察法规定的调查措施。这些措施的行使可能侵犯公民、法人和其他组织的人身方面、财产方面和其他方面的权利,对合法权益造成损害。因此,凡是公民、法人和其他组织的合法权益受到侵害并且造成损害的,均属于监察赔偿的范围。

(二)监察赔偿的请求

凡是合法权益受到监察权行使侵害并造成损失的公民、法人和其他组织有权要求赔偿。受害的公民死亡,其继承人和其他有扶养关系的亲属有权要求赔偿。受害的法人或者其他组织终止的,其权利承受人有权要求赔偿。凡是以自己的名义行使监察权对公民、法人和其他组织的合法权益造成损害的监察机关,便是赔偿义务机关。

(三)监察赔偿的程序

监察赔偿程序包括赔偿请求、监察行为判断和赔偿决定程序。合法权益受到监察权行使侵害的公民、法人或者其他组织应当提出赔偿请求。赔偿请求一经提出后,若监察行为已经被确认违法的,赔偿义务机关应当径直作出赔偿决定;赔偿请求指控的监察行为未被有权机关确认为违法的,赔偿义务机关应当径直或者请求有权机关确认监察行为是否违法,并根据确认结果作出赔偿决定。

监察法规定了复核、申诉程序,但主要是监察机关内部救济机制,鉴于确认监察行为违法意味着相关监察机关及其工作人员将承担法律责任,因此,监察机关并无太大动力对监察行为合法与否进行确认。在有权对监察行为是否合法进行确认的监察机关拒不确认,或者确认不违法时,赔偿请求人应当有权向其上级申请复核,或者径直向人民法院申请国家赔偿。人民法院应当有权审查监察行为的合法性并据此作出监察赔偿决定。

(四)赔偿方式和计算标准

监察赔偿的方式和标准可以参照国家赔偿法的相关规定。

第二十三章　监察法律责任

法律责任是指因违反法定义务而被强制承担法律规定的不利后果。监察法律责任是指违反监察法规定的义务而承担相关后果。

第一节　责任主体

监察法不仅规定了监察机关的监察义务，还规定了其他相关个人和单位的配合、协助义务，因此，监察法律责任不仅是指监察机关及其工作人员违反监察法要承担的责任，还包括相关个人和单位违反监察法规定要承担的责任。

一、监察机关及其工作人员

承担监察法律责任的监察责任人指监察机关及其工作人员。监察机关工作人员承担责任是指监察权行使的责任人，如《监察法》第65条便规定，存在该条规定的行为之一的，负有责任的领导人员和直接责任人员，依法给予处理，承担法律责任。

虽然《监察法》未规定监察机关承担责任的问题，但根据宪法的规定，若监察机关行使监察权侵害公民的基本权利，公民可以控告、举报和投诉。因此，监察机关若违法行使监察权，亦应当承担监察法律责任。另外，监察机关与党的纪律检查机关合署办公，党的纪律检查机关行使监督执纪问责的权力,监察机关行使监察调查处置的权力,二者共同构成我国的监察机制,一体两面。《中国共产党纪律处分条例》第9条规定:“对于违犯党的纪律的党组织,上级党组织应当责令其作出检查或者进行通报批评。对于严重违犯党的纪律、本身又不能纠正的党组织,上一级党的委员会在查明核实后,根据情节严重的程度,可以予以:(一)改组;(二)解散。”党的纪律检查机关存在违反党章党内法规的情形时,必须承担责任。因此,虽然监察法未规定监察机关的法律责任,但因与党的纪律检查机关合署办公,监察机关违法违纪时,事实上承担党纪责任。

二、其他相关人员与单位

监察机关在行使监察权时,相关单位与人员应当给予配合和协助,当这些人员和单位违反监察法的规定时,便要承担相应的法律责任。因此,相关单位和人员也是监察法律责任主体。如《监察法》第62条规定的有义务执行监察决定和采纳监察建议的单位和相关责任人;该法第63条和第64条规定的影响监察权正确行使的相关人员。

第二节 责任事由

责任事由是指追究监察法律责任的因由,即违反监察法律规定的具体情形。

一、违法行使监察权

监察权的行使违反监察法等的规定,便是承担监察法律责任的直接事由。这些情形包括:(1)未经批准、授权处置问题线索,发现重大案情隐瞒不报,或者私自留存、处理涉案材料的;(2)利用职权或者职务上的影响干预调查工作、以案谋私的;(3)违法窃取、泄露调查工作信息,或者泄露举报事项、举报受理情况以及举报人信息的;(4)对被调查人或者涉案人员逼供、诱供,或者侮辱、打骂、虐待、体罚或者变相体罚的;(5)违反规定处置查封、扣押、冻结的财物的;(6)违反规定发生办案安全事故,或者发生安全事故后隐瞒不报、报告失实、处置不当的;(7)违反规定采取留置措施的;(8)违反规定限制他人出境,或者不按规定解除出境限制的;(9)其他滥用职权、玩忽职守、徇私舞弊的行为。

二、影响监察权正确行使

相关单位和人员若违反监察法等的规定,影响监察权的正确行使,便要承担法律责任。这些情形包括:

(一)不执行监察决定、不采纳监察建议

《监察法》第62条规定,有关单位拒不执行监察机关作出的处理决定,或者无正当理由拒不采纳监察建议的,对单位给予通报批评;对负有责任的领导人员和直接责任人员依法给予处理。

(二)阻碍监察权正确行使

《监察法》第63条规定,有关人员违反监察法的规定,有下列情形的,承担法律责任:(1)不按要求提供有关材料,拒绝、阻碍调查措施实施等拒不配合监察机关调查的;(2)提供虚假情况,掩盖事实真相的;(3)串供或者伪造、隐匿、毁灭证据的;(4)阻止他人揭发检举、提供证据的;(5)其他违反本法规定的行为,情节严重的。这些情形主要是指有关人员不配合甚至阻碍监察权的正确行使。

(三)报复陷害和诬告陷害的情形

《监察法》第64条规定,监察对象对控告人、检举人、证人或者监察人员进行报复陷害的;控告人、检举人、证人捏造事实诬告陷害监察对象的,依法给予处理。

第三节　责任类型

作为违反法律规定的义务而承担的不利后果,法律责任因其内容不同而可以区分为不同的责任类型。监察法律责任既是对传统的法律责任类型的运用,也形成新的责任类型。

一、纪律责任

纪律责任是指公权力行使者违反法律法规的规定应当承担的责任形式。根据《公职人员政务处分暂行规定》的规定,对违法的公职人员可以依法作出警告、记过、记大过、降级、撤职、开除等政务处分决定。纪律责任是政务处分的结果,政务处分的对象是一切违反法律法规规定的公职人员。《监察法》第65条规定监察机关及其工作人员违法行使监察权的,给予处理,这里的处理当然包括给予政务处分,承担纪律责任。

二、刑事责任

无论是监察机关及其工作人员,还是监察相关单位和人员,若其行为违反监察法律规定并且构成犯罪的,自然要承担刑事责任。《监察法》第66条规定,违反监察法规定,构成犯罪的,依法追究刑事责任。违反监察法规定承担刑事责任的情形,主要包括监察机关及其工作人员滥用职权、玩忽职守、徇私舞弊等情形。其他监察相关单位和人员,则可能因为妨碍公务、作伪证、打击报复或者诬告陷害而承担刑事责任。当然,违反监察法的规定是否构成犯罪以及是否应当承担刑事责任,由相关机关调查或者侦查并由人民法院审判决定。

三、其他责任

对于监察相关人员违反监察法规定的情形,《监察法》第63条规定由其所在单位、主管部门、上级机关或者监察机关责令改正,依法给予处理。因此,这些人员的所承担的责任根据其身份和处理单位不同而有所差别。若公权力行使者在作为证人时“提供虚假情况,掩盖事实真相的”,便应当承担纪律责任;若相关人员并非公权力行使者,而是企业单位人员,则由其所在企业给予处理,承担因违反法律而导致的其他责任。总之,具体的责任形式和内容,取决于该相关人员的具体身份。

后　　记

国家监察体制改革是一项重大的宪制变革，重构了我国的宪制架构，势必对我国社会主义民主政治和社会发展产生重大影响。我国《监察法》总结固化了国家监察体制改革的若干经验，将改革决策者的政治决断转化为具体的法律制度设计。与迅速展开的国家监察体制改革相比，监察理论研究不足、可供研究的现实样本有限、监察规则供给短缺等问题，给国家监察法治的研究带来了巨大挑战。本书试图对国家监察体制改革和《监察法》实施的相关问题展开研究，尝试提供一种关于监察法的总体性理论解说。但此种尝试究竟价值如何，还需要接受实践的检验。对于本书的错漏与不足，敬请广大读者批评指正，我们也希望随着国家监察实践和理论研究的深入，持续对本书的内容加以修订完善。

本书是集体创作的成果，具体章节的撰写分工情况如下：

秦前红（武汉大学法学院教授）：绪论、第六章第二节和第三节。

朱福惠（厦门大学法学院教授）：第一编第一章至第三章。

杨解君（武汉理工大学法学院教授）、庄汉（武汉大学法学院副教授）、李俊丰（广东第二师范学院马克思主义学院讲师）：第二编第四章和第五章。

叶海波（深圳大学法学院教授）：第三编第六章第一节、第七章、第八章、第六编第二十二章、第二十三章。

周刚志（中南大学法学院教授）：第四编第九章、第十章（与中南大学中国文化法研究中心助理谢令怡合作）、第十一章（与中南大学中国文化法研究中心助理研究员邓乔月合作）、第十二章（与中南大学法学院博士研究生姚峰合作）、第十三章。

苏绍龙（武汉大学法学院讲师）、刘怡达（武汉大学法学院博士研究生）、石泽华（武汉大学法学院博士研究生）：第五编第十四章至第二十章。

喻少如（西南政法大学监察法学院教授）：第二十一章。

编写大纲由全体编者讨论拟定，秦前红、叶海波、苏绍龙负责全书的统编定稿。

秦前红

2018 年 12 月 4 日于珞珈山

图书在版编目(CIP)数据

监察法学教程 / 秦前红主编. -- 北京 : 法律出版社, 2019(2019.7 重印)
ISBN 978-7-5197-3250-9

Ⅰ. ①监… Ⅱ. ①秦… Ⅲ. ①行政监察法-法的理论-中国-教材 Ⅳ. ①D922.114.1

中国版本图书馆 CIP 数据核字(2019)第 042723 号

监察法学教程
JIANCHA FAXUE JIAOCHENG

秦前红 主编

策划编辑 刘晓萌
责任编辑 刘晓萌
装帧设计 马 帅

出版 法律出版社
总发行 中国法律图书有限公司
经销 新华书店
印刷 中煤(北京)印务有限公司
责任校对 王晓萍
责任印制 吕亚莉

编辑统筹 法治与经济出版分社
开本 710 毫米×1000 毫米 1/16
印张 27
字数 408 千
版本 2019 年 5 月第 1 版
印次 2019 年 7 月第 2 次印刷

法律出版社/北京市丰台区莲花池西里 7 号(100073)
网址/www.lawpress.com.cn
投稿邮箱/info@lawpress.com.cn
举报维权邮箱/jbwq@lawpress.com.cn
销售热线/400-660-8393
咨询电话/010-63939796

中国法律图书有限公司/北京市丰台区莲花池西里 7 号(100073)
全国各地中法图分、子公司销售电话:
统一销售客服/400-660-8393/6393
第一法律书店/010-83938432/8433 西安分公司/029-85330678 重庆分公司/023-67453036
上海分公司/021-62071639/1636 深圳分公司/0755-83072995

书号:ISBN 978-7-5197-3250-9 **定价**:89.00 元